Wortarten bestimmen

Satzglieder erkennen

Satzgefüge: Nebensätze unterscheiden

Zeichensetzung

Groß- oder Kleinschreibung?

Getrennt- oder Zusammenschreibung?

Gymnasium Niedersachsen

Deutschbuch

Sprach- und Lesebuch

8

Herausgegeben von
Bernd Schurf und Andrea Wagener

Erarbeitet von
Gerd Brenner, Ute Fenske,
Heinz Gierlich, Cordula Grunow,
Alexander Joist, Markus Langner,
Angela Mielke, Deborah Mohr,
Christoph Oldeweme, Norbert Pabelick,
Christoph Schappert, Frank Schneider,
Marlene Stahl-Busch und Klaus Tetling

unter Beratung von
Marlene Stahl-Busch

Cornelsen

Redaktion: Kirsten Krause
Bildrecherche: Eireen Junge

Illustrationen:
Uta Bettzieche, Leipzig: S. 190, 201, 205, 206, 232, 237, 242, 243, 264–270, 272, 274, 275, 277
Nils Fliegner, Hamburg: S. 245–247, 249–252, 261
Peter Menne, Potsdam: S. 40–42, 44–48, 54, 55, 59, 212, 215, 216, 218, 221, 229, 230, 280–282, 289, 290, 292–295, 297, 301, 302, 306
Christoph Mett, Münster: S. 18, 19, 21, 23, 26, 27, 30, 32, 33, 36, 67, 68, 73–76, 78, 79, 117–119, 121, 122, 124, 125, 127, 130–132, 135, 136, 138, 140, 142
Sulu Trüstedt, Berlin: S. 87, 89, 91–93, 96, 150, 157–161, 164, 165, 308, 310, 314, 316, 317, 320, 321
Christa Unzner, Berlin: S. 97, 98, 100, 102, 104, 106, 107, 109–112, 114

Umschlagfoto: Thomas Schulz, Teupitz
Gesamtgestaltung und technische Umsetzung: werkstatt für gebrauchsgrafik, Berlin

www.cornelsen.de

Die Links zu externen Webseiten Dritter, die in diesem Lehrwerk angegeben sind, wurden vor Drucklegung sorgfältig auf ihre Aktualität geprüft. Der Verlag übernimmt keine Gewähr für die Aktualität und den Inhalt dieser Seiten oder solcher, die mit ihnen verlinkt sind.

Dieses Werk berücksichtigt die Regeln der reformierten Rechtschreibung und Zeichensetzung. Bei den mit [R] gekennzeichneten Texten haben die Rechteinhaber einer Anpassung widersprochen.

1. Auflage, 2. Druck 2015

Alle Drucke dieser Auflage sind inhaltlich unverändert und können im Unterricht nebeneinander verwendet werden.

Druck: Mohn Media Mohndruck, Gütersloh

ISBN 978-3-06-062416-4

PEFC/04-31-1033

PEFC zertifiziert
Dieses Produkt stammt aus nachhaltig bewirtschafteten Wäldern und kontrollierten Quellen.
www.pefc.de

Euer Deutschbuch auf einen Blick

Das Buch ist in **vier Kompetenzbereiche** aufgeteilt.
Ihr erkennt sie an den Farben:

- Sprechen – Zuhören – Schreiben
- Lesen – Umgang mit Texten und Medien
- Nachdenken über Sprache
- Arbeitstechniken

Jedes **Kapitel** besteht aus **drei Teilen** (Dreischritt):

1 Hauptkompetenzbereich
Hier wird das Thema des Kapitels erarbeitet, z. B. in Kapitel 2 „Argumentieren".

2.1 Vorsicht, Computer? – Diskutieren und Stellung nehmen

2 Verknüpfung mit einem zweiten Kompetenzbereich
Das Kapitelthema wird mit einem anderen Kompetenzbereich verbunden und vertiefend geübt.

2.2 Jederzeit online, jederzeit erreichbar? – Überzeugend argumentieren

3 Klassenarbeitstraining oder Projekt
Hier trainiert ihr für eine mögliche Klassenarbeit oder einen Test (Fit in ...).
Oder ihr erhaltet Anregungen für ein Projekt.

2.3 Fit in ... – Stellung nehmen

Das **Orientierungswissen** findet ihr in den blauen Kästen mit den Bezeichnungen **Information** und **Methode**.

Auf den blauen Seiten am Ende des Buches (► S. 323–374) könnt ihr das gesamte Orientierungswissen aus allen Kapiteln noch einmal nachschlagen.

Die **Piktogramme** neben den Aufgaben bedeuten:

- Partnerarbeit
- Gruppenarbeit
- Arbeiten mit dem Computer
- 2 Zusatzaufgabe

Die Punkte sagen etwas über die Schwierigkeit einer Aufgabe:

- ●○○ Diese Aufgabe ist eher einfach.
- ●●○ Diese Aufgabe ist schon etwas kniffliger.
- ●●● Diese Aufgabe ist etwas für Profis.

Inhaltsverzeichnis

Sprechen – Zuhören – Schreiben

Kompetenzschwerpunkt

4 Mit allen Sinnen – Schildern 81

► **Schreiben**
Erzähltechniken und gestalterische Ausdrucksmittel zur Darstellung von Gedanken, Gefühlen und Atmosphäre verwenden,
sprachliche Mittel (bildhafte Sprache) variabel einsetzen,
Schreibprozesse selbstständig gestalten (Stoffsammlung, Gliederung, sprachliche Gestaltung, Textüberarbeitung),
Aufbau, Inhalt und sprachliche Gestaltung eigener Texte prüfen und überarbeiten

Lesen – Umgang mit Texten und Medien

Kompetenzschwerpunkt

5 „Der Schimmelreiter" – Eine Novelle kennen lernen und verstehen 97

► **Lesen – Umgang mit Texten und Medien**
Werke der literarischen Tradition (Novelle) kennen,
inhaltliche, sprachliche und formale Elemente literarischer Texte kennen (Handlung, Figuren, Konflikte, Erzähler),
eigene Deutungsansätze formulieren und am Text belegen,
sich mit literarischen Figuren auseinandersetzen,
Inhalt, Sprache und Form literarischer Texte erschließen

► **Schreiben**
über erweiterte Möglichkeiten zur Gestaltung innerer Handlung verfügen,
produktiv und experimentierend mit Texten umgehen (innerer Monolog, Tagebucheintrag, Brief, Dialog)

6

Lesen – Umgang mit Texten und Medien

Kompetenzschwerpunkt

Momentaufnahmen – Kurzgeschichten lesen und verstehen 117

Lesen – Umgang mit Texten und Medien
epische Texte (Kurzgeschichten) und deren spezifische Merkmale verstehen (Handlung, Figuren, Konflikte, Erzähler, Zeitgestaltung, Leitmotiv),
eigene Deutungsansätze formulieren und sie am Text belegen,
Bezüge zur eigenen Lebenswelt herstellen und sich mit literarischen Figuren auseinandersetzen,
Informationen über die Entstehungszeit zum vertieften Textverstehen nutzen

Schreiben
den Inhalt eines literarischen Textes zusammenfassen (Inhaltsangabe) und dabei auf einen sachlichen Stil, die Verwendung des Präsens und der indirekten Rede achten,
ein eigenes Textverständnis formulieren,
Aussagen durch Zitate belegen

7

Lesen – Umgang mit Texten und Medien

Kompetenzschwerpunkt

In der Großstadt – Songs und Gedichte untersuchen und vortragen 145

Sprechen und Zuhören
Gedichte sinngestaltend vortragen

Lesen – Umgang mit Texten und Medien
lyrische Texte (Gedichte, Songs) verstehen,
mit Hilfe analytischer Verfahren inhaltliche, sprachliche und formale Elemente erschließen (lyrischer Sprecher, Reim, Metrum, sprachliche Gestaltung),
motivgleiche Songs und Gedichte vergleichen

Schreiben
ein eigenes Textverständnis formulieren, Aussagen durch Zitate belegen,
textsortenspezifische Fachbegriffe verwenden

▶ **Sprache und Sprachgebrauch untersuchen**
Sprachvarietäten (Standardsprache und Dialekte, insbesondere Niederdeutsch) unterscheiden

Lesen – Umgang mit Texten und Medien

Kompetenzschwerpunkt

▶ **Sprechen und Zuhören**
Texte im szenischen Spiel erschließen, verbale und nonverbale Ausdrucksformen einsetzen

▶ **Lesen – Umgang mit Texten und Medien**
dramatische Texte und deren spezifische Merkmale verstehen (Szene, Akt, Exposition, Konflikt),
eigene Deutungsansätze formulieren und sie am Text belegen,
Bezüge zur eigenen Lebenswelt herstellen und sich mit literarischen Figuren auseinandersetzen,
Informationen über Autor und Entstehungszeit zum vertieften Textverstehen nutzen,
Inhalt, Sprache und Form dramatischer Texte mit Hilfe handlungs- und produktionsorientierter Verfahren erschließen

▶ **Schreiben**
produktiv und experimentierend mit Texten umgehen (Szenen umgestalten)

Lesen – Umgang mit Texten und Medien

Kompetenzschwerpunkt

9 Aktuelles vom Tag – Zeitungstexte verstehen und gestalten 187

▶ **Lesen – Umgang mit Texten und Medien**
Merkmale von Zeitungen (Print und online) kennen, journalistische Textsorten in ihren Merkmalen und ihren Wirkungsabsichten unterscheiden und beschreiben, Informationen in gedruckten und digitalen Medien sichten und bewerten, Inhalte, Gestaltungs- und Wirkungsweisen von Print- und Online-Medien untersuchen, Lesestrategien (Fünf-Schritt-Lesemethode) zur Texterschließung anwenden, Sachtexten, Bildern und nicht linearen Texten (Diagrammen) zielgerichtet Informationen entnehmen

▶ **Schreiben**
den Inhalt von Sachtexten zusammenfassen, auf einen sachlichen Stil achten, Diagramme beschreiben, zu Sachtexten ein Textverständnis formulieren, Aussagen durch Zitate belegen

Lesen – Umgang mit Texten und Medien

Kompetenzschwerpunkt

10 Roadmovies – Jugendroman und Film vergleichen 211

▶ **Lesen – Umgang mit Texten und Medien**
Jugendbuch (Auszüge aus einer Ganzschrift) verstehen (Handlungsabläufe, Entwicklung und Handlungsmotive von Figuren, Konflikte, Erzähler), eigene Deutungsansätze formulieren und sie am Text belegen, Bezüge zur eigenen Lebenswelt herstellen und sich mit literarischen Figuren auseinandersetzen,

die Wirkung filmischer Gestaltungsmittel beschreiben (Kameraeinstellung, -perspektive und Kamerabewegung, Schnitt und Montage, Mise en Scène) und diese erproben (Filmszene drehen)

▶ **Schreiben**
Fragen zu medial vermittelten Texten und deren Gestaltung beantworten

Nachdenken über Sprache

Kompetenzschwerpunkt

▶ **Sprache und Sprachgebrauch untersuchen**
Bedeutung von Begriffen erschließen, semantische Beziehungen von Wörtern (Denotat/Konnotat, Euphemismus, Metapher) klären, Sprachvarietäten (Standard-, Umgangs-, Jugendsprache) unterscheiden, sprachgeschichtliche Zusammenhänge (Bedeutungswandel) kennen, Bedingungen gelingener und misslingener Kommunikation erkennen

12 Nachdenken über Sprache — Kompetenzschwerpunkt

Grammatiktraining – Konjunktiv und Modalverben 245

▶ **Sprache und Sprachgebrauch untersuchen**
verschiedene Ausdrucksmöglichkeiten für Modalität funktional verwenden (Konjunktiv I und Konjunktiv II), Modalverben unterscheiden, deren funktionalen Wert erkennen und ausprobieren, Zusammenhänge zwischen verschiedenen Sprachen erkennen und ihre Kenntnisse zum Fremdsprachenerwerb heranziehen, Verfahren und Strategien der Textüberarbeitung anwenden

13 Nachdenken über Sprache — Kompetenzschwerpunkt

Grammatiktraining – Satzgefüge 263

▶ **Sprache und Sprachgebrauch untersuchen**
Nebensatzformen erkennen, sie fachsprachlich korrekt bezeichnen und funktional anwenden: Subjektsatz, Objektsatz, Adverbialsätze, Attributsatz, Infinitiv- und Partizipialsätze, grammatisches Wissen und Zeichensetzungsregeln kennen und korrekt anwenden,

Zusammenhänge zwischen verschiedenen Sprachen erkennen und ihre Kenntnisse zum Fremdsprachenerwerb heranziehen,
Verfahren und Strategien der Textüberarbeitung anwenden

Nachdenken über Sprache

Kompetenzschwerpunkt

► **Sprache und Sprachgebrauch untersuchen**
Wissen über satzbezogene Regelungen (Groß- und Kleinschreibung) und wortbezogene Regelungen (Getrennt- und Zusammenschreibung) sicher anwenden,
häufig gebrauchte Fach- und Fremdwörter richtig schreiben,
Zeichensetzungsregeln korrekt anwenden (Komma in mehrgliedrigen Satzgefügen, bei Einschüben, Appositionen, nachgestellten Erläuterungen, Infinitiv- und Partizipialsätzen),
den Regelteil eines Wörterbuchs zur Rechtschreibkontrolle nutzen,
Rechtschreibregeln und grammatisches Wissen selbstständig anwenden,
Verfahren der Fehleranalyse beherrschen und die eigene Schreibweise nach individuellen Fehlerschwerpunkten kontrollieren und verbessern

▶ **Lesen – Umgang mit Texten und Medien**
elaborierte Lesestrategien zur Texterschließung kennen und nutzen (z. B. an Vorwissen anknüpfen, Wörter und Begriffe klären, Textaussagen im Kontext erklären, Stichwörter formulieren, Texte in Abschnitte gliedern, Textinhalte visualisieren),
Sachtexten und nicht linearen Texten (Diagramme) zielgerichtet Informationen entnehmen und diese geordnet wiedergeben

▶ **Schreiben**
den Inhalt literarischer Texte (epischer Text, Gedicht) und Sachtexte zusammenfassen,
ein eigenes Textverständnis formulieren,
Aussagen durch Zitate belegen

▶ **Sprechen und Zuhören**
beim Zuhören Wesentliches von Unwesentlichem unterscheiden und das Wesentliche in Stichpunkten festhalten,
Verständnisprobleme durch Fragen klären

Orientierungswissen

1 Helden und Vorbilder –
Informieren und Referieren

Ein New Yorker Feuerwehrmann steht in den Trümmern des World Trade Centers, das nach einem Terroranschlag am 11. September 2001 einstürzte. Die Feuerwehrleute versuchen, so viele Menschen wie möglich zu retten.

1 a Lest die Bildunterschrift und lasst das Foto auf euch wirken. Äußert dann eure Eindrücke.
b Stellt Vermutungen an, warum die Feuerwehrleute von New York noch heute als Helden verehrt werden.

2 Kennt ihr noch andere Helden? Erklärt, warum diese Menschen Helden für euch sind.

3 In diesem Kapitel informiert ihr andere über Helden, z. B. in einem Referat. Überlegt, was die Zuhörer bzw. Leser von einem Referat erwarten.

In diesem Kapitel ...

– recherchiert ihr über einen Helden und bereitet eure Informationen für ein Referat auf,
– fasst ihr wichtige Ergebnisse in einem Protokoll zusammen,
– verfasst ihr eigene Informationstexte zum Thema „Helden“,
– lernt ihr einen Roman kennen, der von einem Helden erzählt.

1.1 Heldenhaft? – In Referaten, Protokollen und Texten informieren

Pippi Langstrumpf der Meere

Von Andrea Ege

Vor einiger Zeit machte sich die 15-jährige Niederländerin Laura Dekker auf den Weg, die Welt zu entdecken. Ein Segelschiff war ihr Zuhause.

Laut Wettervorhersage war der 21. August 2011 ein schöner Tag in Holland. Es war warm, 25 Grad, und die Sonne schien. An solchen Tagen verabreden sich Teenager in den Niederlanden gewöhnlich mit ihren Freunden, vielleicht gehen sie an den Strand oder sehen sich abends einen Kinofilm an.
Die 15-jährige Niederländerin Laura Dekker tat all das nicht. Sie stand früh auf, kämpfte mit tropischen Temperaturen, checkte Wind und Wetter, schrubbte, reparierte und schmiss fliegende Fische vom Deck. Ob ihr bei all dieser Arbeit noch etwas Schönes einfällt, um den Tag zu feiern, an dem sie vor genau einem Jahr völlig allein loszog, um mit ihrem exakt 11,5824 Meter langen Zweimaster-Segelboot „Guppy" die Welt zu umrunden, weiß niemand. Auch ihren aktuellen Aufenthaltsort kann man nur erraten: irgendwo im Korallenmeer zwischen Papua-Neuguinea und Australien.

Laura Dekkers Törn um die Welt

Laura Dekker, geb. 20.9.1995

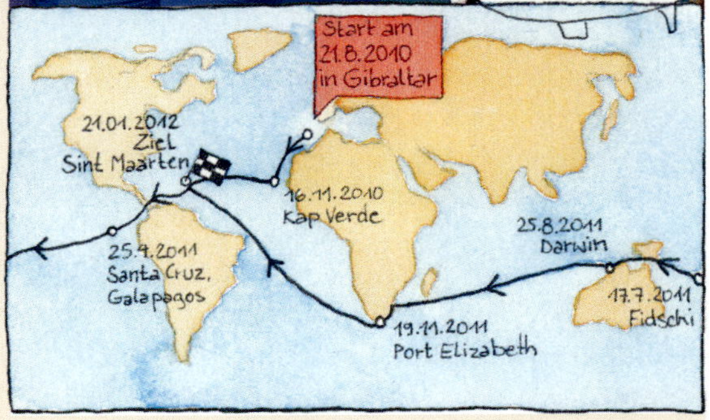

Der „Fall" Laura erzeugt hitzige Debatten
Als Lauras Vater, Dick Dekker, vor einem Jahr in Gibraltar die Leinen löste, ließ seine von klein auf segelsüchtige Tochter eine Zeit hitziger Debatten in Holland hinter sich. Nach ihrer Ankündigung im Jahr 2009, die Welt umsegeln zu wollen, legte ihr der Staat viele Hindernisse in den Weg: Das Familiengericht in Utrecht beschränkte das Sorgerecht der Eltern, das niederländische Bildungsministerium lehnte es zudem ab, die Jugendliche zwei Jahre lang vom Schulbesuch freizustellen. Sie war unglücklich. Als dann das Familiengericht in Middelburg Lauras Eltern das volle Sorgerecht zurückgab, ging ihr Traum in Erfüllung. Am 4. August 2010 segelte sie gemeinsam mit ihrem Vater bis nach Gibraltar – die vorbereitende Einführungsfahrt. Siebzehn Tage später legte die Pippi Langstrumpf der Meere dann alleine ab. Doch ganz alleine ist sie nicht. Virtuell verfolgt eine Fangemeinde Lauras Fahrt Seemeile für Seemeile via Facebook, Twitter und Hyves, der holländischen Version von Facebook. Außerdem führt sie ein Online-Tagebuch.

Am schwierigsten: Immer wieder Abschied nehmen

Laura Dekker erzählt alles. Zum Beispiel, wie sie die Langeweile tagelanger Windstille übersteht – „das ist eigentlich schlimmer als ein Sturm" – und mit ihren Essens- und Trinkvorräten haushält, wie sie Freunde findet, neue Orte und neue Sitten kennen lernt und immer wieder Abschied nehmen muss. „Eine der schwierigsten Aufgaben meiner Weltreise", schreibt sie. Nachts weckt sie sich regelmäßig selbst, um Boot, Wetter und Navigation zu überprüfen.

Traum: Alleine die Welt zu umsegeln

Dass sie anders ist als ihre Altersgenossen, weiß Laura schon seit Langem. In ihren Tagebuch zitiert sie gern: „Ieder mens heft een eigen Ik" – jeder Mensch hat ein eigenes Ich. Und schon auf der ersten, 4074 Kilometer langen Streckenetappe erzielte Laura einen Rekord: Nie zuvor hatte ein so junger Solo-Segler den Atlantik überquert. Sollte ihr Wille weiterhin den Wellen trotzen und sie vor ihrem 17. Geburtstag auf der Karibikinsel Sint Maarten anlegen, wäre sie zudem die jüngste Solo-Weltumseglerin der Welt. Anerkennen wird das aber niemand. Weder das Guinnessbuch der Rekorde noch der Internationale Rat für Segelrekorde registriert die Kategorie „Jüngster Weltumsegler". Aus Sicherheitsgründen.

Doch darum geht es Laura auch nicht. Sie will ihren Traum, alleine die Welt zu umsegeln, realisieren, neue Dinge erleben, Herausforderungen bestehen.

1 Lest den Zeitungsartikel und erklärt,
- warum Laura alleine die Welt umsegeln wollte,
- welche Schwierigkeiten es im Vorfeld gab und
- was Laura auf dem Boot erlebte bzw. tat.

2 Besprecht, welche Funktion die Grafik (Landkarte) im Text hat. Welche Informationen könnt ihr der Karte entnehmen?

3
a Laura Dekker schreibt in ihrem Tagebuch: „‚Ieder mens heft een eigen Ik' – jeder Mensch hat ein eigenes Ich" (▶ Z. 63–64). Erklärt möglichst genau, was damit gemeint sein könnte.
b Könnt ihr verstehen, dass Lauras Wunsch, alleine die Welt zu umsegeln, hitzige Debatten auslöste und ihre Abreise erst einmal verhindert wurde?
Begründet eure Meinung.

4 Diskutiert, ob oder inwieweit ihr Laura Dekker als eine moderne Heldin oder als ein Vorbild bezeichnen würdet.

5 Stellt euch vor, ihr sollt andere auf Grundlage des Zeitungsartikels in drei bis fünf Minuten über die Weltumsegelung von Laura Dekker informieren.
Arbeitet zu zweit und geht so vor:
a Überlegt, was eure Zuhörerinnen und Zuhörer über das Thema wissen wollen.
Notiert W-Fragen.
b Beantwortet die W-Fragen mit Hilfe des Textes bzw. der Landkarte.
c Bringt eure Informationen in eine sinnvolle Reihenfolge.
d Tragt eure Informationen vor. Gebt euch ein Feedback darüber, ob euer Vortrag informativ und verständlich war oder ob Informationen gefehlt haben oder überflüssig waren.

Wer ist ein „Held"? – Ein Referat vorbereiten und halten

Ein **Held** oder eine **Heldin** ist eine Person mit besonderen Fähigkeiten oder Eigenschaften. Diese Fähigkeiten können körperlicher Art (z. B. Kraft, Schnelligkeit, Ausdauer) oder geistiger Natur sein (Mut, Intelligenz, Einsatzbereitschaft für andere Menschen, für Ideale, Ziele oder Ideen). Die Taten eines Helden oder einer Heldin können ihm oder ihr Ruhm, Anerkennung oder Auszeichnungen bescheren, müssen es aber nicht.

Ein Held oder eine Heldin kann eine reale Person oder eine erfundene Figur sein.

1) Reale Personen: Menschen, die tatsächlich gelebt haben oder gegenwärtig leben, können als Helden oder als Vorbilder angesehen werden. Dabei gibt es berühmte Helden und Vorbilder, wie zum Beispiel die Widerstandskämpfer Hans und Sophie Scholl, den Bürgerrechtler Martin Luther King oder berühmte Sportler/-innen, Erfinder/-innen und Denker/-innen. Und es gibt namentlich eher unbekannte Personen, so genannte „Alltagshelden", die sich zum Beispiel in Vereinen und Organisationen engagieren (etwa als Freiwillige in einem Tierheim arbeiten oder ehrenamtlich in einem Jugendzentrum tätig sind), Hilfsprojekte (z. B. Tafelrunden für Bedürftige) ins Leben rufen oder auf anderem Weg einen besonderen Einsatz zeigen.

2) Erfundene Figuren: Helden können aber auch erfundene Figuren sein, zum Beispiel aus Sagen und Legenden (König Artus, Herkules) oder aus Comics und Filmen (z. B. Superman). Es handelt sich hierbei meist um Figuren mit Fähigkeiten, die weit über die normalen menschlichen Fähigkeiten hinausgehen (Superhelden).

1 **a** Lest den Lexikonartikel: Was wusstet ihr bereits über den Begriff „Held/Heldin"? Was ist neu für euch?

b Erklärt:
- Welche Merkmale besitzt ein Held?
- Welche Gruppen von Helden gibt es und wodurch unterscheiden sie sich?

2 a Begründet, wer für euch ein Held/eine Heldin oder ein Vorbild ist.
b Überlegt: Sind eure Helden oder Vorbilder eher berühmte Menschen, die sich durch besondere Fähigkeiten oder Leistungen auszeichnen, eher unbekannte Alltagshelden oder erfundene Figuren (Superhelden)? Ordnet eure Helden der jeweiligen Heldengruppe zu.

3 Bereitet in Partnerarbeit ein Referat über einen Helden vor.
Geht so vor:
a Entscheidet euch für eine Person, die ihr als Helden bezeichnen würdet.
b Macht euch klar, was eure Zuhörer über euren Helden/eure Heldin wissen wollen. Notiert W-Fragen oder Stichpunkte, über die ihr in eurem Referat Auskunft geben wollt, z. B.:

- *Warum ist ... für uns ein Held/eine Heldin?*
- *Welche ...?*

4 Recherchiert nun nach geeigneten Informationen (auch Fotos, Grafiken usw.) zu eurem Helden/eurer Heldin, z. B. im Internet, in der Bibliothek (Lexika, Bücher, Zeitschriften, Zeitungen), oder führt ein Interview mit der Person durch. Wie ihr bei eurer Recherche schnell beurteilen könnt, ob das Informationsmaterial brauchbar ist, erfahrt ihr im Kasten unten.
TIPP: Weitere Tipps zur Informationsrecherche findet ihr auf den Seiten 369–370.

5 Wertet nach der Recherche euer Informationsmaterial aus und fasst dann die wichtigsten Informationen zusammen. Geht so vor wie im Methodenkasten unter „Informationsmaterial auswerten“ beschrieben:

Methode **Informationsmaterial beurteilen und auswerten**

1 Informationsmaterial beurteilen
Bei eurer Recherche werdet ihr viele Internetseiten, Bücher oder andere Materialien finden. So könnt ihr beurteilen, ob das Material brauchbare Informationen zu eurem Thema enthält:
1. Überfliegt die Texte und entscheidet, ob euch der Beitrag tatsächlich brauchbare Informationen zum Thema oder zu euren Fragen liefert. Bei Büchern schaut ihr zuerst ins Inhaltsverzeichnis oder in das Sachregister.
2. Wenn ihr sicher seid, dass die Informationen hilfreich sind, nehmt ihr sie in eure Materialsammlung auf (▶ Internetseiten speichern, S. 370). Notiert auch, wo ihr das Material gefunden habt (▶ Quellenangaben machen, S. 370).

2 Informationsmaterial auswerten
Nach eurer Recherche müsst ihr die Informationen auswählen und ordnen.
Geht so vor:
1. Markiert auf einer Kopie/einem Textausdruck die wichtigsten Informationen. Notiert am Textrand, zu welchen Fragen, Oberbegriffen oder Teilthemen die markierten Informationen gehören, z. B. *Biografie, Auszeichnungen, Engagement für ...*
2. Überlegt, welche Informationen ihr nutzen wollt und welche eher überflüssig sind.
3. Fasst die wichtigsten Informationen – geordnet nach Oberbegriffen – zusammen.

6 a Entwickelt eine Gliederung für den Hauptteil eures Referats, indem ihr eure Informationen nach sachlichen Gesichtspunkten ordnet. Überlegt hierbei: Was sind Oberbegriffe, was Unterpunkte?

Gliederung Hauptteil: Martin Luther King

1. *Biografische Daten und Einflüsse (= Oberbegriff)*
   - ** 15. 1. 1929 in Atlanta/Georgia; † 4. 4. 1968 in Memphis, Tennessee (= Unterpunkt)*
   - *...*
2. *Rassentrennung und Bürgerrechtsbewegung (Civil Rights Movement)*
   - *Diskriminierung (Benachteiligung) der schwarzen Bevölkerung, z. B. ...*
   - *Ziele der Bürgerrechtsbewegung: ...*
   - *...*
3. *Busboykott in Montgomery (gewaltloser Widerstand)*
   - *...*

b Notiert Ideen für die Einleitung eures Referats: Wählt z. B. ein Foto/Bild, ein treffendes Zitat oder eine persönliche Bemerkung über das Thema. Ihr könnt auch einen Überblick über das Referat geben.

c Formuliert einen Schluss, indem ihr z. B. wichtige Informationen zusammenfasst, eine persönliche Einschätzung oder einen Ausblick auf weitere Entwicklungen gebt.

7 a Bereitet den mündlichen Vortrag eures Referats vor, indem ihr zu jedem Gliederungspunkt wichtige Stichworte als Gedächtnisstütze notiert, z. B. auf Karteikarten. Nummeriert die Karten in der entsprechenden Reihenfolge.
TIPP: Notiert nur Stichworte und haltet fest, an welchen Stellen ihr euer Anschauungsmaterial zeigen wollt.

b Übt den Vortrag eures Referats mit Hilfe der Karteikarten. Überlegt auch, welche technischen Geräte ihr für euren Vortrag benötigt, und probt den Einsatz.

8 Tragt eure Referate vor. Klärt nach jedem Vortrag Fragen, die noch offengeblieben sind, und gebt euch gegenseitig ein Feedback: Was hat euch gut gefallen, was könnt ihr verbessern?

Methode **Ein Referat gliedern („roter Faden")**

Gliedert die Informationen. Diese Struktur ist der rote Faden eures Referats.

- **Einleitung:** Weckt das Interesse eurer Zuhörerinnen und Zuhörer und führt in das Thema ein, z. B. durch Bilder/Fotos, treffende Zitate oder persönliche Bemerkungen zum Thema. Gebt einen Überblick über die Gliederung.
- **Hauptteil:** Den Hauptteil solltet ihr besonders sorgfältig planen. Ordnet eure Informationen nach sachlichen Gesichtspunkten. Legt Oberbegriffe und Unterpunkte fest. Streicht überflüssige Informationen, die vom Thema wegführen.
- **Schluss:** Der Schluss rundet das Referat ab. Ihr könnt wichtige Informationen zusammenfassen, eure persönliche Meinung zum Thema formulieren oder einen Ausblick auf weitere Entwicklungen geben.

Brauchen wir Helden? – Eine Unterrichtsstunde protokollieren

Protokollkopf

Protokoll über eine Deutschstunde der Klasse 8 a

Datum:	13. 1. 20...
Zeit:	10.20–11.50 Uhr
Ort:	R. 208
Anwesende:	26 Schülerinnen und Schüler der Klasse 8 a, Deutschlehrer Herr König
Abwesend:	Lukas Albert, Ardin Azevedo (Klassensprecherversammlung)
Protokollantin:	Juwita Maanema
Thema:	Helden und Vorbilder

Hauptteil

1. Einstieg in das Thema „Helden“

Zu Beginn der Stunde werden per Folie vier Bilder von verschiedenen Personen gezeigt, die als Helden bezeichnet werden können, und zwar: ein Feuerwehrmann in den Trümmern des World Trade Centers, Martin Luther King (Bürgerrechtler), Sophie Scholl (Widerstandskämpferin gegen die Diktatur des Nationalsozialismus) und Superman (Superheld im Comic und Film).

Im anschließenden Unterrichtsgespräch werden Merkmale von Helden benannt, z. B.:

– Einsatzbereitschaft für andere

– ...

2. Unterscheidung von verschiedenen Heldentypen

Anhand eines Lexikonartikels werden verschiedene Gruppen von Helden unterschieden. Es gibt ...

3. Diskussion über aktuelle Helden und Vorbilder

Im Anschluss daran diskutieren die Schülerinnen und Schüler, wer für sie ein Held oder ein Vorbild ist. Dabei werden ...

Das Fazit der Diskussion: Es gibt unterschiedliche Vorstellungen darüber, wer ein Held oder ein Vorbild ist. Als Vorbilder oder Helden wurden zum einen berühmte Persönlichkeiten wie ... genannt, zum anderen aber auch unbekannte Personen, so genannte „Helden des Alltags“, die ...

4. Hausaufgabe

...

Schluss

Kloppenburg, 14. 1. 20...

Juwita Maanema

1 a Lest das Protokoll (► S. 21) genau. Beurteilt dann, ob ihr die wichtigsten Inhalte und den Verlauf der Unterrichtsstunde anhand des Protokolls nachvollziehen könnt. Begründet eure Meinung anhand von Textbeispielen.

b Erklärt, welche Funktion ein solches Protokoll hat: Wozu dient es? An wen ist es gerichtet?

2 Protokolle werden zu unterschiedlichen Gelegenheiten geschrieben. Tragt zusammen, bei welchen Anlässen Protokolle angefertigt werden, und besprecht, was sie eurer Meinung nach jeweils leisten.

3 a Beschreibt den Aufbau des Protokolls (► S. 21). Erklärt dabei auch, welche Angaben der Protokollkopf und der Schluss enthalten und warum diese Informationen wichtig sind.

b Beschreibt den Sprachstil des Protokolls mit Hilfe von Adjektiven, z. B.: *prägnant, ...*

4 Für ein Protokoll muss man das Gehörte zunächst mitschreiben.

a Besprecht, auf welche Weise ihr wichtige Unterrichtsinhalte oder andere Informationen festhalten könnt. Was hat sich bewährt, welche Probleme sind beim Mitschreiben aufgetreten?

b Vergleicht und bewertet die beiden Mitschriften.

Zuerst zeigte uns Herr König vier Bilder von verschiedenen Helden. Es gab ein Bild von einem Feuerwehrmann in den Trümmern des World Trade Centers, eins von Martin Luther King (Bürgerrechtler) ...
Wir sollten die Bilder beschreiben und die Merkmale von Helden sammeln. Julian war der Meinung, dass Einsatzbereitschaft ...

1) Einstieg
OHP: 4 Bilder von Helden
- Feuerwehrmann in Trümmern des WTC
- Martin Luther King (Bürgerrechtler)
- ...
- → Merkmale v. Helden (Unterrichtsgespräch)
1. Einsatzbereitschaft ...

c Sammelt Tipps für das Mitschreiben von Unterrichtsinhalten.

Methode **Tipps zum Mitschreiben**

- Schreibt nur das Wesentliche mit (häufig genügen Stichworte).
  Aber: Lieber zu viel als zu wenig mitschreiben.
- Haltet wichtige Gesprächsbeiträge mit Angabe des Namens der Sprecherin/des Sprechers fest.
- Verwendet Abkürzungen und Zeichen.
- Legt eure Notizen übersichtlich an:
  – Beginnt für jeden Gedanken eine neue Zeile (Absätze).
  – Verwendet für Aufzählungen Spiegelstriche oder Nummerierungen.
  – Hebt Wichtiges durch Unterstreichungen hervor.
  – Macht logische Zusammenhänge durch Pfeile deutlich.

Abkürzungen, z. B.:
Bsp.: Beispiel
Def.: Definition
Erg.: Ergebnis
Ggs.: Gegensatz
s.: siehe
u.: und
v.: von
vgl.: vergleiche
wg.: wegen

Zeichen, z. B.:
→ daraus folgt
↔ Gegensatz
! wichtig

5 Brauchen wir Helden oder Vorbilder, an denen wir uns orientieren können?
Führt zu dieser Frage eine Pro-und-Kontra-Diskussion durch und verfasst anschließend ein Protokoll über eure Diskussion. Geht so vor:

a Bildet Pro- und Kontra-Gruppen und legt euch für die Diskussion eine Stoffsammlung an:
- Notiert Argumente, die eure Position (Meinung) stützen, und sucht glaubwürdige Beispiele.
- Bestimmt in eurer Gruppe eine Sprecherin oder einen Sprecher, die/der in das Thema „Helden/Vorbilder" einführt und eure Position in einem kurzen Statement zusammenfasst, z. B.:

> *Einleitung ins Thema „Helden/Vorbilder":*
> *– Helden/Vorbilder müssen keine übermenschlichen Fähigkeiten besitzen wie z. B. der Comic-/Held „Superman". Als Helden und Vorbilder …*
>
> *Statement (Position/Meinung zum Thema):*
> *Wir sind der Meinung, dass …*

b Führt die Diskussion durch und haltet wichtige Inhalte und Ergebnisse in einer Mitschrift fest. Teilt die Aufgaben so auf: Eine Pro- und eine Kontra-Gruppe führen die Diskussion durch, die anderen Schülerinnen und Schüler fertigen eine Mitschrift an.

c Verfasst mit Hilfe eurer Mitschriften ein Protokoll über die Diskussion. Folgende Wörter und Wendungen können euch bei der Ausarbeitung helfen:

> zu Beginn • zunächst • als Erstes • zuerst • anfangs • anschließend • im Anschluss daran • später • danach • als Nächstes • abschließend • als Letztes • zuletzt • zum Schluss • besprechen • fortfahren • wiederholen • erwidern • anfügen • ergänzen • entgegnen • zusammenfassen • mitteilen • äußern • darstellen • erklären • hervorheben • verdeutlichen • feststellen • behandeln • thematisieren • eingehen auf • aufgreifen • diskutieren • auf etwas verweisen

Methode **Ein Protokoll anfertigen**

Das Protokoll ist eine Sonderform des Berichts. Es gibt **knapp und sachlich** das Wichtigste einer Unterrichtsstunde, einer Diskussion, einer Sitzung oder eines Versuchs wieder.
Protokolle haben eine **feste äußere Form:**

1. **Protokollkopf:** Der Protokollkopf enthält folgende Angaben: Anlass (Titel der Veranstaltung), Datum/Zeit, Ort, Anwesende/Abwesende, Name des Protokollanten/der Protokollantin, Thema (z. B. der Unterrichtsstunde) oder Auflistung der Tagesordnungspunkte (TOPs).
2. **Hauptteil:** Im Hauptteil werden die wichtigsten Informationen sachlich, knapp und übersichtlich wiedergegeben.
3. **Schluss:** Der Schluss des Protokolls enthält Ort und Datum der Abfassung sowie die Unterschrift des Protokollanten/der Protokollantin.

Das **Tempus** des Protokolls ist in der Regel das **Präsens.** Wichtige Gesprächsbeiträge einzelner Teilnehmer/-innen werden in der **indirekten Rede** (▶ S. 349) mit Angabe des Namens der Sprecherin oder des Sprechers wiedergegeben.

Zivilcourage – Einen Informationstext verfassen

1. Schritt: Sich über das Thema informieren

Stellt euch vor, ihr wollt für die Schülerzeitung einen Informationstext zum Thema „Zivilcourage" verfassen. Als Informationsquellen stehen euch folgende Materialien (► S. 24–26) zur Verfügung:

Die Stimme erheben

Von Beate Lakotta

Die Psychologin Veronika Brandstätter erforscht, was Menschen zu Alltagshelden macht, und entwickelte ein Zivilcourage-Training.

SPIEGEL: Frau Brandstätter, mal angenommen, Sie hören auf dem Weg zur Arbeit hinter einer fremden Wohnungstür das Geräusch von Schlägen und Schreie einer Frau. Was machen Sie?

Brandstätter: Ich würde spontan an der Tür läuten, um dem Opfer deutlich zu machen: Hier ist jemand, der das gehört hat. Man kann ruhig nachfragen, ob es Schwierigkeiten gibt, ob man Hilfe holen soll, vielleicht die Polizei.

SPIEGEL: Das klingt vernünftig. Aber warum handelt nicht jeder so beherzt?

Brandstätter: In so einer Situation kämpfen in Ihnen zwei Werte gegeneinander an: einerseits Ihre Überzeugung, dass Sie jemandem zu Hilfe kommen wollen, andererseits der Wert, dass Sie die Privatsphäre anderer Menschen zu respektieren haben. Dazu kommt die Ungewissheit: Mache ich möglicherweise für das Opfer alles viel schlimmer, wenn ich klingle? Mache ich mich vielleicht lächerlich, wenn da drin nur eine lustige Rauferei stattfindet? Also sagen Sie sich vielleicht: Das wird schon nicht so schlimm sein, und gehen weiter.

SPIEGEL: Was bringt einen dazu, doch den Klingelknopf zu drücken?

Brandstätter: Zivilcourage ist auch eine Frage der Wertorientierung: Wie verbindlich sind für Sie humane[1] Grundwerte: Toleranz, Hilfsbereitschaft, Solidarität[2] mit Schwächeren? Spüren Sie, wenn diese Werte verletzt werden? Daran erkenne ich schon mal, ob jemand zum Alltagshelden taugt.

SPIEGEL: Haben Helfer in der Not sonst noch etwas gemeinsam?

Brandstätter: Sie eint die Bereitschaft, soziale Verantwortung zu übernehmen, die Fähigkeit zur Empathie, also das Gespür für die Not einer fremden Person, ein gesundes Selbstvertrauen.

SPIEGEL: Was unterscheidet Hilfeleistung von Zivilcourage?

Brandstätter: Wenn Sie ein Kind retten, das auf einem See ins Eis eingebrochen ist, handeln Sie mutig, weil Sie Ihr Leben in Gefahr bringen. Aber es gibt keinen Gegner. Wenn es um Zivilcourage geht, schon. Da setzen Sie sich für jemanden ein, den Dritte bedrohen. Sie zeigen Mut, indem Sie Ihre eigenen Überzeugungen und Werte vertreten, auf die Gefahr hin, selbst sozial geächtet oder verletzt zu werden.

SPIEGEL: Viele möchten auch gern ein mutiger Alltagsheld sein. Aber wenn sie in eine kritische Situation kommen, schaffen sie es nicht.

Brandstätter: Es geht ja nicht immer gleich um die große Heldentat. Zivilcourage kann auch im Kleinen notwendig sein: häusliche Gewalt in der Nachbarschaft, rassistische Bemerkungen im Freundeskreis, ein Mobbing-Fall in der Schule oder am Arbeitsplatz. Schon Kinder können ein großes Gespür für ungerechtes, diskriminierendes[3] Verhalten haben. In der vierten Grundschulklasse meines Sohns hat ein Lehrer einmal den Aufsatz eines Jungen vorgelesen und sich abschätzig darüber geäußert. Er hat den

---

1 human: menschenwürdig, die Würde des Menschen achtend

2 die Solidarität: Verbundenheit, Zusammengehörigkeitsgefühl, Zusammenhalt

3 diskriminierend: beleidigend, herabsetzend, erniedrigend

Jungen vor allen bloßgestellt. Ein Schulkamerad ist zu dem Lehrer gegangen und hat ihm gesagt, dass er das nicht in Ordnung fand. Diesen Mut fand ich bemerkenswert und mein Sohn auch. Man kann schon Kindern beibringen, dass es ein wichtiges Zeichen ist, seine Stimme zu erheben, zu zeigen, dass man anderer Meinung ist als die schweigende Mehrheit.

1 a Lest den Text unter den folgenden Fragestellungen:
- Welche Werte und Fähigkeiten haben Alltagshelden, die Zivilcourage zeigen?
- Was unterscheidet Zivilcourage von Hilfsbereitschaft?

b Beantwortet die oben stehenden Fragen. Fasst eure Ergebnisse knapp zusammen.

2 Erläutert anhand des Textes, welche Wertekonflikte entstehen können, wenn man eine mögliche Notsituation bemerkt.

3 a Nennt Beispielsituationen aus dem Text, in denen Mut und Zivilcourage gefragt waren.
b Kennt ihr selbst Beispiele für mutiges Verhalten im Alltag? Berichtet davon.

Umfrage zu Erfahrungen mit Gewalt in der Öffentlichkeit (1000 Befragte)

Wurden Sie selbst schon einmal in der Öffentlichkeit körperlich angegriffen?

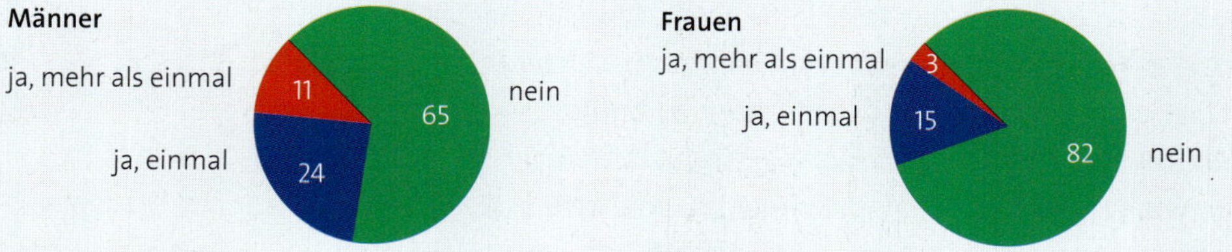

Falls ja, hat Ihnen in einer konkreten Situation jemand geholfen?
(Mehrfachnennungen möglich)

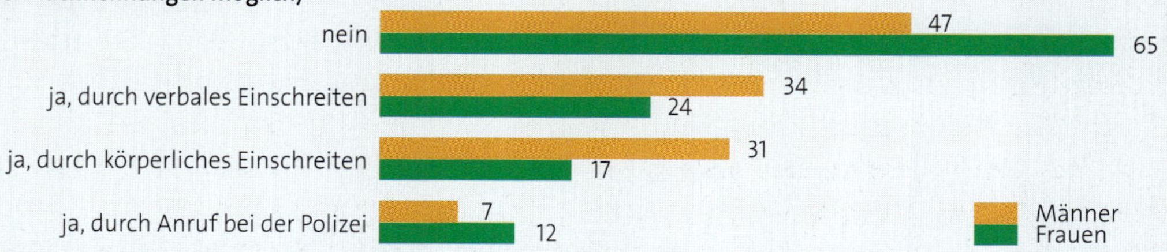

4 a Worum geht es in den Diagrammen? Benennt das gemeinsame Thema in einem Satz.
b Vergleicht die Zahlenangaben in den Diagrammen: Welche Werte sind besonders auffällig?
c Erklärt, welche Angaben ihr diskussionswürdig findet. Nennt Gründe.

5 Formuliert die wichtigsten Ergebnisse aus den Diagrammen:
Das erste Schaubild, zwei Kreisdiagramme, zeigt ... *Aus dem Balkendiagramm geht hervor ...*

6 Habt ihr selbst schon einmal eine Situation beobachtet oder erlebt, in der jemand körperlich angegriffen wurde? Beschreibt, wie sich die Menschen verhalten haben.

Vom guten Willen zur guten Tat: Hürden der Zivilcourage

Menschen müssen mehrere Hürden überwinden, um Zivilcourage zu zeigen. Nach einem psychologischen Modell sind es fünf an der Zahl: Erstens gilt es, ein kritisches Ereignis überhaupt zu bemerken. So bekommt etwa ein Fahrgast im Stadtbus vor lauter Verkehrslärm nicht unbedingt mit, wenn auf einer hinteren Sitzbank eine Frau belästigt wird. Das registrierte Verhalten muss zweitens als Notfall interpretiert werden. Handelt es sich um eine Auseinandersetzung zwischen Fremden oder um den Streit eines Pärchens? Auch Letzteres kann Anlass zur Zivilcourage geben, doch solange es bei einem verbalen Schlagabtausch bleibt, sind wir geneigt, uns nicht einzumischen. Drittens muss sich der Beobachter verantwortlich fühlen, statt ein Aktivwerden von anderen zu fordern und zu denken: „Der da sitzt doch viel näher dran als ich, soll er doch etwas machen!“ Nun kommt viertens ein wichtiger Punkt zum Tragen: Verfügt der Beobachter über das nötige Know-how, um einzuschreiten? Soll er das Opfer ansprechen und seine Hilfe anbieten – oder besser nur die Polizei rufen? Soll er den Täter vom Opfer trennen, sich womöglich zwischen die beiden drängen? Zivilcourage-Trainings setzen vor allem bei solchem Handlungswissen an, um den fünften Schritt zu erleichtern: das Eingreifen.

Verhaltensregeln für den Notfall:

- Beobachten Sie den oder die Täter und prägen Sie sich auffällige Merkmale ein (das kann eine spätere Fahndung erleichtern).
- Helfen Sie, ohne sich dabei selbst in Gefahr zu bringen. Vor allem bei Bewaffneten ist Zurückhaltung geboten.
- Sprechen oder fassen Sie nicht den Täter an, sondern konzentrieren Sie sich auf das Opfer.
- Treten Sie nicht aggressiv auf, sondern sachlich und beschwichtigend.
- Sprechen Sie weitere Anwesende direkt an und bitten Sie diese um Hilfe, z. B. indem Sie andere auffordern, per Notruf 110 die Polizei zu verständigen.
- Laufen Sie nicht weg, um Hilfe zu holen. Das Opfer hat in diesem Fall das Gefühl, Sie lassen es allein. Beruhigen oder trösten Sie das Opfer und leisten Sie gegebenenfalls Erste Hilfe.
- Stellen Sie sich als Zeuge zur Verfügung.

7 **a** Erläutert den im Flussdiagramm gezeigten Ablauf mit einem selbst gewählten Beispiel aus dem Alltag, z. B.:

> *1. Situation wahrnehmen, z. B.: Zwei ältere Schüler schubsen auf dem Schulweg einen Fünftklässler vor sich her …*
> *2. Als Notfall bewerten, z. B.: Genau beobachten, was …*
> *3. …*

b Erklärt, wie ihr die einzelnen Verhaltensregeln umsetzen würdet. Formuliert, wenn nötig, Beispielsätze in wörtlicher Rede, z. B.: *„Brauchst du Hilfe?“*

2. Schritt: Den Text planen und passende Informationen auswählen

Verfasst nun mit Hilfe der Materialien (▶ S. 24–26) einen Informationstext zum Thema „Zivilcourage". Der Text soll in der Schülerzeitung abgedruckt werden, also für Schülerinnen und Schüler in eurem Alter verständlich sein.

1 a Macht euch noch einmal klar, worüber die einzelnen Materialien (▶ S. 24–26) informieren.

b Überlegt, was eure Leser über das Thema „Zivilcourage" wissen wollen. Was könnte sie interessieren? Notiert Stichworte oder Fragen, z. B.:

- *Was bedeutet der Begriff „Zivilcourage"?*
- *Wie kann ich ...?*

2 Euer Informationstext braucht eine klare gedankliche Struktur (Aufbau), die ihr vor dem Schreiben festlegen solltet. Sie dient euch und euren Lesern als roter Faden.

a Überlegt: Welche Struktur ist für den Hauptteil eures Textes zum Thema „Zivilcourage" geeignet? Orientiert euch bei eurer Entscheidung am folgenden Beispiel:

- Ursache (z. B.: gute Ausbildung von Feuerwehrleuten in New York) → Wirkung (effektive Rettung am 11. 9. 2001) → Folgen (Feuerwehrleute gelten als Helden.)
- Frage (z. B.: Ist Laura Dekker eine Heldin?) → Antwort (Ja, weil ... / Nein, weil ...) → Folgerung (Ihr Mut taugt nur bedingt als Vorbild.)
- Problem (z. B.: Konflikte an Schulen nehmen zu) → Lösung (z. B.: Streitschlichter) → Umsetzung (z. B.: Ausbildungskurse für Streitschlichter)
- Vergangenheit (z. B.: Heldenbilder früher) → Gegenwart (z. B.: Heldenbilder heute) → Zukunft (z. B.: mögliche Entwicklungen)

b Überfliegt noch einmal alle Materialien und schaut euch eure Notizen zu den einzelnen Materialien an. Welche Informationen gehören zu welchen Teilen eurer Struktur?

3 Erarbeitet eine Gliederung für den Hauptteil eures Textes. Nutzt hierzu eure Struktur und ordnet den einzelnen Gliederungspunkten im Hauptteil stichwortartig Informationen zu, z. B.:

(1. Einleitung: Thema/Problem benennen)
2. Hauptteil: Auswertung der Informationen
a) Problem aufnehmen: Gewalt in der Öffentlichkeit, z. B. ...
b) Lösung darstellen: Zivilcourage; das bedeutet z. B. ...
c) ... erklären
(3. Schluss: Zusammenfassung, Bezug zum Thema/Problem, Ausblick ...)

3. Schritt: Den Informationstext schreiben und überarbeiten

1 Verfasst nun auf Grundlage eurer Gliederung euren Informationstext zum Thema „Zivilcourage“. Geht so vor:

a Weckt in der Einleitung das Interesse eurer Leser/-innen und führt in das Thema ein, z. B.:
Wer hat nicht schon einmal erlebt, ...? / Was bedeutet ... und wie ...? / Warum ...?
Es ist ein alltägliches Problem in unserer Gesellschaft, dass ...

b Verfasst mit Hilfe eurer Gliederung den Hauptteil eures Textes: Beschreibt und erklärt schrittweise die wichtigsten Sachverhalte zum Thema „Zivilcourage“.
- Nutzt eigene Worte, formuliert knapp und sachlich.
- Schreibt vorwiegend im Präsens und verwendet die indirekte Rede, wenn ihr Äußerungen anderer wiedergebt.
- Macht die Zusammenhänge der Informationen (Ursache, Wirkung etc.) auch sprachlich deutlich, z. B. durch Satzverknüpfungen (*weil, deshalb, sodass* usw.).

> *Eine Psychologin erklärt* (Präsens) *in einem Interview, warum* (Satzverknüpfung) *es schwierig ist, ...*
> *Sie sagt, Zivilcourage sei ...* (indirekte Rede im Konjunktiv I)
> *Im Gegensatz zur Hilfestellung ...* (knapp und in eigenen Worten)
> *Eine Umfrage zu ... zeigt, dass Hilfeleistung ...* (Zusammenfassung von Daten)

c Gebt am Schluss einen Ausblick. Geht z. B. darauf ein, was man konkret tun kann:
- *Wer diese Tipps beherzigt, kann in Notsituationen ...*
- *Wenn wir in Zukunft Gewalt in der Öffentlichkeit verhindern wollen, sollte jeder ...*

d Formuliert zuletzt eine interessante und treffende Überschrift, die das Thema umreißt.

2 Überarbeitet eure Texte mit Hilfe der Informationen aus dem Merkkasten.

Methode **Einen Informationstext verfassen**

In einem Informationstext fasst ihr in knapper und für die Leser gut verständlicher Weise **das Wichtigste über einen Sachverhalt** zusammen. Ihr gebt dabei Informationen aus verschiedenen Materialien übersichtlich wieder und beschreibt und erklärt Zusammenhänge.
- Gebt eurem Text eine **klare gedankliche Struktur** (roter Faden), in die ihr die Informationen einordnet, z. B.: *Ursache → Wirkung → Folgen; Vergangenheit → Gegenwart → Zukunft; Problem → Lösung → Umsetzung; Frage → Antwort → Folgerung.*
- **Gliedert** euren Text in **Überschrift, Einleitung** (Thema, W-Fragen), **Hauptteil** (Beschreibung und Erklärung der Sachverhalte in einer klaren gedanklichen Struktur) und **Schluss** (Zusammenfassung, Ausblick).
- Macht durch Absätze die Gliederung eures Textes deutlich.
- Nutzt **eigene Worte** und formuliert **sachlich** ohne persönliche Wertungen.
- Schreibt vorwiegend im **Präsens** und verwendet die **indirekte Rede,** wenn ihr Äußerungen anderer wiedergebt.
- Macht die **Zusammenhänge** der Informationen (Ursache, Wirkung etc.) auch sprachlich deutlich, z. B. durch **Satzverknüpfungen** (*weil, daher, denn, sodass* usw.).

Testet euch!

Einen informativen Text verfassen

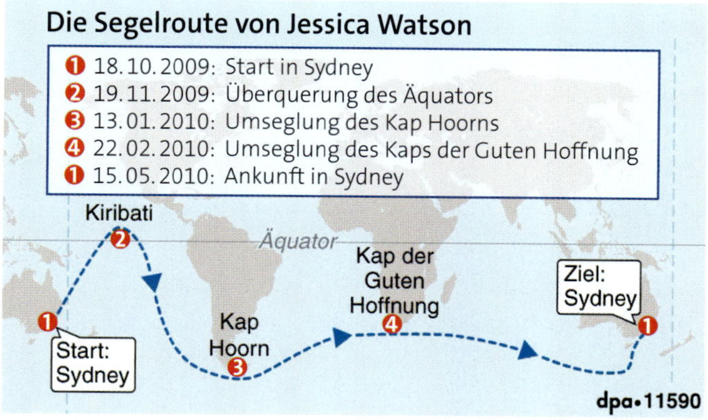

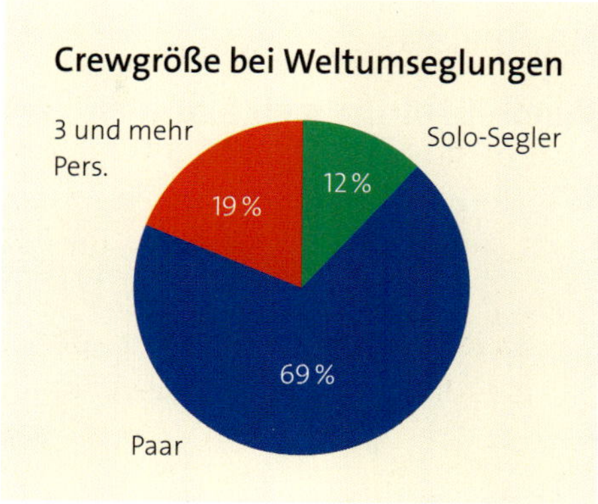

- Niederländerin Laura Dekker (geb. 20.9.1995): jüngste Weltumseglerin der Welt
- Start: 21.8.2010, Karibikinsel Sint Maarten; Ziel: 21.1.2012, Sint Maarten
- Segelboot (Zweimaster) „Guppy“
- Laura Dekker schlug Rekord der Australierin Jessica Watson
- Australierin Jessica Watson beendete drei Tage vor ihrem 17. Geburtstag ihre Weltumsegelung
- Watson war am 18.10.2009 in Sydney gestartet und erreichte am 15.5.2010 ihren Zielhafen.

VORSICHT FEHLER!

Laura Dekker: Jüngste Weltumseglerin

Die 16-jährige Laura Dekker lief am 21. Januar 2012 im Hafen der Karibikinsel Sint Maarten ein. Von dort aus war sie vor einer ganz schön langen Zeit, am 20. Januar 2011, mit ihrem Motorboot „Guppy“ gestartet. Als jüngste Bootsfahrerin in der Geschichte schlug die Belgierin damit die bisherige Rekordhalterin. Die hatte sich am 18. Oktober 2009 in Sydney zu einer Solo-Weltumsegelung davongemacht und erreichte am 15. Mai 2010, drei Tage vor ihrem Geburtstag, ihren Zielhafen. Bei den Weltumsegelungen sind Solo-Segler, also Personen, die ganz alleine segeln, eine kleine Minderheit (zwölf Prozent). Meist besteht die Crew aus drei oder mehr Personen, die gemeinsam das große Ziel der Weltumsegelung durchziehen.

1 Der Informationstext „Laura Dekker: Jüngste Weltumseglerin“ ist auf Grundlage der Landkarte, der Grafik und der Notizen entstanden. Er enthält jedoch falsche und ungenaue Informationen und ist an einigen Stellen unsachlich formuliert.

a Überarbeitet den Text. Geht so vor:
- Überprüft, ob der Verfasser die Materialien richtig ausgewertet und in den Text aufgenommen hat. Korrigiert und präzisiert gegebenenfalls die Informationen.
- Formuliert umgangssprachliche Textstellen in eine sachliche Sprache um.

b Vergleicht eure überarbeiteten Texte in Partnerarbeit.

1.2 Menschen im Widerstand – Einen literarischen Text erschließen

Hans Fallada

Jeder stirbt für sich allein (1)

Als der einzige Sohn des Berliner Ehepaars Anna und Otto Quangel 1940 als Soldat im Zweiten Weltkrieg (1939–1945) fällt, beschließt der Schreiner Otto Quangel, Widerstand gegen das nationalsozialistische Regime[1] *zu leisten.*

Anna Quangel aber hielt die Augen während seines Sprechens fest auf sein Gesicht gewendet, und sie war ihm fast dankbar, dass er sie nicht ansah, so schwer wurde es ihr, die Enttäuschung, die sich immer stärker ihrer bemächtigte, zu verbergen. Mein Gott, was hatte sich dieser Mann da ausgedacht! Sie hatte an große Taten gedacht (und sich eigentlich auch vor ihnen gefürchtet), an ein Attentat auf den Führer, zum Mindesten aber an einen tätigen Kampf gegen die Bonzen und die Partei.
Und was wollte er tun? Gar nichts, etwas lächerlich Kleines, so etwas, das so ganz in seiner Art lag, etwas Stilles, Abseitiges, das ihm seine Ruhe bewahrte. Karten wollte er schreiben, Postkarten mit Aufrufen gegen den Führer und die Partei, gegen den Krieg, zur Aufklärung seiner Mitmenschen, das war alles. Und diese Karten wollte er nun nicht etwa an bestimmte Menschen senden oder als Plakate an die Wände kleben, nein, er wollte sie nur auf

1 Als Zeit des Nationalsozialismus (abgekürzt NS-Zeit) wird die Regierungszeit der Nationalsozialistischen Deutschen Arbeiterpartei (NSDAP) von der Ernennung Adolf Hitlers zum Reichskanzler am 30. Januar 1933 bis zur bedingungslosen Kapitulation der Wehrmacht am 8. Mai 1945 bezeichnet. Die Nationalsozialisten errichteten in Deutschland eine Diktatur nach dem Führerprinzip und begannen 1939 einen Eroberungskrieg, der sich auf dem europäischen Kriegsschauplatz zum Weltkrieg entwickelte.
Sie unterdrückten jede freie Meinungsäußerung: Wer Kritik an der Diktatur äußerte oder zum Widerstand gegen das NS-Regime aufrief, wurde mit Gefängnis oder sogar mit dem Tod bestraft. Neben der Verfolgung und Ermordung politisch Andersdenkender verübten die Nationalsozialisten zahlreiche weitere Verbrechen gegen die Menschlichkeit gegenüber ethnischen, religiösen und anderen Minderheiten. Etwa sechs Millionen europäische Juden wurden ermordet.

den Treppen sehr begangener Häuser niederlegen, sie dort ihrem Schicksal überlassen, ganz unbestimmt, wer sie aufnahm, ob sie nicht gleich zertreten wurden, zerrissen ... Alles in ihr empörte sich gegen diesen gefahrlosen Krieg aus dem Dunkeln. Sie wollte tätig sein, es musste etwas getan werden, von dem man eine Wirkung sah!

Zögernd sagte sie: „Ist das nicht ein bisschen wenig, was du da tun willst, Otto?"

„Ob wenig oder viel, Anna", sagte er, „wenn sie uns daraufkommen, wird es uns unsern Kopf kosten ..."

Es lag etwas so schrecklich Überzeugendes in diesen Worten, in dem dunklen, unergründlichen Vogelblick, mit dem der Mann sie in dieser Minute ansah, dass sie zusammenschauderte. Und einen Augenblick sah sie deutlich vor sich den grauen, steinernen Gefängnishof, das Fallbeil aufgerichtet, in dem grauen Frühlicht hatte sein Stahl nichts Glänzendes, es war wie eine stumme Drohung.

Anna Quangel spürte, dass sie zitterte. Dann sah sie rasch wieder zu Otto hinüber. Er hatte vielleicht Recht, ob wenig oder viel, niemand konnte mehr als sein Leben wagen. Jeder nach seinen Kräften und Anlagen – die Hauptsache: Man widerstand.

Dann nahm er die Feder zur Hand und sagte leise, aber mit Nachdruck: „Der erste Satz unserer ersten Karte wird lauten: ‚Mutter! Der Führer hat mir meinen Sohn ermordet' ..."

Und wieder erschauerte sie. Es lag etwas so Unheilvolles, so Düsteres, so Entschlossenes in diesen Worten, die Otto eben gesprochen hatte. Sie begriff in einem Augenblick, dass er mit diesem ersten Satz für heute und ewig den Krieg angesagt hatte, und sie erfasste auch dunkel, was das hieß: Krieg zwischen ihnen beiden, den armen, kleinen, bedeutungslosen Arbeitern, die wegen eines Wortes für immer ausgelöscht werden konnten, und auf der anderen Seite der Führer, die Partei, dieser ganze ungeheure Apparat mit all seiner Macht und seinem Glanz und drei Viertel, ja vier Fünftel des ganzen deutschen Volkes dahinter. Und sie beide hier in diesem kleinen Zimmer in der Jablonskistraße allein!

1 a Lest den Textauszug aus dem Roman „Jeder stirbt sich für sich allein". Sammelt anschließend, was ihr über die Situation und die Figuren, Anna und Otto Quangel, erfahrt.
b Beschreibt, in welcher Form Otto Quangel Widerstand gegen das NS-Regime leisten will.

2 a Wie beurteilt Anna Quangel den Plan ihres Mannes? Sucht in Partnerarbeit mindestens drei Textstellen heraus, in denen deutlich wird, was sie zu Beginn und am Ende dieser Szene über das Vorhaben ihres Mannes denkt.
b Stellt eure Ergebnisse vor und erläutert jeweils die Gedanken Anna Quangels.

3 Welche Folgen könnte der Widerstand Otto Quangels haben? Findet hierzu die entsprechende Textstelle und erläutert diese.

4 „Er hatte vielleicht Recht, ob wenig oder viel, niemand konnte mehr als sein Leben wagen. Jeder nach seinen Kräften und Anlagen – die Hauptsache: Man widerstand" (▶ Z. 45–49). Erklärt, wie ihr diesen Satz versteht, und begründet, ob ihr diese Aussage teilt oder nicht.

5 Macht euch ein genaueres Bild von Otto Quangel. Wie wirkt er in dieser Szene? Begründet eure Wahl anhand von Textstellen.

Otto Quangel ist: nervös • entschlossen • traurig • kompromisslos • enttäuscht • mutig

6 Überlegt, welche Gedanken Otto Quangel beim Schreiben der Karten durch den Kopf gehen könnten. Verfasst dazu einen inneren Monolog aus seiner Sicht. Geht so vor:

a Versetzt euch in die Lage Otto Quangels und notiert, was er in dieser Situation denken und fühlen könnte. Schreibt in der Ich-Form und im Präsens. Ihr könnt die Formulierungshilfen unten zu Hilfe nehmen.
- Wie steht Otto Quangel zu seiner geplanten Tat?
- Was denkt er über die Reaktionen seiner Frau?
- Erinnert er sich an seinen verstorbenen Sohn?
- Was empfindet er angesichts der möglichen Folgen, die diese Tat haben könnte (Gefängnis, Todesstrafe)?

Ich glaube, Anna ist gar nicht klar, dass uns diese Aktion den Kopf kosten kann. • Und wenn ich an ... denke, fühle ich/habe ich ... • Soll ich ...? Nein, das wäre ... • Wieso ...? • Ich will einfach nicht wahrhaben ... • Wie werden ...? • Ich kann mir vorstellen/nicht vorstellen, dass ... • Ob diese Karten ...?

b Formuliert nun den inneren Monolog. Schreibt in der Ich-Form.

7 Lest eure Texte vor und tauscht euch darüber aus, wie ihr die Figur Otto Quangel und die Situation durch eure inneren Monologe jeweils dargestellt habt.

Methode **Einen inneren Monolog verfassen**

Ein **innerer Monolog** ist ein **stummes Selbstgespräch einer Figur,** z. B. in einer angespannten Situation. In ihm äußert die Figur ihre Gedanken, Gefühle und Wahrnehmungen. Wenn ihr einen inneren Monolog schreibt, versetzt ihr euch in die Figur hinein und überlegt, was diese Figur in der jeweiligen Situation denken, fühlen und wahrnehmen könnte.
Verwendet für den inneren Monolog:
- die **Ich-Form** und das **Präsens,** z. B.: *Ich will diesen Plan einfach in die Tat umsetzen.*
- **Ausrufe,** z. B.: *Das glaube ich nicht! Wieso denkt sie so etwas?*
- **Fragen,** z. B.: *Hab ich das geträumt? Ist das wirklich geschehen?*
- **unvollständige Sätze** und **Gedankensprünge,** z. B.: *Ich könnte doch ... Nein, das kann ich nicht.*

Wichtig ist, dass der Inhalt und die Sprache zur Figur und zur Handlung des Textes passen. (Was weiß die Figur, was weiß sie nicht?)
Beim Lesen fühlt ihr häufig mit einer Figur und denkt ihre möglichen Gedanken. Schreibt ihr diese Gedanken und Gefühle als inneren Monolog auf, könnt ihr euch besser darüber austauschen, wie ihr eine Figur und ihre Situation versteht.

Hans Fallada

Jeder stirbt für sich allein (2)

Anna und Otto Quangel entscheiden, die erste Karte auf dem Alexanderplatz in Berlin auszulegen. Auf dem Weg dorthin entscheidet sich Quangel kurzfristig, seine Frau auf dem Bürgersteig stehen zu lassen und alleine die Postkarte in einem gegenüberliegenden Bürohaus auszulegen.

Unterdes war Quangel in das Bürohaus eingetreten. Es war ein helles, modernes Bürohaus, mit vielen Firmen wohl, aber auch mit einem Portier in grauer Uniform. Quangel geht, ihn gleichgültig ansehend, an ihm vorüber. Er ist darauf gefasst, nach dem Wohin gefragt zu werden, er hat sich gemerkt, dass Rechtsanwalt Toll im vierten Stock sein Büro hat. Aber der Portier fragt ihn nichts, er redet mit einem Herrn. Er streift den Vorübergehenden nur mit einem flüchtigen, gleichgültigen Blick. Quangel wendet sich nach links, schickt sich an, die Treppe hochzusteigen, da hört er einen Fahrstuhl surren. Siehe da, damit hat er auch nicht gerechnet, dass es in einem solchen modernen Haus Fahrstühle gibt, sodass die Treppen kaum benutzt werden.

Aber Quangel steigt weiter die Treppe hoch. Der Junge im Lift wird denken: Das ist ein alter Mann, er misstraut einem Fahrstuhl. Oder er wird denken, er will nur in den ersten Stock. Oder er wird überhaupt nichts denken. Jedenfalls sind diese Treppen kaum benutzt. Er ist schon auf der zweiten, und bisher ist ihm nur ein Bürojunge begegnet, der eilig, ein Paket Briefe in der Hand, die Treppen hinabstürzte. Er sah Quangel gar nicht an. Der könnte seine Karte hier überall ablegen, aber er vergisst nicht einen Augenblick, dass dieser Fahrstuhl da ist, durch dessen blinkende Scheiben er jederzeit beobachtet werden kann. Er muss noch höher, und der Fahrstuhl muss gerade in die Tiefe versunken sein, dann wird er es tun.

Er bleibt an einem der hohen Fenster zwischen zwei Stockwerken stehen und starrt auf die Straße hinunter. Dabei zieht er, gut gegen Sicht gedeckt, den einen Handschuh aus der Tasche und streift ihn über seine Rechte. Er steckt diese Rechte wieder in die Tasche, vorsichtig gleitet sie an der dort bereitliegenden Karte vorbei, vorsichtig, um sie nicht zu zerknittern. Er fasst sie mit zwei Fingern ...

Während Otto Quangel all das tut, hat er längst gesehen, dass Anna nicht auf ihrem Platz am Schaufenster, sondern dass sie am Rande des Fahrdamms steht und höchst auffallend mit sehr blassem Gesicht nach dem Bürohaus hinübersieht. So hoch, wie er steht, erhebt sie den Blick nicht, sie mustert wohl die Türen im Erdgeschoss. Er schüttelt unmutig den Kopf, fest entschlossen, die Frau nie wieder auf einen solchen Weg mitzunehmen. Natürlich hat sie Angst um ihn. Aber warum hat sie Angst

um ihn? Sie sollte um sich selbst Angst haben, so falsch, wie sie sich benimmt. Sie erst bringt sie beide in Gefahr!

Er steigt weiter treppauf. Als er am nächsten Fenster vorbeikommt, schaut er noch einmal auf die Straße, aber jetzt sieht Anna wieder in das Schaufenster hinein. Gut, sehr gut, sie hat ihre Angst untergekriegt. Sie ist eine mutige Frau. Er wird gar nicht mit ihr darüber sprechen. Und plötzlich nimmt Quangel die Karte, legt sie vorsichtig auf das Fensterbrett, reißt, schon im Gehen, den Handschuh von der Hand und steckt ihn in die Tasche.

Die ersten Stufen hinabsteigend, sieht er noch einmal zurück. Da liegt sie im hellen Tageslicht, von hier aus kann er noch sehen, wie eine große, deutliche Schrift seine erste Karte bedeckt! Jeder wird sie lesen können! Und verstehen auch! Quangel lächelt grimmig.

Zugleich hört er aber auch, dass eine Tür im Stockwerk über ihm geht. Der Fahrstuhl ist vor einer Minute in die Tiefe gesunken. Wenn es dem da oben, der gerade ein Büro verlassen hat, zu langweilig ist, auf das Wiederheraufkommen des Fahrstuhls zu warten, wenn er die Treppe hinuntersteigt, die Karte findet: Quangel ist nur eine Treppe tiefer. Wenn der Mann läuft, kann er Quangel noch erwischen, vielleicht erst ganz unten, aber kriegen kann er ihn, denn Quangel darf nicht laufen. Ein alter Mann, der wie ein Schuljunge die Treppe hinunterläuft – nein, das fällt auf. Und er darf nicht auffallen, niemand darf sich erinnern, einen Mann von dem und dem Aussehen überhaupt in diesem Hause gesehen zu haben.

Quangel tritt in den Ausgang. Gerade kommt ein großer Trupp Menschen vom Hofe her, Arbeiter aus irgendeiner Fabrik, Quangel schiebt sich unter sie. Diesmal, ist er ganz sicher, hat ihn der Portier überhaupt nicht angesehen.

1 Findet ihr den vorliegenden Textauszug spannend? Begründet eure Meinung.

2 Erklärt, wie Otto Quangel beim Auslegen der Karte vorgeht. Überlegt dabei auch, warum er einen Handschuh über seine rechte Hand streift.

3 Erklärt, wie Otto Quangel das Verhalten seiner Frau beurteilt. Sucht hierzu die entsprechenden Textstellen heraus.

4 Otto Quangel begegnet in dem Haus verschiedenen anderen Figuren. Untersucht, welche Gedanken ihm dabei durch den Kopf gehen. Wie wirken diese Textpassagen auf den Leser?

5 Im ersten Abschnitt wechselt das Tempus vom Präteritum ins Präsens. Erläutert die Wirkung dieses Tempuswechsels.

6 **a** Beurteilt anhand des folgenden Zitats, was sich Otto Quangel von seiner Tat erhofft. Stellt Vermutungen an, warum er „grimmig" lächelt.

> „Da liegt sie im hellen Tageslicht, von hier aus kann er noch sehen, wie eine große, deutliche Schrift seine erste Karte bedeckt! Jeder wird sie lesen können! Und verstehen auch! Quangel lächelt grimmig." (▶ Z. 68–72)

b Diskutiert, ob ihr die Tat von Otto Quangel als Heldentat bezeichnen würdet. Begründet eure Meinung.

Fordern und fördern – Eine literarische Figur befragen

Die Hintergründe des Romans

Hans Falladas Roman „Jeder stirbt für sich allein“ hat ein wahres Vorbild: In den Jahren 1940 bis 1942 verfassten Elise und Otto Hampel Postkarten und etwa 200 Handzettel, in denen sie zum Widerstand gegen den Nationalsozialismus aufriefen. Hier ist eine Postkarte des Ehepaars Hampel abgedruckt.

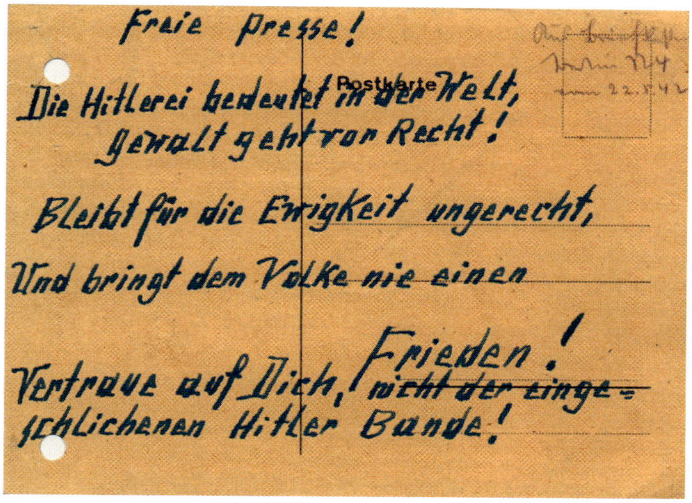

Freie Presse!

Die Hitlerei bedeutet in der Welt,
Gewalt geht vor Recht!

Bleibt für die Ewigkeit ungerecht,
und bringt dem Volke nie einen
Frieden!

Vertraue auf Dich, nicht der ein-
geschlichenen Hitlerbande!

Während der **nationalsozialistischen Diktatur** in Deutschland (1933–1945) wurden Menschen, die sich kritisch gegenüber den Nationalsozialisten äußerten oder zum Widerstand gegen das NS-Regime aufriefen, verfolgt und mit Gefängnis oder dem Tod bestraft.

1 Wertet den Text aus und tragt zusammen, was ihr über die Hintergründe des Romans „Jeder stirbt für sich allein“ erfahrt. Geht so vor:

a Untersucht die Postkarte genauer und notiert Antworten auf die folgenden Fragen: Was ist das Ziel des Schreibens? Was genau wird dem NS-Regime vorgeworfen? An wen richtet sich die Karte und wozu fordert der Verfasser auf?

b Überprüft mit Hilfe der Informationen zur nationalsozialistischen Diktatur, welche Folgen das Schreiben solcher kritischen Postkarten haben konnte.

▷ Hilfen zu dieser Aufgabe findet ihr auf Seite 36.

2 Stellt euch vor, ihr seid eine Freundin oder ein Freund von Otto Quangel und trefft ihn einige Tage nach dem Verteilen der Postkarten. Führt nun eine Befragung mit der literarischen Figur Otto Quangel durch. Berücksichtigt dabei auch die Hintergrundinformationen aus den Texten oben (Postkarte, Informationen zur NS-Dikatur).

a Formuliert mindestens vier Fragen an die Figur Otto Quangel.

b Versetzt euch dann in die Lage Otto Quangels und beantwortet die Fragen aus seiner Sicht.

▷ Hilfen zu dieser Aufgabe findet ihr auf Seite 36.

Aufgabe 1 mit Hilfen

Wertet den Text aus und tragt zusammen, was ihr über die Hintergründe des Romans „Jeder stirbt für sich allein“ erfahrt. Geht so vor:

a Untersucht die Postkarte genauer und notiert Antworten auf die folgenden Fragen:
- Was ist das Ziel des Schreibens?
- Was genau wird dem NS-Regime vorgeworfen?
- An wen richtet sich die Karte und wozu fordert der Verfasser auf?

In der hier abgedruckten Karte sind schon die wichtigsten Begriffe, die Antworten auf die Fragen oben geben, markiert. Die Erklärungen am Rand helfen euch zusätzlich.

> *Freie Presse!*
>
> *Die Hitlerei bedeutet in der Welt, Gewalt geht vor Recht!*
> *Bleibt für die Ewigkeit ungerecht, und bringt dem Volke nie einen Frieden!*
> *Vertraue auf Dich, nicht der eingeschlichenen Hitler-Bande!*

freie Presse = freie Meinungsäußerung

Gesetze schützen den Bürger nicht mehr

Dich = jeder Bürger (soll sich nicht durch die Nationalsozialisten beeinflussen lassen, sondern sich auf ... besinnen)

b Überprüft mit Hilfe der Informationen zur nationalsozialistischen Diktatur (► S. 35), welche Folgen das Schreiben solcher kritischen Postkarten haben konnte.
TIPP: In diesen Postkarten – wie der obigen – wird zum Widerstand gegen das NS-Regime aufgerufen.

Aufgabe 2 mit Hilfen

Stellt euch vor, ihr seid eine Freundin oder ein Freund von Otto Quangel und trefft ihn einige Tage nach dem Verteilen der Postkarten. Führt nun eine Befragung mit der literarischen Figur Otto Quangel durch. Berücksichtigt dabei auch die Hintergrundinformationen (► Postkarte, Informationen zu NS-Diktatur). Geht so vor:

a Formuliert mindestens vier Fragen an die Figur Otto Quangel. Ihr könnt die folgenden Formulierungen zu Hilfe nehmen:

> Hattest du keine Angst, dass du ...? • Was ist das Ziel ...? • Hast du nie daran gedacht, ...? • Wie hast du dich gefühlt, als du ...? • Erklär doch mal, wie du ...

b Versetzt euch dann in die Lage Otto Quangels und beantwortet die Fragen aus seiner Sicht.

> Natürlich hatte ich Angst und war nervös, als ich die Karte ... Ich weiß, dass eine solche Tat mit ... bestraft werden kann. Zum Glück hat keiner bemerkt ... •
> Mit dieser Aktion möchte ich erreichen, dass sich jeder einzelne Bürger bewusst wird, dass ... •
> Als ich das Bürohaus sah, habe ich kurz gedacht, dass ich doch ... •
> Ich musste ruhig bleiben, denn ... • Nachdem ich die Postkarte abgelegt hatte, ...

1.3 Fit in ... – Einen Informationstext verfassen

Die Aufgabenstellung richtig verstehen

Stellt euch vor, ihr bekommt in der nächsten Klassenarbeit folgende Aufgabe gestellt:

Für die Schülerzeitung sollst du zum Thema „Feuerwehr – ein Beruf für Helden?" informieren. Verfasse auf Grundlage der Materialien auf dieser Seite den Informationstext:

1. a Suche aus den Materialien die wichtigsten Informationen heraus.
   b Bereite die gedankliche Struktur deines Textes in einer Gliederung vor.
2. Verfasse mit Hilfe deiner Vorarbeiten einen zusammenhängenden Informationstext.

Die Feuerwehr – kein Spielplatz für Abenteurer

Ein Interview mit dem Feuerwehrmann Martin Jon

Herr Jon, seit dem Einsturz des World Trade Centers in New York am 11.09.2001 gelten Feuerwehrleute weltweit als Helden. Hat der Beruf seitdem großen Zulauf?

Jon: Ja, tatsächlich. Die Medien haben seitdem ein Bild von Feuerwehrleuten geprägt, die sich bei großen Katastrophen als Helden bewähren. Sie kämpfen gegen eine Urgewalt und retten in lebensgefährlichen Situationen Menschen. Solch ein Image ist sicher attraktiv für junge Leute, die davon träumen, sich zu beweisen. Sachsen wirbt sogar mit dem Slogan „Helden gesucht!" für seine Jugendfeuerwehr.

Und ist die Vorstellung von heldenhaften Feuerwehrleuten realistisch?

Jon: Selbstverständlich leisten wir wichtige Rettungs- und Hilfsarbeiten. Dazu gehört natürlich die Bekämpfung von Bränden, die auch schon mal gefährlich werden kann. Sehr wichtig ist aber auch der Einsatz bei Verkehrsunfällen, wenn z. B. Menschen aus Autos befreit werden müssen.

Also ist es doch ein aufregender Job?

Jon: Vieles ist letztlich Routine wie in anderen Berufen auch. Heldenszenen wie in einem Hollywoodfilm erlebt man bei der Feuerwehr zum Glück nur selten. Es gibt Wochen, in denen wir zu vielen Fehlalarmen ausrücken und höchstens einmal eine Katze vom Baum holen. Dafür wird man dann entschädigt, wenn es wirklich gelingt, ein Menschenleben zu retten. Dennoch: Wer nur das Abenteuer sucht, ist bei der Feuerwehr falsch.

Einsatzstatistik Feuerwehr 2013
typische Großstadt

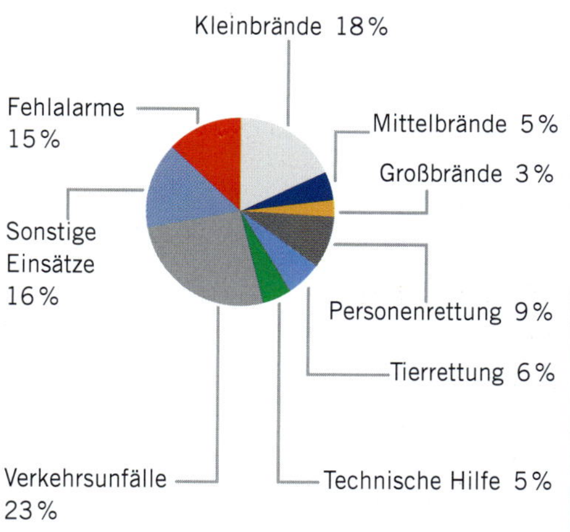

1 Lest die Aufgabenstellung aufmerksam durch. Besprecht dann in Partnerarbeit,
- welche Arbeitsschritte notwendig sind, um das Schreiben des Textes vorzubereiten,
- worauf ihr beim Schreiben des Informationstextes achten müsst.

Informationen erschließen und den Text planen (Gliederung)

2 a Lest den Text unter der folgenden Fragestellung: Ist die Feuerwehr ein Beruf für Helden?
b Notiert kurz, worüber der Text und das Diagramm informieren.

3 a Begründet, welche gedankliche Struktur (Aufbau) sich für den Hauptteil eures Informationstextes eignet:
A Vergangenheit → Gegenwart → Zukunft   **B** Frage → Antwort → Folgerung
b Sucht aus den Materialien die Informationen heraus, die ihr für euren Text nutzen wollt. Notiert wichtige Fakten und Aussagen in Stichworten.
c Erstellt eine Gliederung für euren Informationstext, z. B.:

1. Einleitung: Thema/Frage benennen
2. Hauptteil: Auswertung der Informationen
a) Frage aufnehmen = Ist die Arbeit bei der Feuerwehr ein Beruf für ...?
b) Antwort darstellen = Einerseits ... Andererseits ...
c) Folgerung beschreiben = Reine Abenteurer sind bei Feuerwehr ...
3. Schluss: Ausblick/Bezug zur Frage = Arbeit bei Feuerwehr ist ...

Den Informationstext schreiben und überarbeiten

4 a Formuliert eine interessante Einleitung, die in das Thema einführt, z. B.:
Wer träumt nicht davon, ...? ... haben seit ... genau dieses Image. Aber ist ... tatsächlich zum Heldentum geeignet? Die Antwort auf diese Frage ...
b Verfasst mit Hilfe eurer Gliederung den Hauptteil des Informationstextes.
Weil sich Feuerwehrleute durchaus bei lebensgefährlichen Einsätzen bewähren müssen und Menschenleben retten, glauben viele, dass die Arbeit bei der Feuerwehr ein Beruf für ...
In einem Interview erklärt der Feuerwehrmann ..., wie ...   Auch die Einsatzstatistik ....
c Schreibt einen Schlusssatz, in dem ihr einen Ausblick gebt oder die Ausgangsfrage noch einmal aufgreift. Nutzt folgende Wortbausteine: *anspruchsvoll* • *Jedem sollte klar sein, dass ...*
d Formuliert eine treffende Überschrift.

5 Überarbeitet eure Informationstexte in Partnerarbeit. Die folgende Checkliste hilft euch dabei.

Checkliste

Einen Informationstext verfassen
- Habt ihr die **wichtigsten Informationen** verständlich dargestellt? Beschreibt und erklärt ihr wichtige Zusammenhänge und macht diese auch sprachlich deutlich (*weil, denn* ...)?
- Ist euer Text klar in **Einleitung** (Thema, W-Fragen), **Hauptteil** (Beschreibung und Erklärung der Sachverhalte) und **Schluss** (Zusammenfassung, Ausblick) gegliedert?
- Habt ihr vorwiegend das **Präsens** genutzt und Äußerungen anderer in der **indirekten Rede** wiedergegeben?
- Habt ihr **sachlich** und in **eigenen Worten** formuliert?

2 Digitale Medien nutzen – Standpunkte vertreten

1 Lasst das Bild auf euch wirken: Beschreibt dann die dargestellte Situation.

2 Die digitalen Medien, zum Beispiel Tablets oder Smartphones, werden häufig kritisch gesehen. Nennt typische Themen, über die ihr mit Freunden, Mitschülern oder Eltern schon kontrovers diskutiert habt.

3 Formuliert positive Aspekte der digitalen Mediennutzung, mit denen ihr Medienkritikern oder besorgten Eltern begegnen könntet.

In diesem Kapitel …

- trainiert ihr, eure Meinung durch Argumente und Beispiele sachlich zu begründen,
- lernt ihr, auf die Einwände anderer einzugehen und diese geschickt zu widerlegen,
- übt ihr, euren Standpunkt überzeugend zu formulieren, z. B. in einem Blogbeitrag.

2.1 Vorsicht, Computer? – Diskutieren und Stellung nehmen

Machen digitale Medien dumm? – Meinungen begründen

Hirnforscher warnt vor „digitaler Demenz[1]"

Der Ulmer Hirnforscher Manfred Spitzer warnt vor einer „digitalen Demenz".

Von Janina Funk

Funk: *In Ihrem Buch „Digitale Demenz" schreiben Sie, dass die Leistung des Gehirns abnimmt, wenn wir Hirnarbeit in digitale Medien auslagern. Haben Sie selbst keine Angst vor dieser digitalen Demenz?*

Spitzer: Ich kenne die Risiken und Nebenwirkungen der Geräte und nutze sie bewusst. Ich fahre ja auch nicht nur Auto, sondern laufe, damit meine Beinmuskeln nicht verkümmern. Genauso ist es mit dem Gehirn. Benutzt man es nicht, schrumpft es.

Funk: *Und bei weniger verantwortungsvollem Umgang? Verstärkte Mediennutzung kann man doch nicht wirklich mit Alkoholsucht oder Demenz vergleichen …*

Spitzer: In Deutschland sind 250 000 junge Leute süchtig nach digitalen Medien und Computerspielen. Der Ausdruck „digitale Demenz" stammt übrigens von koreanischen Ärzten. Denn in Südkorea werden digitale Medien noch stärker genutzt als bei uns. Diese Ärzte berichten von Menschen Mitte 30, die sich nichts mehr merken können. Das zeigt, dass Computer dem Gehirn schaden. Bei der digitalen Demenz findet ein geistiger Abstieg statt, der durch digitale Medien verursacht wird.

Funk: *Was passiert da mit dem Gehirn?*

Spitzer: Wenn Sie wissen, dass Sie googeln können, merken Sie sich nichts mehr. Wenn Sie alles auslagern, benutzen Sie Ihr Hirn weniger. Das Gehirn ist wie ein Muskel, den man durch Training stärkt.

1 die Demenz: Oberbegriff für verschiedene geistige Erkrankungen, die immer eine Gedächtnisstörung einschließen

Funk: *Sie schreiben, dass Kinder besonders gefährdet sind. Was können Eltern dagegen tun?*

Spitzer: Einfach mal Nein sagen. Man füttert seine Kinder ja auch nicht pausenlos mit Süßigkeiten. Und Spielkonsolen würde ich überhaupt nicht erlauben. Die schaden eigentlich allen Menschen.

Funk: *Was ist für Erwachsene so schädlich daran, wenn sie sich vor eine Spielkonsole setzen, und warum sind etwa Filme Kunst und Computerspiele nicht?*

Spitzer: Da geht es natürlich auch um die Inhalte. Ein Horrorfilm ist genauso wenig etwas Gutes wie ein Ballerspiel. Auch Horrorbücher würde ich nicht gutheißen. Der generelle Vorteil bei einem Buch ist aber: Wenn Sie lesen, benutzen Sie Ihr Hirn. Die digitalen Medien hingegen verleiten zu Unkonzentriertheit und Oberflächlichkeit.

1 **a** Lest nur die Schlagzeile und die Unterzeile des Textes. Stellt Vermutungen darüber an, was das Thema und die möglichen Positionen (Meinungen) in dem Interview sein könnten.

b Lest das gesamte Interview und überprüft eure Erwartungen. Welche haben sich bestätigt?

2 Äußert euren ersten Eindruck zum Interview. Welchen Aussagen würdet ihr direkt widersprechen und welchen zustimmen?

3 Klärt, was der Ausdruck „digitale Demenz“ bedeutet.
Sucht hierzu aus dem Text treffende Erklärungen (mit Zeilenangaben) heraus und notiert sie in Stichworten. Haltet eure Ergebnisse schriftlich fest, z. B.:

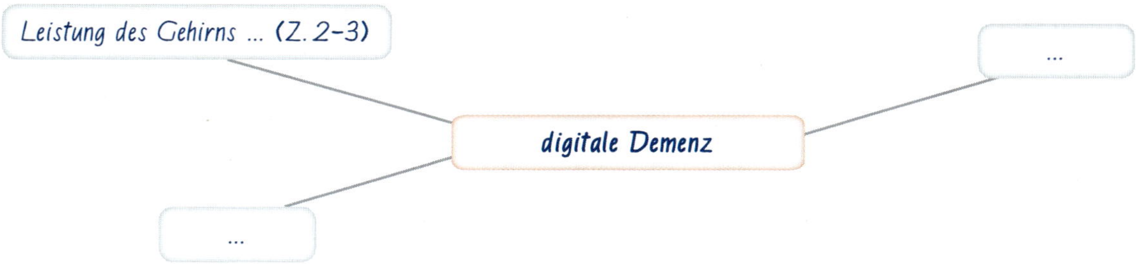

4 **a** Formuliert, welche Meinung Manfred Spitzer in dem vorliegenden Interview vertritt. Ihr könnt hierzu den folgenden Satz weiterführen:
Manfred Spitzer vertritt die Auffassung, dass ...

b Sucht die Argumente und Beispiele aus dem Text heraus, mit denen Spitzer seine Meinung begründet. Notiert sie mit Zeilenangaben.

5 a Versucht in Partnerarbeit, das folgende Argument von Manfred Spitzer zu entkräften. Die Satzanfänge helfen euch dabei: „Wenn Sie wissen, dass Sie googeln können, merken Sie sich nichts mehr." (▸ S. 40, Z. 28 f.)

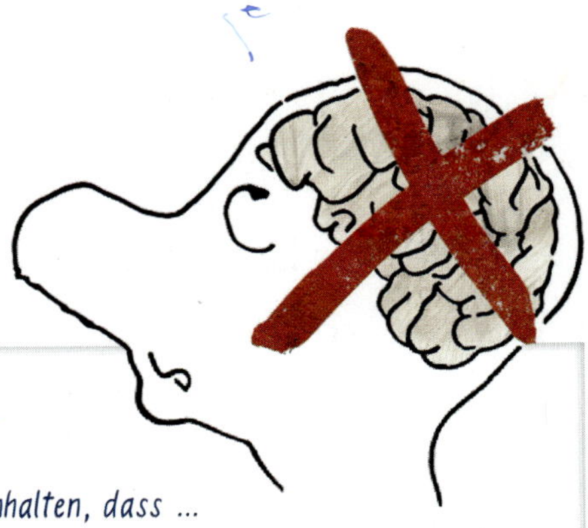

- *Natürlich besteht beim Googeln die Gefahr, dass ... Aber ...*
- *Gegen das Argument von Spitzer spricht, dass ...*
- *Es ist schon richtig, dass ... Dem lässt sich jedoch entgegenhalten, dass ...*
- *Selbst wenn man der Ansicht ist, dass ..., folgt daraus nicht, dass ... Denn das Internet wird auch genutzt, um ...*

b Sucht weitere Argumente aus dem Interview heraus, die euch nicht überzeugen, und widerlegt diese. Nutzt hierzu auch die Informationen aus dem Merkkasten.

c Stellt eure Ergebnisse vor. Diskutiert anschließend über die Position von Manfred Spitzer. Bedenkt dabei auch, welche Rolle digitale Medien für euch haben, z. B. in der Schule oder zu Hause.

Information **Argumentieren: Meinung, Argument, Beispiel**

Beim Argumentieren versucht man, seine Meinung überzeugend zu begründen. Man formuliert einen Standpunkt (Meinung, Wunsch, Forderung), den man durch Argumente und Beispiele stützt.

- **Standpunkt (Meinung):** *Ein Leben ohne digitale Medien ist heute nicht mehr denkbar.*
- **Argument:** ..., *weil die moderne Welt den schnellen Zugang zu Informationen und auch die digitale Kommunikation verlangt.*
- **Beispiel:** *Zum Beispiel gehört bei der Vorbereitung eines Referats die Internetrecherche selbstverständlich dazu.*

Überzeugende Beispiele können sein:

- ein überzeugendes **Beispiel** aus eurem eigenen **Erfahrungsbereich** oder eine **nachvollziehbare Erläuterung,** warum etwas sinnvoll oder nicht sinnvoll ist, z. B.:
  In unserer Schule haben wir eine Medien-AG, in der wir einen Kurzfilm erstellt haben. Für ein solches Projekt braucht man zum Beispiel auch den Computer, mit dem man das Film- und Audiomaterial bearbeiten kann.
- ein **Beleg aus der Zeitung** oder ein **Zitat von einer Expertin/einem Experten,** z. B.:
  Der Medienpädagoge Thomas Welsch hat die Erfahrung gemacht, dass Medien Jugendliche zum Mitdenken anregen, die Kreativität fördern und sogar aufnahmefähiger machen können.

So könnt ihr ein Gegenargument (Einwand) entkräften oder widerlegen:

Beim Argumentieren überzeugt ihr noch mehr, wenn ihr auch auf ein Argument eingeht, das gegen euren Standpunkt spricht (Gegenargument), und dieses entkräftet. Erklärt zum Beispiel, warum euch das Argument nicht überzeugt, und nennt ein Argument, das für euren Standpunkt spricht, z. B.:
Es ist zwar nachvollziehbar, wenn ..., aber viel entscheidender ist doch ... Gegen ... spricht, dass ...

Das digitale Klassenzimmer – Eine Pro-und-Kontra-Diskussion führen

Tablet-PCs im Unterricht?

Ob im Unterricht oder zu Hause – ohne Tablet-PC läuft bei den Schülerinnen und Schülern des Goethe-Gymnasiums bald nichts mehr. Geschrieben wird nicht mehr in Hefte, sondern auf den Bildschirmen, zudem werden die PCs zur Internetrecherche, zum Präsentieren oder zum schnellen Datenaustausch eingesetzt. Vorn, wo sonst eine Tafel hängt, flimmert der Desktop ihrer Lehrerin in Großformat. Der Unterricht ist digital.

User	Kommentare
Mephisto	Jugendliche bewegen sich heute ganz selbstverständlich in der digitalen Welt und diese Lebenswelt greifen wir im Unterricht auf. Durch den Einsatz der modernen Technik sind die Jugendlichen im Unterricht nachweislich motivierter, denn was interessiert und Spaß macht, prägt sich leichter ein.
Lena24	Der PC mit seinen Programmen ist ein Gerät, mit dem man auch im späteren Berufsleben ganz selbstverständlich umgehen muss. Und das lernen wir jetzt auch in der Schule.
Linus01	Wenn im Unterricht Tablet-PCs eingesetzt werden, hätten wir unser gesamtes Arbeitsmaterial auf dem Computer und müssten nicht mehr kiloweise Bücher und Hefte mit uns herumschleppen. Unterrichtsmitschriften, Notizen, Hausaufgaben usw. würden wir dann direkt abspeichern, sodass wir jederzeit auf dieses Material zugreifen könnten.
Iphigenie	Wo der Lehrer früher noch gemütlich ein Schaubild an die Tafel gezeichnet oder langsam den Overheadprojektor angeschlossen hat, wird heute einfach eine Präsentation an die Wand geworfen. Für die Schülerinnen und Schüler bedeutet das eine höhere Belastung, denn die neuen Medien geben auch im Unterricht ein schnelleres Tempo vor.
Röntgen	Wo moderne Technik im Einsatz ist, gibt es auch immer Probleme. Mal kommt hier kein Ton, mal geht da ein Programm nicht auf oder der Akku der Tablets ist einfach nicht geladen. Der Unterricht kann so extrem leicht ausgebremst werden. Stift, Heft und Tafel funktionieren einfach immer.
Koshiba63	Schreiben, Zeichnen oder einfach nur Notizen sammeln macht auf der kleinen Fläche einfach keinen Spaß. Längere Texte schreibe ich zum Beispiel viel lieber mit einer richtigen Tastatur oder mit dem Stift. Wenn wir nur noch mit dem PC arbeiten, werden wir vielleicht verlernen, mit der Hand zu schreiben. Und das ist doch eine Schreibweise, die man überall leicht und unkompliziert einsetzen kann.

Thomson — Neue Medien können durchaus sinnvoll in den Unterricht integriert werden. Sie sollten aber maßvoll eingesetzt werden. Nicht mehr als 35 Prozent des Unterrichts sollten am Computer stattfinden – das besagt eine Richtlinie des Vereins „n-21" (Schulen in Niedersachsen online). Dieser Wert sei von Wissenschaftlern empfohlen und verhindere zum Beispiel, dass Schüler wichtige Techniken wie das Schreiben mit der Hand verlernen.

1 a Lest den Text und die Kommentare zum Thema „Tablet-PCs im Unterricht". Erklärt, worum es geht.
b Tragt zusammen, was ihr über das Thema wisst: Kennt ihr Schulen oder Klassen, in denen Tablets im Unterricht genutzt werden? Erklärt, wie das Arbeiten in einer solchen Tablet-Klasse aussehen könnte.

2 a Wertet die Kommentare (► S. 43–44) aus und erklärt, was für (pro) und was gegen (kontra) Tablets im Unterricht spricht bzw. welche Empfehlungen gegeben werden.
b Begründet, welche Meinung ihr zum Thema habt.

3 Bereitet eine Pro-und-Kontra-Diskussion zu der folgenden Frage vor:
Soll der Unterricht in eurer Schule mit Tablets laufen, wenn sie in jedem Unterrichtsfach zu mindestens 50 Prozent der Unterrichtszeit eingesetzt werden müssen?
a Macht euch gemeinsam klar, was genau die Diskussionsfrage ist. Überlegt: Um welches Thema geht es? Gibt es Bedingungen oder Einschränkungen bei dem Thema?
b Bildet Pro- und Kontra-Gruppen und legt euch für die Diskussion eine Stoffsammlung an:
- Notiert Argumente, die eure Position (Meinung) stützen, und sucht glaubwürdige Beispiele. Nutzt hierzu auch die Kommentare von Seite 43–44.
- Überlegt, was die anderen einwenden könnten, und entkräftet deren Gegenargumente.
- Bestimmt in eurer Gruppe einen Sprecher, der eure Position in einem kurzen Statement zusammenfasst (ca. eine Minute Vortragszeit). Haltet dieses Statement fest, z. B.:

Einleitung:
Heute werden PC und Internet …

Position (Meinung):
Deshalb sind wir der Meinung/Auffassung, dass es sinnvoll/nicht sinnvoll ist, …

Argument (mit Beispiel):
Ein besonders wichtiges Argument für unsere Position ist, dass …
Darunter verstehen wir zum Beispiel …

Zusammenfassender Schlusssatz:
Wir fänden es …

4 **a** Führt nun eine moderierte Pro-und-Kontra-Diskussion durch mit Diskussionsleitung, Pro- und Kontra-Gruppe und Beobachtern. Die Formulierungshilfen unten helfen euch dabei. Geht so vor:

1. Die Diskussionsleitung eröffnet die Diskussion und nennt die Diskussionsfrage.
2. Die Sprecher der Pro- und der Kontra-Gruppe tragen nacheinander ihr Eingangsstatement vor.
3. Danach beteiligen sich alle an der Diskussion. Die Diskussionsleitung nimmt abwechselnd Pro- und Kontra-Teilnehmer dran. Die Diskutierenden versuchen, auf das einzugehen, was die Teilnehmer der anderen Seite gesagt haben.
4. Die Diskussionsleitung beendet nach ca. zehn Minuten die Diskussion, indem sie die wichtigsten Ergebnisse zusammenfasst.
5. Die Beobachter notieren, was ihnen auffällt, und geben anschließend ein Feedback:
   - Meinung überzeugend begründet (Argumente, Beispiele)?
   - Auf andere eingegangen?
   - Bei der Sache geblieben?
   - Gegenargumente entkräftet?

b Führt mehrere Diskussionsrunden durch und wechselt die Rollen. Wertet nach jeder Runde aus, wie eure Diskussion verlaufen ist.

Formulierungshilfen für das Argumentieren

Einleitungen und Überleitungen
Ein Argument, das für/gegen ... spricht, ist ... • Hinzu kommt, dass ... •
Das entscheidende Argument für/gegen ... ist für mich ... •
Es gibt noch ein anderes Argument für/gegen ... • Besonders wichtig ist ... •
Außerdem sollte man bedenken, dass ... • Wenn man sich vorstellt, dass ... •
Dies belegt/zeigt ... • Damit meine ich zum Beispiel, dass ... • Das heißt, dass ... •
Ein Beispiel für ... • Darunter verstehe ich ... • zudem • außerdem • darüber hinaus •
daher • deshalb • weil • da • denn

Gegenargumente entkräften
Sicherlich kann man einwenden, dass ... Dennoch habe ich die Erfahrung gemacht, dass ... •
Viele meinen zwar, dass ... Aber das ist aus meiner Sicht ..., weil ... •
Ich kann zwar verstehen, dass ... Dagegen möchte ich jedoch einwenden, dass ... •
Gegen das Argument, dass ..., möchte ich einwenden, dass ... •
Es ist zwar nachvollziehbar, wenn ... Aber viel entscheidender ist doch, dass ... •
... hat Recht, wenn er sagt, dass ... Aber ...

Eröffnung und Beendigung der Diskussion
In unserer Diskussion geht es um die Frage ... •
Jeder weiß/hat die Erfahrung gemacht, dass ... Deshalb stellten wir uns die Frage: ...? •
Ausgangspunkt unserer Diskussion war ... Der wesentliche Streitpunkt bestand darin, ... •
Einig waren sich die Diskutanten ... Zu klären ist noch, ob/wie/warum ...

Hausaufgaben aus dem Internet? – Schriftlich Stellung nehmen

Abschreiben 2.0[1]

Von Julia Bonstein

Das Netz bietet Schülern neue Schummelmethoden: Aufsätze werden zusammengegoogelt, Referate einfach kopiert. Ihre Lehrer setzen auf digitale Abwehr und Aufklärung.

Für Norbert Tholen kam die Ernüchterung auf einer Hochzeitsfeier. Begeistert erzählte der Oberstudienrat dort von einem exzellenten Aufsatz eines seiner Schüler, bis ein anderer Hochzeitsgast bemerkte, die Geschichte kenne er doch.
Lehrer Tholen forschte nach und fand das Original im Internet: „Ein dreister Täuschungsversuch." Statt Einser und Zweier hagelte es also Sechser. „Abschreiben ist heute so leicht wie nie", sagt Tholen. Im Internet stehen neben Wikipedia-Einträgen längst auch komplette Referate und Schularbeiten zur Verfügung. „Deine fertige Hausaufgabe gibt's doch schon", wird etwa auf www.hausaufgabe.de gelockt: „Warum also selbst abmühen?"
Für viele Lehrer gehört der Check bei Google bereits zur Routine. „Kopien erkenne ich meist sofort", sagt Volker Hofheinz, Studienrat aus Köln. Wenn die Sätze beim Vortragen zu flüssig klingen, bittet er den betreffenden Schüler, das eben Gesagte genauer zu erläutern. „Dann wird schnell klar: Der Schüler hat nicht verstanden, was er abgeschrieben hat", sagt Hofheinz. Komplexere Aufgaben ließen sich ohnehin nicht per Copy-Paste-Verfahren lösen: „Man darf als Lehrer natürlich keine Standardfragen stellen."
Sebastian Schuhbeck, Religionslehrer im bayerischen Traunstein, hat trotzdem aufgerüstet: Mit einer speziellen Software überprüft er Abschlussarbeiten daraufhin, ob Passagen aus dem Internet abgekupfert sind. Schuhbeck ermutigt seine Schüler sehr, das Internet zu nutzen – nur eben nicht zum Schummeln: „Richtig angewandt, ist das Internet für Schüler ein tolles Hilfsmittel."

Kommentar schreiben

Auf Hausaufgabenportalen können Schülerinnen und Schüler Hausaufgaben, Referate und andere Arbeiten veröffentlichen und zum Download freigeben. Was ist eure Meinung? Findet ihr es sinnvoll, solche Hausaufgabenportale zu nutzen?

Luke24 (28. 5. 16:52)

Hausaufgabenportale können eine Bereicherung sein. In vielen Portalen gibt es auch Diskussionsforen, in denen sich Schüler mit den gleichen Problemen zusammenfinden und sich gegenseitig Tipps geben können. Ich nutze solche Hausaufgabenportale nur als Informationsquelle, um Fragen zu klären oder Hinweise auf weiterführende Internetbeiträge zu erhalten.

1 Die Überschrift spielt auf den Begriff „Web 2.0" an. Im Unterschied zum „Web 1.0" bietet das „Web 2.0" mehr Interaktionsmöglichkeiten, weil man als User selbst über verschiedene Portale Inhalte erstellen, bearbeiten und verbreiten kann, z. B. Texte, Bilder und Videos.

Lucie (28.5. 17:03)

Durch Abschreiben ist noch niemand schlau geworden und auf Dauer wird sich das Abschreiben selten auszahlen.

Splash (27.5. 14:42)

Viele, die diese Hausaufgabenportale nutzen, übersehen: Genauso schnell, wie sie an die Hausaufgaben gekommen sind, können auch ihre Lehrer an diese kommen und die wahre Herkunft aufdecken. Besonders peinlich kann es werden, wenn gleich mehrere Schüler dieselbe Internetquelle benutzt haben und die Arbeiten nahezu identisch sind. ☺

1 a Lest zunächst nur die Überschrift und den Vorspann des Artikels (▶ S. 46, Z. 1–4). Stellt Vermutungen an, wie hier Hausaufgabenportale bewertet werden.

b Lest nun den gesamten Artikel und überprüft eure Erwartungen: Welche Standpunkte gegenüber der Internetnutzung bei Hausaufgaben oder anderen schulischen Arbeiten werden genannt? Belegt eure Aussagen mit entsprechenden Textstellen.

2 Schaut euch die Kommentare zu dem Artikel an. Begründet spontan, warum ihr euch einem Argument anschließen könnt, oder erklärt, warum euch dieses Argument nicht überzeugt.

3 Was ist eure Meinung? Findet ihr es sinnvoll, solche Hausaufgabenportale zu nutzen? Verfasst eine eigene Stellungnahme, in der ihr auch ein Gegenargument aufgreift und entkräftet. Geht so vor:

a Entwickelt eine eigene Position zur Diskussionsfrage und schreibt diese auf, z. B.:

- *Ich bin für/gegen die Nutzung von ...*
- *Ich denke, dass die Nutzung von ...*

b Bildet mit einer Schülerin oder einem Schüler, die/der eure Position vertritt, ein Schreibteam und legt euch eine Stoffsammlung für eure Argumentation an.

– Sammelt gemeinsam Argumente und Beispiele für eure Position. Nutzt hierzu den Artikel sowie die Kommentare (▶ S. 46–47).

Hausaufgabenportale sind sinnvoll	**Hausaufgabenportale sind nicht sinnvoll**
– als Informationsquelle nutzbar	*– Täuschungsversuch, der schlechte Note ...*
– ...	*– ...*

– Ordnet eure Argumente nach ihrer Überzeugungskraft, z. B. indem ihr Punkte verteilt. Wählt die überzeugendsten Argumente aus (zwei oder drei).

– Notiert ein wichtiges Argument, das gegen eure Position spricht (Gegenargument), und entkräftet es. Die Formulierungshilfen auf Seite 45 helfen euch dabei.

4 Verfasst eure Argumentation. Entfaltet mindestens zwei Argumente (mit Beispielen) und entkräftet ein Gegenargument. Geht so vor:

a Schreibt eine Einleitung, die in das Thema (Hausaufgabenportale) einführt und zum Hauptteil überleitet. Die folgenden Formulierungsbausteine helfen euch dabei:

A *Hausaufgaben und Referate kosten Zeit • Hausaufgabenportale werben damit, Zeit zu sparen • große Verlockung • Zeitnot der Schüler*

B *Jn dem Artikel „Abschreiben 2.0“ wird ...*

C *Bei Jnternetrecherche Hausaufgabenportal entdeckt • dort hilfreiche Tipps ...*

Überleitungen zum Hauptteil
Deshalb stellt sich die Frage, ... • Im Folgenden möchte ich zu der Frage Stellung nehmen, ... • Es lohnt sich, einmal darüber nachzudenken, ob ... • Weil ich selbst ..., möchte ich im Folgenden meine Position ...

b Formuliert nun den Hauptteil eurer Argumentation. Gestaltet eure Argumente (mindestens zwei) aus, indem ihr sie durch Beispiele und/oder Erläuterungen anschaulich und nachvollziehbar macht. Entkräftet ein Argument, das gegen eure Position spricht.
TIPP: Nutzt auch die Formulierungshilfen auf Seite 45.

Hauptteil:	
Meinung	*Jch bin der Meinung/Auffassung, dass ...*
Argument 1 Beispiel/Erläuterung	*Ein wichtiges Argument, das für/gegen die Nutzung von ...* *Wenn man zum Beispiel ... Bedenkt man zum Beispiel ...*
Argument 2 Beispiel/Erläuterung	*Ein weiterer wichtiger Grund ist, dass ...* *...*
Gegenargument entkräften	*Sicherlich kann man einwenden, dass ... Dennoch habe ich die Erfahrung gemacht, dass ...*

c Verfasst einen Schlussteil, in dem ihr euren Standpunkt noch einmal bekräftigt. Ihr könnt auch eine Bedingung nennen, die eingehalten werden müsste, oder einen Vorschlag, eine Forderung oder eine Bitte formulieren.

- *Meiner Meinung/Einschätzung/Auffassung nach ...*
- *Führt man sich vor Augen, welche Nachteile/Vorteile ...*
- *Jch finde es gut/wichtig, dass ...*
- *Jch fände es besser, wenn ...*
- *Jch komme zu dem Schluss, dass ...*
- *Aus den dargelegten Gründen bin ich der Meinung, dass ...*
- *Wenn ..., fände ich es ...*
- *Falls ..., könnte ich mir vorstellen, ...*

5 **a** Tauscht eure Texte aus und bewertet sie, indem ihr die folgenden Punkte genauer unter die Lupe nehmt. Notiert zum Beispiel wie nebenstehend:

- **1** **Einleitung:** Hinführung zum Thema und Überleitung zum Hauptteil?
- **2** **Meinung:** Meinung deutlich formuliert?
- **3** **Argumente:** Mindestens zwei überzeugende Argumente genannt?
- **4** **Beispiele:** Beispiele zu den Argumenten glaubwürdig und anschaulich?
- **5** **Gegenargument:** Gegenargument genannt und überzeugend entkräftet?
- **6** **Sprache:** Argumente und Beispiele sprachlich gut eingeleitet und miteinander verknüpft (► Formulierungshilfen, S. 45)?
- **7** **Schluss:** Standpunkt bekräftigt oder Vorschlag/Forderung/Wunsch formuliert?

1 und **2** = sehr gut gelungen (☺)
3 = verbesserungsfähig (😐)
4 = stark verbesserungsfähig (☹)
5 = sehr gut gelungen (☺)
6 = ...
7 = ...

b Macht euch gegenseitig Verbesserungsvorschläge und überarbeitet dann eure Texte.

Information **Zu einer Streitfrage schriftlich Stellung nehmen (Argumentieren)**

Beim Argumentieren nehmt ihr Stellung zu einer Streitfrage (z. B. *Findet ihr es sinnvoll, Hausaufgabenportale zu nutzen?*), indem ihr eure Meinung überzeugend begründet.

Einleitung:
- Führt in das Thema ein: Nennt zum Beispiel den Anlass oder die Absicht eurer Argumentation oder weckt Interesse für das Thema.
- Leitet dann zum Hauptteil über, indem ihr die Diskussionsfrage nennt *(Im Folgenden möchte ich zu der Frage Stellung nehmen, ...)* oder kurz euren Standpunkt darlegt *(Ich bin der Meinung, dass ..., und habe hierfür folgende Gründe: ...).*

Hauptteil:
Im Hauptteil begründet ihr euren Standpunkt, indem ihr Argumente und Beispiele entfaltet, die eure Meinung stützen (► überzeugende Beispiele finden, Merkkasten S. 42).
- Macht den Zusammenhang eurer Argumentation deutlich, indem ihr die **Argumente** und **Beispiele sprachlich geschickt einleitet und miteinander verknüpft.**
- Beim Argumentieren überzeugt ihr noch mehr, wenn ihr ein **Gegenargument** (Argument, das gegen euren Standpunkt spricht) nennt und dieses **entkräftet** oder widerlegt. Erklärt zum Beispiel, warum euch das Argument nicht überzeugt, und nennt ein Argument, das für euren Standpunkt spricht, z. B.: *Es ist zwar nachvollziehbar, wenn ... Aber viel entscheidender ist doch ... Gegen ... spricht, dass ...*
- Achtet auf eine sinnvolle Anordnung der Argumente: So kann zum Beispiel das erste oder das letzte Argument, das ihr nennt, besonders schlagkräftig sein.

Schluss:
Bekräftigt zum Schluss noch einmal euren Standpunkt oder formuliert einen Vorschlag, eine Forderung oder einen Wunsch für die Zukunft. Ihr könnt auch eine Bedingung nennen, die eingehalten werden müsste *(Wenn ..., fände ich es ... Falls ..., könnte ich mir vorstellen, ...).*

Setzt zur besseren Übersichtlichkeit zwischen Einleitung, Hauptteil und Schluss Absätze.
TIPP: Formulierungshilfen für eure Argumentation findet ihr auf Seite 45.

Testet euch!

Argumentieren und Stellung nehmen

Gibt es bei euch zu Hause auch immer wieder Ärger wegen des Computers? Viele Experten sind der Meinung, dass es richtig ist, die tägliche Computerzeit von Jugendlichen zu begrenzen. Für Jugendliche zwischen 11 und 14 Jahren wird häufig eine tägliche Nutzungsdauer von 40 Minuten empfohlen. Was haltet ihr davon? Teilt uns eure Meinung mit!

Raul hat im Internet diesen Aufruf gelesen und will eine Stellungnahme schreiben.

1 Auf dem folgenden Notizzettel findet ihr Ideen für die Einleitung der Stellungnahme. Raul hat hier auch schon kurz seine Meinung zum Thema genannt.

Auch bei uns ist der Computer ein ständiges Streitthema.
Empfehlung, mit den Eltern feste Nutzungszeiten zu vereinbaren, sinnvoll.
Die empfohlene Nutzungsdauer von 40 Minuten ist zu kurz.

a Notiert, welche Meinung Raul vertritt. Ihr könnt hierzu die folgenden Satzanfänge fortführen: *Raul vertritt die Meinung, dass … Jedoch/Aber …*

b Schreibt mit Hilfe der Notizen eine Einleitung für die Stellungnahme.

2 Auf dem folgenden Notizzettel findet ihr zwei Argumente und zwei Beispiele.

a Ordnet jedem Argument ein passendes Beispiel zu. Notiert so: *1 (Argument) + … (Beispiel).*

1 *Schüler nutzen den Computer nicht nur in ihrer Freizeit, sondern auch für die Schule.*
2 *Früher wurden Briefe geschrieben. Heute nutzt man den PC zum Mailen, Chatten oder zum Skypen. Mein bester Freund macht gerade ein Austauschjahr in Kanada. Über den Computer können wir in Kontakt bleiben, und das sogar kostenlos.*
3 *Zur Vorbereitung eines Referats muss man im Jnternet recherchieren, ein Handout erstellen und häufig sogar eine Bildschirmpräsentation anfertigen. Hier sind 40 Minuten Computernutzung am Tag nicht ausreichend.*
4 *Der Computer ist auch wichtig, um mit seinen Freunden in Kontakt zu bleiben.*

b Gestaltet die Argumentation aus, indem ihr die Argumente und Beispiele sprachlich gut einleitet und miteinander verknüpft.

3 Versucht, die folgende Aussage zu entkräften:
Das Mailen am Computer ist keine echte Kommunikation, weil man nicht miteinander spricht.

4 Vergleicht und überprüft eure Ergebnisse aus den Aufgaben 1, 2 und 3 in Partnerarbeit.

2.2 Jederzeit online, jederzeit erreichbar? – Überzeugend formulieren

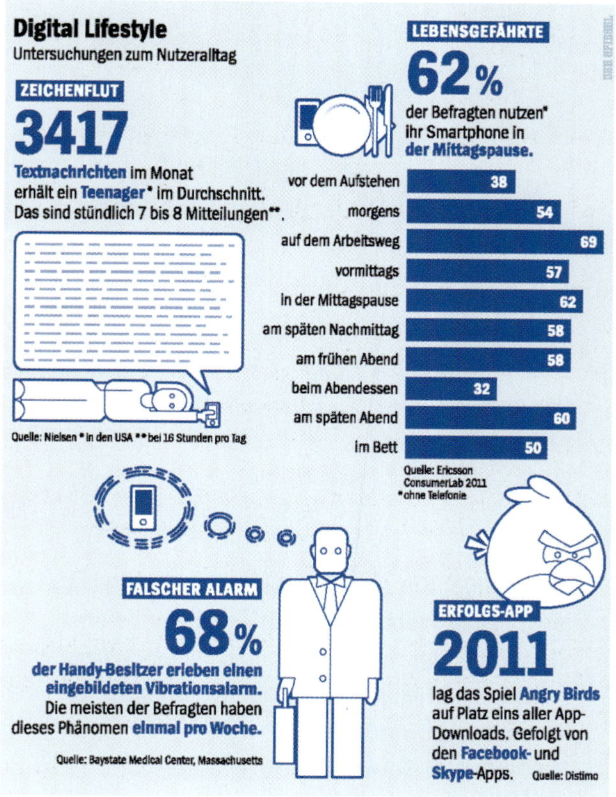

1 a Schaut euch das Titelblatt des Nachrichtenmagazins „Der Spiegel" an. Erklärt, worum es in dieser Ausgabe gehen könnte.
b Nennt mögliche Gründe für die Aufforderung: „Sei doch mal still!"

2 a Erschließt die Angaben zum Thema „Digital Lifestyle". Fasst zusammen, worüber in der Grafik informiert wird.
b Stellt eine Beziehung zum Titelblatt des „Spiegels" her.

3 a Tauscht euch über euren Umgang mit dem Handy aus:
– Seid ihr jederzeit erreichbar?
– Wie viele Textnachrichten bekommt ihr am Tag?
– Wann und wozu nutzt ihr das Handy?
b Diskutiert: Könnt ihr euch vorstellen, eine „digitale Diät" zu machen, also eine gewisse Zeit auf das Handy, den Computer und das Internet zu verzichten?

Machen Smartphones einsam? – Ein Interview auswerten

Wir sind zusammen allein

von Peter Haffner

In dem folgenden Interview äußert sich die amerikanische Soziologin Sherry Turkle über die Auswirkungen der Mediennutzung auf unser Verhalten. Für ihre Studien hat sie Hunderte Jugendliche und Erwachsene zu ihrem digitalen Nutzungsverhalten befragt.

Mrs. Turkle, Sie galten lange als großer Freund jeder neuen Technologie. Mittlerweile kritisieren Sie die Vereinsamung, die permanentes Starren auf das Smartphone mit sich bringt. Sind Sie zur Konvertitin[1] geworden?

Sherry Turkle: Nein. Technologie begeistert mich immer noch. Aber ich glaube, dass sie uns zu etwas führt, wo wir nicht hinwollen. Beispielsweise Geselligkeit als das zu definieren, was uns ein soziales Netzwerk machen lässt.

Als ich das Internet als einen Ort pries, an dem Leute mit ihrer Identität[2] experimentieren können, dachte ich, man sitzt an seinem Computer, verbringt ein bisschen Zeit damit und lebt dann sein Leben weiter. Ich sah nicht voraus, dass Sie und ich hier zusammensitzen würden, Ihr Telefon vibriert und Sie sagen: „Entschuldigen Sie bitte, ich habe jetzt Besseres zu tun."

Es leidet also die Wichtigkeit des Gesprächs von Mensch zu Mensch?

Wenn etwas funktioniert hat und nützlich war für Eltern, Lehrer und Kinder, sollten wir es schätzen und fördern. Smartphones, Computer und das Internet sind nicht schlecht. Es geht um den Platz, den wir ihnen in unserem Leben geben.

Aber man hat doch mehr Kontakte denn je dank Internet.

Man zeigt einander seine Fotos, gut. Das ist gesellig, aber wenn man die Geselligkeit von Leuten danach bemisst, wie fleißig sie so etwas tun, vergisst man, dass es sehr viel wichtigere und wertvollere Aspekte von Geselligkeit gibt. Etwa die Fähigkeit, ruhig dazusitzen und jemandem geduldig zuzuhören.

Warum können wir das nicht mehr?

Weil diese kleinen Dinger in unseren Taschen psychologisch so mächtig sind, dass sie nicht nur verändern, was wir tun, sondern auch, wer wir sind. Sie bestimmen, wie wir miteinander und mit uns selber umgehen. Wir gewöhnen uns daran, zusammen allein zu sein.

Was heißt das?

Man will miteinander sein, aber gleichzeitig

1 der Konvertit/die Konvertitin: jemand, der zu einem anderen Glauben, einer anderen Religion wechselt; hier: jemand, der seine Meinung geändert hat

2 mit ihrer Identität experimentieren: ihre Persönlichkeit ausprobieren

auch woanders, an Orten, die man nach Belieben besuchen und verlassen kann.

Was ist denn falsch daran, wenn Jugendliche ihre Kontakte übers Internet pflegen?

Dass sie glauben, sie seien niemand, wenn sie es nicht tun. Die Devise lautet: „Ich teile mich mit, also bin ich."

Ist das vielleicht das Problem?

Wenn wir nicht in ständigem Kontakt miteinander stehen, spüren wir uns selbst nicht mehr.

Also weg mit dem Smartphone?

Jugendliche geraten in Panik, wenn sie es nicht dabeihaben. Sie sagen Sachen wie: „Ich habe mein iPhone verloren, es fühlt sich an, als ob jemand gestorben wäre, ich meinen Kopf verloren hätte." Oder: „Auch wenn ich es nicht bei mir habe, spüre ich es vibrieren. Ich denke daran, wenn es im Schließfach ist." Die Technik ist bereits ein Teil von ihnen selbst geworden.

Die Jugendlichen vermeiden das Telefonieren – weshalb eigentlich?

Sie bevorzugen SMS, weil es weniger riskant ist. Sie sagen: „Ich kann die Info rausschicken und bin nicht involviert[3] in den ganzen Rest." Sie brauchen dem anderen nicht gegenüberzutreten. Wer telefoniert, riskiert ein Gespräch.

Geht es um Kontrolle?

Ja. Und um den Auftritt. Einen Text kann ich nach meinem Belieben formulieren, den Facebook-Status nach meinem Gutdünken aktualisieren. SMS, E-Mails, Posts – man kann sich so zeigen, wie man sein und gesehen werden möchte. Man kann redigieren[4], retuschieren[5], nicht nur die Messages, sondern auch sein Gesicht, seinen Körper.

Das ist doch gut. Warum soll man sich mit Minderwertigkeitsgefühlen quälen?

Was Freundschaft und Intimität[6] von einem fordern, ist kompliziert. Beziehungen sind schwierig, chaotisch und verlangen einem etwas ab. Die Technologie wird genutzt, das zu umgehen, um sich mit den Problemen nicht auseinandersetzen zu müssen.

Wie gehen Jugendliche denn mit diesem Übermaß an Kommunikation um?

Ein Junge sorgte sich, dass alle denken, er habe keine Freunde, weil sein letztes Post in Facebook eine Woche her war. Manche nehmen aus solchen Gründen Ferien von Facebook. Sie halten den Druck nicht aus, ihr Profil ständig zu aktualisieren, alles konsistent[7] zu halten, darauf zu achten, dass sie auf den Fotos schlank aussehen, und sich den Kopf zu zerbrechen, ob sie diese Band nun gut oder schlecht finden sollen. Manche erkennen, wie Facebook ihre Persönlichkeit reduziert auf eine Serie von „Gefällt mir".

Sie berichten von der 14-jährigen Pattie, die ihr Handy abgestellt hat und es genießt, nicht erreichbar zu sein. Ein Einzelfall?

Nein, der Umgang ändert sich. Ein anderer Teilnehmer, der 25-jährige Hugh, sagt, dass er mehr braucht, als E-Mails und soziale Netzwerke liefern können. Er fühlt sich abgelehnt, wenn er mit einem Freund telefoniert und merkt, dass dieser gleichzeitig auf Facebook ist. Jugendliche reden über ihre Schwierigkeit, die ungeteilte Aufmerksamkeit von jemandem zu bekommen. Das wird zunehmen. Es gibt ein paar, die führen wieder ein altmodisches Tagebuch und schicken einander Briefe, um sich ihre Wertschätzung zu zeigen.

3 involviert sein: an etwas beteiligt sein, in etwas verwickelt sein
4 redigieren: korrigieren, überarbeiten
5 retuschieren: ein Foto oder ein Bild nachträglich verändern
6 die Intimität: Vertrautheit, vertrautes Verhältnis
7 konsistent: schlüssig, widerspruchsfrei

1 a Lest das Interview und gebt eure ersten Eindrücke wieder: Was hat euch zum Beispiel überrascht, was fandet ihr interessant, was wusstet ihr schon?
b Überlegt: Welchen Aussagen würdet ihr spontan zustimmen, welchen widersprechen?

2 a Weist anhand des Textes nach, dass der folgende Satz die Kernaussage des Textes wiedergibt: *Smartphones, Computer und das Internet sind nicht schlecht. Aber sie beeinflussen unsere Kommunikation und Geselligkeit. Sie erzeugen auch Druck – vor allem bei Jugendlichen.*

b Prüft, welche der folgenden Sätze die Positionen von Sherry Turkle treffend wiedergeben und welche nicht. Stützt eure Entscheidung mit Textbelegen.

A Wir können häufig nicht mehr konzentriert zuhören, weil wir durch unsere Smartphones und das Internet abgelenkt sind.
B Für Jugendliche ist es heute kein Problem mehr, wenn ihr Gesprächspartner gleichzeitig im Internet surft, denn sie selbst tun dies auch.
C Smartphones geben uns das Gefühl, nie allein zu sein.
D Durch die Smartphones telefonieren Jugendliche heute viel mehr als früher.
E SMS und E-Mails werden auch genutzt, um direkten Auseinandersetzungen in Freundschaften oder Beziehungen aus dem Weg zu gehen.
F Soziale Netzwerke wie Facebook erzeugen bei Jugendlichen auch Druck und Sorge, weil sie ständig daran denken, wie sie sich dort am besten präsentieren können.

3 a Entscheidet euch im Team für eins der folgenden Zitate. Erklärt, was mit der Aussage gemeint ist.

– Die Smartphones in unseren Taschen sind „so mächtig […], dass sie nicht nur verändern, was wir tun, sondern auch, wer wir sind. Sie bestimmen, wie wir miteinander und mit uns selber umgehen“ (► Z. 43–46).
– Die Jugendlichen „bevorzugen SMS, weil es weniger riskant ist. Sie sagen: ‚Ich kann die Info rausschicken und bin nicht involviert in den ganzen Rest.‘ Sie brauchen dem anderen nicht gegenüberzutreten. Wer telefoniert, riskiert ein Gespräch“ (► Z. 71–75).

b Überlegt, ob ihr ähnliche Erfahrungen gemacht habt oder euch Situationen vorstellen könnt, in denen die Zitate zutreffen. Haltet eure Ergebnisse in Stichworten fest.

c Stellt eure Ergebnisse in der Klasse vor.

4 Am Ende des Interviews berichtet die Wissenschaftlerin von Jugendlichen, die sich eine Online-Pause oder „Ferien von Facebook“ (► Z. 98 f.) wünschen. Könnt ihr die Gründe dafür nachvollziehen?
Diskutiert das in der Klasse.

5 Sherry Turkle vertritt die Meinung, dass man sich bei Facebook so zeigen könne, wie man gesehen werden möchte. In einer Freundschaft von Angesicht zu Angesicht fände dagegen ein direkter Austausch statt, der uns mehr fordere (► Z. 81 ff.).
Diskutiert, ob ihr euch dieser Meinung anschließen könnt.

Fordern und fördern – Stellung nehmen

Digital-Diät: Eine gute Idee?

16 Teenager im Alter von 9 bis 16 Jahren hatten Anfang des Jahres mit einem Experiment für Aufsehen gesorgt: Die Jugendlichen verzichteten drei Wochen freiwillig auf Handy, Internet und Computer. Mehrere Fernseh- und Radiosender sowie Zeitungen berichteten über dieses spannende Experiment. Kein Facebook, kein Internet, kein Handy, keine SMS ... Drei Wochen lang konnten die Schüler nur noch übers Festnetz telefonieren und den Fernseher anschalten. Leicht ist das keinem gefallen.

„Klar habe ich mich wieder auf mein Handy gefreut. Und natürlich habe ich nach den drei Wochen sofort meine Mails gecheckt. Aber es war auch irgendwie befreiend, nicht immer erreichbar zu sein“, sagt ein 16-jähriger Teilnehmer.

Auch Isabel freut sich auf ihr Handy und das SMS-Schreiben. Dennoch will sie nicht an den Medienkonsum anknüpfen, den sie vor der Digital-Diät pflegte. „Ich habe mir eine Uhr gekauft“, erklärt sie, „dann muss ich nicht ständig mein Handy dabeihaben.“

80 Prozent der Teilnehmer erklärten nach dem Experiment, ihnen hätten Informationen für die Schule gefehlt. 75 Prozent gaben an, Kontakte im Chat verloren zu haben. Positiv empfanden alle, mehr Zeit zu haben.

Was haltet ihr von einer solchen „Digital-Diät“? Ist es eine gute Idee?

Stellt euch vor: In eurer Schülerzeitung ist der oben stehende Artikel erschienen. Verfasst für die Schülerzeitung einen Leserbrief, in dem ihr die Frage diskutiert, ob eine digitale Diät eine gute Idee ist. Entwickelt eine begründete Position, bei der ihr auch ein Gegenargument nennt und widerlegt. Geht so vor:

●●● **1** Lest den Artikel aufmerksam. Überlegt, wie eure Meinung zu der strittigen Frage lautet. Notiert diese.
▷ Hilfen zu dieser Aufgabe findet ihr auf Seite 56.

●●● **2** Legt euch für eure Argumentation eine Stoffsammlung an.
- **a** Sammelt Argumente und Beispiele für eure Position. Ihr könnt hierzu das Interview (▸ S. 52–53) sowie den Artikel oben zu Hilfe nehmen.
- **b** Ordnet eure Argumente nach ihrer Überzeugungskraft, indem ihr Punkte verteilt. Entscheidet euch für die beiden überzeugendsten Argumente (mit belegenden Beispielen).
- **c** Notiert einen Einwand, der gegen eure Position spricht (Gegenargument), und entkräftet ihn.

▷ Hilfen zu dieser Aufgabe: Seite 56.

●●● **3**
- **a** Formuliert eure Stellungnahme für die Schülerzeitung:
  - Schreibt eine Einleitung, die in das Thema einführt und zum Hauptteil überleitet.
  - Gestaltet im Hauptteil eure Argumente und Beispiele aus. Entkräftet ein Gegenargument.
  - Bekräftigt im Schlussteil eure Meinung oder macht einen Vorschlag.
- **b** Überarbeitet eure Texte mit Hilfe der Formulierungsbausteine auf Seite 45.

▷ Hilfen zu dieser Aufgabe: Seite 56.

Aufgabe 1 mit Hilfen

a Lest den Artikel und die nachfolgende Aufgabenstellung aufmerksam durch.

b Seid ihr für oder gegen eine Digital-Diät? Notiert eure Meinung.
- *Ich finde eine Digital-Diät ...*
- *Meiner Meinung nach ist eine Digital-Diät ...*

Aufgabe 2 mit Hilfen

a Sammelt Argumente und Beispiele für eure Meinung. Ihr könnt hierzu das Interview (▶ S. 52–53) sowie den Artikel (▶ S. 55) zu Hilfe nehmen.

Für eine Digital-Diät spricht
- *man hat mehr Zeit und ist weniger gestresst; ständige Erreichbarkeit erzeugt Druck und lenkt ab (man muss SMS und Mails beantworten, Facebook-Profil aktualisieren usw.)*
- *Chance, über den eigenen Umgang mit Medien nachzudenken; Jugendliche ändern nach der Digital-Diät ...*
- *man trifft sich mehr mit anderen und lernt, konzentrierter zuzuhören ...*

Gegen eine Digital-Diät spricht
- *Internet und Computer sind wichtige Arbeitsmittel für die Schule; 80 Prozent der Teilnehmer sagen, dass ihnen Informationen ...*
- *Smartphone und Internet ermöglichen direkten Austausch mit Freunden; man verliert in dieser Zeit ...*
- *bei einem maßvollen Umgang mit dem Handy und ... ist Digital-Diät überflüssig ...*

b Ordnet eure Argumente nach ihrer Überzeugungskraft, indem ihr Punkte verteilt. Entscheidet euch für die beiden überzeugendsten Argumente (mit Beispielen) und markiert diese.

c Notiert einen Einwand, der gegen eure Position spricht, und entkräftet ihn, z. B.:
- *Natürlich besteht die Gefahr, dass man ... Aber Freundschaften hängen doch nicht ...*
- *Viele meinen zwar, dass ein Smartphone ... störe. Aber man kann doch selbst entscheiden ...*

Aufgabe 3 mit Hilfen

a Formuliert eure Stellungnahme für die Schülerzeitung.

Einleitung mit Überleitung zum Hauptteil	*– Ich habe mit Interesse euren Artikel über ... gelesen, in dem ...* *– In dem Artikel wird ein interessantes Experiment ...* *– Weil ich selbst ..., möchte ich meine Position ...*
Meinung Argument 1 Beispiel 1 Einwand entkräften Argument 2 Beispiel 2	*– Ich halte die Digital-Diät für ...* *– Ein wichtiges Argument für/gegen ... ist, dass ...* *– Wenn ich zum Beispiel ...* *– Viele meinen zwar, dass ... Aber ...* *– ...* *– ...*
Schluss	*– Ich fände es ... / Meiner Meinung nach ... / Wenn ..., fände ich ...*

b Überarbeitet eure Texte mit Hilfe der Formulierungsbausteine auf Seite 45.

2.3 Fit in ... – Stellung nehmen

Die Aufgabenstellung richtig verstehen

Stellt euch vor, ihr bekommt in der nächsten Klassenarbeit die folgende Aufgabe gestellt:

In der Online-Ausgabe eines Jugendmagazins ist ein Artikel über Internetschulen erschienen, den einige Leserinnen und Leser kommentiert haben.
Verfasst selbst einen Leserbrief, in dem ihr eure Meinung mit zwei Argumenten und Beispielen begründet. Geht in eurer Argumentation auch auf ein Gegenargument ein und entkräftet es.

Die Schule kommt nach Hause

Von Ute Eberle

Für viele Schüler in den USA hat das Klassenzimmer ausgedient. Sie lernen online – wo und wann, bestimmen sie selbst.

Johnny LaLond hatte noch nie einen Computer benutzt, als er vor zwei Jahren von seiner öffentlichen Highschool in Oviedo, Florida, auf eine virtuelle Schule im Internet wechselte. „Es war merkwürdig", sagt der heute 18-Jährige. Um sich hatte er keine Klassenkameraden mehr, saß alleine vor dem Monitor. Statt sich zu melden, lernte er, Audiodateien herunterzuladen, und wollte er mit Mitschülern ratschen, musste er sich erst in einen Chatroom einwählen.
LaLond gehört zu einer wachsenden Minderheit von US-Schülern, die das Klassenzimmer gegen Heimcomputer und das Internet ausgetauscht haben.
„Wir haben unter unseren Schülern auch Schüchterne, die sich nie trauten, sich zu melden, oder denen vor der Schule graute, weil sie gehänselt wurden", sagt Jayne Price von der Western Pennsylvania Cyber Charter School.
In Deutschland ginge das nicht. „Bei uns besteht ausdrücklich Schulpflicht, und das heißt, dass die Kinder in die Schule kommen müssen", sagt Manfred Jerusalem von der Kultusministerkonferenz. „Reine Internetschulen sind deshalb nicht möglich."
Die Schüler sollen in der Internetschule so lernen können, wie es ihren Stärken entspricht. Johnny LaLond etwa musste nicht mehr ständig zwischen den Fächern hin und her springen. „Ich habe montags nur Englisch gemacht, dienstags nur Geschichte, mittwochs Physik, ungefähr fünf Stunden täglich." Über ein Passwort wählte er sich auf der Webseite seiner Kurse ein. Dort las er, was die Lehrer für ihn vorbereitet hatten, klickte sich über Links zu weiterführenden Internetseiten oder arbeitete mit von der Schule gestellten CD-ROMs. Hausaufgaben schickte er elektronisch an die Lehrer. Auf dem gleichen Weg bekam er seine Zensuren zurück. Und blieb er wirklich einmal stecken, „habe ich einfach meine Lehrerin angerufen, sie hat mich in fünf Minuten zurückgerufen und mir erklärt, was ich nicht verstanden habe", sagt er.

Kritiker allerdings fürchten, dass die Online-Schüler einen hohen Preis zahlen. „Es geht in der Schule doch nicht nur um Lehrpläne und das Einmaleins", sagt Denise Cardinal vom US-Bildungsverband, der es ablehnt, wenn Schüler ihren Unterricht komplett am Computer bewältigen. Am Computer, klagen die Kritiker, sitzen die Schüler völlig isoliert und lernen nichts über das soziale Miteinander.
Johnny sieht das nicht so. „Ich habe über die Chatrooms und virtuellen Klassendiskussionen mehr Freunde kennen gelernt als in der Schule früher", sagt er.
Schummeln sei kein Thema, sagt seine Physiklehrerin Betty Vail. Zwar versuche bisweilen ein Schüler, eine fremde Arbeit als die eigene auszugeben. „Aber das merkt man sehr schnell, es lässt sich am Stil erkennen." Die Wissenschaftler sind sich allerdings einig, dass Internetschulen nicht für jeden geeignet sind. „Die Schüler brauchen sehr viel Disziplin, Ansporn, Willenskraft und Unabhängigkeit", sagt Jayne Price von der WPCCS.
Online-Lehrer sind glücklich, wenn weniger als 30 Prozent ihrer Zöglinge vorzeitig abspringen. Eine reine Internetschule überfordert oft. Einer Studie zufolge gibt rund die Hälfte aller Internetlernenden wieder auf.

Kommentar schreiben
Könntet ihr euch vorstellen, eine Internetschule zu besuchen?

Alphatier (7.4. 15:11)
Ich (14) hab auf der Website einer Internetschule gelesen, dass jeder Schüler seinen eigenen Stundenplan per Mail zugeschickt bekommt. Das sind Aufgaben, die extra für diesen Schüler zusammengestellt wurden. Das können Songtexte von der eigenen Lieblingsband sein oder Matheaufgaben zu Sportthemen. Das ist doch viel interessanter als der Schulstoff, den alle machen müssen.
Bingo (8.4. 16:58)
Die Aufregung um das Internetlernen kann ich nicht verstehen. Ich treffe mich in der Schule gerne mit meinen Mitschülern. Mich motiviert das Lernen in der Klasse. Und außerdem braucht man für den Spaß im Unterricht Kameraden, die mitlachen und spontan sind. Das gibt's nicht in einer Webschule.
Skinner (8.4. 17:58)
Ich glaube, dass man wirklich sehr viel Disziplin mitbringen muss, um bei der Internetschule am Ball zu bleiben. Mich würde es frustrieren, alleine vor meinem Computer zu sitzen. Außerdem gibt es bei uns an der Schule neben dem reinen Unterricht so viele interessante Projekte: Wir machen Klassenfahrten, können als Austauschschüler nach England, Schweden oder Frankreich reisen und haben so viele tolle AGs. Das bietet einem die Internetschule auf keinen Fall.
Friendly (9.4. 14:26)
Viele Freunde von mir (15) können sich gut vorstellen, eine Internetschule zu besuchen. Lernen mit dem PC macht viel Spaß, ist anschaulich und motivierend. Da man sich die Zeit individuell einteilen kann, ist auch Zeit für die Freunde da. Und dass man seinen Lehrer persönlich anrufen und sich etwas erklären lassen kann, finde ich auch gut.

1 Lest die Aufgabenstellung, den Artikel sowie die Kommentare aufmerksam durch.

2 Überlegt, was die Aufgabenstellung auf Seite 57 oben von euch verlangt. Schreibt dann die Buchstaben der zutreffenden Sätze in euer Heft.
TIPP: Die richtigen Buchstaben ergeben rückwärts gelesen ein Lösungswort.
L Ich muss in meiner Argumentation meine Meinung begründen und durch Beispiele stützen.
E Mein Beitrag wird besonders gut, wenn ich möglichst viele Argumente nenne, auch wenn nicht alle so überzeugend sind.
I Die Argumente und Beispiele sollten sprachlich gut eingeleitet und miteinander verknüpft sein.
H Den Text schreibe ich so, dass vor allem meine Freunde mich verstehen, denn die kennen sich mit dem Internet bestens aus.
A Meine Argumentation wird besonders überzeugend, wenn ich ein Gegenargument nenne und dieses entkräfte.
M In meinem Beitrag kann ich die Informationen aus dem Artikel und den Kommentaren nutzen.

Ideen sammeln (Stoffsammlung anlegen)

3 **a** Was spricht für die Internetschule, was dagegen? Wägt ab und bildet euch dann eine eigene Meinung.
b Könnt ihr euch vorstellen, eine Internetschule zu besuchen? Notiert eure Meinung.
- *Ich kann mir vorstellen/nicht vorstellen, ...*
- *Ich würde ...*

4 **a** Sammelt Argumente und Beispiele für eure Position. Ihr könnt hierzu den Text sowie die Kommentare (► S. 57–58) zu Hilfe nehmen.

Argumente + Beispiele für Internetschule
- *Man kann selbst entscheiden, wann man für welches Fach lernt*
- *...*
- *Bei Fragen/Problemen wird man persönlich von einem Lehrer betreut*
- *...*

Argumente + Beispiele gegen Internetschule
- *Man lernt alleine ohne Klassengemeinschaft*
- *...*
- *Das Angebot neben dem Unterricht entfällt*
- *...*

b Entscheidet euch für die beiden überzeugendsten Argumente (mit Beispielen) und markiert diese. Prüft die Überzeugungskraft eurer Argumente mit Hilfe der folgenden Leitfragen:
– Gibt es Fakten, Erkenntnisse oder Erfahrungen, die das Argument stützen können?
– Kann das Argument leicht widerlegt werden?

c Notiert einen Einwand, der gegen eure Position spricht, und entkräftet ihn, z. B.:
- *Natürlich besteht die Gefahr, dass man ... Aber ...*
- *Es ist schon richtig, dass ... Aber viel entscheidender ist doch ...*

Die Argumentation ausformulieren und überarbeiten

5 Schreibt eure Argumentation für die Webseite der Zeitung.
Ihr könnt die folgende Vorlage und die Formulierungshilfen unten verwenden.

Einleitung mit Überleitung zum Hauptteil	– *Nachdem ich den Artikel über ... gelesen habe, habe ich mir die Frage gestellt, ob ich ...* – *In den USA gibt es immer mehr Schüler, die ... Obwohl in Deutschland ..., lohnt es sich, darüber nachzudenken, ob ...*
Meinung Argument 1 Beispiel 1 Einwand entkräften Argument 2 Beispiel 2	– ... – *Ein wichtiges Argument für/gegen ... ist, dass ...* – *... wird zum Beispiel gesagt, dass ...* – *Viele meinen zwar, dass ... Aber ...* – ... – ...
Schluss	– *Ich bin der Auffassung, dass .... / Wenn ..., würde ich ..., denn ...*

Formulierungshilfen für die Argumentation
Ein Argument für/gegen ... ist, dass ... • Darüber hinaus ... • Ein weiteres Argument ... • Es gibt noch ein wichtigeres Argument für/gegen ... • Besonders wichtig ist ... • Außerdem spielt eine Rolle, dass ... • Bedenken muss man auch, ... • Wenn ..., dann ... • Dafür spricht ... • ... berichtet zum Beispiel, dass ... • Wenn man zum Beispiel ... • denn • weil • da • deshalb • daher • außerdem • wenn • um ... zu • sodass • aber • darum

6 Überarbeitet eure Texte in Partnerarbeit. Nutzt hierzu die folgende Checkliste.

Checkliste

Stellung nehmen (Argumentieren)
- **Einleitung:** Führt ihr in das Thema ein, indem ihr z. B. den Anlass eurer Argumentation nennt oder Interesse für das Thema weckt? Leitet ihr dann zum Hauptteil über?
- **Hauptteil:**
  – **Meinung:** Habt ihr euren Standpunkt deutlich formuliert?
  – **Argumente:** Nennt ihr zwei überzeugende Argumente für eure Meinung?
  – **Beispiele:** Führt ihr für eure Argumentation treffende Beispiele an, z. B. ein Beispiel aus eurem eigenen Erfahrungsbereich, eine nachvollziehbare Erläuterung, einen Beleg aus der Zeitung oder ein Zitat von einer Expertin/einem Experten?
  – **Gegenargument:** Habt ihr ein Gegenargument genannt und glaubhaft entkräftet?
- **Schluss:** Habt ihr euren Standpunkt bekräftigt, einen Vorschlag oder eine Forderung formuliert oder eine Bedingung genannt *(Wenn ...; Falls ...)*?
- Werden die Argumente und Beispiele sprachlich gut eingeleitet und miteinander verknüpft?
- Sind Rechtschreibung und Zeichensetzung korrekt?

3 Zukunftsvisionen – Lebensentwürfe beschreiben

1 a Beschreibt die beiden Zimmer so genau und anschaulich wie möglich.
b In welchem der Zimmer würdet ihr lieber wohnen? Begründet.

2 a Wie sieht euer Traumzimmer aus, in dem ihr in Zukunft leben möchtet? Beschreibt es eurer Partnerin/eurem Partner so, dass sie/er es deutlich vor Augen hat.
b Gebt euch eine Rückmeldung, ob eure Beschreibungen genau genug waren: Konntet ihr euch die Zimmer vorstellen? Welche Fragen sind offengeblieben?

3 Tragt zusammen, was eine gute Beschreibung ausmacht.

In diesem Kapitel ...

– tauscht ihr euch über eure Zukunftsvisionen aus und beschreibt dabei Personen, Orte und Arbeitsabläufe,
– erstellt ihr ein Radio-Feature über einen interessanten Beruf,
– verfasst ihr Bewerbungsschreiben, Lebensläufe und Praktikumsberichte,
– übt ihr Bewerbungsgespräche.

3.1 Ich in zehn Jahren – Personen, Orte und Arbeitsabläufe beschreiben

Veränderungen – Personen beschreiben

Die folgenden Fotos zeigen die Schauspieler Daniel Radcliffe, Emma Watson und Rupert Grint, die durch die Harry-Potter-Filme berühmt wurden, im zeitlichen Abstand von etwa zehn Jahren.

1 a Beschreibt, wie sich die drei Schauspieler im Lauf der Zeit verändert haben.
b Überlegt: Welche Merkmale einer Person sollte man beschreiben, damit sich andere diese genau vorstellen können? Notiert Merkmale, z. B.: *Geschlecht, ungefähres Alter, …*

2 Habt ihr eine Vorstellung davon, wie ihr in zehn Jahren aussehen möchtet? Beschreibt.

3 Erstellt zu der jungen Emma Watson (► Foto links) eine Personenbeschreibung.
a Legt einen Steckbrief an. Wählt passende Angaben aus den Wortschatzkästen (► S. 63).

Gesamteindruck	Kleidung (evtl. auch Schmuck)	Haare und Gesicht	Besondere Kennzeichen
– *Geschlecht: weiblich* – *Figur: …*	– *Kleidungsstil: …* – *Kleidung: blassgelber Pullunder*	– … – …	– … – …

Figur: zierlich • schlank • vollschlank • dick

Hautfarbe: hell • leicht gebräunt • dunkel

Haare/Haarfarbe: schulterlang • halblang • kurz • lang • glatt • gelockt • Bubikopf • Pony • Scheitel • blond • rötlich • hellbraun • dunkelbraun • schwarz

Gesichtsform: länglich • rund • oval • kantig • herzförmig

Augen: grünblau • hellblau • grün • braun • eng stehend • blinzelnd • strahlend • streng • freundlich

Augenbrauen: buschig • kräftig • geschwungen • gezupft • zusammengezogen

Nase: schmal • breit • kurz • lang • groß • klein • gerade • krumm

Mund und Lippen: breit • schmal • voll • rot • blass • verkniffen • lächelnd • verschmitzt

Kinn: spitz • markant • rund • vorgeschoben • fliehend • eckig

Kleidungsstil: sportlich • lässig • elegant • glamourös • modern • altmodisch

b Verfasst nun die ausführliche Personenbeschreibung der jungen Schauspielerin. Geht so vor:
- Beginnt mit der Einleitung, indem ihr die folgenden Sätze in eurem Heft ergänzt:
  Emma Watson ist etwa ... Jahre alt und ... groß. Sie besitzt eine ... Figur und ihre Haut ist ...
- Beschreibt das Aussehen in einer geordneten Reihenfolge, z. B. von oben nach unten. Nutzt hierzu eure Stoffsammlung und verwendet treffende Verben (▸ Kasten rechts).
- Beschreibt zum Schluss, wie Emma Watson auf euch wirkt, z. B.: *glücklich, aufgeregt, traurig, erwartungsvoll.*

c Überarbeitet eure Personenbeschreibung mit Hilfe des Merkkastens unten.

Treffende Verben:
tragen • aussehen • besitzen • aufweisen • auffallen • wirken

4 Wählt einen der beiden männlichen Schauspieler (Daniel Radcliffe oder Rupert Grint) auf dem linken oder rechten Foto aus und beschreibt ihn. Legt euch hierzu auch einen Steckbrief nach dem Muster oben an.

5 Beschreibt, wie ihr selbst gerne in zehn Jahren aussehen möchtet. Ihr könnt hierzu die Angaben in einem Steckbrief sammeln oder ihr zeichnet ein Bild von euch in zehn Jahren.

Information | **Eine Person beschreiben**

- **Einleitung:** Macht in der Einleitung allgemeine Angaben zur Person (z. B. Geschlecht und Alter).
- **Hauptteil:** Beschreibt im Hauptteil das Aussehen der Person in einer geordneten Reihenfolge, z. B. von oben nach unten.
- **Schluss:** Hier könnt ihr beschreiben, wie die Person auf euch wirkt.
- Sucht **aussagekräftige Adjektive,** z. B. *fahlgrau, gertenschlank.*
- Verwendet an Stelle der Wörter „ist“, „sind“, „hat“ und „haben“ **treffende Verben,** z. B. *tragen, aussehen, besitzen, aufweisen, wirken, umgeben.*
- **Vermeidet persönliche Wertungen** wie *schön, süß, lieb* oder *hässlich.*
- Schreibt im **Präsens.**

Dort könnte ich mal arbeiten – Orte beschreiben

1 a Schaut euch das Foto genau an: Um was für einen Ort handelt es sich? Welchen Berufen kann man dort nachgehen?
b Erklärt, ob ihr euch vorstellen könnt, dort einmal zu arbeiten.

2 Verschafft euch einen Überblick über die Gegenstände, die sich in dem Raum befinden. Fertigt hierzu eine Skizze des Raums und seiner Gegenstände an. Beschriftet dann die einzelnen Gegenstände mit treffenden Begriffen. Die Wörter im Kasten helfen euch dabei.

Begriffe:
Decke • Fußboden • Leinwand (Greenscreen) • Scheinwerfer • Schienensystem • Monitor • Stehpult • Kamera, Stativ • Stehtische • Bürostuhl • Tisch • Rollwagen • Tastatur • Mikrofon • Trennwand • Stellwand • Tür • Stehlampe • Podest

treffende Adjektive:
sonnengelb • grasgrün • beige • blaugrau • silberfarben • schneeweiß • lang • klein • schmal • gebogen • rechtwinklig • hell • dunkel

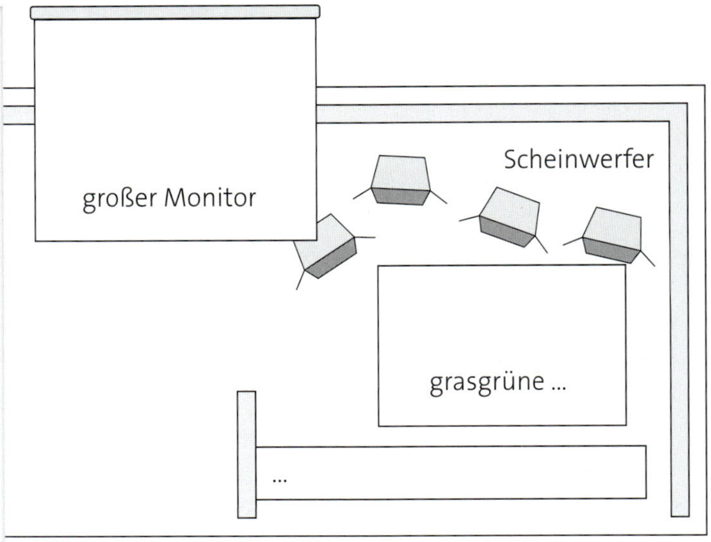

3 **a** Erklärt, was bei dem Anfang dieser Ortsbeschreibung nicht gelungen ist:

VORSICHT FEHLER!

Der Raum ist ein megagroßes Nachrichtenstudio. Auf einem niedrigen Podest ist links der Gästebereich und rechts der Aufnahmebereich. Beide Bereiche sind durch wunderschöne Trennwände umgeben, die verschiedene Farben haben. Davor ist ein langer Tisch mit Monitoren. Jn dem Gästebereich sind drei schicke Stehtische mit schneeweißen Tischdecken. Links daneben ist ein stylishes Stehpult mit einer silberfarbenen Front. Davor ist eine voll moderne Kamera auf einem Stativ.

b Überarbeitet den Text. Formuliert unsachliche oder ungenaue Passagen um und verwendet abwechslungsreiche, treffende Verben.

Treffende Verben:
sich befinden • stehen • hängen • angrenzen an • liegen

4 Übertragt die folgende Beschreibung in euer Heft und ergänzt dabei Wörter, die die Position der Gegenstände bezeichnen. Nutzt hierzu die Wörter aus dem Wortspeicher.

? des Nachrichtenbereichs befindet sich ein längliches, gebogenes, hellgelbes Stehpult, ? dem ein kleines Mikrofon liegt. ? steht ein Stativ ? einer Kamera. ? hängt eine grasgrüne Leinwand, die man auch als Greenscreen bezeichnet. ? dem Stehpult hängen mehrere Scheinwerfer. Diese sind mit einem Schienensystem ? der Decke befestigt und ? den Platz des Nachrichtensprechers gerichtet.

Wörter für Positionsangaben:
hinter • unterhalb • über • auf • zwischen • in • neben • vor • an • gegenüber • oben • unten • vorn • unter • hinten • davor • dahinter • links • rechts • innerhalb • mit

5 Verfasst eine vollständige Beschreibung des Fernsehstudios. Eure Vorarbeiten aus den Aufgaben 2, 3 und 4 helfen euch dabei. Formuliert zum Schluss, wie der Ort auf euch wirkt.

6 **a** Stellt euch einen Ort vor, an dem ihr später vielleicht einmal arbeiten möchtet. Fertigt dann eine Skizze des Ortes an und beschriftet sie.
b Verfasst eine Beschreibung des Ortes.

Information **Einen Ort beschreiben**

- **Einleitung:** Benennt den Ort und macht allgemeine Angaben, z. B. zur Größe, Lage.
- **Hauptteil:** Beschreibt den Ort in einer geordneten Reihenfolge, z. B. vom Wesentlichen zum weniger Wichtigen, von vorne nach hinten, von links nach rechts oder im Uhrzeigersinn. Benennt wichtige Elemente der Raumgestaltung und Einrichtungsgegenstände.
- **Schluss:** Hier könnt ihr beschreiben, wie der Ort insgesamt auf euch wirkt.
- Nutzt möglichst **treffende Begriffe** (auch Fachbegriffe) zur Bezeichnung einzelner Gegenstände, z. B.: *Leinwand, Scheinwerfer.*
- Sucht **treffende Adjektive** (z. B. *grasgrün*) und **Verben** (z. B. *hängen, stehen*).
- Beschreibt die genaue **Lage der einzelnen Gegenstände**, z. B.: *links, oben, davor.*
- Eine Ortsbeschreibung wird im **Präsens** und in einer **sachlichen Sprache** verfasst.

Rund ums Fliegen – Arbeitsabläufe beschreiben

Der Pilot Jörn Handwerk beschreibt den Arbeitsablauf eines Piloten.

Zunächst werden die Flugunterlagen ausgewertet, zum Beispiel Wetterberichte, technische Daten und Besonderheiten des Flugzeuges oder der Flughäfen und so weiter. Danach entscheiden wir, wie viel Treibstoff wir tanken. Darüber hinaus kontrollieren wir das Flugzeug vor jedem Start. Stimmt etwas nicht, wird sofort ein Techniker bestellt.
Der Bordcomputer muss nun mit allen wichtigen Daten gefüttert werden. Dazu gehören zum Beispiel das Gewicht des Flugzeugs, die Flugroute und der erforderliche Startschub, also die benötigte Antriebskraft, die wir vorher berechnen. Anschließend legen wir uns die Abflug-, Strecken- und Anflugkarten bereit und stellen die Navigationsempfänger ein. Mit einer Checkliste überprüfen wir dann die Systeme des Flugzeugs.
Während des Flugs kann der Autopilot, eine automatische Flugzeugsteuerung, eingestellt werden. Die wichtigsten Funktionen des Autopiloten sind, das Flugzeug auf einer voreingestellten Höhe zu halten und die gewünschte Flugroute sowie die Geschwindigkeit beizubehalten. Die Aufgabe des Piloten ist weitaus komplexer. Er muss den Flugraum und die Systeme an Bord überwachen, die Wetterlage beobachten und entsprechend reagieren und den Funkverkehr, z. B. mit dem Tower (Kontrollturm am Flughafen), übernehmen.
Nach der Landung müssen wir diverse Dokumente fertig stellen, da viele der Flugunterlagen aufbewahrt werden. Zum Schluss schreiben wir eventuelle technische Probleme in ein Logbuch und informieren gegebenenfalls die Technik.

1 a Lest den Text. Was wusstet ihr bereits, was ist neu für euch?
b Könnt ihr euch vorstellen, später einmal als Pilot/-in zu arbeiten? Begründet eure Meinung.

2 In der Beschreibung werden verschiedene Fachbegriffe verwendet, die direkt oder indirekt (z. B. durch Beispiele) erläutert werden. Erklärt mit Hilfe des Textes die folgenden Begriffe: *Flugunterlagen, Startschub, Autopilot, Tower, Logbuch.*

3 a Untersucht, wie die Reihenfolge der einzelnen Arbeitsschritte deutlich gemacht wird. Schreibt die entsprechenden Wörter heraus, z. B.: *zunächst, ...*
b Notiert weitere Wörter, mit denen man die zeitliche Reihenfolge eines Vorgangs deutlich machen kann.

4 a In dem Text wechseln Aktiv- und Passivformulierungen. Schreibt alle Passivformen heraus, z. B.: *werden ... ausgewertet, ...*
b Macht den Text noch abwechslungsreicher, indem ihr die beiden im Text markierten Sätze ins Passiv umformt.

1-Liter-Beutel

Förderband und Röntgenscanner

Monitor

Metalldetektor

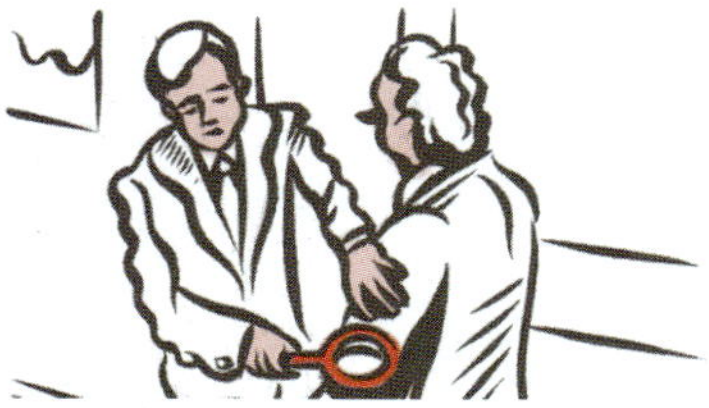
Handsonde

manuelle Kontrolle

5 Seid ihr schon einmal geflogen und habt eine Sicherheitskontrolle miterlebt? Berichtet davon.

6 Beschreibt den Ablauf der Sicherheitskontrolle an einem Flughafen. Geht so vor:

a Formuliert eine treffende Überschrift.

b Schreibt einen Einleitungssatz, in dem ihr den Arbeitsablauf benennt und notwendige Vorbereitungen beschreibt (Bild 1), z. B.: *Auf die Sicherheitskontrolle am Flughafen sollten Passagiere sich vorbereiten, indem sie kleine Flüssigkeitsbehälter …*

c Beschreibt im Hauptteil Schritt für Schritt, was bei der Sicherheitskontrolle geschieht:
- Verwendet dabei geeignete Fachbegriffe und erklärt diese.
- Macht die Abfolge der Arbeitsschritte deutlich, z. B.: *zuerst, dann* usw.
- Wechselt zwischen Aktiv- und Passivformulierungen, z. B.: *Zuerst fordert der Sicherheitskontrolleur die Passagiere auf, … in die bereitgestellten Wannen zu legen … Diese werden durch …*

d Gebt am Schluss einen weiterführenden Hinweis, z. B.: *Diese gründliche Sicherheitskontrolle ist sehr wichtig, weil …*

7 Recherchiert im Internet zu einem anderen Beruf, der euch interessiert, und beschreibt einen typischen Arbeitsablauf.

Information **Einen Arbeitsablauf beschreiben**

- **Einleitung:** Benennt notwendige Materialien und/oder Vorbereitungen.
- **Hauptteil:** Beschreibt Schritt für Schritt den Arbeitsablauf.
- **Schluss:** Hier könnt ihr einen weiterführenden Hinweis geben.
- Erklärt möglichst die **Fachbegriffe,** die ihr verwendet.
- Wählt passende Wörter, die die **Reihenfolge** der einzelnen Arbeitsschritte **deutlich machen,** z. B.: *zuerst, dann, danach, zum Schluss.*
- Wechselt zwischen **Aktiv- und Passivformulierungen,** dann wird eure Beschreibung abwechslungsreicher, z. B.: *Flüssigkeitsbehälter werden … verpackt. Danach legt man …*
- Schreibt im **Präsens,** um das Allgemeingültige des Vorgangs auszudrücken.

Mein Traumberuf …? – Ein Radio-Feature produzieren

Das Produzieren von Radio-Features bietet euch die Möglichkeit, einen realistischen Einblick in verschiedene Berufswelten zu bekommen und dabei vielleicht sogar euren Traumberuf zu finden.

1. Schritt: Das Radio-Feature planen

Sequenz	Inhalt	Personen	Aufnahmeort
1	*Baustellengeräusche, z. B. Presslufthammer, …*	*–*	*Baustelle*
2	*Text: Beschreibung der Baustelle*	*Sprecher 1*	…
3	*Text: Vorstellung des Bauingenieurs, kurze Personenbeschreibung*	*Sprecher 2*	…
4	*Interview mit dem Bauingenieur, im Hintergrund leise Baustellengeräusche*	*Interviewer, Bauingenieur*	*Baustelle*
5	*Text: weitere Informationen zum Beruf des Bauingenieurs (Arbeitsmarkt, Einkommen, …)*	*Sprecher 3*	…

1 a Betrachtet den Regieplan für das Radio-Feature. Welcher Beruf wird an welchem Arbeitsplatz vorgestellt?
b Beschreibt die verschiedenen Elemente, aus denen das Feature besteht.

2 a Sammelt Berufe, die euch interessieren.
b Einigt euch auf einen Beruf, der euch für ein Feature besonders geeignet erscheint.
c Erstellt einen Regieplan für euer Radio-Feature.

Beachtet bei der Auswahl des Berufs, dass ihr den Arbeitsplatz tatsächlich besuchen solltet, um dort interessante Geräusche aufzunehmen und ein Interview zu führen, z. B. in der Musikschule, im Fitnessstudio, in der Kfz-Werkstatt.

3 Bereitet die Fragen für euer Interview vorher sorgfältig vor:
a Begründet, welche der Interviewfragen auf dem Notizzettel euch sinnvoll erscheinen und welche man weglassen sollte.
b Notiert Fragen, die ihr eurem Interviewpartner stellen möchtet. Wählt die interessantesten Fragen aus und bringt sie in eine sinnvolle Reihenfolge.

Fragen für das Interview
Welche Hobbys haben Sie?
Wie sieht Ihr Tagesablauf aus?
Was war Ihr interessantestes Projekt?
Sind Sie verheiratet?
Haben Sie Kinder?
Wie wird man …?

4 Legt fest, wer welche Aufgabe übernimmt: das Interview führen, aufnehmen (z. B. mit dem Handy), Notizen machen (z. B. zum Aussehen eures Interviewpartners), den Arbeitsplatz beschreiben, Geräusche aufnehmen.

2. Schritt: Das Material für das Radio-Feature zusammenstellen

5 a Nehmt Kontakt zu der Person auf, mit der ihr ein Interview führen möchtet, und vereinbart einen Termin an ihrem Arbeitsplatz.
b Nehmt an dem Arbeitsplatz möglichst unterschiedliche Geräusche auf.
c Führt das Interview und denkt daran, es aufzunehmen.
d Macht euch möglichst viele Notizen, z. B. zum Aussehen eurer Interviewpartnerin/eures Interviewpartners, zur Beschreibung des Arbeitsplatzes usw.

6 Für euer Radio-Feature müsst ihr eigene Texte entwerfen.
a Lest die Textanfänge für das Radio-Feature über den Beruf des Bauingenieurs. Überlegt, worauf ihr bei den einzelnen Texten achten solltet, damit sie für eure Zuhörer verständlich und interessant sind.

1. *Beschreibung der Baustelle: Ein 200 Meter hoher Kran steht am Rande der Baustelle und ...*
2. *Vorstellung des Bauingenieurs: Wir treffen auf der Baustelle den Bauingenieur Herrn Lohmann. Er ist etwa dreißig Jahre alt und ... Auf dem Kopf trägt er ..., damit ...*
3. *Informationen zum Beruf: Der Beruf des Bauingenieurs umfasst eine Vielzahl von verschiedenen ... Von der Planung eines Bauvorhabens über die Bauausführung bis hin zur ...*

b Verfasst die Texte für euer Radio-Feature. Nutzt dazu eure Notizen von der Recherche vor Ort und sucht gegebenenfalls weitere Informationen im Internet, z. B. auf den Seiten der Arbeitsagentur (berufenet.arbeitsagentur.de/berufe/).
c Nehmt alle Texte mehrmals auf. Lasst sie gegebenenfalls von unterschiedlichen Personen einsprechen. Entscheidet dann, welche Version ihr für euer Feature verwenden möchtet.

3. Schritt: Das Radio-Feature schneiden

7 a Fügt die einzelnen Sequenzen mit einem Schnittprogramm zusammen. Orientiert euch dabei an eurem Regieplan.
b Hört euch das geschnittene Feature an. Prüft, ob ihr noch etwas ändern solltet, z. B. indem ihr andere Geräusche verwendet, die Reihenfolge einzelner Sequenzen ändert oder im Interview Kürzungen vornehmt.
c Überlegt, ob ihr einige Sequenzen mit Musik unterlegen möchtet.

Information **Das Radio-Feature**

Ein Radio-Feature (englisch: „Aufmachung") ist eine **lebendig gestaltete, nicht fiktionale Hörfunksendung.** Ein Feature behandelt ein Thema möglichst facettenreich und besteht daher aus **verschiedenen Elementen** wie eingesprochenen Texten (z. B. Beschreibungen, Berichte), Originaltönen (z. B. Interviews, Umfragen, Geräusche) und Musik.

Testet euch!

Einen Ort beschreiben

VORSICHT FEHLER!

Der Behandlungsraum der Physiotherapiepraxis ist etwa 25 Quadratmeter groß, hat ein Fenster mit hübschen Blumen und einen Fußboden.
In dem Raum sind eine Sprossenwand, an der ein Handtuch hängt, und zwei Matten. Auf der anderen Seite sind eine Behandlungsliege mit einem Hocker und zwei coole Gymnastikbälle. In dem Raum sind auch ein Schreibtisch, der voll unordentlich aussieht, ein Bücherregal und ein stylisher Schreibtischstuhl. Außerdem ist da eine Trennwand, hinter der man sich vor der Behandlung umziehen kann.
Insgesamt wirkt der Raum freundlich und einladend.

1 Die Beschreibung ist noch nicht gelungen. Notiert die Buchstaben der vier Kriterien, die nicht erfüllt sind. Richtig zusammengesetzt ergeben sie ein Lösungswort.

R Es gibt eine Einleitung.
E Die Beschreibung hat einen Schluss.
L Die Gegenstände wurden durch treffende Adjektive beschrieben.
A Es werden treffende Verben verwendet.
U Die Lage der Gegenstände wird genau beschrieben.
B Es wird durchgängig eine sachliche Sprache verwendet.
M Die Beschreibung ist im Präsens verfasst.

2 **a** Überarbeitet die Ortsbeschreibung und schreibt eine verbesserte Fassung in euer Heft.
b Gebt euch ein Feedback zu euren Texten.

3.2 Was will ich werden? – Sich um einen Praktikumsplatz bewerben

„Wir bieten ...“ – Eine Anzeige auswerten

Der Sportivo-Club ist ein moderner Sport- und Freizeitpark. Zu unserer Anlage gehören ein Fitness- und Wellnesscenter, Tennis-, Squash- und Badmintonhallen sowie ein integrierter gastronomischer Bereich.

Wir bieten Schülerinnen und Schülern die Beschäftigung als

PRAKTIKANT (m/w).

Wir ermöglichen einen Einblick in die Berufswelt der Fitness- und Gesundheitsbranche:
- Betreuung der Kunden im Fitnesscenter und im Servicebereich (Empfang)
- Beratung der Kunden
- Einblick in das Marketing (Werbeabteilung)

Wir erwarten:
Freude an Sport, Fitness und am Umgang mit Menschen, Teamfähigkeit, Computerkenntnisse

Interessiert? Dann schicke uns deine Bewerbung mindestens sechs Monate vor dem Praktikum mit folgenden Unterlagen: ein Anschreiben, in dem du uns auch mitteilst, in welchem Zeitraum du das Praktikum machen möchtest, ein Lebenslauf, eine Kopie deines letzten Zeugnisses.

Sportivo-Club, An der Pforte 13, 30175 Hannover
(E-Mail: praktikum@sportivoclub.de)
Ansprechpartnerin: Frau Nadja Weber

1 Beschreibt, wie ihr euch ein Praktikum beim Sportivo-Club vorstellt.

2 Untersucht die Anzeige: Was erfahrt ihr über das Unternehmen? Was bietet es einem Praktikanten an? Was wird vom Bewerber erwartet? Worauf solltet ihr bei eurer Bewerbung achten?

3 Ein Schüler hat sich für seine Bewerbung beim Sportivo-Club Notizen zu seinen Interessen und Aktivitäten gemacht.
Mitglied im Schulchor – Lieblingsfächer Deutsch und Sport – Mitglied im Kletterverein – Lieblingsbuch: Tschick – wöchentliches Austragen von Prospekten – zwei Hasen – Konsolenspiele – Mitarbeit bei der Schülerzeitung
a Notiert, welche Fähigkeiten der Schüler hat, z. B.: *Schulchor → musikalisch*
b Unterstreicht die Fähigkeiten, die für eine Bewerbung beim Sportivo-Club wichtig sind.

4 a Überlegt, welche Fähigkeiten ihr besitzt.
b Wählt zwei Fähigkeiten aus und verknüpft sie mit einer Situation, in der ihr sie bereits angewendet habt, z. B.:
Verantwortungsbereitschaft → Klassensprecherin
c Überlegt, welcher Praktikumsplatz für euch in Frage käme.

Fähigkeiten, z. B.:
logisches Denken • Geduld • gute Sprachkenntnisse • Kreativität • Teamfähigkeit • handwerkliches Geschick

Formal perfekt und mit persönlicher Note – Eine Bewerbung schreiben

(1) Max Moersch
Goethestraße 23
30559 Hannover
Tel. 02341/234
E-Mail: m.moersch@vum.de

(1) Sportivo-Club
Frau Weber
An der Pforte 13
30175 Hannover

(1) Hannover, 20.02.20...

(2) **Bewerbung um ein Schulpraktikum vom 6.10.20... bis 17.10.20...**

(3) Sehr geehrte Frau Weber,

(4) über die Plattform „Schulpraktikum" bin ich auf Sie aufmerksam geworden und möchte mich hiermit in Ihrem Unternehmen um einen Praktikumsplatz in der Zeit vom 6.10. bis zum 17.10.20... bewerben.
Zurzeit besuche ich die 8. Klasse des Lessing-Gymnasiums in Hannover.

(5) Weil Sport nicht nur mein Lieblingsfach in der Schule ist, sondern ich auch in meiner Freizeit gerne Sport treibe, habe ich mir schon lange gewünscht, einen Einblick in die Berufswelt der Fitness- und Gesundheitsbranche zu erhalten. Seit drei Jahren bin ich Mitglied in einem Kletterverein. Hier habe ich gesehen, wie wichtig Teamfähigkeit und verantwortungsbewusstes Handeln sind, um gemeinsam ans Ziel zu kommen.
Neben dem Sportbereich interessiert mich aber auch, wie in Ihrem Unternehmen die Aufgaben im Servicebereich organisiert sind. Durch die Mitarbeit bei der Schülerzeitung sind mir organisatorische Tätigkeiten, aber auch der Umgang mit dem Computer vertraut.

(6) Über eine Einladung zu einem Vorstellungsgespräch würde ich mich freuen.

(7) Mit freundlichen Grüßen

(8) *Max Moersch*

(9) **Anlagen**
Lebenslauf
Zeugniskopie

1 a Wie wirkt das Bewerbungsschreiben auf euch? Begründet eure Meinung.
b Beurteilt, ob das Bewerbungsschreiben optimal auf die Anzeige (► S. 71) zugeschnitten ist.

2 Untersucht, wie das Bewerbungsschreiben (▶ S. 72) aufgebaut ist, indem ihr die nummerierten Teile korrekt bezeichnet und die Funktion der einzelnen Teile erklärt.

Anrede • Unterschrift • Betreffzeile • Grußformel • Hauptteil • Briefkopf (Absender, Datum, Anschrift) • Anlagen • Einleitung • Schluss

VORSICHT FEHLER!

Sehr geehrter Herr Isenbort,

ich möchte gern einen Praktikumsplatz in der Redaktion Ihrer Zeitung. Meine Zeugnisnoten in Deutsch sind ganz gut. Ich arbeite in der Schülerzeitung. Spaß macht mir das Schreiben von Texten, aber auch das Recherchieren von Informationsmaterial interessiert mich. Ich habe auch schon für unsere Zeitung Interviews durchgeführt. Außerdem kann ich mit dem Computer ziemlich gut umgehen. Mich interessiert, was so bei uns vor Ort passiert. Und darüber berichten Sie auch in Ihrer Zeitung, die ich regelmäßig lese. Zurzeit besuche ich die 8. Klasse des Goethe-Gymnasiums.

Sagen Sie mir doch, ob ich bei Ihnen ein Praktikum machen kann.

Liebe Grüße

3 a Untersucht das Bewerbungsschreiben und notiert Fehler und Mängel: Achtet dabei auf Aufbau, Sprache und Inhalt (werden treffende Gründe für die Bewerbung genannt?).

b Überarbeitet das Anschreiben, sodass es die Redaktion der Zeitung überzeugt. Ihr könnt hierzu die Formulierungshilfen nutzen.

Formulierungshilfen
Wie telefonisch mit Ihnen besprochen, ... • Durch Ihre Anzeige in ... habe ich erfahren ... • Mit großem Interesse habe ich Ihre Anzeige im ... gelesen. • Zurzeit besuche ich ... • Bei/Durch ... konnte ich bereits erste Erfahrungen im ... • Besonderes Interesse habe ich ... • Große Freude bereitet mir ... • Meine Stärken liegen vor allem im Bereich ... • In meiner Freizeit interessiere ich mich für ... • Daher würde ich gerne mehr über ... erfahren. • Ich interessiere mich für ..., weil ... • Zusätzlich habe ich mich ausführlich über ... informiert. • Gern stelle ich mich Ihnen in einem persönlichen Gespräch vor.

4 a Verfasst selbst ein Bewerbungsschreiben für einen Praktikumsplatz eurer Wahl.
- Beantwortet in der **Einleitung:** Wie habt ihr von der Praktikumsstelle erfahren? In welchem Zeitraum wollt ihr das Praktikum absolvieren? Welche Klasse und Schule besucht ihr zurzeit?
- Stellt im **Hauptteil** überzeugend dar, warum ihr euch bewerbt: Welche Fähigkeiten und Erfahrungen habt ihr, die für die Praktikumsstelle wichtig sind?
- Formuliert zum **Schluss** den Wunsch, zu einem Gespräch eingeladen zu werden.

TIPP: Achtet auf eine korrekte Rechtschreibung und Zeichensetzung.

b Tauscht eure Bewerbungsschreiben aus und überarbeitet sie.

1 Beschreibt den Aufbau und die Gestaltung des Lebenslaufs.

2 Erklärt, welche Bedeutung ein Lebenslauf für den Arbeitgeber hat.

3 Manche Lebensläufe enthalten die Angabe „Weitere Tätigkeiten". Überlegt was man hier anführen könnte.

4 a Entwerft einen eigenen Lebenslauf.
b Kontrolliert eure Entwürfe gegenseitig.

Lebenslauf

Foto

Persönliche Daten

Name, Vorname:	Moersch, Max
Adresse:	Goethestr. 23 30559 Hannover
Telefon:	02341/234...
E-Mail:	m.moersch@vum.de
Geburtsdatum:	...
Geburtsort:	...

Schulbildung

seit 2010:	Lessing-Gymnasium, Hannover
2006–2010:	Chamisso-Grundschule, Hannover

Besondere Kenntnisse und Interessen

Sprachkenntnisse:	Englisch (gute Kenntnisse in Wort und Schrift) Französisch (Grundkenntnisse)
PC-Kenntnisse:	gute Kenntnisse in Word
Hobbys:	Schwimmen, Klettern

Hannover, den 20. Februar 20...
Max Moersch

Information **Sich schriftlich bewerben (Bewerbungsschreiben, Lebenslauf)**

Mit einer Bewerbung macht ihr Werbung für euch selbst. Deshalb sollte eure Bewerbung optisch und inhaltlich überzeugen. Gestaltet eure Bewerbung mit Hilfe des Computers und achtet auf eine korrekte Rechtschreibung und Zeichensetzung.

Das Bewerbungsschreiben (► Muster, S. 72) ist ein sachlicher Brief mit folgenden Bausteinen: Briefkopf (Absender, Datum, Anschrift), Betreffzeile (in Stichworten, worum es geht), Anrede, Text (Einleitung, Hauptteil, Schluss), Grußformel, Unterschrift, Hinweis auf Anlagen (z. B. Lebenslauf, Zeugnis).

- Stellt überzeugend dar, warum ihr euch auf die konkrete Stelle bewerbt:
- Welche Fähigkeiten und Erfahrungen habt ihr, die für die Praktikumsstelle wichtig sind?
- Wo konntet ihr diese Fähigkeiten bereits unter Beweis stellen?

Der Lebenslauf wird in tabellarischer Form verfasst und sollte übersichtlich (mit Zwischenüberschriften) gegliedert sein. Er schließt mit Ort, Datum und Unterschrift. Ihr könnt ein Porträtfoto hinzufügen, müsst es aber nicht.
TIPP: Bei einer **Bewerbung per E-Mail** kann das Bewerbungsschreiben als E-Mail-Text gesendet oder als Anhang angehängt werden. Die Betreffzeile in der E-Mail muss eindeutig formuliert sein. Lebenslauf und gescanntes Zeugnis werden als Anhang beigefügt.

„Darf ich mich vorstellen?“ – Sich in einem Gespräch präsentieren

1 a Diskutiert: Haltet ihr den Kleidungsstil auf den Fotos für ein Vorstellungsgespräch für geeignet?
b Formuliert Kriterien für einen angemessenen Kleidungsstil bei einem Vorstellungsgespräch.

2 a Beschreibt die Körpersprache auf den Fotos. Erklärt, was sie jeweils zum Ausdruck bringt.
b Probiert unterschiedliche Körperhaltungen für ein Vorstellungsgespräch aus und beschreibt ihre Wirkung.
c Formuliert Tipps, worauf man bei seiner Körpersprache in einem Vorstellungsgespräch achten sollte.

3 Max hat sein erstes Vorstellungsgespräch für einen Praktikumsplatz.
a Spielt die folgende Szene mit verteilten Rollen. Gestaltet die Rollen auch durch eine passende Sprechweise sowie Gestik und Mimik. Besprecht anschließend, welchen Eindruck Max in diesem Gespräch macht.

Frau Weber: Guten Tag, Max, schön, dass du gekommen bist. *(Max setzt sich sofort auf einen freien Stuhl.)*
Frau Weber: Hast du unser Studio gleich gefunden? *(Jetzt setzt sich auch Frau Weber.)*
Max: Ja, klar.
Frau Weber: Bist du mit der Straßenbahn gekommen?
Max: Ja.
Frau Weber: Wie bist du denn auf unser Studio gekommen?
Max: Ich habe es vor einiger Zeit zufällig entdeckt; ich wohne ja auch nicht weit.
Frau Weber: Ah, das ist ja dann gut für dich. Darf ich dir etwas zu trinken anbieten?
Max: Ja, sehr gerne eine Cola ohne Zucker, das wäre cool.
Frau Weber: Oh, du achtest auf deine Gesundheit, was?
Max: Geht so.

b Spielt die Szene so, dass Max einen positiven Eindruck hinterlässt. Bildet Vierergruppen: Zwei von euch spielen Max bzw. Frau Weber, die anderen beiden beobachten die Szene und geben eine Rückmeldung, was in diesem Vorstellungsgespräch gelungen ist und was verbessert werden kann.

Tipps für ein Vorstellungsgespräch
- Pünktlich sein und mögliche Verzögerungen vorher einplanen.
- Mit Blickkontakt und angemessenem Händedruck begrüßen.
- Erst hinsetzen, wenn man einen Stuhl angeboten bekommt.
- Fragen nicht nur mit „Ja“ oder „Nein“ beantworten, sondern in ganzen Sätzen (ohne abzuschweifen).
- Interesse für das Unternehmen zeigen, indem man z. B. Fragen stellt.
- Flapsige Bemerkungen und Jugendsprache vermeiden.
- Handy ausschalten oder stumm schalten.

Eine Praktikumsmappe erstellen

Praktikumsmappe

über das Praktikum in der Firma

...

vom 6. 10. 20... bis 17. 10. 20...

Max Moersch
Klasse 8b

Inhaltsverzeichnis

1 Meine Bewerbung

2 Beschreibung des Unternehmens

3 Mein Praktikumsberuf und Arbeitsplatz

4 Tagesberichte

5 Rückblick und Beurteilung der Praktikumserfahrungen

- Was hat euch gefallen, was nicht?
- Welche Merkmale hat der ausgeübte Beruf (Berufsbezeichnung, Ausbildungsweg, Tätigkeiten)?
- Wie groß ist das Unternehmen und wie ist es aufgebaut (Abteilungen, Mitarbeiter)?
- Wie seid ihr auf die Stelle aufmerksam geworden?
- Wurden eure Erwartungen an das Praktikum erfüllt?
- Welche Tätigkeiten und Aufgaben habt ihr an einem Tag verrichtet?
- Könntet ihr euch vorstellen, später in einem ähnlichen Beruf zu arbeiten?
- Wann wurde das Unternehmen gegründet und wie hat es sich bis heute entwickelt?
- Wie habt ihr euch auf das Bewerbungsgespräch vorbereitet und wie verlief es?
- Welche Erwartungen hattet ihr an das Praktikum?
- Wie sieht euer Arbeitsplatz aus (Beschreibung, evtl. Skizze, Foto)?
- Welche Produkte oder Services bietet das Unternehmen an?

1 Erklärt, welche Angaben das Deckblatt der Praktikumsmappe (oben links) enthält.

2 Überlegt: Welche Fragen solltet ihr bei welchen Punkten des Inhaltsverzeichnisses (oben rechts) beantworten? Schreibt das Inhaltsverzeichnis ab und ordnet die Fragen den einzelnen Überschriften zu, z. B.:

1 Meine Bewerbung
– Wie seid ihr auf die Stelle aufmerksam geworden?
– Wie ...?

3 Besorgt euch Praktikumsmappen von älteren Schülerinnen und Schülern. Stellt überzeugende Mappen vor, indem ihr über den Inhalt und den Aufbau informiert.

Fordern und fördern – Einen Tagesbericht schreiben

Tagesbericht: Donnerstag, den 9. Oktober 20…
An diesem Tag lernte ich die Fitnessabteilung erstmals genauer kennen und erfuhr, wie z. B. Trainingspläne erstellt und Kunden individuell betreut werden.
Wie an jedem Praktikumstag begann meine Arbeitszeit um 7:30 Uhr.
Meine Kollegin, eine Diplomsportlerin, gab mir die ersten Aufgaben: Ich kontrollierte den Trainingsbereich und die Sportgeräte und überprüfte, ob der Umkleidebereich sauber war.
Um 8:00 Uhr fand das Teamgespräch mit einem weiteren Kollegen, einem staatlich geprüften Fitnesstrainer, statt: Die Sportangebote des Tages wurden besprochen und Anmeldungen gesichtet.
Ab 9:00 Uhr …
Dieser Tag war für mich besonders interessant, weil ich …

1 **a** Max hat ein Praktikum in einem Fitnesscenter absolviert. Lest den Anfang seines Tagesberichts. Beantwortet dann die folgenden Fragen:
- Welche W-Fragen werden in dem Bericht beantwortet?
- Welche Funktion hat der Einleitungssatz?
- Welches Tempus und welche Sprache werden verwendet?

b Tagesberichte sind Bestandteile der Praktikumsmappe.
Überlegt, welche Funktion diese für euch selbst und eure Leser haben.

VORSICHT FEHLER!

Tagesbericht: Montag, den 13. Oktober 20…
Ich säuberte die Kunden- und Thekenbereiche im Gastronomiebereich. Ich habe die Getränkebestände in den Kühlschränken abgecheckt und Getränke, die alle waren, nachgefüllt. Ich habe auch noch die Speisekarte für den nächsten Tag am Computer neu gemacht und den „Snack des Tages“ mit einem coolen Foto aufgepeppt. Das war echt klasse, denn ich musste überlegen, welches Foto am besten Gesundheit und Fitness ausdrückt, und dann sollte es ja auch noch zum „Snack des Tages“, also dem Fitness-Salat, passen.
Der Koch sucht die Speisen schon vorher aus. Es gibt jeden Tag ein wechselndes Speiseangebot. Ich presste kurz vor Öffnung des Gastronomiebereichs verschiedene Obstsäfte aus und goss sie in Karaffen. Ich füllte sie im Laufe des Tages öfters frisch nach. Außerdem habe ich an diesem Tag, den ich komplett im Gastronomiebereich verbrachte, die Bestellungen der Kunden entgegengenommen und an unsere Servicekraft weitergegeben.

●○ **2** Überarbeitet den oben stehenden Tagesbericht und erstellt eine neue Version in eurem Heft. Beachtet auch die Hinweise im Merkkasten auf Seite 78.

▷ Hilfen zu dieser Aufgabe findet ihr auf Seite 78.

●○○ **Aufgabe 2 mit Hilfen**

Überarbeitet den Tagesbericht (► S. 77) und erstellt eine neue Version in eurem Heft. Verbessert hierbei die folgenden Punkte:

- Ergänzt einen Einleitungssatz, der knapp zusammenfasst, was der Arbeitsschwerpunkt an diesem Tag war.
- Macht die Reihenfolge der Tätigkeiten deutlich (z. B. *zuerst, danach*) und achtet auf abwechslungsreiche Satzanfänge.
- Formuliert sachlich und vermeidet Umgangs- oder Jugendsprache.
- Schreibt im Präteritum.
- Verbindet einzelne Sätze durch treffende Verknüpfungswörter (z. B. *weil, nachdem, während*).

TIPP: Die Formulierungshilfen im Wortspeicher helfen euch bei der Überarbeitung.

Formulierungshilfen

Im Mittelpunkt des Arbeitstages stand die Tätigkeit im ... • Heute lernte ich die Tätigkeiten/Aufgaben im ... kennen. • Eine weitere Aufgabe bestand darin, ... • Das ... machte mir besonders viel Freude, weil ... • Diese Aufgabe fand ich besonders interessant, weil ... • Zunächst ... • Anschließend ... • Danach ... • Darüber hinaus ... • Als Nächstes ... • Des Weiteren ... • nachdem • weil • während • denn • obwohl • sodass • einerseits ... andererseits ... • zum einen ... zum anderen • übernehmen • gestalten • aussuchen • prüfen • kontrollieren • erledigen • berücksichtigen

Information **Einen Tagesbericht verfassen**

Ein Tagesbericht ist ein Bestandteil eurer Praktikumsmappe und informiert **sachlich** und in **chronologischer Reihenfolge** über die Tätigkeiten, die ihr an einem Praktikumstag ausgeführt habt. Er wird im **Präteritum** verfasst und beantwortet die **W-Fragen**.

- Stellt eurem Bericht einen Einleitungssatz voran, der knapp zusammenfasst, was euer Arbeitsschwerpunkt an diesem Tag war.
- Verwendet Fachbegriffe und erklärt diese, wenn nötig.
- Achtet auf abwechslungsreiche Satzanfänge und macht die Reihenfolge der Ereignisse deutlich (z. B. *zuerst, anschließend* ...).
- Verbindet Sätze durch treffende Verknüpfungswörter (z. B. *nachdem, weil, obwohl*).

TIPP: Macht euch während des Praktikums am besten jeden Tag Notizen zu folgenden Punkten: Wochentag, Datum, Arbeitsplatz (an welchem Ort/welchen Orten des Betriebs habt ihr gearbeitet?), Tätigkeiten (Fachbegriffe, Uhrzeiten), Anmerkungen.

3.3 Fit in ... – Einen Arbeitsablauf beschreiben

Die Aufgabenstellung richtig verstehen

Stellt euch vor, ihr bekommt in der nächsten Klassenarbeit die folgende Aufgabenstellung:

Ihr habt euch im Internet über den Beruf des Modedesigners informiert. Dabei seid ihr auf die folgenden Fotos gestoßen, die zeigen, wie ein Herrenmantel designt und hergestellt wird. Beschreibt den Arbeitsablauf in einem zusammenhängenden Text.

1

Modetrends

2

Entwurf

3

Stoffauswahl

4

Schnittmuster am Computer erstellen und ausdrucken

5
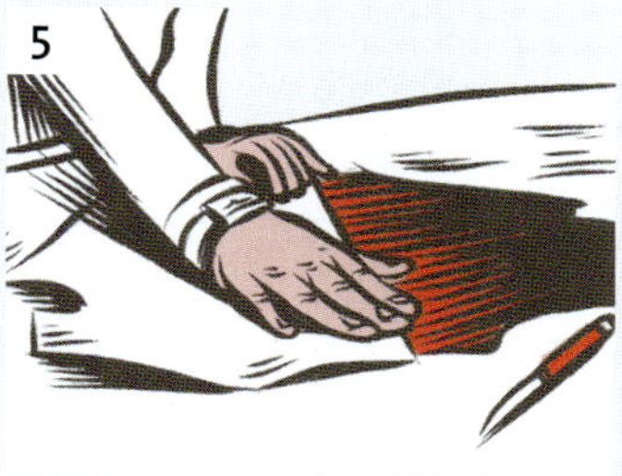
Schnittmuster aus Papier

6

Schnittmuster; Nadel; Umrisse; Schneiderkreide; Stoffteile; Stoffschere

7
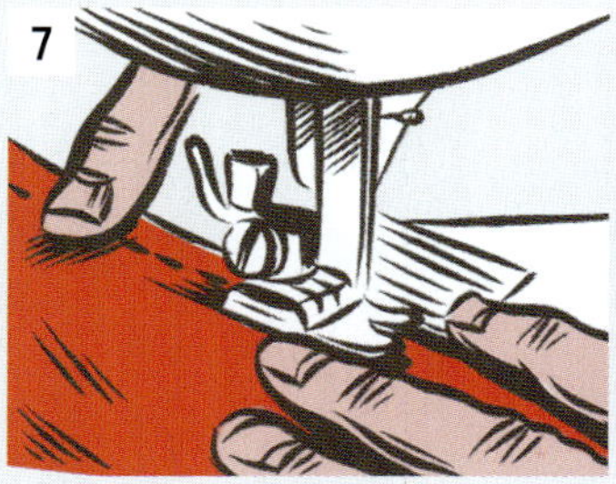
Nähmaschine

8

Prototyp (Versuchsmodell) anpassen

9

Serienanfertigung (Erzeugung gleichartiger Produkte)

1 a Lest euch die Aufgabenstellung sorgfältig durch.
b Erklärt euch gegenseitig, was ihr bei der Beschreibung beachten müsst:
- Wie soll die Beschreibung aufgebaut sein?
- Worauf müsst ihr bei der Sprache achten?

Einen Schreibplan erstellen

2 Erstellt einen Schreibplan, indem ihr euch zu jedem Bild Stichpunkte notiert:

> *1. Vorbereitung: sich über Modetrends informieren (z. B. sich auf Modenschauen inspirieren lassen)*
> *2. Einen Entwurf des Mantels ...*
> *3. ...*

3 Begründet, welche Überschrift am besten zu der Beschreibung passt: Ein schöner Mantel, Die Aufgaben eines Designers, Ein Traumjob, Einen Herrenmantel designen, Kein einfacher Beruf.

Die Beschreibung verfassen und überarbeiten

4 **a** Übertragt die folgende Beschreibung in euer Heft und ergänzt dabei Wörter, die die Reihenfolge der Arbeitsschritte deutlich machen. Ihr könnt hierzu passende Wörter aus dem Wortspeicher nutzen.

> anschließend • dann • danach • nun • jetzt • nachdem • sobald • wenn

> ? man das Schnittmuster ausgeschnitten hat, überträgt man es auf den Stoff. Damit das Schnittmuster nicht verrutscht, befestigt man es ? mit Nadeln auf dem Stoff. ? zeichnet man mit der Schneiderkreide die Umrisse des Musters nach. ? schneidet man mit der Stoffschere die Stoffteile aus. ? näht man die einzelnen Stoffteile mit der Nähmaschine zusammen. ? der erste Prototyp, also das ...

b Gestaltet den Text abwechslungsreicher: Formt zwei Sätze, die im Aktiv stehen, ins Passiv um.

5 Verfasst nun eine zusammenhängende Beschreibung des Arbeitsablaufs.

6 **a** Überprüft eure Beschreibungen mit Hilfe der folgenden Checkliste.
b Überarbeitet eure Beschreibungen.

Checkliste

Einen Arbeitsablauf beschreiben

- Habt ihr in der **Einleitung** notwendige **Vorbereitungen** beschrieben?
- Habt ihr im **Hauptteil** den **Ablauf des Vorgangs Schritt für Schritt** beschrieben?
- Habt ihr **nur eine Form der Ansprache** (*man* oder *du*) verwendet?
- Enthält die Beschreibung **Fachbegriffe,** die – wenn nötig – auch erklärt werden?
- Habt ihr die **Reihenfolge** durch passende Wörter **deutlich** gemacht?
- Wechseln sich **Aktiv- und Passivformulierungen** ab?
- Ist die Beschreibung in einer **sachlichen Sprache** verfasst?
- Habt ihr durchgehend das **Präsens** verwendet?
- Sind **Rechtschreibung** und **Zeichensetzung** korrekt?

4 Mit allen Sinnen – Schildern

1 Erklärt, warum ein Feuerwerk für viele Menschen eine große Attraktion darstellt.

2 **a** Versetzt euch in die dargestellte Situation und notiert, was ihr wahrnehmen (sehen, hören, riechen, fühlen) könnt, z. B.:
goldgelbe Lichter, rauchige Luft
b Schildert das Feuerwerk so, dass die Zuhörer die Situation und die Atmosphäre genau vor Augen haben.

3 Überlegt, was ihr bei einer anschaulichen Schilderung beachten müsst.

In diesem Kapitel ...

- übt ihr, Situationen und Stimmungen anschaulich zu schildern,
- untersucht ihr die Wirkung von Schilderungen in literarischen Texten,
- gestaltet ihr eigene Schilderungen zu Texten und verwendet dabei ausdrucksstarke Wörter und sprachliche Bilder.

4.1 Mittendrin – Eindrücke anschaulich schildern

Bildhafte Sprache verwenden

Auf der Kirmes

Ein Gewirr von Geräuschen schlägt mir entgegen, ich zwänge mich in die Menschenschlange, die sich Richtung Rheinwiesen schiebt. Alles ist eng. Eine Mischung aus Wortfetzen, Musik und ohrenbetäubendem Gekreische dringt an mein Ohr, der Geruch von gebrannten Mandeln hängt süß und klebrig in der Sommerluft.

Schon von Weitem sehe ich die grelle Neonreklame der Fahrgeschäfte, die um die Aufmerksamkeit der Besucher buhlen. Blaue, gelbe und grüne Lakritzbänder stapeln sich neben Bergen von Zuckerwatte, knallroten Paradiesäpfeln und Schokofrüchten. Eiskugeln werden in knusprigen Waffeln durch die Menge balanciert. Wie von einem unsichtbaren Faden gezogen steuere ich auf die Geisterbahn zu. Geheimnisvoll wirkt der dunkle Eingang, der sich wie ein Tunnel in der Dunkelheit verliert. Aus dem Inneren dringt schweres Atmen und Ächzen, manchmal werden Schreie hörbar oder ein hohles, blechernes Lachen dringt aus der Finsternis nach draußen in die helle Junisonne. Ich sehe die Menschen in der Schlange, die vor dem rot erleuchteten Kassenhäuschen stehen. Alle reden und lachen. Dann springen sie in den Geisterzug, der langsam in der Dunkelheit verschwindet.

Lange beobachte ich noch die Massen, die sich dicht an dicht durch die schmalen Gänge zwischen den bunten Ständen hindurchschieben. Sehe, wie sich die Achterbahn in Schwindel erregende Höhe schraubt und dann wie ein Jet im Sturzflug in die Tiefe stürzt. In der Ferne …

1 a Schreibt gemeinsam mit einer Partnerin oder einem Partner den Text weiter, indem ihr noch zwei bis drei Sätze ergänzt.

b Lest eure Fortsetzungen vor. Die anderen begründen, ob die jeweiligen Sätze zu dem Text passen oder nicht.

2 Schildern bedeutet, eine Situation oder eine Atmosphäre durch die Wiedergabe von Sinneseindrücken so zu beschreiben, dass der Leser das Gefühl hat, hautnah dabei zu sein.

a Stellt zusammen, welche Sinneseindrücke (sehen, hören, fühlen, riechen/schmecken) in dem Text wiedergegeben werden.

b Erläutert, durch welche sprachlichen Gestaltungsmittel die Schilderungen besonders anschaulich werden. Nennt Textbeispiele und beschreibt die Wirkung auf den Leser. Achtet besonders auf ausdrucksstarke Verben, anschauliche Adjektive und Partizipien und sprachliche Bilder (Vergleiche, Metaphern, Personifikationen).

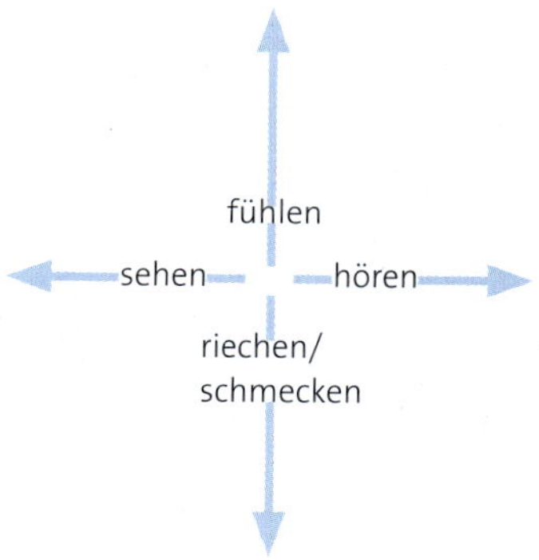

3 Formuliert selbst einige schildernde Sätze, z. B. zu einer der folgenden Situationen:

Auf einem Fest/Konzert • Vor dem Kino • Im Supermarkt • Auf der Wiese eines Freibads

a Lasst vor eurem inneren Auge – wie in einem Film – ein genaues Bild von der Situation entstehen. Notiert in Stichworten, was ihr wahrnehmen und beobachten könnt.
TIPP: Schildert viele Details, aber wenig Handlung.

b Schildert eure Eindrücke (Beobachtungen, Geräusche, Gerüche) ausführlich, sodass eure Leser die Situation bzw. Atmosphäre genau vor Augen haben. Schreibt im Präsens.

Information **Schildern**

Schildern bedeutet, eine Situation oder eine Atmosphäre so **anschaulich und detailliert** zu beschreiben, dass eure Leser diese genau vor Augen haben. Schilderungen sind **handlungsarm** und geben **Wahrnehmungen, Sinneseindrücke** (sehen, hören, fühlen, riechen/schmecken) sowie **persönliche Gedanken und Empfindungen** wieder. Sie beruhen auf genauen Beobachtungen. Folgende **Gestaltungsmittel** helfen euch, besonders anschaulich zu schildern:

- **anschauliche Adjektive** und **Partizipien,** z. B.: *klebrig, ohrenbetäubend.*
- **ausdrucksstarke Verben,** z. B.: *schieben, drängeln.*
- **sprachliche Bilder wie**
  - Vergleiche, z. B.: *leuchtet grell wie die riesige Neonreklame,*
  - Metaphern, z. B.: *die Sonne ist von einer Wolkenmauer verdeckt,*
  - Personifikationen, z. B.: *ein Geruch von ... kriecht mir in die Nase.*
- Aufzählungen und Wiederholungen (als Mittel der Hervorhebung), z. B.: *Alles ist eng, überfüllt, eine dicht gedrängte Menschenmasse ...*

Atmosphäre einfangen, Eindrücke treffend wiedergeben

1 Stellt euch vor, ihr fahrt auf einem Kettenkarussell. Schildert diese Situation anschaulich.

a Führt euch die Situation genau vor Augen und notiert eure Wahrnehmungen und Beobachtungen.

endlose Kreisbewegung – Sommerwind – lautes Geschrei – in den Sitz gepresst – ...

b Vergleicht eure Notizen und prüft, ob eure Formulierungen treffend und anschaulich sind.

2 Schildert nun die Situation „Fahrt auf dem Kettenkarussell". Schreibt in der Ich-Form und verwendet das Präsens.

a Formuliert ein oder zwei einleitende Sätze, die in die Situation einführen.
- *Mit einem leisen Klick schließen sich die Sitze des Kettenkarussells. Ein kurzer Ruck, dann ...*
- *Wie ein riesengroßer, funkelnder Pilz sieht dieses Kettenkarussell aus, denke ich, als ich ...*

b Schildert im Hauptteil eure Wahrnehmungen (Geräusche, Empfindungen, Beobachtungen usw.).
- *Ich lehne den Kopf zurück, über mir sehe ich den Sommerhimmel, in dem die Wolken wie zerfetzte Segel treiben. Ich spüre ...*
- *In der endlosen Kreisbewegung verliere ich jede Orientierung. Ich sehe ...*

Beschreibt Einzelheiten möglichst präzise, so wie eine Kamera, die immer wieder einzelne Details einer Szene heranzoomt und damit ins Zentrum der Betrachtung rückt.

c Formuliert einen Schlusssatz, der das Bild abrundet oder in dem ihr einen abschließenden Gedanken äußert.
- *Von oben betrachtet ist der ganze Platz nur ein buntes Lichtermeer, ...*
- *Nach und nach verlangsamt sich die Drehbewegung, einzelne Gesichter und Konturen werden wieder erkennbar ...*

3 Überarbeitet eure Texte mit Hilfe des ESAU-Verfahrens.

Methode **Texte überarbeiten: Das ESAU-Verfahren**

Das ESAU-Verfahren ist eine Methode der Textüberarbeitung. ESAU steht für **E**rgänzen, **S**treichen, **A**ustauschen und **U**mstellen.
- **E**rgänzen: fehlende Wörter, Sätze, Gedanken, Abschnitte ergänzen
- **S**treichen: überflüssige Wörter, Sätze oder Gedanken streichen
- **A**ustauschen: unpassende Wörter durch treffendere Formulierungen ersetzen
- **U**mstellen: Reihenfolge von Wörtern, Satzgliedern oder Sätzen ändern

Den Stil verbessern

Weihnachtsmarkt

Lautlos wehen die Schneeflocken vom Himmel herab und ein sanftes Dämmerlicht umhüllt den Weihnachtsmarkt, der im festlichen Glanz erstrahlt. In der Ferne sehe ich den prachtvoll geschmückten Weihnachtsbaum, der stolz in den Abendhimmel ragt. Überall riecht es nach Weihnachten. Ein unvergleichlicher, würziger Duft von Glühwein, gebrannten Mandeln, Kinderpunsch und Popcorn liegt in der Luft. Süße, vertraute Weihnachtsmelodien erfreuen das Herz und wecken bei so manchem Erinnerungen an längst vergangene Zeiten. Vor den belebten, bunten Ständen stehen Kinder und betrachten verträumt und mit leuchtenden Augen das Spielzeug und die vielen Süßigkeiten. Wie verzaubert steht das Karussell am Rande des Marktplatzes und lädt die Besucher zu einer unvergesslichen Fahrt ein.
In den verträumten Gassen hinter dem Weihnachtsmarkt ist das fahle Licht des Vollmondes zu sehen, der wie ein prächtiger, runder Ball am Nachthimmel strahlt.

1 Erläutert anhand von Beispielen, wie dieser Text auf euch wirkt.

2 a Lest die Informationen im Merkkasten. Sucht dann Passagen aus dem Text heraus, die ihr überarbeiten würdet. Begründet auch, warum.
b Überarbeitet einzelne Sätze oder schreibt zwei bis drei neue Sätze, in denen ihr die Atmosphäre auf einem Weihnachtsmarkt ohne Übertreibungen schildert.

3 Verfasst einen Werbetext, in dem ihr bewusst mit Übertreibungen und klischeehaften Formulierungen arbeitet. Ihr könnt zum Beispiel über ein Urlaubsziel, ein Ereignis (Fest, Konzert) oder ein Produkt schreiben.

Information **Den Stil verbessern: Abgegriffene Wendungen und Wörter vermeiden**

Vermeidet in euren Texten kitschige Formulierungen und abgegriffene Wendungen, z. B.:
- abgegriffene Redensarten und abgedroschene sprachliche Bilder, z. B.: *glänzende Kinderaugen, die Sonne lacht, wie verzaubert sein.*
- zu allgemeine oder klischeehafte Adjektive, Partizipien und Verben, z. B.: *verträumte Gassen, unvergessliches Erlebnis.*

Wenn ihr bei euren Texten das Gefühl habt, dass etwas nicht überzeugend klingt, dann werden eure Leser das auch so empfinden. Streicht zum Beispiel überflüssige Adjektive oder übertriebene Formulierungen oder ersetzt sie durch treffendere Wörter.

Testet euch!

Schildern

A Public Viewing
Auf der Fanmeile schauen um 22:30 Uhr alle auf die Großbildleinwand. Es steht 1:0 für Deutschland. Dann folgt der Schlusspfiff. Deutschland ist im Halbfinale.

B Public Viewing
Schon seit 16:00 Uhr ist die Fanmeile geöffnet. Allmählich füllt sich der Platz vor der Großbildleinwand. Ab 19:00 Uhr stehen alle dicht gedrängt und warten auf den Anpfiff.

1 Wählt eine Situation (Text A oder B) beim Public Viewing aus und verfasst hierzu eine Schilderung. Ihr könnt passende Formulierungen aus dem Wortspeicher unten wählen. Geht so vor:
a Führt euch die Situation und die Atmosphäre genau vor Augen. Notiert, was ihr wahrnehmen und empfinden könnt.
b Schildert eure Eindrücke, sodass sich die Leser die Situation bzw. die Atmosphäre genau vorstellen können. Schreibt im Präsens.

2 Besprecht eure Schilderungen in Partnerarbeit: Was ist besonders gut gelungen, was könnt ihr verbessern? Überarbeitet eure Texte mit Hilfe des ESAU-Verfahrens (▶ S. 84).

bunte Perücken • bemalte Wangen • Trommeln/Pfeifen beschallen den Platz • Wellen von Fangesängen • warmer Asphalt • Geruch von ... • dicht gedrängt • Vorfreude • Klatschen im Takt • sich umarmen • Stille • leuchten • reglos • in dichten Reihen • lauter und lauter • dröhnen • rasendes Tosen • starren • wahrnehmen • auf den Schultern sitzen • Trinkbecher • Stimmengewirr

4.2 Schilderungen in literarischen Texten

Morton Rhue

Asphalt Tribe

Der Jugendroman „Asphalt Tribe“ erzählt von einer Gruppe Jugendlicher, die auf den Straßen New Yorks lebt und sich „Asphalt Tribe“ nennt. Die Handlung des Romans, der aus der Sicht der 15-jährigen Maybe erzählt wird, beginnt an einem Silvesterabend.

Maggot sagte, wir sollten zum Times Square gehen und dort auf zwölf Uhr warten, da könnten wir bestimmt ein paar Leute beklauen, aber so weit sind wir gar nicht erst gekommen. Wir, also Maggot, Rainbow, 2Moro und ich, wir hingen bloß wie immer vor dem Good Life[1] rum. Kalter Nebel wehte aus dem Park rüber, die Tröpfchen funkelten unter den Straßenlaternen. Maggot und ich saßen unter der Markise des Zeitungsstands an der Ecke. Die feuchte Luft verklebte unsere Haare. Auf der Straße glänzten schwarze Pfützen und aus den Gullydeckeln stiegen Dampfwolken auf wie Gespenster. Rainbow hockte an der Mauer, ihr Kopf hing ihr fast im Schoß. 2Moro lehnte an der Laterne, sie hielt die Arme gegen die Kälte vor der Brust verschränkt, sprach aber keinen an, sondern wartete nur darauf, dass irgendjemand sie ansprach.

Es war eine dieser Nächte mit nur wenig Verkehr auf den Straßen von New York. Die meisten Leute waren nach ihren tollen Neujahrspartys längst wieder in die winzigen Zellen zurückgekehrt, die sie Wohnungen nannten. Gefangene des Systems, so nannte Maggot die. Um diese Zeit fuhren hier draußen in der feuchten Kälte nur die Wagen der Zeitungsauslieferer und ein paar vereinzelte Taxis vorbei. Ihre Reifen machten ratschende Geräusche auf dem nassen Asphalt. Hier draußen in der Kälte, wo wir nicht in Zellen lebten, waren wir frei. Wir konnten überall hingehen, ganz egal, wohin wir wollten.

1 Good Life: ein Lokal in New York

Später sucht sich die Clique einen Schlafplatz unter der berühmten Brooklyn Bridge, die Manhattan mit dem Stadtteil Brooklyn verbindet und über den East River führt.

In der Ferne sahen wir die Brooklyn Bridge, die sich über die Straße erhob. Graue Eiszapfen hingen an der Unterseite, und die Brücke wurde immer größer, bis sie so hoch war wie ein riesiges Haus. Wir hörten den Lärm der Autos, die da oben fuhren. Es stank nach Abgasen. Ein paar Straßen weiter, unten am Ufer, wo die Brücke sich über den Fluss schwang, war an der Brückenmauer eine blaue Plastikplane befestigt. Ich bückte mich und kroch hinein. Es war wie in einem Zelt. Jemand lag zusammengerollt in einem schmutzigen, orangefarbenen Schlafsack. Als ich genauer hinsah, entdeckte ich blonde Strähnen auf dem Kragen der schwarzen Lederjacke. Rainbow! Oben bretterten die Autos lang. Ich lauschte dem endlosen Krach der Motoren und Hupen, manchmal kam noch das Quietschen von Reifen dazu. Der Gestank der Abgase hing schwer in der Luft. Die Plane war an der Seite zum Fluss hin offen, dicht über dem grünlichen Wasser segelten Möwen. Weiße Wellen brachen sich am Bug eines Schleppers mit rotem Schornstein, der langsam einen Lastkahn zog.

1 Sammelt eure ersten Eindrücke zu dem Text: Was hat euch gut, was weniger gut gefallen? Was ist euch unklar?

2 Tragt zusammen, was ihr über die Lebenssituation der Jugendlichen erfahrt.

3 Erklärt, welche Haltung die Jugendlichen zu den anderen Menschen haben. Lest hierzu noch einmal die Zeilen 20–33. Klärt dabei auch,
- was die sprachlichen Bilder „winzige Zellen“ (► Z. 23) und „Gefangene des Systems (► Z. 25) bedeuten,
- wie die Verwendung des Pronomens „die“ (► Z. 25) wirkt.

4 Die Ich-Erzählerin Maybe beschreibt die Umgebung und die Atmosphäre der Großstadt sehr genau.

a Sucht die Textpassagen mit Zeilenangaben heraus, in denen die Ich-Erzählerin schildert, was sie sieht, hört, fühlt und riecht, z. B.:
- *Kalter Nebel wehte aus dem Park rüber, die Tröpfchen funkelten … (Z. 7–9).*
- *Die feuchte Luft … (Z. 11–xx).*

b Erklärt, welche Stimmung diese Textpassagen vermitteln und was sie über die Situation der Jugendlichen aussagen.

c Untersucht, welche sprachlichen Mittel bei diesen Schilderungen verwendet werden und wie diese wirken. Experimentiert hierzu mit einzelnen Sätzen, z. B.:
- Streicht Wörter oder Wortgruppen.
- Ersetzt einzelne Wörter (Adjektive, Verben, Nomen) durch weniger ausdrucksstarke Formulierungen (Ersatzprobe).
- Stellt einzelne Satzglieder um, z. B. an den Satzanfang.

5 Schildert einen Ort oder eine Landschaft so, dass die Leser in eurer Schilderung eine bestimmte Stimmung herauslesen können, z. B.: Trauer, Trostlosigkeit, Freude, Hektik, Ruhe, Freiheit, Wut.

Mit kreischenden Sirenen braust ein Krankenwagen vorbei, die grelle Leuchtreklame hämmert mir ihre Botschaft wie mit einer Faust in den Kopf. Das Scheinwerferlicht der Autos …

Friedrich Ani

Wie Licht schmeckt

Eigentlich braucht der 14-jährige Lukas niemanden, findet er. Alleine, aber glücklich streift er durch die Stadt. Doch dann trifft er Sonja, ein blindes Mädchen, das ihn völlig aus der Fassung bringt. Gemeinsam mit ihr und Freunden fährt er zu einem Badesee. Obwohl Lukas kein besonders guter Schwimmer ist, gibt er sich ganz erfahren. Aber er gerät in Schwierigkeiten.

Wenn ich schon nicht kraulen konnte, dann konnte ich wenigstens so tun. Wie die andern. Ich streckte die Arme aus und schaufelte durchs Wasser. Mit den Füßen paddelte ich auf und ab, was ich total dämlich fand, ich machte es nur wegen des Eindrucks. So weit war die andere Seite nicht entfernt, ich hatte es fast schon geschafft. Irgendwie funktionierte die Methode.
Plötzlich sah ich nur noch verschwommenes Zeug. Tischtennisplatten, die sich rauf und runter bewegten. Liegestühle, die schwebten. Wabbelige Leute. Und zwei Enten. Wo kamen die auf einmal her? Zwei Enten schwammen vor mir her und ich hatte schon Angst, ich hau auf die drauf mit meinen Händen beim Kraulen. Sie ließen sich aber nicht beirren. Ich dachte, die Viecher haben sich verflogen, die sind hier falsch gelandet. Ich dachte: Wo sind die jetzt? Und dann kriegte ich keine Luft mehr und wollte mich hinstellen und Luft holen.
Doch da war kein Boden und ich sackte weg.
Statt Luft kam Wasser in mich rein, hundert Liter auf einmal, und ich ging unter und irgendwie kam ich wieder hoch und dann ging ich wieder unter.
Und die ganze Zeit wunderte ich mich, wieso der Boden weg war. Ich streckte meine Beine total aus, ich stampfte in das verdammte Wasser, weil ich überzeugt war, dass der Boden da irgendwo sein musste. Vorhin war er noch da gewesen, vor vier Sekunden. Und ich schluckte immer mehr Wasser.
In den Momenten, in denen ich auftauchte, sah ich die Enten wieder. Die wackelten über die Wiese und mir fiel auf, dass das Gras total kurz geschnitten war, wie auf einem Golfplatz. Und überall waren Leute und ich hörte sie rumschreien und krächzen und lachen, die lachten und quakten und dann schlug ich mit den Beinen wieder ins Nichts.
Grün. Das Wasser war nicht mehr blau. Sondern grün. Das war merkwürdig. Wieso war es jetzt grün? Das konnte doch gar nicht sein, alles war brutal grün um mich. Als würde ich in die Wiese tauchen und das Gras wächst unterirdisch weiter. Erst wird gemäht, dann wächst das Gras in die Erde. Und da schwimm ich jetzt. In der grünen Erde. Und die Erde schmeckte nach etwas, das ich nicht kannte.
Und dann hörte ich meinen Namen. Weit weg rief jemand meinen Namen. In meinen Ohren war alles dumpf und schwammig.

1 a Fasst die Handlung des Textes in einem Satz zusammen.
b Stellt Vermutungen an, warum Lukas nicht zugibt, dass er ein schlechter Schwimmer ist.

2 Besprecht, wie dieser Text auf euch wirkt.
Begründet eure Meinung.

3 **a** Lukas erlebt seine Situation sehr intensiv. Sucht mindestens drei Textstellen heraus, die zeigen, was er wahrnimmt, denkt und fühlt.
b Erklärt, durch welche Gestaltungsmittel man sich als Leser so gut in die Situation von Lukas hineinversetzen kann.

4 **a** Lest die Informationen im Merkkasten unten und erklärt mit eigenen Worten, was man unter Zeitdehnung und Zeitraffung versteht.
b Untersucht in Partnerarbeit, in welchen Passagen des Textes das Geschehen gerafft wird und wo zeitdehnend erzählt wird.
Notiert eure Ergebnisse mit Zeilenangaben.
c Untersucht die Passagen genauer, in denen das Geschehen sozusagen in Zeitlupe abläuft (Zeitdehnung). Erklärt, durch welche Mittel diese Zeitdehnung entsteht und wie sie auf den Leser wirkt.

5 Verfasst selbst einen Text, in dem ihr die Zeit dehnt.
Wählt zum Beispiel eine alltägliche Handlung/ein alltägliches Geschehen, die bzw. das ihr durch die Schilderungen von Wahrnehmungen, Gedanken und Gefühlen quasi in Zeitlupe ablaufen lasst, z. B.:

Ich sitze auf einem dieser dreckigen, weißen Stühle im Stadtcafé und strecke meine Nase in die warme Märzsonne. Während ich so dasitze, sehe ich, wie ein kleiner Junge eine riesengroße Tasche schleppt. Die Henkel sind abgegriffen und schmutzig, bunte Chipstüten quellen heraus ...

Information **Die Zeitgestaltung in erzählenden (epischen) Texten**

In erzählenden Texten kann die Zeit ganz unterschiedlich gestaltet werden. Das **Erzähltempo** ergibt sich aus dem **Verhältnis von Erzählzeit** (Zeitspanne, die der Leser für die Lektüre eines Textes braucht) **und erzählter Zeit** (Zeitraum, über den erzählt wird bzw. über den sich die Handlung erstreckt). Es gibt drei Möglichkeiten der Zeitgestaltung:

1. **Zeitdehnung:** Das **Geschehen**/die Handlung wird **gedehnt** und läuft quasi in **Zeitlupe** ab bzw. kommt fast zum Stillstand (= Zeitlupenaufnahmen im Film). Zeitdehnung erfolgt durch die ausführliche Schilderung von Wahrnehmungen, Gedanken und Gefühlen während eines Geschehens, z. B.: ausführliche Beschreibung, wie ein Glas zerbricht.
   Bei der Zeitdehnung ist die Erzählzeit länger als die erzählte Zeit.
2. **Zeitraffung:** Das **Geschehen**/die Handlung wird **gerafft,** indem längere Zeiträume zusammengefasst werden (= Zeitrafferaufnahmen im Film), z. B.: Ein über Jahre dauernder Vorgang wird in einem Satz wiedergegeben *(Vier Jahre lang ging er jeden Morgen zur Arbeit.)*.
   Die extremste Form der Zeitraffung ist der **Zeitsprung** *(Zehn Jahre später ...)*.
   Bei der Zeitraffung ist die Erzählzeit kürzer als die erzählte Zeit.
3. **Zeitdeckung:** Erzählzeit und erzählte Zeit sind identisch (gleich lang), z. B. bei der Wiedergabe von Dialogen.

Louis Sachar

Löcher

Stanley Yelnats, die Hauptfigur des Jugendromans „Löcher“, kommt auf Grund einer Verquickung unglücklicher Umstände in das Erziehungslager „Camp Green Lake“. In diesem Camp, das mitten in der texanischen Wüste in einem ausgetrockneten See liegt, sollen straffällig gewordene Jugendliche durch harte Arbeit erzogen werden. Bei seiner Ankunft wird Stanley von dem Aufseher Mr. Sir eingewiesen.

Die Gegend schien verlassen und absolut kahl. Er sah ein paar heruntergekommene Gebäude und einige Zelte. Ein Stück entfernt stand eine Hütte zwischen zwei Bäumen. Außer diesen beiden Bäumen war an Pflanzen nichts zu sehen. Nicht einmal Unkraut gab es.

„Mein Name ist Mr. Sir“, sagte er. „Und so wünsche ich auch immer angeredet zu werden, ist das klar?“

Stanley zögerte. „Öh – ja, Mr. Sir“, sagte er, obwohl er sich nicht vorstellen konnte, dass der Mann tatsächlich so heißen sollte.

„Du bist hier nicht bei den Pfadfinderinnen“, sagte Mr. Sir.

Stanley musste sich vor Mr. Sir ausziehen, der kontrollieren wollte, ob er auch nichts versteckte.

„Du hast jeden Tag ein Loch zu graben, auch samstags und sonntags. Jedes Loch muss fünf Fuß[1] tief sein und auch einen Durchmesser von fünf Fuß haben. Deine Schaufel ist gleichzeitig dein Maßstab. Frühstück gibt es um halb fünf.“

Stanley sah wohl überrascht aus, denn Mr. Sir schickte noch die Erklärung hinterher, dass sie deswegen so früh anfingen, damit sie nicht in der heißesten Zeit des Tages arbeiten müssten. „Einen Babysitter hast du hier nicht“, fügte er hinzu. „Je länger du brauchst zum Graben, desto länger bist du halt draußen in der Sonne. Wenn du beim Graben irgendetwas Interessantes findest, dann musst du es mir oder einem der anderen Betreuer zeigen. Wenn du mit der Arbeit fertig bist, hast du den Rest des Tages zur freien Verfügung.“

1 Fuß: engl. Längenmaß; 1 Fuß = 0,3048 m

Stanley nickte, um zu zeigen, dass er verstanden hatte.
„Das hier ist kein Lager für Pfadfinderinnen", betonte Mr. Sir noch einmal.
Er durchsuchte Stanleys Rucksack und erlaubte ihm, ihn zu behalten. Dann ging er mit Stanley hinaus in die glühende Sonne.
„Sieh dich gut um", sagte Mr. Sir. „Was siehst du?" Stanley blickte über das weite Ödland. Die Luft schien schwer von Staub und Hitze. „Nicht viel", sagte er und fügte dann rasch hinzu: „Mr. Sir."
Mr. Sir lachte. „Siehst du irgendwelche Wachtürme?"
„Nein."
„Elektrische Stacheldrahtzäune?"
„Nein, Mr. Sir."
„Möchtest du weglaufen?", fragte ihn Mr. Sir. Stanley schaute ihn an, unsicher, was die Frage bedeuten sollte.
„Wenn du wegrennen willst, mach nur, lauf los. Ich werde dich nicht aufhalten."
Stanley begriff nicht, was für ein Spiel Mr. Sir mit ihm spielte.
„Ich sehe, du schaust auf meine Pistole. Keine Angst. Ich werde dich nicht erschießen." Er klopfte auf den Gurt. „Die ist nur für gelb gefleckte Eidechsen. Für dich würde ich keine Kugel verschwenden."
„Ich werde nicht wegrennen", sagte Stanley.
„Das ist klug von dir", sagte Mr. Sir. „Keiner rennt von hier weg. Wir brauchen keinen Zaun. Weißt du, wieso? Weil wir hier das einzige Wasser im Umkreis von hundert Meilen haben. Wenn hier einer wegrennt, dann ist er nach drei Tagen Futter für die Geier."

Stanley ist mit Zero und anderen Jungen zusammen in einer Arbeitsgruppe. Sie beginnen sehr früh mit ihrer Arbeit.

Die Schaufel fühlte sich schwer an in Stanleys weichen, fleischigen Händen. Er versuchte, sie in die Erde zu rammen, aber das Schaufelblatt knallte gegen den Boden und prallte dort ab, ohne auch nur eine Spur zu hinterlassen. Stanley spürte ...

1 Stellt euch vor, ihr hättet Stanley in das Wüstencamp begleitet. Was würdet ihr über das Lager denken?

2 Tragt zusammen, was ihr über die Lebensbedingungen im Camp erfahrt. Berücksichtigt dabei die Umgebung, das Klima, die Aufgabe und den Umgang mit den Jugendlichen.

3 Der Schauplatz und die Bedingungen im Camp erzeugen beim Leser eine bestimmte Vorstellung. Begründet, welche Stimmung im vorliegenden Textauszug herrscht.

gemütlich • fröhlich • demütigend • entspannt • streng • frei • bedrückend

4 Beschreibt, wie ihr euch an Stanleys Stelle fühlen würdet. Was fändet ihr schlimm, was erträglich, was vielleicht sogar in Ordnung?

Fordern und fördern – Einen Text schildernd fortsetzen

Der Textauszug aus dem Roman „Löcher“ bricht ab, als Stanley anfängt zu graben. Schreibt die Geschichte weiter, indem ihr schildert, was er in dieser Situation wahrnehmen, denken und empfinden könnte. Berücksichtigt dabei die Erzählform und das Tempus der Vorlage. Geht so vor:

1 Lest noch einmal den Text (► S. 91–92). Führt euch Stanleys Situation genau vor Augen und notiert, was er wahrnehmen, denken und fühlen könnte.
TIPP: Schildert viele Details, aber wenig Handlung.

Stanleys Wahrnehmungen, Gedanken, Gefühle
- *Kraftlosigkeit*
- *verbrannte, trockene Erde*
- *...*
- *Angst vor der Hitze und ...*
- *Was passiert, wenn ...?*

▷ Hilfen zu dieser Aufgabe findet ihr auf Seite 94.

2 In eurer Fortsetzung sollt ihr die Erzählform und das Tempus der Textvorlage berücksichtigen. Notiert, welche Erzählform und welches Tempus vorliegen.
▷ Hilfen zu dieser Aufgabe findet ihr auf Seite 94.

3 **a** Setzt den Text mit Hilfe eurer Notizen aus Aufgabe 1 schildernd fort und beschreibt Stanleys Eindrücke, Beobachtungen, Gedanken und Gefühle.
Stanley spürte, wie sein ganzer Körper zitterte. Erschöpft drehte er sich um und blickte ...
b Überarbeitet eure Texte mit Hilfe der ESAU-Methode (► S. 84) und der Checkliste.

▷ Hilfen zu dieser Aufgabe findet ihr auf Seite 94.

Checkliste

Aus der Perspektive einer literarischen Figur schildern
- Werden die **Beobachtungen, Gedanken** und **Empfindungen** der Figur deutlich?
- Habt ihr die Situation so detailliert und anschaulich beschrieben, dass die Leser ein **genaues Bild** vor Augen haben?
- Ist die **Sprache bildhaft und abwechslungsreich?** Verwenden solltet ihr z. B.:
  – anschauliche Adjektive und Partizipien, z. B.: *goldgelb, baumlos, verzweifelt,*
  – ausdrucksstarke Verben, z. B.: *erblicken, beobachten, bemerken, starren,*
  – sprachliche Bilder, z. B.: *Der trockene Boden war hart wie Beton.*
- Habt ihr Aufzählungen und Wiederholungen als Mittel der Hervorhebung verwendet?
- Habt ihr die Erzählform und das **Tempus** der Vorlage übernommen?

Der Textauszug aus dem Roman „Löcher" bricht ab, als Stanley anfängt zu graben. Schreibt die Geschichte weiter, indem ihr schildert, was er in dieser Situation wahrnehmen, denken und empfinden könnte. Berücksichtigt dabei die Erzählform und das Tempus der Vorlage. Geht so vor:

●●○ Aufgabe 1 mit Hilfen

a Lest noch einmal den Text (► S. 91–92).

b Führt euch Stanleys Situation genau vor Augen: Er befindet sich in der Wüste, der Boden ist hart wie Beton und er hat die Aufgabe, ein Loch zu graben, das ca. 1,50 Meter tief und breit ist. Je länger er zum Graben braucht, desto länger wird er der Hitze ausgesetzt sein …
Notiert, was er wahrnehmen, denken und fühlen könnte, z. B.:

Stanleys Wahrnehmungen, Gedanken, Gefühle

- *Blasen an den Händen, schmerzen und brennen wie Feuer*
- *Angst vor der Höllenhitze und dem unerträglichen Durst*
- *verbrannte, trockene Erde; Boden ist hart wie Beton*
- *brennende Sonne*
- *endlose Leere der Wüste, kein Baum, kein Grün, kein Wasser*
- *fühlt sich verlassen, verzweifelt, schmerzendes Heimweh*
- *Angst zu versagen*
- *wilder Entschluss, sich nicht unterkriegen zu lassen*
- *…*

●●○ Aufgabe 2 mit Hilfen

In eurer Fortsetzung sollt ihr die Erzählform und das Tempus der Textvorlage berücksichtigen. Lest noch einmal die Zeilen 1–5. Notiert dann die Buchstaben der zutreffenden Lösungen.

Erzählform	Erzähltempus
A Ich-Erzähler	**C** Präteritum
B Er-Erzähler	**D** Präsens

●●○ Aufgabe 3 mit Hilfen

a Setzt den Text mit Hilfe eurer Notizen aus Aufgabe 1 schildernd fort. Beschreibt Stanleys Eindrücke, Beobachtungen, Gedanken und Gefühle, sodass eure Leser die Situation, in der sich Stanley befindet, genau vor Augen haben.

Stanley spürte, wie sein ganzer Körper zitterte. Erschöpft drehte er sich um und blickte in die endlose Leere der Wüste. Kein Baum, kein Grün, kein Wasser, nur Sand, Staub und ein paar Steine. Mit aller Kraft rammte er die Schaufel wieder und wieder in den Boden. Schon jetzt schmerzten seine Hände und brannten wie Feuer. Aber der Boden …

b Überarbeitet eure Texte in Partnerarbeit. Wendet hierbei die ESAU-Methode an (► S. 84) und nutzt die Checkliste auf Seite 93.

4.3 Fit in ... – Schildern

Die Aufgabenstellung verstehen

Stellt euch vor, ihr bekommt in der nächsten Klassenarbeit folgende Aufgabe gestellt:

Es ist der letzte Abend an eurem Urlaubsort: Versetzt euch in diese Situation und schildert einem Freund oder einer Freundin eure Wahrnehmungen, Gedanken und Gefühle. Ihr könnt euch von dem Foto anregen lassen. Schreibt in der Ich-Form und verwendet das Präsens.

1 a Lest die Aufgabenstellung und betrachtet das Foto.
b Klärt gemeinsam mit eurer Banknachbarin oder eurem Banknachbarn, was ihr genau machen sollt und worauf ihr bei der Bearbeitung der Aufgabe achten müsst.

Ideen sammeln

2 Lasst – wie in einem Film – ein genaues Bild von der Situation entstehen.
Notiert, was ihr wahrnehmt, empfindet und denkt.

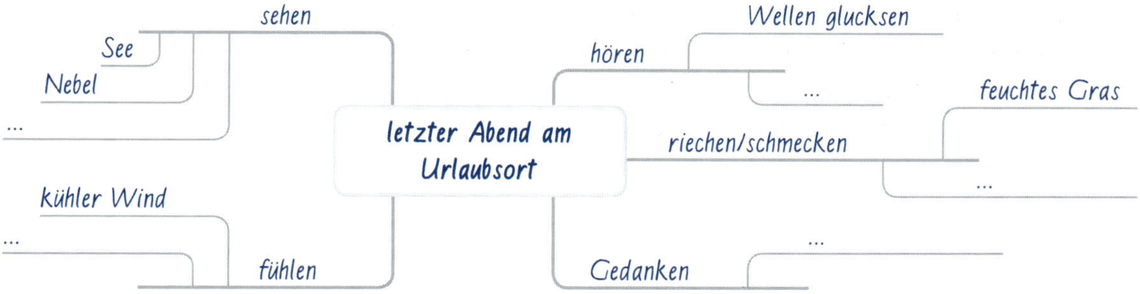

Die Schilderung schreiben und überarbeiten

3 Schildert eure Wahrnehmungen, Gedanken und Gefühle an diesem Abend. Achtet auf eine anschauliche Sprache und beschreibt möglichst viele Details.
Ihr könnt die Anregungen aus dem Wortspeicher unten und den Sätzen rechts daneben zu Hilfe nehmen.

- Schildert Momentaufnahmen.
- Beachtet scheinbare Nebensächlichkeiten, beschreibt Einzelheiten.
- Teilt eure persönlichen Eindrücke, Gedanken und Gefühle mit.

Boot mit Abdeckung • Mast quietscht • Nebel wie Wolkenfetzen • dunkler Wald am Ufer • Silhouette • Stille • gedämpftes Glucksen der Wellen • Sonne schiebt sich langsam ... • Umrisse des/der ... werden sichtbar • ein paar Vögel ... • kupfernes Leuchten/Licht • blinken • treiben • sich abzeichnen • sich spiegeln • leuchten • beobachten • wahrnehmen • bemerken • erblicken • spüren • fröstelnd • kühler Wind • wärmend • auf der Haut spürbar

Wehmütig sitze ich am Ufer des Sees und beobachte, wie die Sonne langsam, Stück für Stück, hinter der dunklen Silhouette der Bäume versinkt. Auf der Wasseroberfläche wird das kupferne Licht der Abendsonne reflektiert.
Ein ruhiger Abend, nur das kurze, helle ...
Wie wird es sein, wenn ich wieder zu Hause ...?
Ein kühler Wind bringt den Geruch von ...
Fröstelnd ziehe ich die Beine ...

4 Überarbeitet eure Schilderungen in Partnerarbeit. Nutzt das ESAU-Verfahren (► S. 84).
Die folgende Checkliste hilft euch dabei.

Checkliste

Eine Situation anschaulich schildern

- Habt ihr eure Beobachtungen, Wahrnehmungen, Gedanken und Gefühle anschaulich und detailliert beschreiben?
- Werden die Situation oder die Atmosphäre so genau geschildert, dass die Leser diese deutlich vor Augen haben?
- Ist die Sprache bildhaft und abwechslungsreich? Verwenden solltet ihr z. B.:
  – anschauliche Adjektive und Partizipien, z. B.: *finster, goldgelb, leuchtend, glitzernd,* ausdrucksstarke Verben, z. B.: *blinken, treiben,*
  – sprachliche Bilder (Vergleiche, Metaphern, Personifikationen), z. B.: *Träge kriecht die Sonne Stück für Stück ...*
- Habt ihr Aufzählungen und Wiederholungen als Mittel der Hervorhebung verwendet?
- Vermeidet ihr in euren Texten kitschige Formulierungen und abgegriffene Wendungen?

5 „Der Schimmelreiter" –
Eine Novelle kennen lernen und verstehen

„In seinem Gedanken wuchs fast der neue Deich zu einem achten Weltwunder; in ganz Friesland war nicht seinesgleichen! Und er ließ den Schimmel tanzen; ihm war, er stünde inmitten aller Friesen; er überragte sie um Kopfeshöhe, und seine Blicke flogen scharf und mitleidig über sie hin."

„‚[...] den Schimmel reit der Teufel.'"

1 a Beschreibt die Szene möglichst genau. Welche Atmosphäre herrscht vor? Welche Wirkung hat sie auf euch?

b Lest die Zitate aus der Novelle „Der Schimmelreiter" von Theodor Storm. Tauscht euch aus: Worum könnte es in der Novelle gehen?

c Notiert eure ersten Gedanken zum „Schimmelreiter", der Hauptfigur der Novelle.

2 Erläutert, warum es wichtig ist, die Figuren einer Geschichte genauer zu untersuchen.

In diesem Kapitel ...

- lernt ihr eine spannende Novelle kennen,
- untersucht ihr die Figuren, die Handlung und den Erzähler der Novelle,
- charakterisiert ihr die Hauptfigur,
- gestaltet ihr eigene Texte zu Novellenauszügen.

5.1 Hauke Haiens Aufstieg zum Deichgrafen – Erzähler, Figuren und Handlung untersuchen

Den Novellenanfang lesen – Die Erzähltechnik untersuchen

Theodor Storm

Der Schimmelreiter (1)

„Der Schimmelreiter" ist wohl das bekannteste Werk des Schriftstellers Theodor Storm (1817–1888). Die Novelle erzählt die Geschichte des hochbegabten und geheimnisvollen Hauke Haien, der vom Kleinknecht zum Deichgrafen aufsteigt.

Was ich zu berichten beabsichtige, ist mir vor reichlich einem halben Jahrhundert im Hause meiner Urgroßmutter, der alten Frau Senator Feddersen, kundgeworden, während ich, an ihrem Lehnstuhl sitzend, mich mit dem Lesen eines in blaue Pappe eingebundenen Zeitschriftenheftes beschäftigte; ich vermag mich nicht mehr zu entsinnen, ob von den „Leipziger" oder von „Pappes Hamburger Lesefrüchten[1]". Noch fühl ich es gleich einem Schauer, wie dabei die linde Hand der über Achtzigjährigen mitunter liebkosend über das Haupthaar ihres Urenkels hinglitt. Sie selbst und jene Zeit sind längst begraben; vergebens auch habe ich seitdem jenen Blättern nachgeforscht, und ich kann daher umso weniger weder die Wahrheit der Tatsachen verbürgen, als, wenn jemand sie bestreiten wollte, dafür aufstehen; nur so viel kann ich versichern, dass ich sie seit jener Zeit, obgleich sie durch keinen äußeren Anlass in mir aufs Neue belebt wurden, niemals aus dem Gedächtnis verloren habe.

1 „Leipziger Lesefrüchte" und „Pappes Hamburger Lesefrüchte": zwei beliebte Zeitschriften aus der ersten Hälfte des 19. Jahrhunderts

Es war im dritten Jahrzehnt unseres Jahrhunderts, an einem Oktobernachmittag – so begann der damalige Erzähler –, als ich bei starkem Unwetter auf einem nordfriesischen Deich[2] entlangritt. Zur Linken hatte ich jetzt schon seit über einer Stunde die öde, bereits von allem Vieh geleerte Marsch[3], zur Rechten, und zwar in unbehaglichster Nähe, das Wattenmeer der Nordsee; zwar sollte man vom Deiche aus auf Halligen[4] und Inseln sehen können; aber ich sah nichts als die gelbgrauen Wellen, die unaufhörlich wie mit Wutgebrüll an den Deich hinaufschlugen und mitunter mich und das Pferd mit schmutzigem Schaum bespritzten; dahinter wüste Dämmerung, die Himmel und Erde nicht unterscheiden ließ; denn auch der halbe Mond, der jetzt in der Höhe stand, war meist von treibendem Wolkendunkel überzogen. Es war eiskalt; meine verklommenen Hände konnten kaum den Zügel halten, und ich verdachte es nicht den Krähen und Möwen, die sich fortwährend krächzend und gackernd vom Sturm ins Land hineintreiben ließen. Die Nachtdämmerung hatte begonnen, und schon konnte ich nicht mehr mit Sicherheit die Hufe meines Pferdes erkennen; keine Menschenseele war mir begegnet, ich hörte nichts als das Geschrei der Vögel, wenn sie mich oder meine treue Stute fast mit den langen Flügeln streiften, und das Toben von Wind und Wasser. Ich leugne nicht, ich wünschte mich mitunter in sicheres Quartier. [...]

Und wirklich, einen Augenblick, als eine schwarze Wolkenschicht es pechfinster um mich machte und gleichzeitig die heulenden Böen[5] mich samt meiner Stute vom Deich herabzudrängen suchten, fuhr es mir wohl durch den Kopf: „Sei kein Narr! Kehr um und setz dich zu deinen Freunden ins warme Nest.“ Dann aber fiel's mir ein, der Weg zurück war wohl noch länger als der nach meinem Reiseziel; und so trabte ich weiter, den Kragen meines Mantels um die Ohren ziehend.

Jetzt aber kam auf dem Deiche etwas gegen mich heran; ich hörte nichts; aber immer deutlicher, wenn der halbe Mond ein karges Licht herabließ, glaubte ich eine dunkle Gestalt zu erkennen, und bald, da sie näher kam, sah ich es, sie saß auf einem Pferde, einem hochbeinigen, hageren Schimmel; ein dunkler Mantel flatterte um ihre Schultern, und im Vorbeifliegen sahen mich zwei brennende Augen aus einem bleichen Antlitz an.

Wer war das? Was wollte der? – Und jetzt fiel mir bei[6], ich hatte keinen Hufschlag, kein Keuchen des Pferdes vernommen; und Ross und Reiter waren doch hart an mir vorbeigefahren! In Gedanken darüber ritt ich weiter, aber ich hatte nicht lange Zeit zum Denken, schon fuhr es von rückwärts wieder an mir vorbei; mir war, als streifte mich der fliegende Mantel, und die Erscheinung war, wie das erste Mal, lautlos an mir vorübergestoben. Dann sah ich sie fern und ferner vor mir; dann war's, als säh ich plötzlich ihren Schatten an der Binnenseite[7] des Deiches hinuntergehen.

(Um sich vor dem Unwetter zu schützen, betritt der Reisende ein Wirtshaus, in dem etwa ein Dutzend Männer an einem Tisch sitzen.)

Ich erfuhr bald, dass mein freundlicher Nachbar der Deichgraf sei; wir waren ins Gespräch gekommen, und ich hatte begonnen, ihm meine seltsame Begegnung auf dem Deiche zu erzählen. Er wurde aufmerksam, und ich bemerkte plötzlich, dass alles Gespräch umher verstummt war. „Der Schimmelreiter!“, rief einer aus der Gesellschaft, und eine Bewegung des Erschreckens ging durch die Übrigen.

Der Deichgraf war aufgestanden. „Ihr braucht nicht zu erschrecken“, sprach er über den

2 der Deich: Schutzwall gegen Überschwemmungen

3 die Marsch (auch „Marschland“ oder „Schwemmland“): durch Deichbau und Entwässerung dem Meer abgewonnenes Ackerland; mit Deichen vom Wattenmeer abgetrennt

4 die Halligen: kleine, nicht eingedeichte Inseln an der Nordseeküste Schleswig-Holsteins und Dänemarks

5 die Böe: heftiger Windstoß

6 fiel mir bei: fiel mir ein

7 die Binnenseite: dem Land zugekehrte Seite

Tisch hin, „das ist nicht bloß für uns; anno[8] 17 hat es auch denen drüben gegolten; mögen sie auf alles vorgefasst sein!"

Mich wollte nachträglich ein Grauen überlaufen. „Verzeiht!", sprach ich. „Was ist das mit dem Schimmelreiter?"

Abseits hinter dem Ofen, ein wenig gebückt, saß ein kleiner, hagerer Mann in einem abgeschabten schwarzen Röcklein; die eine Schulter schien ein wenig ausgewachsen. Er hatte mit keinem Worte an der Unterhaltung der andern teilgenommen, aber seine bei dem spärlichen grauen Haupthaar noch immer mit dunklen Wimpern besäumten Augen zeigten deutlich, dass er nicht zum Schlaf hier sitze. Gegen diesen streckte der Deichgraf seine Hand. „Unser Schulmeister", sagte er mit erhobener Stimme, „wird von uns hier Ihnen das am besten erzählen können." […]

Der Alte sah mich mit verständnisvollem Lächeln an. „Nun also!", sagte er. „In der Mitte des vorigen Jahrhunderts oder vielmehr, um genauer zu bestimmen, vor und nach derselben gab es hier einen Deichgrafen, der von Deich- und Sielsachen[9] mehr verstand, als Bauern und Hofbesitzer sonst zu verstehen pflegen."

8 anno: das Jahr, im Jahre (von lat. „annus" = Jahr)

9 der/das Siel: Gewässerdurchlass in einem Deich

1 Lest den Anfang der Novelle und beschreibt anschließend eure ersten Leseeindrücke. Begründet, wodurch diese Eindrücke entstehen.

2
a Tragt zusammen, was ihr am Anfang der Geschichte über die Hauptfigur, den Schimmelreiter, erfahrt.
b Stellt Vermutungen an, was es mit dem geheimnisvollen Reiter auf sich haben könnte.

3 Beschreibt die Stimmung, die in diesem Textauszug entfaltet wird. Belegt eure Aussagen anhand des Textes.

4 Der vorliegende Novellenanfang wird von drei Erzählern wiedergegeben.
a Untersucht, an welchen Textstellen der Erzähler wechselt und was ihr über den jeweiligen Erzähler erfahrt, z. B.:
1. Erzähler (Z. x–y): Ein Mann erzählt, wie er als Kind …
2. Erzähler (Z. x–y): …
3. Erzähler (Z. x–y): …
b Untersucht den ersten und den zweiten Erzähler mit Hilfe des Merkkastens (▸ S. 101) genauer.

5 Schreibt die Zeilen 1–13 um und erzählt das Geschehen aus der Sicht eines Er-/Sie-Erzählers. Vergleicht anschließend die Wirkung eures Textes mit dem Original.

Information **Merkmale des Erzählers**

Ein Erzähler ist eine Figur, die die Handlung einer Geschichte vermittelt. Er darf nicht mit dem Autor oder der Autorin verwechselt werden. Folgende Unterscheidungen sind wichtig.

Erzählform

- **Ich-Erzähler/Ich-Erzählerin:** Der Erzähler/die Erzählerin erscheint **gleichzeitig als erlebende und erzählende Figur.** Dabei kann der Erzähler unmittelbar aus der Situation heraus erzählen oder mit einem zeitlichen Abstand auf die Situation zurückblicken.
- **Er-/Sie-Erzähler:** Der Erzähler **tritt als Figur ganz in den Hintergrund.** Er ist nicht am Geschehen beteiligt und erzählt von allen Figuren in der Er-Form bzw. in der Sie-Form.

Erzählverhalten

Der Erzähler kann seine Geschichte auf ganz unterschiedliche Weise vermitteln.

- **auktoriales Erzählverhalten:** Der Erzähler erscheint als freier Schöpfer der erzählten Welt und **steht außerhalb der Handlung.** Er kennt die Gedanken und Gefühle aller Figuren und greift mit Kommentaren, Vorausdeutungen, Urteilen über die Figuren oder Ansprachen an den Leser in den Erzählvorgang ein.
- **personales Erzählverhalten:** Der Erzähler erzählt **aus der Sicht einer Figur oder** wechselnd aus der Sicht **mehrerer Figuren.** Hierbei tritt der Erzähler nicht unmittelbar auf, kommentiert nicht, sondern bleibt in der Sichtweise der Figur bzw. der Figuren verhaftet.

Der junge Hauke Haien – Die Hauptfigur charakterisieren

Theodor Storm

Der Schimmelreiter (2)

Der Schulmeister erzählt dem Fremden die Lebensgeschichte Hauke Haiens, des Schimmelreiters. Zunächst teilt er mit, wie Hauke als Kind war. Dazu gibt er ein Gespräch zwischen dem Jungen und seinem Vater wieder.

Als der Alte[1] sah, dass der Junge weder für Kühe noch Schafe Sinn hatte und kaum gewahrte, wenn die Bohnen blühten, was doch die Freude von jedem Marschmann ist, und weiterhin bedachte, dass die kleine Stelle wohl mit einem Bauern und einem Jungen, aber nicht mit einem Halbgelehrten und einem Knecht bestehen könne, ingleichen[2], dass er auch selber nicht auf einen grünen Zweig gekommen sei, so schickte er seinen großen Jungen an den Deich, wo er mit andern Arbeitern von Ostern bis Martini[3] Erde karren musste. „Das wird ihn vom Euklid[4] kurieren", sprach er bei sich selber.

Und der Junge karrte; aber den Euklid hatte er allzeit in der Tasche, und wenn die Arbeiter ihr Frühstück oder Vesper[5] aßen, saß er auf seinem umgestülpten Schubkarren mit dem Buche in der Hand. Und wenn im Herbst die Flu-

1 der Alte: Gemeint ist Hauke Haiens Vater, Tede Haien, ein Marschbauer.

2 ingleichen: in gleicher Weise, ebenso

3 Martini: Martinstag, Tag des heiligen Martin am 11. November. Im bäuerlichen Brauchtum bedeutete Martini das Ende der Korn- und Weinernte und wurde mit Tanz und einem Festessen gefeiert.

4 Euklid: griechischer Mathematiker (ca. 3. Jh. v. Chr.)

5 die Vesper: Abendessen, Zwischenmahlzeit

ten höher stiegen und manch ein Mal die Arbeit eingestellt werden musste, dann ging er nicht mit den andern nach Haus, sondern blieb, die Hände über die Knie gefaltet, an der abfallenden Seeseite des Deiches sitzen und sah stundenlang zu, wie die trüben Nordseewellen immer höher an die Grasnarbe des Deiches hinaufschlugen; erst wenn ihm die Füße überspült waren und der Schaum ihm ins Gesicht spritzte, rückte er ein paar Fuß höher und blieb dann wieder sitzen. Er hörte weder das Klatschen des Wassers noch das Geschrei der Möwen und Strandvögel, die um oder über ihm flogen und ihn fast mit ihren Flügeln streiften, mit den schwarzen Augen in die seinen blitzend; er sah auch nicht, wie vor ihm über die weite, wilde Wasserwüste sich die Nacht ausbreitete; was er allein hier sah, war der brandende Saum des Wassers, der, als die Flut stand, mit hartem Schlage immer wieder dieselbe Stelle traf und vor seinen Augen die Grasnarbe des steilen Deiches auswusch.

Nach langem Hinstarren nickte er wohl langsam mit dem Kopfe oder zeichnete, ohne aufzusehen, mit der Hand eine weiche Linie in die Luft, als ob er dem Deiche damit einen sanfteren Abfall geben wollte. Wurde es so dunkel, dass alle Erdendinge vor seinen Augen verschwanden und nur die Flut ihm in die Ohren donnerte, dann stand er auf und trabte halb durchnässt nach Hause.

Als er so eines Abends zu seinem Vater in die Stube trat, der an seinen Messgeräten putzte, fuhr dieser auf: „Was treibst du draußen? Du hättest ja versaufen können, die Wasser beißen heute in den Deich.“

Hauke sah ihn trotzig an.

„Hörst du mich nicht? Ich sag, du hättest versaufen können.“

„Ja“, sagte Hauke, „ich bin doch nicht versoffen!“

„Nein“, erwiderte nach einer Weile der Alte und sah ihm wie abwesend ins Gesicht, „diesmal noch nicht.“

„Aber“, sagte Hauke wieder, „unsere Deiche sind nichts wert!“

„Was für was, Junge?“

„Die Deiche, sag ich!“

„Was sind die Deiche?“

„Sie taugen nichts, Vater!“, erwiderte Hauke.

Der Alte lachte ihm ins Gesicht. „Was denn, Junge? Du bist wohl das Wunderkind aus Lübeck![6]“

Aber der Junge ließ sich nicht irren. „Die Wasserseite ist zu steil“, sagte er, „wenn es einmal kommt, wie es mehr als einmal schon gekommen ist, so können wir hier auch hinterm Deich ersaufen!“

Der Alte holte seinen Kautabak aus der Tasche, drehte einen Schrot ab und schob ihn hinter die Zähne. „Und wie viel Karren hast du heut geschoben?“, frug er ärgerlich; denn er sah wohl, dass auch die Deicharbeit bei dem Jungen die Denkarbeit nicht hatte vertreiben können.

„Weiß nicht, Vater“, sagte dieser, „so, was die andern machten; vielleicht ein halbes Dutzend mehr; aber – die Deiche müssen anders werden!“

„Nun“, meinte der Alte und stieß ein Lachen aus, „du kannst es ja vielleicht zum Deichgraf bringen; dann mach sie anders!“

„Ja, Vater!“, erwiderte der Junge.

Der Alte sah ihn an und schluckte ein paar Mal; dann ging er aus der Tür; er wusste nicht, was er dem Jungen antworten sollte.

6 Gemeint ist Christian Heinrich Heineken (1721–1725); er erregte durch seine extreme geistige Frühreife innerhalb seines kurzen Lebens großes Aufsehen.

1 Äußert euch spontan: Welchen Eindruck habt ihr von dem jungen Hauke?

2 Beschreibt das Verhältnis zwischen Hauke und seinem Vater. Was erwartet der Vater von seinem Sohn, was will Hauke? Belegt eure Aussagen anhand des Textes.

3 a Beschreibt die Eigenschaften Haukes. Wählt hierzu aus den folgenden Eigenschaften treffende aus:

ungesellig • mutig • ungehorsam • aktiv • ehrgeizig • reif • ängstlich • nachdenklich

b Begründet und diskutiert eure Einschätzungen anhand des Textes.

4 Tragt alle Informationen, die der Text (▶ S. 101–102) über Hauke gibt, zusammen. Berücksichtigt:
– Lebensumstände
– typische Verhaltensweisen/Eigenschaften/Interessen
– Verhältnis zu anderen Figuren
– Sonstiges

5 Charakterisiert nun den jungen Hauke in einem zusammenhängenden Text. Belegt eure Aussagen mit Zitaten aus dem Text. Die folgenden Formulierungsbausteine helfen euch.

– Hauke Haien lebt bei seinem Vater ... Schon als Kind interessiert sich Hauke nicht für ...
– Aber er begeistert sich ... Sein Vater hätte gerne ... / Deshalb ...
– Hauke interessiert sich aber mehr für ... und verbringt seine Zeit lieber ...
– Auch während der Arbeit am Deich ... / Er macht sich viele Gedanken über ...
– Er beobachtet ... und ...
– Als er seinem Vater ...
– In dem Gespräch mit dem Vater wird deutlich ... / In diesem Gespräch wirkt Hauke ...
– Zusammenfassend kann man sagen, dass ...

6 Stellt euch vor, der Schlusssatz lautete: „Er wusste, was er dem Jungen antworten sollte.“ Schreibt eine zu dem Textabschnitt passende Antwort, die der Vater seinem Sohn gibt.

Methode **Eine literarische Figur charakterisieren**

1. Schritt: Die Charakterisierung vorbereiten
Sammelt Informationen über die Figur, z. B. Aussehen, Lebensumstände, Verhaltensweisen, Eigenschaften, Gefühle, Gedanken und ihr Verhältnis zu anderen Figuren.
2. Schritt: Die Charakterisierung schreiben
- **Einleitung:** Nennt allgemeine Informationen zur Figur, z. B.: Name, Alter, Aussehen.
- **Hauptteil:** Beschreibt wichtige Eigenschaften und Verhaltensweisen der Figur sowie ihr Verhältnis zu anderen Figuren.
- **Schluss:** Erklärt in einer persönlichen Stellungnahme, wie die Figur auf euch wirkt.

Verwendet als Tempus das **Präsens.** Formuliert **sachlich und anschaulich. Belegt** die **Aussagen,** die ihr über die Figur macht, anhand des Textes durch **Zitate** (▶ S. 328).

Hauke Haien und Ole Peters – Den zentralen Konflikt erschließen

Theodor Storm

Der Schimmelreiter (3)

Hauke tritt als Knecht in den Dienst des Deichgrafen Tede Volkerts, der seine Begabung erkennt und ihn bald mit anspruchsvolleren Deicharbeiten betraut. Hauke entwickelt auch eine starke Zuneigung zur Tochter des Deichgrafen, Elke. Mit seiner bevorzugten Stellung beim Deichgrafen zieht er sich den Argwohn des Großknechts Ole Peters zu.

Und Hauke hatte so Unrecht nicht gehabt; die Welt, oder was ihm die Welt bedeutete, wurde ihm klarer, je länger sein Aufenthalt in diesem Hause dauerte; vielleicht umso mehr, je weniger ihm eine überlegene Einsicht zu Hülfe kam und je mehr er auf seine eigene Kraft angewiesen war, mit der er sich von jeher beholfen hatte. Einer freilich war im Hause, für den er nicht der Rechte zu sein schien; das war der Großknecht Ole Peters, ein tüchtiger Arbeiter und ein maulfertiger[1] Geselle. Ihm war der träge, aber dumme und stämmige Kleinknecht von vorhin besser nach seinem Sinn gewesen, dem er ruhig die Tonne Hafer auf den Rücken hatte laden und den er nach Herzenslust hatte herumstoßen können. Dem noch stilleren, aber ihn geistig überragenden Hauke vermochte er in solcher Weise nicht beizukommen; er hatte eine gar zu eigene Art, ihn anzublicken. Trotzdem verstand er es, Arbeiten für ihn auszusuchen, die seinem noch nicht gefesteten Körper hätten gefährlich werden können, und Hauke, wenn der Großknecht sagte: „Da hättest du den dicken Niß nur sehen sollen, dem ging es von der Hand!", fasste nach Kräften an und brachte es, wenn auch mit Mühsal, doch zu Ende. Ein Glück war es für ihn, dass Elke selbst oder durch ihren Vater das meistens abzustellen wusste. Man mag wohl fragen, was mitunter ganz fremde Menschen aneinander bindet; vielleicht – sie waren beide geborene Rechner, und das Mädchen konnte ihren Kameraden in der groben Arbeit nicht verderben sehen.

Der Zwiespalt zwischen Groß- und Kleinknecht wurde auch im Winter nicht besser, als nach Martini die verschiedenen Deichrechnungen zur Revision[2] eingelaufen waren.

Es war an einem Maiabend, aber es war Novemberwetter; von drinnen im Hause hörte man draußen hinterm Deich die Brandung donnern. „He, Hauke", sagte der Hausherr, „komm herein; nun magst du weisen[3], ob du rechnen kannst!"

„Uns' Weert[4]", entgegnete dieser – denn so nennen hier die Leute ihre Herrschaft –, „ich soll aber erst das Jungvieh füttern!"

1 maulfertig: schlagfertig, redegewandt

2 die Revision: Überprüfung, Prüfung, Durchsicht

3 weisen: beweisen

4 uns' Weert (niederdeutsch): unser Wirt, hier: Besitzer von Haus und Hof

„Elke!“, rief der Deichgraf. „Wo bist du, Elke? – Geh zu Ole und sag ihm, er sollte das Jungvieh füttern; Hauke soll rechnen!“
Und Elke eilte in den Stall und machte dem Großknecht die Bestellung[5], der eben damit beschäftigt war, das über Tag gebrauchte Pferdegeschirr wieder an seinen Platz zu hängen. Ole Peters schlug mit einer Trense[6] gegen den Ständer, neben dem er sich beschäftigte, als wolle er sie kurz und klein haben: „Hol der Teufel den verfluchten Schreiberknecht[7]!“

5 die Bestellung, hier: Nachricht, Botschaft
6 die Trense: Pferdezaumzeug
7 der Schreiberknecht: Sekretär; hier verächtlich als Schimpfwort verwendet

1 Besprecht in Partnerarbeit, was ihr über die Beziehung zwischen den Figuren erfahrt. Lest hierzu auch noch einmal im Text nach.

2 Stellt die Beziehung zwischen den Figuren in einem Standbild dar. Arbeitet in Gruppen.
a Schlüpft in die Rollen Haukes, Oles, des Deichgrafen und seiner Tochter Elke und macht die Gefühle und die Beziehung zwischen den Figuren durch Gestik und Mimik deutlich.
b Stellt eure Standbilder vor: Was lässt sich daraus über die Beziehung und die Konflikte der Figuren ableiten?

3 a Findet Textstellen, in denen die Beziehung zwischen Ole Peters und Hauke Haien verständlich wird, und deutet sie, z. B.:
„Dem noch stilleren, aber ihn geistig überragenden Hauke vermochte er in solcher Weise nicht beizukommen“ (Z. 16–19). → Ole Peters fühlt sich Hauke geistig unterlegen.
b Erklärt, was sich über das derzeitige und das künftige Verhältnis von Hauke und Ole folgern lässt.

4 Verdeutlicht in einer Figurenskizze, in welcher Beziehung die vier Figuren stehen:
– Schreibt die Namen der Figuren auf.
– Zeichnet zwischen den Figuren Pfeile, welche die Beziehungen erklären.
– Beschriftet jeden Pfeil mit einem aussagekräftigen Wort, z. B.: *liebt, hasst, bewundert.*

5 „Der Schimmelreiter“ ist eine Novelle. Nennt Gattungsmerkmale, die sich mit Hilfe der bisherigen Textauszüge entdecken lassen. Geht so vor:
a Erklärt mit Hilfe des ersten Textauszuges (▸ S. 98–100), inwieweit die Handlung außergewöhnlich ist und worin die Rahmenerzählung besteht.
b Verdeutlicht anhand des dritten Textauszuges (▸ S. 104–105), worin der zentrale Konflikt der Novelle besteht.

Information **Die Novelle**

Die Novelle (ital. „novella“ = Neuigkeit) ist eine **Erzählung,** in deren Mittelpunkt eine **„unerhörte Begebenheit“** (Johann Wolfgang Goethe) steht, deren Handlung also außergewöhnlich ist. Die Novelle ähnelt einem Drama darin, dass die Handlung um einen **zentralen Konflikt** kreist und sich **gradlinig auf einen Höhe- und Wendepunkt hin zuspitzt.** Häufig wird die Novelle in eine **Rahmenhandlung (Rahmenerzählung)** eingebettet. Wie in einer Geschichte in der Geschichte wird zuerst von einer Situation erzählt, in der es dann zum Erzählen der eigentlichen Geschichte kommt.

Testet euch!

Erzählweise und Figuren untersuchen

Theodor Storm

Der Schimmelreiter (4)

Als der alte Deichgraf stirbt und ein Nachfolger gesucht wird, legt seine Tochter Elke geschickt Fürsprache beim Oberdeichgrafen ein, sodass Hauke der neue Deichgraf wird. Nachdem er Elke geheiratet hat, widmet Hauke seine gesamte Arbeitskraft dem neuen Amt. Die Dorfbewohner misstrauen dem jungen Deichgrafen, der ihnen immer neue Mühen abverlangt.

[...] Der junge Deichgraf Hauke Haien saß mit seinem Weibe Elke Volkerts auf deren väterlicher Hofstelle. Im Sommer rauschte die gewaltige Esche nach wie vor am Hause; aber auf der Bank, die jetzt darunter stand, sah man abends meist nur die junge Frau, einsam mit einer häuslichen Arbeit in den Händen; noch immer fehlte ein Kind in dieser Ehe; der Mann aber hatte anderes zu tun, als Feierabend vor der Tür zu halten, denn trotz seiner früheren Mithülfe lagen aus des Alten Amtsführung eine Menge unerledigter Dinge, an die auch er derzeit zu rühren nicht für gut gefunden hatte; jetzt aber musste allmählich alles aus dem Wege; er fegte mit einem scharfen Besen[1]. Dazu kam die Bewirtschaftung der durch seinen eigenen Landbesitz vergrößerten Stelle, bei der er gleichwohl den Kleinknecht noch zu sparen suchte; so sahen sich die beiden Eheleute, außer am Sonntag, wo Kirchgang gehalten wurde, meist nur bei dem von Hauke eilig besorgten Mittagessen und beim Auf- und Niedergang des Tages; es war ein Leben fortgesetzter Arbeit, doch gleichwohl ein zufriedenes.

1 fegte mit einem scharfen Besen: griff hart durch

1 a Untersucht die Erzählform und das Erzählverhalten in dem vorliegenden Text und notiert die Buchstaben der Aussagen, die zutreffen:

A Es handelt sich um einen Ich-Erzähler.
B Es handelt sich um einen Er-/Sie-Erzähler.
C Der Erzähler greift auktorial und urteilend in die Handlung ein.
D Der Erzähler erzählt personal aus der Sicht einer Figur.

b Schreibt zwei Textbeispiele heraus, die belegen, um welches Erzählverhalten es sich handelt.

2 Charakterisiert Hauke, indem ihr die folgenden Sätze richtig in euer Heft schreibt.
- Lebensumstände: Hauke ist verheiratet/unverheiratet und hat ein/kein Kind.
- Verhältnis zu seiner Frau: Er verbringt viel/wenig Zeit mit seiner Frau Elke.
- Verhalten: Hauke arbeitet hart/kaum und ist ein milder/strenger Deichgraf.

3 Überprüft die Ergebnisse aus den Aufgaben 1 und 2 in Partnerarbeit.

5.2 Hauke Haiens Untergang – Erzähltexte um- und ausgestalten

Theodor Storm

Der Schimmelreiter (5)

Als Elke nach neun Jahren ein Mädchen, Wienke, zur Welt bringt, stellt sich heraus, dass das Kind geistig behindert ist. Beruflich verwirklicht Hauke seinen Lebenstraum. Er treibt die widerwilligen Dorfbewohner an, in zweijähriger Arbeit einen gewaltigen, neuen Deich zu bauen. Mittlerweile reitet Hauke einen abgezehrten, gespenstischen Schimmel, der nur ihn als Reiter duldet und bei der Dorfgesellschaft abergläubische Furcht auslöst.

Und durch alles Getöse des Wetters hörte man das Geräusch der Arbeiter: Das Klatschen der hineingestürzten Kleimassen[1], das Rasseln der Karren und das Rauschen des von oben hinabgelassenen Strohes ging unaufhaltsam vorwärts; dazwischen war mitunter das Winseln eines gelben Hundes laut geworden, der frierend und wie verloren zwischen Menschen und Fuhrwerken herumgestoßen wurde; plötzlich aber scholl ein jammervoller Schrei des kleinen Tieres von unten aus der Schlucht herauf. Hauke blickte hinab; er hatte es von oben hinunterschleudern sehen; eine jähe Zornröte stieg ihm ins Gesicht. „Halt! Haltet ein!“, schrie er zu den Karren hinunter; denn der nasse Klei wurde unaufhaltsam aufgeschüttet.

„Warum?“, schrie eine raue Stimme von unten herauf. „Doch um die elende Hundekreatur nicht?“

„Halt, sag ich“, schrie Hauke wieder, „bringt mir den Hund! Bei unserm Werke soll kein Frevel[2] sein!“

Aber es rührte sich keine Hand; nur ein paar Spaten zähen Kleis flogen noch neben das schreiende Tier. Da gab er seinem Schimmel die Sporen, dass das Tier einen Schrei ausstieß, und stürmte den Deich hinab, und alles wich vor ihm zurück. „Den Hund!“, schrie er. „Ich will den Hund!“

Eine Hand schlug sanft auf seine Schulter, als wäre es die Hand des alten Jewe Manners[3]; doch als er sich umsah, war es nur ein Freund des Alten. „Nehmt Euch in Acht, Deichgraf!“,

1 der Klei: entwässerter Schlick

2 der Frevel: Unrecht, Schandtat

3 Jewe Manners ist der Deichbevollmächtigte und Elkes Pate.

raunte der ihm zu. „Ihr habt nicht Freunde unter diesen Leuten; lasst es mit dem Hunde gehen!"

Der Wind pfiff, der Regen klatschte; die Leute hatten die Spaten in den Grund gesteckt, einige sie fortgeworfen. Hauke neigte sich zu dem Alten. „Wollt Ihr meinen Schimmel halten, Harke Jens?", frug er; und als jener noch kaum den Zügel in der Hand hatte, war Hauke schon in die Kluft gesprungen und hielt das kleine winselnde Tier in seinem Arm; und fast im selben Augenblick saß er auch wieder hoch im Sattel und sprengte auf den Deich zurück. Seine Augen flogen über die Männer, die bei den Wagen standen. „Wer war es?", rief er. „Wer hat die Kreatur hinabgeworfen?"

Einen Augenblick schwieg alles, denn aus dem hageren Gesicht des Deichgrafen sprühte der Zorn, und sie hatten abergläubische Furcht vor ihm. Da trat von einem Fuhrwerk ein stiernackiger Kerl vor ihn hin. „Ich tat es nicht, Deichgraf", sagte er und biss von einer Rolle Kautabak ein Endchen ab, das er sich erst ruhig in den Mund schob, „aber der es tat, hat recht getan; soll Euer Deich sich halten, so muss was Lebiges hinein!"

„Was Lebiges? Aus welchem Katechismus[4] hast du das gelernt?"

„Aus keinem, Herr!", entgegnete der Kerl, und aus seiner Kehle stieß ein freches Lachen. „Das haben unsere Großväter schon gewusst, die sich mit Euch im Christentum wohl messen durften! Ein Kind ist besser noch; wenn das nicht da ist, tut's auch ein Hund!"

„Schweig du mit deinen Heidenlehren", schrie ihn Hauke an, „es stopfte besser, wenn man dich hineinwürfe."

„Oho!", erscholl es; aus einem Dutzend Kehlen war der Laut gekommen, und der Deichgraf gewahrte ringsum grimmige Gesichter und geballte Fäuste; er sah wohl, dass das keine Freunde waren; der Gedanke an seinen Deich überfiel ihn wie ein Schrecken: Was sollte werden, wenn jetzt alle ihre Spaten hinwürfen?

4 der Katechismus: Religionslehrbuch

1 a Gebt mit eigenen Worten wieder, worum es in diesem Textauszug geht.
b Erklärt, warum die Deicharbeiter einen Hund opfern wollen und warum Hauke dagegen ist.

2 Zeigt anhand des Textes, wie sich der Konflikt schrittweise entwickelt.

3 Überlegt, welche Gedanken Hauke Haien durch den Kopf gehen könnten, als er erkennt, dass die Deicharbeiter seine Anweisungen missachten und sich gegen ihn auflehnen. Verfasst dazu einen inneren Monolog aus seiner Sicht.

> Ein **innerer Monolog** ist ein **stummes Selbstgespräch** einer Figur.

Geht so vor:
a Versetzt euch in die Lage Hauke Haiens und notiert, was er in dieser Situation denken, fühlen und wahrnehmen könnte.
Was machen denn ...? Ich muss sofort ... Ich könnte ... Nein, das würde ...
b Formuliert nun den inneren Monolog. Schreibt in der Ich-Form und im Präsens.
Verwendet Ausrufe, Fragen, unvollständige Sätze (Ellipsen) und Gedankensprünge, z. B.:
- Ausrufe, z. B.: *Das glaube ich nicht! Wieso ...?*
- Fragen, z. B.: *Will der etwa wirklich ...?*
- unvollständige Sätze und Gedankensprünge, z. B.: *Am liebsten ... Nein, das geht nicht.*

4 Lest eure Texte vor und bewertet sie: Passen Inhalt und Sprache eurer Monologe zu der Figur und der Handlung des Textes?

5 Stellt euch vor: Nach der Auseinandersetzung reitet Hauke Haien davon. Die Deicharbeiter stehen zusammen und unterhalten sich. Schreibt einen Dialog. Geht so vor:

a Versetzt euch in die Lage der Männer und sammelt Ideen für das Gespräch. Überlegt:
- Welche Gefühle, Hoffnungen und Ängste äußern die einzelnen Figuren?
- Was könnten sie sagen, fragen?
- Wie bewerten sie das Geschehen?
- Sind sich die Figuren einig oder nicht?

b Schreibt nun den Dialog zwischen den Deicharbeitern. Achtet auf die korrekte Zeichensetzung bei der wörtlichen Rede (▶ Zeichensetzung bei wörtlicher Rede, S. 359).

6 Wählt aus den Textauszügen (▶ S. 98–108) eine für euch besonders interessante Textstelle aus, um gestaltend zu schreiben. Entscheidet euch für eine der Möglichkeiten aus dem folgenden Kasten.

Methode **Möglichkeiten des gestaltenden Schreibens**

Wenn ihr zu einem Text gestaltend schreibt, setzt ihr euch mit den Figuren und der Handlung des Textes auseinander. Überlegt: Was weiß die Figur, was weiß sie nicht? Passen die Handlung und die Sprache zum Ausgangstext?

1 Einen Tagebucheintrag verfassen
Schreibt einen Tagebucheintrag aus der Perspektive (Sicht) einer der beteiligten Figuren. Versetzt euch in die Figur hinein und überlegt, was sie denken und fühlen könnte.

2 Einen Brief an eine literarische Figur schreiben
Schreibt einen Brief an eine Figur aus dem Text. In eurem Brief könnt ihr der Figur Fragen stellen, ihr Verhalten beurteilen, ihr Hinweise und Tipps geben usw.

3 Einen Dialog entwerfen
Entwerft einen Dialog (Gespräch) zwischen zwei oder mehreren Figuren des Textes. Thema könnte beispielsweise ein Problem oder ein Streitpunkt zwischen den Figuren sein.

4 Einen inneren Monolog verfassen
In einem stummen Selbstgespräch äußert eine Figur, z. B. in einer angespannten Situation, ihre Gedanken, Gefühle und Wahrnehmungen (mehr zum inneren Monolog, ▶ S. 32).

Theodor Storm

Der Schimmelreiter (6)

Hauke Haien hat seinen Lebenstraum verwirklicht und vor einem Teil des alten Deiches einen neuen Deich errichtet, wodurch neues Marschland und somit mehr Ackerfläche für die Bauern entsteht. Tagein, tagaus beobachtet Hauke seinen Deich, indem er ihn mit seinem Schimmel abreitet. Nach einer schweren Krankheit fehlt ihm allerdings die Stärke, Ole Peters davon zu überzeugen, dass auch der alte Deich überholt werden muss. Als eine riesige Sturmflut aufzieht, befiehlt Ole Peters, den von Hauke errichteten neuen Deich zu durchstoßen, um dem Wasser die Wucht zu nehmen. Durch das Ableiten des Wassers auf das neu erschlossene Marschland, den Hauke-Haien-Koog, erhofft er sich, wenigstens den alten Deich zu erhalten. Es kommt zur Katastrophe.

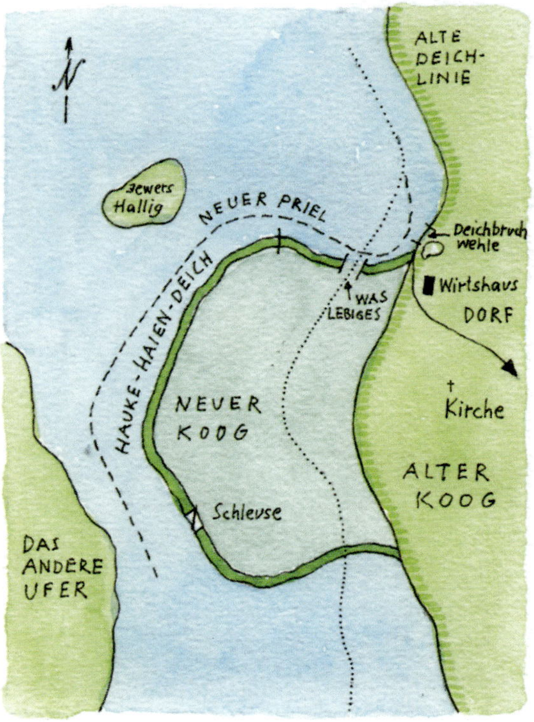

Aber das Lachen verging ihm, als seine Blicke weiter an der Linie seines Deiches entlangglitten: an der Nordwestecke – was war das dort? Ein dunkler Haufen wimmelte durcheinander; er sah, wie es sich emsig rührte und drängte – kein Zweifel, es waren Menschen! Was wollten, was arbeiteten die jetzt an seinem Deich? Und schon saßen seine Sporen dem Schimmel in den Weichen, und das Tier flog mit ihm dahin; der Sturm kam von der Breitseite; mitunter drängten die Böen so gewaltig, dass sie fast vom Deiche in den neuen Koog[1] hinabgeschleudert wären; aber Ross und Reiter wussten, wo sie ritten. Schon gewahrte Hauke, dass wohl ein paar Dutzend Menschen in eifriger Arbeit dort beisammen seien, und schon sah er deutlich, dass eine Rinne quer durch den neuen Deich gegraben war. Gewaltsam stoppte er sein Pferd. „Halt!“, schrie er. „Halt! Was treibt ihr hier für Teufelsunfug?“
Sie hatten in Schreck die Spaten ruhen lassen, als sie auf einmal den Deichgraf unter sich gewahrten; seine Worte hatte der Sturm ihnen zugetragen, und er sah wohl, dass mehrere ihm zu antworten strebten; aber er gewahrte nur ihre heftigen Gebärden, denn sie standen alle ihm zur Linken, und was sie sprachen, nahm der Sturm hinweg, der hier draußen jetzt die Menschen mitunter wie im Taumel gegeneinanderwarf, sodass sie sich dicht zusammenscharten. Hauke maß mit seinen raschen Augen die gegrabene Rinne und den Stand des Wassers, das, trotz des neuen Profiles, fast an die Höhe des Deichs hinaufklatschte und Ross und Reiter überspritzte. Nur noch zehn Minuten Arbeit – er sah es wohl –, dann brach die Hochflut durch die Rinne, und der Hauke-Haien-Koog wurde vom Meer begraben!
Der Deichgraf winkte einen der Arbeiter an die andere Seite seines Pferdes. „Nun, so sprich!“, schrie er. „Was treibt ihr hier, was soll das heißen?“

1 der Koog: durch Deichbau (Eindeichung) aus dem Meer gewonnenes Land (auch Marsch/Marschland genannt); vgl. auch die Abbildung oben

Und der Mensch schrie dagegen: „Wir sollen den neuen Deich durchstechen, Herr, damit der alte Deich nicht bricht!"

„Was sollt ihr?"

„Den neuen Deich durchstechen!"

„Und den Koog verschütten? Welcher Teufel hat euch das befohlen?"

„Nein, Herr, kein Teufel, der Gevollmächtigte Ole Peters ist hier gewesen, der hat's befohlen!"

Der Zorn stieg dem Reiter in die Augen. „Kennt ihr mich?", schrie er. „Wo ich bin, hat Ole Peters nichts zu ordinieren[2]! Fort mit euch! An eure Plätze, wo ich euch hingestellt!"

Und da sie zögerten, sprengte er mit seinem Schimmel zwischen sie: „Fort, zu euerer oder des Teufels Großmutter!"

„Herr, hütet Euch!", rief einer aus dem Haufen und stieß mit seinem Spaten gegen das wie rasend sich gebärdende Tier; ein anderer stürzte zu Boden. Da plötzlich erhob sich ein Schrei aus dem übrigen Haufen, ein Schrei, wie ihn nur die Todesangst einer Menschenkehle zu entreißen pflegt; einen Augenblick war alles, auch der Deichgraf und der Schimmel, wie gelähmt; nur ein Arbeiter hatte gleich einem Wegweiser seinen Arm gestreckt; der wies nach der Nordwestecke der beiden Deiche, dort, wo der neue auf den alten stieß. Nur das Tosen des Sturmes und das Rauschen des Wassers waren zu hören. Hauke drehte sich im Sattel: Was gab das dort? Seine Augen wurden groß. „Herr Gott! Ein Bruch! Ein Bruch im alten Deich!"

„Euere Schuld, Deichgraf!", schrie eine Stimme aus dem Haufen. „Euere Schuld! Nehmt's mit vor Gottes Thron!"

Haukes zornrotes Antlitz war totenbleich geworden; der Mond, der es beschien, konnte es nicht bleicher machen; seine Arme hingen schlaff, er wusste kaum, dass er den Zügel hielt. Aber auch das war nur ein Augenblick; schon richtete er sich auf, ein hartes Stöhnen brach aus seinem Munde, dann wandte er stumm sein Pferd, und der Schimmel schnob und raste ostwärts auf dem Deich mit ihm dahin. Des Reiters Augen flogen scharf nach allen Seiten; in seinem Kopfe wühlten die Gedanken: Was hatte er für Schuld vor Gottes Thron zu tragen? Der Durchstich des neuen Deichs – vielleicht, sie hätten's fertiggebracht, wenn er sein Halt nicht gerufen hätte; aber – es war noch eins, und es schoss ihm heiß zu Herzen, er wusste es nur zu gut – im vorigen Sommer, hätte damals Ole Peters' böses Maul ihn nicht zurückgehalten – da lag's! Er allein hatte die Schwäche des alten Deichs erkannt; er hätte trotz alledem das neue Werk betreiben müssen. „Herr Gott, ja, ich bekenn es", rief er plötzlich laut in den Sturm hinaus, „ich habe meines Amtes schlecht gewartet[3]!"

2 ordinieren: befehlen, anordnen

3 gewartet, hier: versehen, versorgt, gepflegt

1 a Erklärt, warum der alte Deich brechen konnte. Nehmt auch die Skizze (▸ S. 110) zu Hilfe.
b Erläutert den Konflikt zwischen den Deicharbeitern und Hauke. Berücksichtigt dabei besonders die Rolle von Ole Peters. Worin besteht die „Schuld" (▸ Z. 76) Hauke Haiens?

2 Man kann sich die Szene sehr gut vorstellen. Erklärt anhand des Textes, wodurch diese Anschaulichkeit entsteht.

3 Beschreibt, wie Hauke Haien in diesem Textauszug auf euch wirkt. Berücksichtigt dabei auch seine Gedanken und Gefühle.

Fordern und fördern – Die Sicht einer Figur einnehmen

●●○ 1 Stellt euch vor: Der Deicharbeiter, der mit dem Spaten gegen den Schimmel stößt (► Z. 60–62), schreibt am Abend einen Brief an Ole Peters, in dem er ihm mitteilt, was geschehen ist, was er gedacht und gefühlt hat und wie er den Vorfall bewertet. Schreibt diesen Brief.

Geht so vor:

a Lest den Text (► S. 110–111) noch einmal sorgfältig durch und notiert aus der Sicht des Arbeiters, was geschehen ist.
TIPP: Überlegt: Was weiß der Arbeiter, was weiß er nicht oder kann er nur erahnen (z. B. Gedanken von Hauke)?

> - *Wir hatten fast schon eine Rinne durch den neuen Deich gegraben, als Hauke ...*
> - *Es kam zum gewaltsamen Streit ...*
> - *Hauke ...*
> - *...*

b Überlegt, was der Deicharbeiter im Nachhinein über den Vorfall denkt.
Wie bewertet er das Verhalten von Hauke?
Was könnte er Ole Peters noch mitteilen oder fragen?

> - *Du kannst dir die Situation sicherlich vorstellen: Hauke ...*
> - *Und als dein Name fiel ... Ich war wirklich schockiert!*
> - *Was sollten wir tun? Wenn du ...*

c Versetzt euch in die Rolle des Deicharbeiters und schreibt den Brief an Ole Peters.

> *Lieber ...,*
> *heute ist etwas Schreckliches passiert, von dem ich dir unbedingt berichten muss.*
> *Während des Sturms versammelten wir uns ...*

▷ Hilfen zu dieser Aufgabe findet ihr auf Seite 113.

2 Lest euch eure Texte vor und vergleicht sie mit dem Originaltext: Welches Bild vermittelt der Originaltext von den Deicharbeitern und Hauke, welches Bild vermitteln eure Texte?

Aufgabe 1 mit Hilfen

Stellt euch vor: Der Deicharbeiter, der mit dem Spaten gegen den Schimmel stößt (▶ Z. 60–62), schreibt am Abend einen Brief an Ole Peters, in dem er ihm mitteilt, was geschehen ist, was er gedacht und gefühlt hat und wie er den Vorfall bewertet.
Schreibt diesen Brief.
Geht so vor:

a Lest den Text (▶ S. 110–111) noch einmal sorgfältig durch und notiert aus der Sicht des Arbeiters, was geschehen ist, z. B.:
TIPP: Überlegt: Was weiß der Arbeiter, was weiß er nicht oder kann er nur erahnen (z. B. Gedanken von Hauke)?

- *Wir hatten fast schon eine Rinne durch den neuen Deich gegraben, als Hauke auf seinem ...*
- *Er schrie uns an und fragte, was wir ...*
- *Als er hörte, dass du uns den Auftrag ...*
- *Es kam zum gewaltsamen Streit zwischen uns und Hauke.*
- *Hauke ritt mit seinem Schimmel mitten in uns hinein.*
- *Jch versuchte, mich mit dem Spaten zu wehren und ...*
- *Mit Gewalt zwang Hauke uns, ...*
- *Plötzlich entdeckte ein Arbeiter einen Bruch im alten Deich.*
- *...*

b Überlegt, was der Deicharbeiter im Nachhinein über den Vorfall denkt und was er fühlt. Wie bewertet er das Verhalten von Hauke? Was könnte er Ole Peters noch mitteilen oder fragen?

- *Du kannst dir die Situation sicherlich vorstellen: Hauke gebärdete sich wie ein Teufel. Er schrie ...*
- *Als dein Name fiel, glühten seine Augen vor Zorn.*
- *Jch war schockiert und dachte, dass er dich wirklich abgrundtief hassen muss.*
- *Was sollten wir tun? Wenn du da gewesen wärst, hätten wir vielleicht ...*

c Versetzt euch in die Rolle des Deicharbeiters und schreibt den Brief an Ole Peters.

Lieber Ole,

heute ist etwas Schreckliches passiert, von dem ich dir unbedingt berichten muss.
Während des Sturms versammelten wir uns am neuen Deich und taten, was du uns befohlen hattest.
Wir gruben eine Rinne durch den Deich und waren fast fertig, als Hauke mit seinem ...
Er war außer sich, schrie uns an und fragte ...
Als er hörte, dass du uns den Auftrag gegeben hast, den neuen Deich zu durchstoßen, ...
Du kannst dir die Situation sicherlich vorstellen: Hauke gebärdete sich wie ein Teufel und seine Augen glühten vor Zorn. Es kam zu einem gewaltsamen Streit ...

5.3 Fit in ... – Gestaltend schreiben

Die Aufgabenstellung verstehen

Stellt euch vor, ihr sollt in der nächsten Klassenarbeit folgende Aufgabe bearbeiten:

Lies den folgenden Textauszug aus der Novelle „Der Schimmelreiter" von Theodor Storm (▸ S. 114–115). Stell dir dann vor, Ole Peters hätte als Augenzeuge Hauke Haiens Untergang miterlebt. Schreibe einen inneren Monolog aus seiner Sicht.

Theodor Storm

Der Schimmelreiter (7)

Bevor der Reisende aus der Rahmenhandlung über den Hauke-Haien-Deich weiterreitet, der auch nach einhundert Jahren noch steht, erzählt der Schulmeister das Ende der Geschichte vom Schimmelreiter. Hauke erlebt, wie der alte Deich während der Sturmflut bricht.

Da warf er seine Augen seitwärts nach dem neuen Koog; um ihn schäumte das Meer; aber in ihm lag es wie nächtlicher Friede. Ein unwillkürliches Jauchzen brach aus des Reiters Brust: „Der Hauke-Haien-Deich, er soll schon halten, er wird es noch nach hundert Jahren tun!"

Ein donnerartiges Rauschen zu seinen Füßen weckte ihn aus diesen Träumen; der Schimmel wollte nicht mehr vorwärts. Was war das? Das Pferd sprang zurück, und er fühlte es, ein Deichstück stürzte vor ihm in die Tiefe. Er riss die Augen auf und schüttelte alles Sinnen von sich: Er hielt am alten Deich, der Schimmel hatte mit den Vorderhufen schon darauf gestanden. Unwillkürlich riss er das Pferd zurück; da flog der letzte Wolkenmantel von dem Mond, und das milde Gestirn beleuchtete den Graus, der schäumend, zischend vor ihm in die Tiefe stürzte, in den alten Koog hinab.

Wie sinnlos starrte Hauke darauf hin; eine Sündflut[1] war's, um Tier und Menschen zu verschlingen. Da blinkte wieder ihm der Lichtschein in die Augen; es war derselbe, den er vorhin gewahrt hatte; noch immer brannte der auf seiner Werfte[2]; und als er

1 die Sündflut: alternative Schreibweise zu Sintflut (große Überschwemmung), die hier in dramatisierender Absicht verwendet wird (Flut als Strafe für die Menschen)

2 Werfte: zum Schutze gegen Wassergefahr aufgeworfener Erdhügel in der Marsch, worauf die Gebäude (Dörfer) liegen

jetzt ermutigt in den Koog hinabsah, gewahrte er wohl, dass hinter dem sinnverwirrenden Strudel, der tosend vor ihm hinabstürzte, nur noch eine Breite von etwa hundert Schritten überflutet war; dahinter konnte er deutlich den Weg erkennen, der vom Koog heranführte. Er sah noch mehr: Ein Wagen, nein, eine zweiräderige Karriole[3] kam wie toll gegen den Deich herangefahren; ein Weib, ja auch ein Kind saßen darin. Und jetzt – war das nicht das kreischende Gebell eines kleinen Hundes, das im Sturm vorüberflog? Allmächtiger Gott! Sein Weib, sein Kind waren es; schon kamen sie dicht heran, und die schäumende Wassermasse drängte auf sie zu. Ein Schrei, ein Verzweiflungsschrei brach aus der Brust des Reiters. „Elke!", schrie er. „Elke! Zurück! Zurück!"

Aber Sturm und Meer waren nicht barmherzig, ihr Toben zerwehte seine Worte; nur seinen Mantel hatte der Sturm erfasst, es hätte ihn bald vom Pferd herabgerissen; und das Fuhrwerk flog ohne Aufenthalt der stürzenden Flut entgegen. Da sah er, dass das Weib wie gegen ihn hinauf die Arme streckte: Hatte sie ihn erkannt? Hatte die Sehnsucht, die Todesangst um ihn sie aus dem sicheren Haus getrieben? Und jetzt – rief sie ein letztes Wort ihm zu? Die Fragen fuhren durch sein Hirn; sie blieben ohne Antwort: Von ihr zu ihm, von ihm zu ihr waren die Worte all verloren, nur ein Brausen wie vom Weltenuntergang füllte ihre Ohren und ließ keinen andern Laut hinein. „Mein Kind! O Elke, o getreue Elke!", schrie Hauke in den Sturm hinaus. Da sank aufs Neu ein großes Stück des Deiches vor ihm in die Tiefe, und donnernd stürzte das Meer sich hintendrein; noch einmal sah er drunten den Kopf des Pferdes, die Räder des Gefährtes aus dem wüsten Gräuel emportauchen und dann quirlend darin untergehen. Die starren Augen des Reiters, der so einsam auf dem Deiche hielt, sahen weiter nichts. „Das Ende!", sprach er leise vor sich hin; dann ritt er an den Abgrund, wo unter ihm die Wasser, unheimlich rauschend, sein Heimatdorf zu überfluten begannen; noch immer sah er das Licht von seinem Hause schimmern; es war ihm wie entseelt. Er richtete sich hoch auf und stieß dem Schimmel die Sporen in die Weichen; das Tier bäumte sich, es hätte sich fast überschlagen; aber die Kraft des Mannes drückte es herunter. „Vorwärts!", rief er noch einmal, wie er es so oft zum festen Ritt gerufen hatte. „Herr Gott, nimm mich; verschon die anderen!"

Noch ein Sporenstich, ein Schrei des Schimmels, der Sturm und Wellenbrausen überschrie, dann unten aus dem hinabstürzenden Strom ein dumpfer Schall, ein kurzer Kampf.

Der Mond sah leuchtend aus der Höhe; aber unten auf dem Deiche war kein Leben mehr als nur die wilden Wasser, die bald den alten Koog fast völlig überflutet hatten. Noch immer aber ragte die Werfte von Hauke Haiens Hofstatt aus dem Schwall hervor, noch schimmerte von dort der Lichtschein, und von der Geest[4] her, wo die Häuser allmählich dunkel wurden, warf noch die einsame Leuchte aus dem Kirchturm ihre zitternden Lichtfunken über die schäumenden Wellen.

3 das Karriol: Fuhrwerk

4 die Geest: höher gelegene Ebene (im Gegensatz zum Marschland)

1 Lest die Aufgabenstellung sorgfältig. Erklärt euch gegenseitig, was genau ihr machen sollt und worauf ihr bei der Bearbeitung achten müsst.

Den Text verstehen und einen Schreibplan erstellen

2 a Entscheidet, welche der folgenden Aussagen zum Text richtig sind. Schreibt die zutreffenden Sätze in euer Heft.

A Der alte Deich hält den Wassermassen stand, nur das neue Marschland, der Hauke-Haien-Koog, wird überschwemmt.

B Der alte Deich bricht und damit wird das Dorf überflutet werden.

C Hauke Haiens Frau Elke und seine Tochter gehen in den Wassermassen unter.

D Hauke warnt seine Frau Elke rechtzeitig, sodass diese sich mit ihrem Kind in Sicherheit bringen kann.

E Hauke gibt sich die Schuld am Deichbruch und am Tod seiner Familie und stürzt sich mit seinem Pferd in das tosende Wasser.

b Vergleicht eure Ergebnisse in Partnerarbeit. Klärt weitere Textstellen oder Wörter, die euch unklar sind.

3 a Versucht, euch in Ole Peters hineinzuversetzen, der diese Katastrophe miterlebt.
Überlegt, wie er sich fühlt, z. B.: *schockiert, besorgt, traurig, enttäuscht, aufgeregt, wütend, erleichtert*

b Notiert, welche Gedanken und Gefühle ihm durch den Kopf gehen könnten und was er wahrnimmt.

Da steht nun der Teufel und betrachtet ...
Mit seinem neuen Deich hat er ...
Das darf doch nicht wahr sein ...
Der Wahnsinnige, er treibt uns alle ...
Ich könnte ... Nein, das ist ...
Dieser Sturm ist die gerechte Strafe dafür, dass ...
Um Himmels willen, der alte Deich ...
Wer ist das? Was wollen Elke und das Kind ...?
Unglaublich! Jetzt ...

Den Text schreiben und überarbeiten

4 Formuliert nun den inneren Monolog. Schreibt in der Ich-Form und im Präsens.

5 Tauscht euren Text mit dem eurer Banknachbarin oder eures Banknachbarn aus. Gebt euch mit Hilfe der folgenden Checkliste Tipps, was ihr noch verbessern könnt.

Checkliste

Einen inneren Monolog schreiben

- Werden die **Gedanken, Gefühle** und **Wahrnehmungen** der Figur deutlich?
- Steht der Monolog in der **Ich-Form** und beschränkt ihr euch nur auf das, was die Figur wissen kann?
- Versteht der Leser, was an Handlung geschieht?
- **Passen Sprache** und **Inhalt** eures Textes zur Figur und zur Handlung des Originaltextes?
- Habt ihr **Fragen** gestellt und Ausrufe verwendet? Zum Beispiel: *Wer ist das? Unglaublich!*
- Gibt es unvollständige Sätze (Ellipsen) und/oder Gedankensprünge? Zum Beispiel: *Dieser Teufel, will er etwa ... Oh, nein! Da kommt ...*

6 Momentaufnahmen – Kurzgeschichten lesen und verstehen

1 Die Bilder zeigen Momentaufnahmen aus Kurzgeschichten, die ihr in diesem Kapitel lesen werdet.

a Beschreibt die Situationen auf den einzelnen Bildern möglichst genau. Beachtet dabei auch Mimik und Gestik der dargestellten Figuren.

b Stellt Vermutungen an, worum es in den Geschichten gehen könnte.

2 Erklärt, wie man literarische Texte untersucht: Welche Aspekte sind wichtig? Wie geht ihr vor?

In diesem Kapitel ...

- lest ihr Kurzgeschichten und lernt ihre Merkmale kennen,
- untersucht ihr den Handlungsaufbau, die Figurenkonstellation und die sprachlichen Besonderheiten in den Geschichten,
- fasst ihr den Inhalt einer Geschichte zusammen und entwickelt eigene Interpretationsansätze.

6.1 Zwischenmenschliche Spannungen – Kurzgeschichten erschließen

Die Merkmale von Kurzgeschichten kennen lernen

Wolfgang Borchert

Das Brot (1946)

Die folgende Kurzgeschichte von Wolfgang Borchert (1921–1947) ist kurz nach dem Zweiten Weltkrieg (1939–1945) entstanden. Zu diesem Zeitpunkt waren weite Landstriche Deutschlands verwüstet und Lebensmittel so knapp, dass viele Menschen hungerten.

Plötzlich wachte sie auf. Es war halb drei. Sie überlegte, warum sie aufgewacht war. Ach so! In der Küche hatte jemand gegen einen Stuhl gestoßen. Sie horchte nach der Küche. Es war still. Es war zu still und als sie mit der Hand über das Bett neben sich fuhr, fand sie es leer. Das war es, was es so besonders still gemacht hatte: sein Atem fehlte. Sie stand auf und tappte durch die dunkle Wohnung zur Küche. In der Küche trafen sie sich. Die Uhr war halb drei. Sie sah etwas Weißes am Küchenschrank stehen. Sie machte Licht. Sie standen sich im Hemd gegenüber. Nachts. Um halb drei. In der Küche.

Auf dem Küchentisch stand der Brotteller. Sie sah, dass er sich Brot abgeschnitten hatte. Das Messer lag noch neben dem Teller. Und auf der Decke lagen Brotkrümel. Wenn sie abends zu Bett gingen, machte sie immer das Tischtuch sauber. Jeden Abend. Aber nun lagen Krümel auf dem Tuch. Und das Messer lag da. Sie fühlte, wie die Kälte der Fliesen langsam an ihr hochkroch. Und sie sah von dem Teller weg.

„Ich dachte, hier wär was", sagte er und sah in der Küche umher,

„Ich habe auch was gehört", antwortete sie und dabei fand sie, dass er nachts im Hemd doch schon recht alt aussah. So alt, wie er war. Dreiundsechzig. Tagsüber sah er manchmal jünger aus. Sie sieht doch schon alt aus, dachte er, im Hemd sieht sie doch ziemlich alt aus. Aber das liegt vielleicht an den Haaren. Bei den Frauen liegt das nachts immer an den Haaren. Die machen dann auf einmal so alt.

„Du hättest Schuhe anziehen sollen. So barfuß auf den kalten Fliesen. Du erkältest dich noch." Sie sah ihn nicht an, weil sie nicht ertragen konnte, dass er log. Dass er log, nachdem sie neununddreißig Jahre verheiratet waren.

„Ich dachte, hier wäre was", sagte er noch einmal und sah wieder so sinnlos von einer Ecke in die andere, „ich hörte hier was. Da dachte ich, hier wäre was." „Ich hab auch was gehört. Aber es war wohl nichts." Sie stellte den Teller vom Tisch und schnippte die Krümel von der Decke.

„Nein, es war wohl nichts", echote er unsicher. Sie kam ihm zu Hilfe: „Komm man. Das war wohl draußen. Komm man zu Bett. Du erkältest dich noch. Auf den kalten Fliesen."

Er sah zum Fenster hin. „Ja, das muss wohl draußen gewesen sein. Ich dachte, es wäre hier."

Sie hob die Hand zum Lichtschalter. Ich muss das Licht jetzt ausmachen, sonst muss ich nach dem Teller sehen, dachte sie. Ich darf doch nicht nach dem Teller sehen. „Komm man", sagte sie und machte das Licht aus, „das war wohl draußen. Die Dachrinne schlägt immer bei Wind gegen die Wand. Es war sicher die Dachrinne. Bei Wind klappert sie immer."

Sie tappten sich beide über den dunklen Korridor zum Schlafzimmer. Ihre nackten Füße platschten auf den Fußboden.

„Wind ist ja", meinte er. „Wind war schon die ganze Nacht."

Als sie im Bett lagen, sagte sie: „Ja, Wind war schon die ganze Nacht. Es war wohl die Dachrinne."

„Ja, ich dachte, es wäre in der Küche. Es war wohl die Dachrinne." Er sagte das, als ob er schon halb im Schlaf wäre.

Aber sie merkte, wie unecht seine Stimme klang, wenn er log.

„Es ist kalt", sagte sie und gähnte leise, „ich krieche unter die Decke. Gute Nacht."

„Nacht", antwortete er und noch: „Ja, kalt ist es schon ganz schön."

Dann war er still. Nach vielen Minuten hörte sie, dass er leise und vorsichtig kaute. Sie atmete absichtlich tief und gleichmäßig, damit er nicht merken sollte, dass sie noch wach war. Aber sein Kauen war so regelmäßig, dass sie davon langsam einschlief.

Als er am nächsten Abend nach Hause kam, schob sie ihm vier Scheiben Brot hin. Sonst hatte er immer nur drei essen können.

„Du kannst ruhig vier essen", sagte sie und ging von der Lampe weg. „Ich kann dieses Brot nicht so recht vertragen. Iss du man eine mehr. Ich vertrag es nicht so gut."

Sie sah, wie er sich tief über den Teller beugte.

Er sah nicht auf. In diesem Augenblick tat er ihr leid.
„Du kannst doch nicht nur zwei Scheiben essen“, sagte er auf seinen Teller.

„Doch. Abends vertrag ich das Brot nicht gut. Iss man. Iss man.“
Erst nach einer Weile setzte sie sich unter die Lampe an den Tisch.

1 Beschreibt eure ersten Eindrücke nach dem Lesen der Geschichte.

2 a Das Ehepaar trifft sich nachts in der Küche. Untersucht anhand des Textes: Was denken die beiden? Was sagen sie?
b Erklärt, durch welche Verhaltensweise es zu einem unausgesprochenen Konflikt zwischen dem Mann und der Frau kommt und wie dieser Konflikt beigelegt wird. Belegt eure Aussagen mit entsprechenden Textstellen.
c Begründet, ob ihr diese Lösung überzeugend findet oder nicht. Stellt auch Vermutungen an, warum die beiden nicht offen über den Vorfall sprechen.

3 Findet Textstellen, in denen die Gedanken und Empfindungen der Figuren deutlich werden. Notiert, was ihr daraus über die Beziehung zwischen dem Mann und der Frau ableiten könnt.
TIPP: Achtet auch auf die im Text beschriebenen Gesten und Blicke der Figuren.

- *„Und sie sah von dem Teller weg“ (Z. 23).*
  → Will ihrem Mann nicht das Gefühl geben, auf frischer Tat ertappt worden zu sein.
- *„Sie sah ihn nicht an ...“*

4 a Begründet, ob ihr den Titel der Geschichte treffend findet. Berücksichtigt dabei auch die Entstehungszeit der Geschichte.
b Überlegt euch für die Kurzgeschichte einen neuen Titel, in dem die Beziehung der beiden Figuren zum Ausdruck kommt.

5 Untersucht die sprachlichen Besonderheiten in der Geschichte. Achtet hierbei besonders auf den Satzbau und die Sprache (Wortwahl). Beschreibt auch die Wirkung dieser sprachlichen Mittel.

6 In dieser Geschichte bleiben einige Fragen offen: Was erfahrt ihr nicht? Schreibt Fragen dazu auf.

7 Stellt euch vor: Nach einigen Jahren erzählt die Frau einer Freundin bzw. der Mann einem Freund, was in dieser Nacht bzw. am nächsten Tag passiert ist.
a Versetzt euch in die Lage der Frau oder des Mannes und schreibt in der Ich-Form, was sie oder er erzählen könnte. Bringt dabei die Gedanken und die Gefühle der Figur zum Ausdruck.

Als meine Frau in die Küche kam, war mir sofort klar, dass sie ...

Ich bemerkte sofort, dass er versuchte, sich herauszureden. Und ich habe einfach so getan, als ob ...

b Lest euch eure Texte vor. Überlegt, ob sie inhaltlich und sprachlich zu der jeweiligen Figur passen.

Ernest Hemingway

Ein Tag Warten

Der amerikanische Schriftsteller Ernest Hemingway (1899–1961) gilt als Mitbegründer und Meister der Kurzgeschichte („short story"). Seine bekannteste Erzählung ist „Der alte Mann und das Meer", für die Hemingway 1954 mit dem Nobelpreis für Literatur ausgezeichnet wurde.

Er kam ins Zimmer, um die Fenster zu schließen, während wir noch im Bett lagen, und ich fand, dass er krank aussah. Er fröstelte; sein Gesicht war weiß und er ging langsam, als ob jede Bewegung weh täte.

„Was ist los, Schatz?"

„Ich hab Kopfschmerzen."

„Dann geh lieber wieder ins Bett."

„Nein, ich bin ganz in Ordnung."

„Du gehst ins Bett. Ich komme zu dir, sobald ich angezogen bin."

Aber als ich herunterkam, war er angezogen und saß am Feuer und sah wie ein kranker, jämmerlicher, neunjähriger Junge aus. Als ich ihm die Hand auf die Stirn legte, wusste ich, dass er Fieber hatte.

„Du gehst rauf ins Bett", sagte ich. „Du bist krank."

„Ich bin ganz in Ordnung", sagte er.

Als der Doktor kam, nahm er die Temperatur des Jungen.

„Wie viel hat er?", fragte ich ihn.

„Hundertundzwei."

Unten ließ der Doktor drei verschiedene Medikamente in verschiedenfarbigen Kapseln zurück mit Anweisungen, wie sie zu nehmen waren. Das eine sollte das Fieber herunterbringen, das zweite war ein Abführmittel und das dritte war gegen Übersäure im Magen. Die Grippebazillen können nur bei Übersäure existieren, hatte er erklärt. Er schien alles über Grippe zu wissen und sagte, es wäre nicht weiter Besorgnis erregend, falls die Temperatur nicht auf hundertvier stiege. Es herrsche eine leichte Grippeepidemie und es bestände keinerlei Gefahr, wenn keine Lungenentzündung hinzukäme.

Als ich wieder ins Zimmer kam, schrieb ich die Temperatur des Jungen auf und notierte, wann man ihm die verschiedenen Medikamente geben sollte.

„Möchtest du, dass ich dir vorlese?"

„Schön. Wenn du willst", sagte der Junge. Sein Gesicht war sehr weiß und er hatte dunkle Schatten unter den Augen. Er lag reglos im Bett und schien gleichgültig gegen alles, was vorging. Ich las ihm aus Howard Pyles Piratenbuch vor, aber ich sah, dass er nicht bei der Sache war.

„Wie fühlst du dich, Schatz?", fragte ich ihn.

„Genau wie vorhin, bis jetzt", sagte er.

Ich saß am Fußende des Bettes und las für mich, während ich darauf wartete, dass es Zeit war, ihm wieder ein Pulver zu geben. Normalerweise hätte er einschlafen müssen, aber als ich aufblickte, blickte er das Fußende des Bettes an und hatte einen seltsamen Ausdruck im Gesicht.

„Warum versuchst du nicht einzuschlafen? Ich werd dich wecken, wenn es Zeit für die Medizin ist."

„Ich möchte lieber wach bleiben."

Nach einer Weile sagte er zu mir: „Papa, du brauchst nicht hier bei mir zu bleiben, wenn es dir unangenehm ist."

„Es ist mir nicht unangenehm."

„Nein, ich meine, du brauchst nicht zu bleiben, wenn es dir unangenehm wird."

Ich dachte, dass er vielleicht ein bisschen wirr sei, und nachdem ich ihm um elf das verschriebene Pulver gegeben hatte, ging ich eine Weile aus.

Es war ein klarer, kalter Tag. Den Boden bedeckte eine Graupelschicht, die gefroren war, sodass es aussah, als ob all die kahlen Bäume, die Büsche, das Reisig und all das Gras und der kahle Boden mit Eis glasiert seien. Ich nahm den jungen irischen Hühnerhund zu einem kleinen Spaziergang mit, die Landstraße hinauf und dann einen zugefrorenen Bach entlang, aber es war schwierig, auf der glasigen Oberfläche zu stehen oder zu gehen, und der rotbraune Hund rutschte aus und schlitterte und ich fiel zweimal heftig hin und das eine

Mal ließ ich meine Flinte dabei fallen, die ein ganzes Stück über das Eis wegglitt. Wir jagten ein Volk Wachteln unter einem hohen Lehmdamm mit überhängendem Gestrüpp auf und ich tötete zwei, als sie über den Damm hinweg außer Sicht gingen. Einige stießen in die Bäume nieder, aber die meisten schwärmten in die Reisighaufen und man musste mehrmals auf den eisüberzogenen Reisighügeln hin- und herspringen, bis sie hochgingen. Es war schwierig, sie zu treffen, als sie aufflogen, während man unsicher auf dem eisglatten, federnden Reisig stand, und ich tötete zwei und verfehlte fünf und machte mich auf den Heimweg, vergnügt, weil ich so dicht von zu Haus ein Wachtelvolk aufgetrieben hatte, und froh, dass für einen anderen Tag noch so viele übrig waren.

Zu Haus sagte man mir, dass der Junge keinem erlaubt habe, in sein Zimmer zu kommen.

„Du kannst nicht reinkommen", hatte er gesagt. „Du darfst das nicht bekommen, was ich habe."

Ich ging zu ihm hinauf und fand ihn in genau derselben Lage, wie ich ihn verlassen hatte, weißgesichtig, aber mit roten Fieberflecken auf den Backen. Er starrte immer noch, wie er vorher gestarrt hatte, auf das Fußende des Bettes. Ich nahm seine Temperatur.

„Wie viel habe ich?"

„Ungefähr hundert", sagte ich. Es waren hundertundzwei und vier Zehntel.
„Es waren hundertundzwei", sagte er.
„Wer hat das gesagt?"
„Der Doktor."
„Deine Temperatur ist ganz in Ordnung", sagte ich. „Kein Grund, sich aufzuregen."
„Ich rege mich nicht auf", sagte er, „aber ich muss immer denken."
„Nicht denken", sagte ich. „Nimm's doch nicht so tragisch."
„Ich nehme es nicht tragisch", sagte er und sah starr vor sich hin. Er nahm sich offensichtlich wegen irgendetwas schrecklich zusammen.
„Schluck dies mit etwas Wasser."
„Glaubst du, dass es helfen wird?"
„Natürlich wird es."
Ich setzte mich hin und schlug das Piratenbuch auf und begann zu lesen, aber ich konnte sehen, dass er nicht folgte, darum hörte ich auf.
„Um wie viel Uhr glaubst du, dass ich sterben werde?", fragte er.
„Was?"
„Wie lange dauert es noch ungefähr, bis ich sterbe?"
„Aber du stirbst doch nicht. Was ist denn los mit dir?"
„Doch, ich werde. Ich habe gehört, wie er hundertundzwei gesagt hat."
„Aber man stirbt doch nicht bei einer Temperatur von hundertundzwei. Es ist albern, so zu reden."
„Ich weiß aber, dass es so ist. In der Schule in Frankreich haben mir die Jungen erzählt, dass man mit vierundvierzig Grad nicht leben kann. Ich habe hundertundzwei."
Er hatte den ganzen Tag auf seinen Tod gewartet, die ganze Zeit über, seit neun Uhr morgens.
„Mein armer Schatz", sagte ich. „Mein armer, alter Schatz. Es ist wie mit Meilen und Kilometern. Du wirst nicht sterben. Es ist ein anderes Thermometer[1]. Auf dem Thermometer ist siebenunddreißig normal. Auf dieser Sorte achtundneunzig."
„Bist du sicher?"
„Völlig", sagte ich. „Es ist wie mit Meilen und Kilometern. Weißt du, so wie: Wie viel Kilometer machen wir, wenn wir siebzig Meilen im Auto fahren?"
„Ach", sagte er.
Aber die Starre schwand langsam aus seinem auf das Fußende seines Bettes gerichteten Blick; auch seine Verkrampftheit ließ schließlich nach und war am nächsten Tag fast ganz weg und er weinte wegen Kleinigkeiten los, die ganz unwichtig waren.

1 Die Temperaturmessung in der Einheit „Fahrenheit" ist in den USA und England üblich, während in Europa die Temperaturmessung nach Celsius verbreitet ist.

1 Der Geschichte liegt ein Missverständnis zu Grunde. Erklärt es.

2 Worauf bezieht sich der Titel der Geschichte? Antwortet mit einem Zitat aus dem Text.

3 a Lest noch einmal den Anfang der Geschichte (▸ Z. 1–5). Erklärt, was ihr zu Beginn der Geschichte erfahrt und welche Fragen offenbleiben.
b Gebt die Zeilen an, in denen ihr als Leser erstmals sicher wart, wer die handelnden Figuren sind.

4 a Schaut noch einmal genau im Text nach und notiert die entsprechenden Zeilenangaben: Wo hätte der Vater versteckte Hinweise darauf finden können, dass den Jungen etwas sehr bedrückt?
b Stellt Vermutungen an: Wie viele Stunden könnten vergangen sein, bevor sich das Missverständnis auflöst?
c Beschreibt, welchen Eindruck ihr von dem Jungen habt. Hättet ihr ebenso gehandelt?

5 Zeichnet die Spannungskurve nach, die Hemingway in seiner Kurzgeschichte angelegt hat. Haltet in dieser Kurve stichpunktartig die verschiedenen Zustände des Jungen fest. Markiert in eurer Kurve den Wendepunkt in der Geschichte.

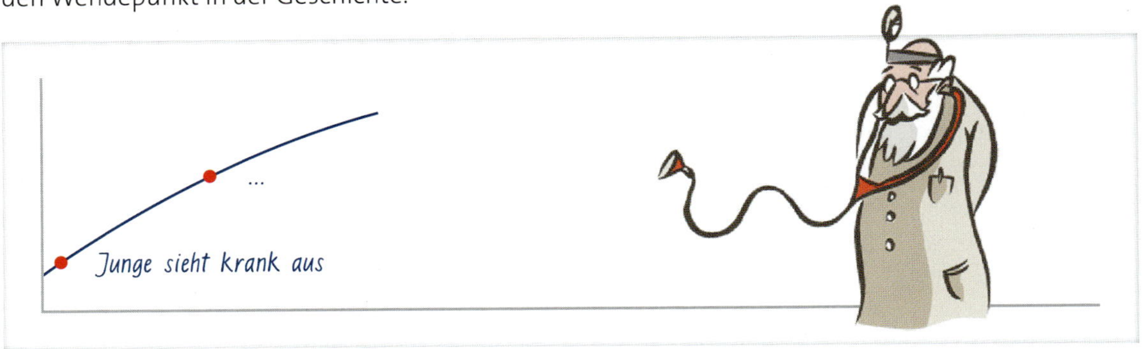

6 Untersucht, aus welcher Sicht die Geschichte erzählt wird. Überlegt, inwiefern diese Erzählperspektive zum Spannungsaufbau beiträgt.

7 Notiert, was eurer Meinung nach die Hauptaussage der Geschichte ist. Bezieht euch bei eurer Antwort auf den Text, z. B.:
In der Geschichte geht es hauptsächlich um ...
Der Autor will mit dieser Geschichte vermutlich zeigen, dass ... / Die Kurzgeschichte zeigt, dass ...

8 Überprüft, welche Merkmale von Kurzgeschichten ihr in den Geschichten „Das Brot" (▸ S. 118–120) und „Ein Tag Warten" (▸ S. 121–123) finden könnt.

9 a Lest noch einmal die Zeilen 121–128. Besprecht, was die beiden jeweils mit „es" meinen.
b Versetzt euch in die Rolle des Jungen und schreibt auf, was er in diesem Moment denkt und fühlt.

Information **Die Kurzgeschichte**

Die Kurzgeschichte ist eine **knappe, moderne Erzählung,** die **eine Momentaufnahme,** einen krisenhaften Ausschnitt oder eine **wichtige Episode aus dem Alltagsleben** eines oder mehrerer Menschen zeigt. Kurzgeschichten haben meist folgende Merkmale:
- geringer Umfang
- Ausschnitt aus einem alltäglichen Geschehen, der für die dargestellten Figuren von besonderer Bedeutung ist
- **unmittelbarer Einstieg** in das Geschehen, der schlagartig eine Situation aufreißt
- zielstrebiger Handlungsverlauf hin zu einem **Höhe- oder Wendepunkt**
- **offener Schluss,** der viele Deutungsmöglichkeiten zulässt
- meist Alltagssprache mit einfachem Satzbau und umgangssprachlichen Elementen in der direkten Rede (passend zur alltäglichen Thematik der Kurzgeschichte)

Die ersten deutschen Kurzgeschichten, die sich an dem Vorbild der amerikanischen „short story" orientierten, entstanden nach dem Zweiten Weltkrieg (1939–1945) und behandelten Themen der Kriegs- und Nachkriegszeit. Später kamen andere, aus dem Alltagsleben entnommene Themen hinzu.

Eine Kurzgeschichte interpretieren

Marlene Röder

Schwarzfahren für Anfänger (2011)

Die gelben Halteschlaufen der S-Bahn schwingen hin und her. An manchen Schlaufen hängen Menschen und halten sich fest. Josefine sieht aus dem Fenster: Draußen ist finsterste Nacht.

Sie hat gesagt: Ich ruf dich an. Dann die ausgetretenen Treppen runter, zweiter Stock, erster Stock, Erdgeschoss, raus. Kein Blick hoch zu seinem Fenster. Vorbei am Bäcker, bei dem er neulich Brötchen geholt hat, Stefans Eltern waren nicht da, und der Honig ist aufs Bettlaken getropft. Die Rosenstraße lang, dann rechts. Der Eingang zum S-Bahnhof, Stufen hoch, Gleis 1, die nächstbeste S-Bahn.

Jetzt ist Josefine wieder dort, denn die S-Bahn fährt im Kreis. Sie blinzelt, bis Gleis 1 zwischen ihren Wimpern verschwimmt. Wie gerne wäre sie jetzt woanders, in einer Stadt, die sie nicht kennt.

Endlich fährt die S-Bahn weiter. Ein paar Leute sind zugestiegen, auch eine Frau um die vierzig. Sie trägt normale Kleidung, aber dann holt sie ein Klemmbrett aus der Tasche und sagt: „Fahrgastbefragung." Drinnen Neonlicht, draußen Schwärze.

Josefine ist eine Schwarzfahrerin.

Normalerweise erkennt sie Kontrolleure schon aus zwanzig Metern Entfernung und verdrückt

sich rechtzeitig. Aber heute war sie wohl abgelenkt, wegen der Sache mit Stefan. Stefan gehört zu den Leuten, die immer ein Ticket haben und auch sonst alles richtig machen.
In der spiegelnden Scheibe beobachtet Josefine, wie die Frau in ihre Richtung läuft. Neben ihrem Sitz bleibt sie stehen. Josefine muss wohl oder übel zu ihr aufschauen.
„Hallo. Kann ich dir ein paar Fragen stellen?"
Josefine nickt so halb und starrt auf die polierten Schuhe der Frau.
Die zückt ihren Stift. „Alter?"
„Sechzehn", murmelt Josefine.
„Wo bist du eingestiegen?"
Da, wo Stefan wohnt. Josefine wünscht sich dorthin zurück, ihren Kopf zurück in Stefans Schoß. Sie haben Musik gehört und Gummibärchen gegessen. Vor einer Stunde war noch alles okay.
„Rosenstraße", antwortet Josefine.
Die Frau kritzelt etwas auf ihr Klemmbrett. „Und wo willst du hin?", fragt sie, ohne den Blick zu heben.
Wo will man hin, wenn man mit der S-Bahn im Kreis fährt? Die Frage ist wohl eher, wo man nicht hinwill.
Das ungeduldige Klicken des Kulis reißt Josefine aus den Gedanken. „Wo willst du aussteigen?"
„Keine Ahnung", stammelt Josefine. „Ich … ich mach das manchmal gerne, einfach so rumfahren." Warum hat sie nicht irgendeine blöde Haltestelle genannt? Aber da ist der Satz schon raus. Die Frau sagt: „Aha", und mustert Josefine abschätzig.
Josefine ist gerade ziemlich neben der Spur. Aber das ist doch noch lange kein Grund, sie so anzusehen. Schließlich hat es genau so angefangen mit Stefan und ihr. Mit dem Rumfahren.
Manchmal hat Josefine keinen Bock auf ihre Mutter, keinen Bock auf zu Hause. Dann fährt sie rum und schaut raus auf ihre Stadt. Oder sie guckt sich die Leute in der S-Bahn an und malt sich aus, wie diese Leute wohl leben.
So war es auch an dem Tag, an dem sie Stefan zum ersten Mal traf.
Da wusste Josefine natürlich noch nicht, dass er Stefan heißt, da war er nur irgend so ein Typ für sie, der sich auf den Sitz gegenüber fallen ließ. Ungefähr in ihrem Alter, obwohl das nicht leicht zu erkennen war, weil er die Kapuze seines Pullis tief ins Gesicht gezogen hatte. Außerdem hielt er irgendwas in der Hand. Josefine versuchte zu erkennen, was es war. Vielleicht eine Handtasche, die er einer Omi entrissen hatte …
„Willst du eins?", fragte der Typ, der vielleicht ein Handtaschenräuber war.
„Was?", fragte sie.
„Ob du ein Gummibärchen willst. Weil du dauernd auf die Packung starrst, dachte ich …"
„Oh. 'tschuldigung … Darf ich wirklich?"
„Klar. Welche Farbe?"
„Egal, Hauptsache kein rotes."
„Die meisten mögen die roten am liebsten."
„Mir schmecken die nicht. Ich wette, die Leute nehmen sie nur wegen der Farbe. Rot wie rote Rosen, wie Liebe … Das ganze Herz-Schmerz-Zeug. Nee, danke. Ich bin kuriert von roten Gummibärchen."
So haben Josefine und Stefan sich kennen gelernt. Sie haben die Gummibärchenfrage ausdiskutiert, und nachdem sie zweimal im Kreis gefahren waren, haben sie Handynummern ausgetauscht. Danach haben sie sich noch oft getroffen, nicht nur in der S-Bahn. Aber jetzt …
Josefine merkt plötzlich, dass ihr etwas das Gesicht runterläuft, und dreht sich zum Fenster. Die Frau mit dem Klemmbrett starrt sie an, das spürt sie. Kann die nicht endlich abhauen?
Sie wünscht sich eine Stunde zurück, ihren Kopf wieder in Stefans Schoß, seine streichelnden Finger in ihrem kurzen, stacheligen Haar.
„Erinnerst du dich noch an den Tag, an dem wir uns kennen gelernt haben?", hat er gefragt. „Ich musste eigentlich zum Basketballtraining. Aber als die Haltestelle kam, bin ich einfach weitergefahren."

„Warum das denn?“, hat sie gefragt und sich im nächsten Moment gewünscht, sie könnte die Worte wieder zurück in ihren Mund stopfen und sie könnten einfach liegen bleiben und Musik hören.

Doch es war zu spät, Stefan nahm ihr Gesicht in seine Hände und küsste Josefine auf den Mund. Er schmeckte nach roten Gummibärchen und jeder Menge Herz-Schmerz-Zeug. „Darum“, sagte er. „Ich ... ich glaub, ich bin in dich verliebt.“

So was hatte er noch nie zu ihr gesagt, so was sagten sie nicht zueinander, das machte alles kaputt!

Josefine rückte von Stefan ab, wischte sich über den Mund, aber das Gefühl an ihren Lippen ging nicht weg und ihr Herz hämmerte, hämmerte. Wie eine S-Bahn, die zu schnell fährt, eine S-Bahn, die gleich entgleist.

Sein warmer Atem auf ihrer Haut. Sein fragender Blick.

Josefine dachte daran, wie sie einmal nachts S-Bahn gefahren waren. Sie waren die Letzten im Abteil gewesen und hatten auf die Lichter draußen geschaut. Und es war so ein Gefühl, als würde die Stadt ihnen ganz allein gehören. Als ob alles möglich wäre.

Doch dann musste Josefine an ihre Mutter denken, die sich auf den Boden geworfen hatte, als Papa wegging, einfach auf den Boden, und geschluchzt hatte: Es tut so weh, so weh ...

„Sag was, Fine“, bat Stefan.

Aber Josefine sagte nichts. Sie war stumm vor Wut. Wie konnte Stefan sich so sicher sein? Was ist das eigentlich, Liebe? Und woher weiß man, dass man sie hat? Woher weiß man, dass es kein schrecklicher Irrtum ist? Josefine sagte nichts. Und dann: Ich muss jetzt los. Ich ... ich ruf dich an.

Danach ging sie. Zweiter Stock, erster Stock, Erdgeschoss, raus. Kein Blick hoch zu seinem Fenster. Nächstbeste S-Bahn.

Und jetzt sitzt sie hier. Fühlt sich irgendwie beschissen. Von Stefan. Von der Bahn. Vom Leben. Von sich selbst.

„Mädchen, ich weiß ja nicht, was mit dir los ist, aber ich würde gerne mal deinen Fahrschein sehen“, fordert die Frau.

Josefine zuckt die Achseln. „Hab keinen Fahrschein“, murmelt sie, zu erschöpft, um zu lügen.

Anscheinend ist sie sogar zu blöd zum Schwarzfahren.

Die Frau presst die Lippen zusammen. „Dann hätte ich jetzt gerne deinen Personalausweis.“

Josefine kramt nach ihrem Portemonnaie, den Kopf gesenkt, sodass sie die Kontrolleurin nicht ansehen muss, sondern nur ihre polierten Schuhe. Plötzlich gerät ein Paar Turnschuhe in Josefines Blickfeld. Nicht irgendwelche Turnschuhe – die da kennt sie!

„Da haben Sie ihren Fahrschein“, sagt Stefan. Dann hält er der Frau ein Ticket unter die Nase.

Sie prüft es sorgfältig auf Gültigkeit und nickt dann. „Könnte ich bitte auch deinen Fahrschein sehen, junger Mann?"
„Ich hab keinen", entgegnet Stefan und schaut der Kontrolleurin gelassen in die Augen.
Ihre Lippen verziehen sich zu einem kurzen Lächeln. Aber vielleicht hat Josefine sich das auch nur eingebildet. Anschließend stellt die Kontrolleurin Stefan einen Bußgeldbescheid aus. Die ganze Zeit über muss Josefine ihn anstarren wie ein Wunder.
„Was machst du denn hier?", platzt es aus ihr raus, kaum dass die Kontrolleurin gegangen ist.
„War klar, dass du in die nächste S-Bahn steigst", antwortet Stefan und lässt sich auf den Sitz neben ihr fallen. „Ich musste einfach nur am Bahnsteig stehen bleiben und warten, bis du irgendwann vorbeigefahren kommst. War Glück, dass ich dich gesehen hab."
Dann schweigen sie und trauen sich beide nicht, sich richtig anzusehen. Josefine weiß nicht, was sie sagen soll. Also sagt sie: „Mit dem Schwarzfahren, das hast du irgendwie noch nicht so richtig drauf."
„Dann musst du wohl noch ganz viel mit mir üben", antwortet Stefan und grinst sie an. Gemeinsam betrachten sie die Halteschlaufen, die in den Kurven hin und her schwingen.
Stefan fragt leise: „Hast du Angst, Fine?"
„Ja", flüstert sie. „Ein bisschen." Sie fahren durch die schwarze Nacht, Josefine und ihr Schwarzfahrer, da nimmt er ihre Hand. Seine Hand ist warm.

1 a Verschafft euch einen Überblick über die Kurzgeschichte:
- Was passiert in der Geschichte? Nennt die wichtigsten Ereignisse.
- Wer sind die handelnden Figuren? Beschreibt sie möglichst genau.

b Begründet, welche Situation in der Geschichte ihr für zentral haltet.

2 Josefine ist von Stefan überstürzt fortgegangen, sitzt jetzt in der S-Bahn und fühlt „sich irgendwie beschissen" (▶ Z. 161–162). Erklärt, was passiert ist. Warum ist Josefine so plötzlich aufgebrochen? Lest hierzu auch noch einmal die Zeilen 114–163 und den Schluss der Geschichte (▶ Z. 212–216).

3 Überlegt, warum die Geschichte den Titel „Schwarzfahren für Anfänger" trägt.

4 In der Kurzgeschichte gibt es Zeitsprünge.

a Notiert mit Zeilenangaben, an welchen Stellen die aktuelle Handlung unterbrochen wird, um von Vergangenem zu erzählen. Haltet den Inhalt dieser Rückblenden in Stichworten fest.
TIPP: Achtet auch auf den Wechsel des Erzähltempus.
Z. 6–x: Josefine … (Tempus wechselt vom Präsens ins …)

b Übertragt die folgende Zeitleiste in euer Heft und ordnet die Handlung chronologisch an.

Z. 6–x: Josefine …

Information — **Die Zeitgestaltung in einer Erzählung**

Der Erzähler kann sich streng an die zeitliche Reihenfolge der Ereignisse halten, also **chronologisch erzählen.** Er kann aber auch die aktuelle Handlung unterbrechen und in **Rückblenden** von vergangenen Ereignissen erzählen oder in **Vorausdeutungen** Ereignisse vorwegnehmen.

5 Macht euch ein genaueres Bild von Josefine und Stefan.

a Findet Textstellen, in denen Merkmale und Eigenschaften der Figuren deutlich werden.

> Die Merkmale und Eigenschaften einer Figur müssen nicht wörtlich im Text stehen. Man kann sie auch aus den Gedanken oder dem Verhalten ableiten.

Josefine
– ist eine Schwarzfahrerin (vgl. Z. 26)
– ...

Stefan
– würde nie ohne ...
– ...

b Charakterisiert Josefine und Stefan in wenigen Sätzen und beschreibt ihre Beziehung. Ihr könnt die folgenden Wortschatzkästen zu Hilfe nehmen:

wirken • macht den Eindruck • wird als ... dargestellt • sich fühlen • sich Gedanken machen über

nachdenklich • ernst/traurig • gefühlvoll • sensibel • selbstbewusst • ziellos • schüchtern • offen • verschlossen • kontaktfreudig • vernünftig • zielstrebig

6 a Lest die unten stehenden Informationen zum Begriff „Leitmotiv". Erklärt in eigenen Worten, was man unter einem Leitmotiv versteht.

b Überprüft anhand des Textes, welche der folgenden Bausteine in dem Text als Leitmotiv bezeichnet werden können.

Halteschlaufen, die hin und her schwingen • Turnschuhe • Klemmbrett • (rote) Gummibärchen • Handy • mit der S-Bahn im Kreis fahren

c Erklärt, welche Bedeutung das jeweilige Leitmotiv in der Geschichte hat.
Überlegt hierzu:
– An welchen Stellen (z. B. Anfang und Ende der Geschichte) oder in welchen Zusammenhängen taucht das Leitmotiv auf?
– Welche Stimmung erzeugt es jeweils? Welche Bedeutung hat es für die Handlung?

7 Schreibt einen kurzen, zusammenhängenden Text, in dem ihr deutlich macht, worum es in der Geschichte geht. Stellt dann ein Leitmotiv dar und erklärt, welche Bedeutung es für die Handlung hat.
In der Kurzgeschichte ... der Autorin ... aus dem Jahr ... geht es um ... / wird beschrieben, ...
– Die Geschichte setzt unvermittelt ein. Beschrieben wird, wie Josefine nachts mit der S-Bahn fährt und die Halteschlaufen ... Am Ende der Geschichte wird dieses Bild ...
– In der Geschichte gibt es das Leitmotiv der ... Es kommt ....

Information **Leitmotive in literarischen Texten**

Als Leitmotiv bezeichnet man einen **Baustein** (z. B. eine einprägsame Aussage/Wendung oder ein Sprachbild, einen besonderen Ort, ein Handlungselement, einen Gegenstand oder eine Farbe), **der in einem literarischen Text wiederkehrt** und dadurch eine besondere Bedeutung erhält. Ein Leitmotiv stellt inhaltliche Verknüpfungen her, indem es dem Leser bestimmte Ereignisse, Situationen oder Figuren wieder ins Gedächtnis ruft.

Testet euch!

Eine Kurzgeschichte verstehen

Helga M. Novak

Schlittenfahren (1968)

Das Eigenheim steht in einem Garten. Der Garten ist groß. Durch den Garten fließt ein Bach. Im Garten stehen zwei Kinder. Das eine der Kinder kann noch nicht sprechen. Das andere Kind ist größer. Sie sitzen auf einem Schlitten. Das kleinere Kind weint. Das größere sagt, gib den Schlitten her. Das kleinere weint. Es schreit.

Aus dem Haus tritt ein Mann. Er sagt, wer brüllt, kommt rein. Er geht in das Haus zurück. Die Tür fällt hinter ihm zu.

Das kleinere Kind schreit.

Der Mann erscheint wieder in der Haustür. Er sagt, komm rein. Na, wird's bald. Du kommst rein. Wer brüllt, kommt rein. Komm rein.

Der Mann geht hinein. Die Tür klappt.

Das kleinere Kind hält die Schnur des Schlittens fest. Es schluchzt.

Der Mann öffnet die Haustür. Er sagt, du darfst Schlitten fahren, aber nicht brüllen. Wer brüllt, kommt rein. Ja. Ja. Jaaa. Schluss jetzt.

Das größere Kind sagt, Andreas will immer allein fahren.

Der Mann sagt, wer brüllt, kommt rein. Ob er nun Andreas heißt oder sonst wie.

Er macht die Tür zu.

Das größere Kind nimmt dem kleineren den Schlitten weg. Das kleinere Kind schluchzt, quietscht, jault, quengelt.

Der Mann tritt aus dem Haus. Das größere Kind gibt dem kleineren den Schlitten zurück. Das kleinere Kind setzt sich auf den Schlitten. Es rodelt.

Der Mann sieht in den Himmel. Der Himmel ist blau. Die Sonne ist groß und rot. Es ist kalt.

Der Mann pfeift laut. Er geht wieder ins Haus zurück. Er macht die Tür hinter sich zu.

Das größere Kind ruft, Vati, Vati, Vati, Andreas gibt den Schlitten nicht mehr her.

Die Haustür geht auf. Der Mann steckt den Kopf heraus. Er sagt, wer brüllt, kommt rein. Die Tür geht zu.

Das größere Kind ruft, Vati, Vativativati, Vaaatiii, jetzt ist Andreas in den Bach gefallen.

Die Haustür öffnet sich einen Spalt breit. Eine Männerstimme ruft, wie oft soll ich das noch sagen, wer brüllt, kommt rein.

1 a Begründet, welches der folgenden Adjektive das Verhalten des Vaters am besten beschreibt:

einfühlsam • verständnisvoll • hilflos • unfähig • klug • vernünftig • gleichgültig

b Notiert, wo der Wendepunkt der Geschichte liegt. Erklärt, warum.

c Ergänzt den folgenden Satz in eurem Heft: *Die Kurzgeschichte hat einen* ? *Schluss, denn* ?

d Schreibt ein Leitmotiv aus der Geschichte auf und erklärt, welche Bedeutung es hat.

2 Vergleicht eure Ergebnisse in Partnerarbeit.

6.2 „... bis sie ins Trockene kamen" – Inhalte zusammenfassen und deuten

Günther Weisenborn

Zwei Männer (1949)

Als der Wolkenbruch, den sich der argentinische Himmel damals im Februar leistete, ein Ende gefunden hatte, stand das ganze Land unter Wasser. Und unter Wasser standen die Hoffnungen des Pflanzers von Santa Sabina[1]. Wo ein saftgrünes Vermögen in Gestalt von endlosen Teefeldern mit mannshohen Yerbabüschen[2] gestanden hatte, dehnte sich morgens ein endloses Meer. Der Farmer war vernichtet, das wusste er. Er saß auf einer Maiskiste neben seinem Haus und zählte die fetten Blasen, die an seine Schuhe trieben und dort zerplatzten. Das Maisfeld glich einem See. Der Rancho[3] des Peons[4] war darin verschwunden. Sein Schilfdach trieb im Strom davon, eine nickende Straußenleiche vor sich herschiebend. Der Peon hatte sich zu seinem Herrn geflüchtet und saß neben ihm. Er war ein Indio, der mit breitem, eisernem Gesicht ins Leere starrte. Seine Frau war ertrunken, als sie sich losließ, um ihre Hände zur Madonna zu erheben. Der Peon hatte drei Blasen gezählt. Ihre Hand hatte die letzte Blase zerschlagen.

Der Farmer hatte seine Frau in der Stadt. Sie würde vergeblich auf seinen Schritt vor der Tür warten. Denn der Farmer gab sich noch eine Nacht. Es ist unter Männern Brauch, dass man sich in gewissen Lagen die letzte Zigarette teilt.

1 Santa Sabina: Ort in Argentinien

2 Yerba: Pflanze, aus deren Blättern Tee hergestellt wird

3 Rancho: Hütte

4 Peon: Landarbeiter, Knecht

Der Farmer, im Begriff, nach Mannesart zu handeln, wurde von seinem Peon unterbrochen. „Herr!“, rief der Indio. „Der Paraná! Der Strom kommt ...!“ Er hatte Recht. Man hörte in der Ferne ein furchtbares Donnern. Der Paraná, angeschwollen von Wasser und Wind, brach in die Teeprovinzen ein. Paraná, das heißt der größte Strom Argentiniens. Dieses Donnern war das Todesurteil für die Männer von Santa Sabina. Sie verstanden sich auf diese Sprache, die Männer. Sie hatten tausendmal dem Tod ins Auge gesehen.

Sie hatten das Weiße im Auge des Pumas gesehen und der Korallenschlange ins kalt strahlende Gesicht. Sie hatten dem Jaguar gegenübergestanden und der großen Kobra, die sich blähte. Sie hatten alle diese Begegnungen für sich entschieden, denn ihr Auge war kalt und gelassen ihre Hand.

Jetzt aber halfen keine Patronen und kein scharfes Auge. Dieser Feind hier, das Wasser, war bösartig wie hundert Schlangen, die heranzischten, und todesdurstig wie der größte Puma auf dem Ast. Man konnte das Wasser schlagen, es wuchs. Man konnte hineinschießen, es griff an. Es biss nicht, es stach nicht, das Wasser, es suchte sich nur mit kalten Fingern eine Stelle am Mann, seinen Mund, um ihn anzufüllen, bis Blasen aus der Lunge quollen. Das Wasser war gelb und lautlos. Und man sah vor Regen den Himmel nicht.

Auf einer kleinen Insel, halb unsichtbar in der triefenden Finsternis, saß der Farmer mit seinem Peon vor seinem Haus.

Dann kam der große Paraná. Er kam nicht mit Pauken und Posaunen. Nein, man merkte ihn gar nicht. Aber plötzlich stand der Schuh des Farmers im Wasser. Er zog ihn zurück. Aber nach einer Weile stand der Schuh wieder im Wasser, weiß der Teufel ... Und wenn man die Maiskiste zurücksetzte, so musste man sie bald noch ein wenig zurücksetzen, denn kein Mann sitzt gern im Wasser.

Das war alles, aber das war der Paraná.

Gegen Abend fiel das Hühnerhaus um. Man hörte das halb erstickte Kreischen der Vögel, dann war es wieder still. Später zischte es plötzlich im Wohnhaus auf, denn das Wasser war in den Herd gedrungen.

Als es dunkel wurde, standen der Farmer und sein Peon bereits bis zum Bauch im Wasser. Sie kletterten auf das Schilfdach. Dort auf dem Gipfel saßen sie schweigend, dunkle Schatten in der dunkelsten aller Nächte, indes Töpfe und Kästen aus den Häusern hinausschwammen. Ein Stuhl stieß unten das Glasfenster in Scherben. Das Wasser rauschte. Die Blasen platzten. Ein totes Huhn schwamm im Kreise vor der Haustür.

Als das Wasser das Dach erreicht hatte, stieß es die Hausmauern nachlässig um. Das Dach stürzte von den gebrochenen Pfosten, schaukelte und krachte, dann drehte es sich um sich selbst und trieb in die rauschende Finsternis hinaus.

Das Dach ging einen langen Weg. Es fuhr kreisend zu Tal. Es trieb am Rande der großen Urwälder vorbei. Es segelte durch eine Herde von Rindern, die mit himmelwärts gestreckten Beinen totenstill auf dem wirbelnden Wasser trieben. Glotzäugige Fische schossen vor dem Schatten des Daches davon. Schwarze Aasgeier trieben, traubenweise an ein Pferd gekrallt, den Strom hinab. Sie blickten mordlustigen Auges herüber ... Blüten, Möbel und Leichen vereinigten sich zu einem Zug des Todes, der talwärts fuhr, einem undurchsichtigen Ende entgegen.

Gegen Morgen richtete sich der Farmer auf und befahl seinem Peon, nicht einzuschlafen. Der Indio verwunderte sich über die harte Stimme seines Herrn.

Er wäre bedenkenlos dem Farmer um die Erde gefolgt. Er war Indio und wusste, was ein Mann ist. Aber er wusste auch, dass ein Mann ein schweres Gewicht hat. Wenn nur ein Mann auf dem Dach sitzt, so hält es natürlich länger, nicht wahr, als wenn es unter dem schweren Gewicht zweier Männer auseinanderbricht und versinkt. Und dann gute Nacht ...

Er glaubte nicht, dass der Farmer gutwillig das Dach verlassen würde, aber man konnte ihn hinunterkippen, denn es ging hier um Leben und Tod. Das dachte der Indio, und rückte näher. Sein Gesicht war steinern, es troff von Regen.

Das Dach würde auf keinen Fall mehr bis zum Morgen schwimmen. Jetzt schon brachen einzelne Bündel ab und schwammen nebenher. Die Männer mitten auf dem furchtbaren Strom wussten nicht, wo sie waren. Dichter Nebel fuhr mit ihnen. Ringsum das Wasser schien stillzustehen. Fuhren sie im Kreis? Sie wussten es nicht. Sie sahen sich an.

Da folgte der Farmer dem Brauch aller Männer, zog seine letzte Zigarette, brach sie in zwei Teile und bot dem Indio eines an. Sie rissen das Papier ab und kauten den Tabak, da sie kein Feuer hatten.

Er ist ein guter Kamerad, dachte der Peon. Es hat keinen Zweck. Es soll alles seinen Weg gehen. Als er den würzigen Geschmack des Tabaks fühlte, wurde aus der Feindschaft langsam ein Gefühl der Treue. Was willst du? Der Peon hatte seine Frau verloren und sein Kind. Sie hatte die letzte Blase ihres Atems mit ihrer Hand zerschlagen. Er hatte nichts mehr, was ihn zu leben verlockte. Das Schilfdach sank immer tiefer. Wenn er selbst ins Wasser sprang, hielt das Dach vielleicht noch und trug seinen Herrn bis zum Morgen.

Der Dienst ist aus, adios, Senior! Der Peon kletterte über den Giebel bis an den Rand des Daches, als er plötzlich im dunklen Wasser Kaimane rauschen sah, Jaquares[5], die ihn aufmerksam anstarrten. Zum ersten Mal verzog der Indio sein Gesicht, dann hielt er den Atem an und sprang. Aber er wurde im selben Moment von seinem Herrn gehalten, der ihn wieder aus dem Wasser zog und seinen Peon zornglühend anschrie. Kreideweiß, mit rot geränderten Augen und triefenden Haaren beugte sich der Farmer über ihn, nannte ihn den Vater allen Unsinns und rüttelte ihn. Dann befahl er ihm, seinen Platz einzunehmen und den Mut nicht zu verlieren, verdammt noch mal ...!

Gegen Morgen trieben sie an Land, sprangen über Baumäste und wateten stundenlang, bis sie ins Trockene kamen. Sie klopften den Boden mit Stöcken nach Schlangen ab, und ehe sie sich zum Schlafen in das Maisfeld legten, sagte der Farmer:

„Morgen gehen wir zurück und fangen wieder an."

„Bueno"[6], sagte der Indio. Der Regen hörte auf.

5 Jaquares: südamerikanische Panzerechsen
6 bueno (spanisch): gut, einverstanden

1 a Notiert eure ersten Leseeindrücke und tauscht euch anschließend darüber aus.
b Klärt gemeinsam Wörter, Begriffe oder Textstellen, die euch unklar sind.

2 Diskutiert, wo eurer Meinung nach der Wendepunkt in der Geschichte liegt. Begründet eure Einschätzung mit Hilfe des Textes.

3 Untersucht, wie sich das Verhältnis der Figuren im Laufe der Geschichte verändert.

a Wie ist ihr Verhältnis am Anfang der Geschichte? Zeichnet eine Treppe gesellschaftlicher Stellungen (Ansehen, Einkommen usw.) und positioniert die beiden Figuren auf unterschiedlichen Treppenstufen.

b Erklärt, in welchem Verhältnis die Männer am Ende der Geschichte stehen. Belegt eure Aussage anhand von Textstellen.

c Erläutert, was eurer Meinung nach das Thema dieser Kurzgeschichte ist. Überlegt hierbei auch, warum der Text den Titel „Zwei Männer" trägt.

4 Begründet, welche der folgenden Aussagen über die Geschichte zutreffen:

- In der Geschichte geht es um das Verhalten zweier Männer in einer Notsituation.
- Der Herr (Farmer) ist im Gegensatz zu seinem Arbeiter (Peon) von Anfang an zuversichtlich und glaubt, das Hochwasser zu überleben.
- Der Farmer hat seine Frau durch das Hochwasser verloren.
- Der Peon will sich für seinen Herrn opfern.
- Der Peon überlegt, seinen Herrn ins Wasser zu stoßen, um selbst zu überleben.
- Dass der Farmer sich mit seinem Landarbeiter die letzte Zigarette teilt, versteht der Peon als Zeichen von Gleichberechtigung und Verbundenheit.
- Die Geschichte hat ein gutes Ende.
- Der Ausgang der Geschichte bleibt offen.

Eine Inhaltsangabe schreiben

1 Bereitet eine Inhaltsangabe der Kurzgeschichte „Zwei Männer" (▸ S. 131–133) vor:

a Gliedert den Text in einzelne Handlungsschritte. Gebt jedem Handlungsschritt eine treffende Überschrift und fasst den Inhalt in eigenen Worten (in Stichworten oder kurzen Sätzen) zusammen.

Handlungsschritte
Ein neuer Handlungsschritt beginnt z. B., wenn:
- die Handlung eine Wendung erfährt,
- der Ort wechselt,
- ein Zeitsprung stattfindet,
- eine neue Figur auftaucht.

Z. 1–28: Die Situation nach dem Regenfall
Verheerende Regenfälle haben in Santa Sabina (Argentinien) das ganze Land überschwemmt. Ein Farmer und sein Landarbeiter sitzen gemeinsam inmitten der Fluten vor dem Haus des Farmers. Der Landarbeiter hat seine Frau und seine Hütte im Hochwasser verloren. Die Ernte des Farmers ist vernichtet ...

Z. xx–xx: ...

b Vergleicht eure Notizen. Lest bei unterschiedlichen Ergebnissen noch einmal genau im Text nach.

2 Schreibt mit Hilfe eurer Vorarbeiten aus Aufgabe 1 (▶ S. 134) eine Inhaltsangabe.

a Formuliert eine Einleitung, in der ihr über die Art des Textes, den Titel, den Autor und das Thema des Textes informiert. Ihr könnt einen der folgenden Satzanfänge fortführen:

In der Kurzgeschichte ... von ... geht es um einen Farmer und seinen Landarbeiter, die ... und am Ende ...

In der Kurzgeschichte ... von ... wird beschrieben, wie ..., wie ein Farmer und sein Landarbeiter sich in einer ...

b Fasst nun den Inhalt des Textes zusammen:
- Formuliert in eigenen Worten und achtet auf eine sachliche Sprache.
- Verwendet keine wörtliche Rede, sondern gebt besonders wichtige Äußerungen von Figuren in der indirekten Rede (▶ s. Kasten unten) wieder oder umschreibt sie.
- Schreibt im Präsens, bei Vorzeitigkeit im Perfekt.
- Macht die Zusammenhänge der Handlung durch passende Satzverknüpfungen und Satzanfänge deutlich. Der Wortspeicher unten hilft euch dabei.

Nachdem verheerende Regenfälle in Santa Sabina (Argentinien) das ganze Land überschwemmt haben, ist ein Landarbeiter zu seinem Herrn geflüchtet. Der Landarbeiter, der für seinen Herrn arbeitet, hat seine Frau und seine Hütte im Hochwasser verloren. Der Landbesitz des Farmers, dessen Frau noch in der Stadt ist, ist überschwemmt worden. Beide sitzen niedergeschlagen inmitten des Hochwassers vor dem Haus des Farmers.
Weil der Paraná, der größte Fluss Argentiniens, immer näher kommt, steigt das Hochwasser stetig an, sodass ...

Zusammenhänge durch Satzverknüpfungen und Satzanfänge verdeutlichen

Vorzeitigkeit: Perfekt

keine wörtliche Rede, sondern Umschreibung

Zusammenhänge deutlich machen

Macht die Zusammenhänge der Handlung durch Verknüpfungen und Satzanfänge deutlich, z. B.:
nachdem – als – solange – bevor – weil – da – denn – damit – deshalb – sodass – obwohl – um – indem – aber – jedoch – nun – daraufhin – um – einerseits ... andererseits – anfangs – zuerst – daraufhin – anschließend – am Ende

Hinweise zur Umwandlung von wörtlicher Rede in die indirekte Rede

Auch Gedanken können in indirekte Rede verwandelt werden, z. B.:
Sollte er springen? → Er fragt sich, ob er springen solle.
Bei der Umwandlung in die indirekte Rede werden auch Zeitangaben und Personalpronomen verändert, z. B.: *„Morgen bin ich da.“ → Er kündigte an, am nächsten Tag da zu sein.*
„Gestern waren wir noch bei ihm.“ → Sie beteuerten, noch am Tag zuvor bei ihm gewesen zu sein.

Den Text deuten – Eine weiterführende Aufgabe bearbeiten

Zu der Kurzgeschichte „Zwei Männer" wurde der folgende weiterführende Arbeitsauftrag gestellt:
Stellt dar, wie sich das Verhältnis des Peons (des Landarbeiters) zu seinem Herrn (dem Farmer) im Laufe der Geschichte ändert. Belegt eure Aussagen mit Hilfe des Textes.
Geht folgendermaßen vor:

1 Legt euch eine Stoffsammlung zur Beantwortung des Arbeitsauftrages an.

a Macht euch noch einmal bewusst, wie sich das Verhältnis des Peons zu seinem Herrn verändert:
- Wie ist die Beziehung beider Männer zu Beginn der Geschichte?
- Welche Gedanken hat der Landarbeiter, während er mit seinem Herrn auf dem Hausdach sitzt?
- Was empfindet der Peon, nachdem der Farmer mit ihm die letzte Zigarette geteilt hat?

b Lest noch einmal den Text und notiert, was ihr über den Peon und sein Verhältnis zu seinem Herrn erfahrt. Belegt eure Aussagen mit Zitaten aus dem Text.

Die Figur des Landarbeiters und sein Verhältnis zu seinem Herrn
- *Landarbeiter hat seine Frau und seine Hütte durch das Hochwasser verloren (vgl. Z. 14–15; 20–22)*
- *wirkt angesichts der Situation versteinert und gleichgültig; Zitat: „Jndio, der mit breitem, eisernem Gesicht ins Leere starrte" (Z. 19–20).*
- *zu Beginn wird er als treu ergebener Diener beschrieben; Zitat: „Er wäre bedenkenlos dem Farmer um die Erde gefolgt" (Z. 111–112).*
- *Während die Männer auf dem Hausdach sitzen, überlegt ...; Zitat: ...*
- *Als der Farmer ...*

Information **Aussagen mit Zitaten belegen**

Wenn ihr Aussagen zu einem Text macht, müsst ihr sie durch Zitate belegen. Es gibt zwei Möglichkeiten des Zitierens:
Beim **wörtlichen (direkten) Zitat** übernehmt ihr ein Wort, eine Textstelle oder einen ganzen Satz wortwörtlich aus dem Text. Das Zitat steht in Anführungszeichen, z. B.:
Der Landarbeiter „wäre bedenkenlos dem Farmer um die Erde gefolgt" (Z. 111–112).
Der Schlusspunkt steht erst nach der Zeilenangabe.
Beim **sinngemäßen (indirekten) Zitat** gibt man den Inhalt einer Textstelle mit eigenen Worten wieder. Hier werden keine Anführungszeichen gesetzt, sondern es wird nur die Textstelle genannt, auf die man sich bezieht, z. B.:
Der Landarbeiter hat seine Frau und seine Hütte durch das Hochwasser verloren (vgl. Z. 14–15; 20–22).

2 Stellt nun eure Ergebnisse zu der weiterführenden Aufgabe in einem zusammenhängenden Text dar. Belegt eure Aussagen mit Zitaten aus dem Text.
Die folgenden Satzanfänge helfen euch dabei:

Der Landarbeiter hat seine Frau, sein Kind und seine Hütte durch das Hochwasser verloren (vgl. Z.14–15; 20–22, 143). Er wird in dieser Situation als ein Mann beschrieben, „der mit breitem, eisernem Gesicht ins Leere starrte" (Z.19–20). Dieses sprachliche Bild macht deutlich, ...

Während der Landarbeiter mit seinem Herrn auf dem Hausdach sitzt, überlegt er, ...

Als der Farmer, einem alten Brauch folgend, die letzte Zigarette ..., ändert der Landarbeiter seine Einstellung. „Er ist ein guter Kamerad" (Z.138), denkt der Peon. Weil er alles verloren hat, will er sich sogar für seinen Herrn ...

Information **Eine erweiterte Inhaltsangabe schreiben**

Bei der erweiterten Inhaltsangabe fasst ihr den Inhalt eines Textes knapp und sachlich zusammen (Inhaltsangabe) und bearbeitet zusätzlich eine weiterführende Aufgabe zum Text.

Aufbau der Inhaltsangabe
- In der **Einleitung** nennt ihr die Art des Textes (z. B. Kurzgeschichte, Erzählung, Ballade), den Titel, den Namen des Autors/der Autorin und das Thema des Textes.
- Im **Hauptteil** fasst ihr die wichtigsten Ereignisse der Handlung (Handlungsschritte) in der zeitlich richtigen Reihenfolge zusammen. Mögliche Rückblenden oder Vorausdeutungen werden in den zeitlich richtigen Handlungsverlauf eingeordnet und zusammengefasst.
  - Verzichtet auf die Darstellung von Einzelheiten und beschränkt euch auf das Wesentliche.
  - Macht die Zusammenhänge der Handlung (z. B. zeitliche Zusammenhänge) durch passende Satzverknüpfungen und Satzanfänge deutlich (▸ Kasten auf S. 135).
  - Schreibt **sachlich** und **nüchtern,** vermeidet ausschmückende Formulierungen.
  - Formuliert **in eigenen Worten** und verwendet als Zeitform das **Präsens** (bei Vorzeitigkeit das Perfekt).
  - Verwendet **keine wörtliche Rede.** Besonders wichtige Äußerungen von Figuren werden in der indirekten Rede (▸ S. 135) wiedergegeben oder umschrieben.

Textdeutung – Bearbeitung der weiterführenden Aufgabe
Im Anschluss an die Inhaltsangabe bearbeitet ihr eine Aufgabe zum Text. Diese Aufgabe kann sich zum Beispiel beziehen auf: die Figuren und ihre Beziehung zueinander (▸ S. 333), die sprachliche Gestaltung eines Textes (▸ S. 333) oder auf die Textsorte (z. B. die Merkmale einer Kurzgeschichte anhand des Textes nachweisen, S. 124), z. B.:
Bei diesem Text handelt es sich um eine Kurzgeschichte. Dies ist anhand der folgenden Merkmale zu erkennen: Die Handlung der Geschichte beginnt unvermittelt, ohne eine ausführliche Einleitung: „Als der Wolkenbruch [...], stand das ganze Land unter Wasser" (Z. 1–4).
Die Aufgabe zum Text wird in einem zusammenhängenden Text bearbeitet. Die Aussagen, die ihr über den Text macht, belegt ihr anhand des Textes durch Zitate (▸ S. 136).

Wladimir Kaminer

Schönhauser Allee im Regen (2001)

Ab und zu regnet es in der Schönhauser Allee. Ein Unwetter bringt das Geschäftsleben in Schwung. Die Fußgänger verlassen die Straßen und flüchten in alle möglichen Läden rein. Dort entdecken sie Dinge, die sie sich bei Sonnenschein nie angucken würden, und kaufen Sachen, die sie eigentlich überhaupt nicht brauchen, zum Beispiel Regenschirme. Wenn der Regen aufhört, ist die Luft wunderbar frisch, es riecht nach Benzin und den wasserfesten Farben der Fassaden. In jedem Mülleimer steckt dann ein Regenschirm, und überall sind große Pfützen zu sehen. Meine Tochter Nicole und ich gehen oft nach dem Regen spazieren. Wir gehen am Optikladen vorbei. Dort kauft sich ein Araber eine Brille.

„Guck mal!", zeigt Nicole mit dem Finger auf ihn. „Eine Frau mit Bart!"

„Nimm deinen Finger runter!", zische ich. „Das ist keine Frau mit Bart, das ist ein Araber, der sich eine Brille kauft."

„Wozu sind Brillen eigentlich gut? Für blinde Menschen?", fragt mich meine Tochter.

„Nein", sage ich, „blinde Menschen brauchen keine Brille. Man kauft sie, wenn man das Gefühl hat, etwas übersehen zu haben."

Nicole zeigt auf die bunten Benzinstreifen, die in der Sonne blitzen. „Wäre es möglich, dass der Regenbogen vom Himmel runtergefallen ist?"

„Korrekt", antworte ich.

Wir gehen weiter. Ein vietnamesisches Mädchen steht mit beiden Füßen in einer besonders tiefen Pfütze. Das Wasser reicht ihr fast bis zu den Knien. Sie bewegt sich nicht und guckt traurig vor sich hin. Eine alte Frau bleibt vor ihr stehen. „Armes Mädchen! Du hast ja ganz nasse Füße", sagt sie. „Warum gehst du nicht nach Hause und ziehst dir neue warme Socken an?"

Die kleine Vietnamesin schweigt.

„Hast du überhaupt andre Socken?", fährt die alte Dame fort. „Wo wohnst du? Hast du ein Zuhause?"

Ein Ehepaar bleibt ebenfalls bei dem Mädchen stehen, die Frau erwartet ein Baby, so sind sie auch interessiert.

„Verstehst du eigentlich unsere Sprache?“, fragt der Mann besorgt. Das Mädchen schweigt.
„Sie hat sich bestimmt verlaufen und kann ihre Eltern nicht finden, armes Kind“, vermutet die alte Frau.
Eine Touristengruppe, frisch aus einem Bus, nähert sich dem Mädchen vorsichtig. Überwiegend ältere Menschen, die miteinander plattdeutsch reden.
„Aber warum steht sie in einer so tiefen Pfütze?“, fragt ein Mann.
„Das ist doch ganz klar: Sie kann unsere Sprache nicht und will auf diese Weise unsere Aufmerksamkeit erregen. Sie signalisiert uns, dass sie Hilfe braucht“, erklärt die schwangere Frau.
„Was machen wir jetzt?“, fragt die alte Dame, die als Erste das Mädchen entdeckt hat.
„Wir können das Kind unmöglich allein hier stehen lassen. Am besten wir rufen die Polizei.“
„Genau“, meint die Touristengruppe, „rufen Sie die Polizei, und wir passen inzwischen auf das Kind auf.“
Plötzlich springt das vietnamesische Mädchen aus der Pfütze nach vorn, das schmutzige Wasser bespritzt die Passanten. Alle sind nun nass: die alte Frau, das Ehepaar, die Plattdeutschtouristen. „Reingelegt!“, ruft das Mädchen, lacht dabei diabolisch[1] und verschwindet blitzschnell um die Ecke. Alle Betroffenen bleiben fassungslos auf der Straße stehen. Nicole und ich kennen das Mädchen, weil sie in unserem Haus wohnt. Ihre Eltern haben einen Lebensmittelladen im Erdgeschoss und geben uns manchmal Erdbeeren und Bananen umsonst. Und diesen Witz kennen wir auch schon. Das Mädchen macht ihn jedes Mal, wenn die großen Pfützen auf der Schönhauser Allee auftauchen und die großen Menschenmengen kurzzeitig verschwinden.
Auf wunderbare Weise wird die Allee aber schnell wieder trocken und belebt, sodass dann keiner mehr auf die Idee kommt, dass es hier vor Kurzem noch geregnet hat.

1 diabolisch: teuflisch

1 a Begründet, ob der Titel zu der Geschichte passt.
b Überlegt euch für die Geschichte einen neuen Titel. Erläutert, warum ihr eure Titel für geeignet haltet.

2 Erklärt, wo der Wendepunkt in der Geschichte liegt. Benennt die entsprechende Textstelle.

3 Beurteilt, ob es für die Geschichte wichtig ist, dass es sich bei dem Mädchen um eine Vietnamesin und nicht um eine Deutsche handelt. Belegt eure Aussage anhand des Textes.
TIPP: Überlegt: Welche Gedanken, Fragen, Vorstellungen ruft das vietnamesische Mädchen bei den Passanten hervor?

4 a Fasst knapp zusammen, was das Thema der Geschichte ist.
b Untersucht, aus wessen Sicht die Geschichte erzählt wird. Wie nennt man einen solchen Erzähler?
c Erläutert anhand des Textes, wie der Erzähler das Verhalten des Mädchens beurteilt.

5 „‚Reingelegt‘, ruft das Mädchen, lacht dabei diabolisch und verschwindet blitzschnell um die Ecke. Alle Betroffenen bleiben fassungslos auf der Straße stehen“ (Z. 75–78).
Zeichnet zwei Denkblasen. Notiert in der einen, was das Mädchen in diesem Moment denken könnte. Denkt euch auch aus, was einem der Passanten durch den Kopf gehen könnte, und schreibt eure Notizen in die andere Denkblase.

Fordern und fördern – Erweiterte Inhaltsangabe

Fasst den Inhalt der Kurzgeschichte „Schönhauser Allee im Regen“ (▶ S. 138–139) zusammen. Erklärt, wie das Mädchen es schafft, die Erwachsenen hereinzulegen. Erläutert dabei auch, welche Gedanken das Mädchen bei den Erwachsenen hervorruft. Begründet eure Aussagen mit Zitaten aus dem Text.

●●● 1 Bearbeitet den oben stehenden Arbeitsauftrag. Geht so vor:

a Lest die Geschichte noch einmal und notiert in einem Satz, worum es geht.

b Gliedert den Text in einzelne Handlungsschritte. Gebt jedem Handlungsschritt eine Überschrift und fasst den Inhalt in eigenen Worten (Stichworten oder kurzen Sätzen) zusammen.

> *Z. 1–30: Spaziergang auf der Schönhauser Allee*
> *– Der Jch-Erzähler geht mit seiner Tochter nach einem Regenguss …*
>
> *Z. 31–xx: …*

c Verfasst nun mit Hilfe eurer Notizen die Inhaltsangabe. Beginnt mit einem informativen Einleitungssatz, der auch das Thema des Textes benennt. Schreibt dann den Hauptteil der Inhaltsangabe, indem ihr die Handlung knapp und in eigenen Worten zusammenfasst.

▷ Hilfen zu dieser Aufgabe findet ihr auf Seite 141.

●●● 2 a Legt euch eine Stoffsammlung für den weiterführenden Arbeitsauftrag an. Lest noch einmal genau im Text nach: Wie geht das Mädchen bei seinem „Spiel“ vor? Wie schaut es? Wie verhält es sich, als die Erwachsenen es befragen? Was denken die Erwachsenen?
Notiert eure Ideen und belegt sie mit Zitaten.

> ***Wie legt das Mädchen die Erwachsenen herein? Welche Gedanken weckt es bei den Erwachsenen?***
> *→ Das Mädchen will durch den traurigen Gesichtsausdruck die Aufmerksamkeit/das Mitleid der …; Zitat: „…“ (Z. 34–35)*

b Verfasst im Anschluss an eure Inhaltsangabe einen weiteren Abschnitt eures Aufsatzes, in dem ihr eure Ergebnisse zu der weiterführenden Aufgabe in einem zusammenhängenden Text darstellt. Belegt eure Aussagen mit Zitaten aus dem Text (▶ Zitieren, S. 136).

▷ Hilfen zu dieser Aufgabe findet ihr auf Seite 141.

●●○ **Aufgabe 1 mit Hilfen**

a Lest die Geschichte noch einmal und notiert in einem Satz, worum es geht.
... legt eine Gruppe von Erwachsenen, die ihm helfen wollen, ...

b Gliedert den Text in einzelne Handlungsschritte. Gebt jedem Handlungsschritt eine Überschrift und fasst den Inhalt in eigenen Worten (Stichworten oder kurzen Sätzen) zusammen.

Z. 1–30: Spaziergang auf der Schönhauser Allee
– Der Ich-Erzähler geht mit seiner Tochter nach einem Regenguss ...
Z. 31–70: Das Mädchen und die Passanten
– Ein kleines vietnamesisches Mädchen steht knietief in einer großen Pfütze und schaut traurig.
– Eine alte Frau, ein Ehepaar, dann eine Touristengruppe bleiben stehen und fragen das Mädchen, was mit ihm los sei, ob es ein Zuhause habe und ... Das Mädchen beantwortet keine ..., sondern schweigt.
– Die Passanten kommen zu dem Schluss, dass das Mädchen ...
Z. 71–91: Überraschung
– ...

c Verfasst nun mit Hilfe eurer Notizen die Inhaltsangabe.
– Beginnt mit einem informativen Einleitungssatz, der auch das Thema des Textes benennt.
In der Kurzgeschichte ... von ... geht es um ... *Die Kurzgeschichte ... von ... handelt von ...*
– Schreibt nun den Hauptteil der Inhaltsangabe, indem ihr die Handlung knapp und in eigenen Worten zusammenfasst.
TIPP: Verwendet keine wörtliche Rede. Macht die Zusammenhänge der Handlung durch passende Satzverknüpfungen und Satzanfänge deutlich. Der Tippkasten auf Seite 135 hilft euch dabei.

●○ **Aufgabe 2 mit Hilfen**

Legt euch eine Stoffsammlung für den weiterführenden Arbeitsauftrag an.

a Lest noch einmal genau im Text nach: Wie geht das Mädchen bei seinem „Spiel" vor? Wie schaut es? Wie verhält es sich, als es die Erwachsenen befragen? Was denken die Erwachsenen? Notiert eure Ideen und belegt sie mit entsprechenden Zitaten.

Wie legt das Mädchen die Erwachsenen herein? Welche Gedanken weckt es bei den Erwachsenen?
→ Das Mädchen will durch den traurigen Gesichtsausdruck das Mitleid der Passanten erregen. Zitat: „Sie bewegt sich nicht und guckt traurig vor sich hin" (Z. 34–35).
– Die Passanten fragen besorgt, was mit dem Mädchen los sei. Zitat: „‚Armes Mädchen!'" (Z. 36), „‚Verstehst du eigentlich unsere Sprache?', fragt der Mann besorgt" (Z. 47–48).
– Weil das Mädchen schweigt (vgl. Z. xx und Z. xx) und keine der Fragen beantwortet, glauben ...

b Verfasst im Anschluss an eure Inhaltsangabe einen weiteren Abschnitt eures Aufsatzes, in dem ihr eure Ergebnisse zu der weiterführenden Aufgabe in einem zusammenhängenden Text darstellt. Belegt eure Aussagen mit Zitaten aus dem Text (▸ Zitieren, S. 136).
Das Mädchen, das in der Pfütze steht, „bewegt sich nicht und guckt traurig vor sich hin" (Z. 34–35). Durch diesen traurigen Gesichtsausdruck erweckt es das Mitleid der Passanten. So fragt eine alte Frau, ob das Mädchen ein Zuhause habe (vgl. Z. 42–43). Und ein Mann erkundigt sich, ob es überhaupt „unsere Sprache" (Z. 47) verstehe. Weil das Mädchen ...

6.3 Fit in ... – Erweiterte Inhaltsangabe

Die Aufgabenstellung richtig verstehen

Stellt euch vor, ihr bekommt in der nächsten Klassenarbeit die folgende Aufgabenstellung:

1. Verfasse zu der Kurzgeschichte „Streuselschnecke“ von Julia Franck eine Inhaltsangabe.
2. Beschreibe das Verhältnis der Ich-Erzählerin zu ihrem Vater. Belege deine Aussagen mit Zitaten aus dem Text.

Julia Franck

Streuselschnecke (2002)

Der Anruf kam, als ich vierzehn war. Ich wohnte seit einem Jahr nicht mehr bei meiner Mutter und meinen Schwestern, sondern bei Freunden in Berlin. Eine fremde Stimme meldete sich, der Mann nannte seinen Namen, sagte mir, er lebe in Berlin, und fragte, ob ich ihn kennen lernen wolle. Ich zögerte, ich war mir nicht sicher. Zwar hatte ich schon viel über solche Treffen gehört und mir oft vorgestellt, wie so etwas wäre, aber als es so weit war, empfand ich eher Unbehagen. Wir verabredeten uns. Er trug Jeans, Jacke und Hose. Ich hatte mich geschminkt. Er führte mich ins Café Richter am Hindemithplatz und wir gingen ins Kino, ein Film von Rohmer[1]. Unsympathisch war er nicht, eher schüchtern. Er nahm mich mit ins Restaurant und stellte mich seinen Freunden vor. Ein feines, ironisches Lächeln zog er zwischen sich und die anderen Menschen. Ich ahnte, was das Lächeln verriet. Einige Male durfte ich ihn bei seiner Arbeit besuchen. Er schrieb Drehbücher und führte Regie bei Filmen. Ich fragte mich, ob er mir Geld geben würde, wenn wir uns treffen, aber er gab mir keines und ich traute mich nicht, danach zu fragen. Schlimm war das nicht, schließlich kannte ich ihn kaum, was sollte ich da schon verlangen? Außerdem konnte ich für mich selbst sorgen, ich ging zur Schule und putzen und arbeitete als Kindermädchen. Bald würde ich alt genug sein, um als Kellnerin zu arbeiten, und vielleicht wurde ja auch noch eines Tages etwas Richtiges aus mir. Zwei Jahre später, der Mann und ich waren uns noch immer etwas fremd, sagte er mir, er sei krank.

Er starb ein Jahr lang, ich besuchte ihn im Krankenhaus und fragte, was er sich wünsche. Er sagte mir, er habe Angst vor dem Tod und wolle es so schnell wie möglich hinter sich bringen. Er fragte mich, ob ich ihm Morphium[2] besorgen könne. Ich dachte nach, ich hatte einige Freunde, die Drogen nahmen, aber keinen, der sich mit Morphium auskannte. Auch war ich mir nicht sicher, ob die im Krankenhaus herausfinden wollten und würden, woher es kam. Ich vergaß seine Bitte. Manchmal brachte ich ihm Blumen. Er fragte nach dem Morphi-

1 Éric Rohmer: französischer Regisseur
2 Morphium: ein starkes Schmerzmittel

um und ich fragte ihn, ob er sich Kuchen wünsche, schließlich wusste ich, wie gerne er Torte aß. Er sagte, die einfachen Dinge seien ihm jetzt die liebsten – er wolle nur Streuselschnecken, nichts sonst. Ich ging nach Hause und buk Streuselschnecken, zwei Bleche voll. Sie waren noch warm, als ich sie ins Krankenhaus brachte. Er sagte, er hätte gerne mit mir gelebt, es zumindest gern versucht, er habe immer so gedacht, dafür sei noch Zeit, eines Tages – aber jetzt sei es zu spät. Kurz nach meinem siebzehnten Geburtstag war er tot. Meine kleine Schwester kam nach Berlin, wir gingen gemeinsam zur Beerdigung. Meine Mutter kam nicht. Ich nehme an, sie war mit anderem beschäftigt, außerdem hatte sie meinen Vater zu wenig gekannt und nicht geliebt.

1 Lest die Aufgabe auf Seite 142 aufmerksam durch. Besprecht dann in Partnerarbeit,
- worauf ihr beim Schreiben der Inhaltsangabe achten müsst.
- was die weiterführende Aufgabe von euch verlangt und wie ihr diese bearbeitet.

Die Kurzgeschichte verstehen und einen Schreibplan anlegen

2 Welche Aussagen zum Text sind richtig? Schreibt sie in euer Heft.

- Das Geschehen, von dem erzählt wird, umfasst einen Zeitraum von etwa drei Jahren.
- Die Ich-Erzählerin lernt ihren Vater erst mit 14 Jahren kennen.
- Das Verhältnis der Ich-Erzählerin zu ihrem Vater ist distanziert.
- Die Ich-Erzählerin sucht Kontakt zu ihrem Vater und ruft ihn deshalb an.
- Die Ich-Erzählerin hat nur eine jüngere Schwester, die bei ihrer Mutter lebt.
- Der Vater der Ich-Erzählerin ist Regisseur und stirbt nach dem 17. Geburtstag der Tochter.
- Am Ende der Geschichte haben Vater und Tochter ein sehr vertrautes, inniges Verhältnis.
- Die Ich-Erzählerin lebt bei Freunden in Berlin und sorgt für sich selbst.
- Die Tochter bringt dem Vater Blumen und Streuselschnecken ins Krankenhaus.

3 Gliedert den Text in Handlungsschritte. Formuliert für jeden Handlungsschritt eine Überschrift und haltet die wichtigsten Informationen in Stichworten oder kurzen Sätzen fest.

Z. 1–12: Der Anruf
– Die Ich-Erzählerin erhält mit 14 Jahren einen Anruf von ihrem Vater, den sie nicht kennt. Er will ...
Z. 13–xx: Das erste Treffen
– Vater und Tochter ...
Z. xx–xx: Weitere Treffen in den folgenden zwei Jahren
– ...
Z. xx–xx: Krankheit
– ...
Z. xx–xx: Tod und Beerdigung
– ...

Die erweiterte Inhaltsangabe schreiben und überarbeiten

4 Verfasst nun mit Hilfe eurer Notizen aus Aufgabe 3 die Inhaltsangabe.

a Beginnt mit einem informativen Einleitungssatz, der auch das Thema des Textes benennt.
- *Die Kurzgeschichte ... von ... handelt von einem Mädchen, das mit 14 Jahren ...*
- *In der Kurzgeschichte ... von ... geht es um ...*

b Schreibt nun den Hauptteil der Inhaltsangabe, indem ihr die Handlung knapp und in eigenen Worten zusammenfasst.

5 Bearbeitet die weiterführende Aufgabe (▶ S. 142).

a Lest noch einmal genau im Text nach und notiert: Was erfahrt ihr über die Ich-Erzählerin und ihr Verhältnis zu ihrem Vater? Belegt eure Aussagen mit Zitaten aus dem Text.

> ***Verhältnis zum Vater***
> - *„fremde Stimme" (Z. 4–5) → Vater ist fremd*
> - *„der Mann" (Z. 5) → Bezeichnung zeigt, dass die Tochter ihren Vater nicht als Vater wahrnimmt, weil sie ihn 14 Jahre lang nicht gekannt hat (distanziertes Verhältnis)*
> - *vor dem Treffen mit dem Vater empfindet sie Unbehagen (vgl. Z. 12)*
> - *...*

b Verfasst nun den zweiten Teil eures Aufsatzes, indem ihr das Verhältnis zwischen der Ich-Erzählerin und ihrem Vater beschreibt. Belegt eure Aussagen mit Zitaten aus dem Text. Ihr könnt die folgenden Formulierungsbausteine zu Hilfe nehmen.

> *Das Verhältnis der Ich-Erzählerin zu ihrem Vater ist distanziert. Erst mit 14 Jahren lernt sie ihren Vater kennen, den sie als „Mann" (Z. 5) und nicht als Vater bezeichnet. ...*
> *Beim ersten Treffen findet ...*
> *Zwei Jahre lang trifft sie sich mit ihm, ohne dass sich eine ...*

Checkliste

Eine erweiterte Inhaltsangabe schreiben
- Ist die **Einleitung** vollständig (Art des Textes, Titel, Name der Autorin/des Autors, Thema des Textes)?
- Habt ihr im **Hauptteil die wichtigsten Handlungsschritte** in der zeitlich richtigen Reihenfolge zusammengefasst? Wird nur das Wesentliche wiedergegeben?
- Werden die **Zusammenhänge** der Handlung durch passende Satzverknüpfungen und Satzanfänge **deutlich?**
- Habt ihr die Inhaltsangabe **sachlich** und in **eigenen Worten** formuliert?
- Habt ihr als Zeitform das **Präsens** verwendet (bei Vorzeitigkeit das Perfekt)?
- Erscheint in eurer Inhaltsangabe **keine wörtliche Rede?**
- Habt ihr die **weiterführende Aufgabe** in einem zusammenhängenden Text beantwortet und eure **Aussagen** anhand des Textes **durch Zitate belegt?**
- Sind **Rechtschreibung** und **Zeichensetzung** korrekt?

7 In der Großstadt – Songs und Gedichte untersuchen und vortragen

1 Lyrik statt Werbung: Seit einigen Jahren werden in Großstädten unter dem Motto „Poesie in der Stadt" Gedichte auf großen Werbeflächen präsentiert.

a Begründet, was ihr von diesem Projekt haltet.

b Überlegt, an welchen Orten in eurer Stadt ihr Großplakate mit Gedichten aufhängen würdet.

2 Es gibt viele Gedichte, die das Leben in der Stadt thematisieren.

a Stellt zusammen, was ihr mit einer oder eurer Stadt verbindet, z. B: *Parkhäuser, Multiplex-Kino, Busse, U-Bahnen, grelle Lichter, Geruch von …*

b Wählt einige Begriffe aus und formuliert mit ihnen zwei bis vier Verse.

In diesem Kapitel …

- lest ihr Gedichte und Songs rund um das Thema „Stadt" und tragt sie vor,
- untersucht ihr den Inhalt, den Aufbau und die sprachlichen Besonderheiten von Gedichten und entwickelt eigene Interpretationsansätze,
- untersucht ihr die Besonderheiten von Dialekten und lernt Gedichte und Songs in verschiedenen Mundarten kennen.

7.1 Blick auf meine Stadt – Gedichte verstehen und interpretieren

„Ich bin mit mir allein“ – Das lyrische Ich

Unheilig

Lichter der Stadt (2012)

Ich nehme mir die Zeit
Auf die Dächer der Stadt zu gehen
Dem Leben zuzusehen
Still zu stehen
Alles wirkt so klein
Unscheinbar entfernt und weit
Das Leben pulsiert hier
Weit weg von mir
Ich lehne mich zurück
Und genieße dieses Glück

Ich nehme mir die Zeit
Auf die Lichter der Stadt zu sehen
Die Dächer entlangzugehen
Und still zu stehen
Hier fühle ich mich frei
Der Horizont ist grenzenlos und weit
Die Großstadt unter mir wie ein Lichtermeer

Es gibt so viele Fragen
Tausend Wünsche und Gedanken
Ich bin mit mir allein
Und schenk den Träumen Zeit
Ich ordne meine Welt
Der Alltag fliegt an mir vorbei
Fernab der Jagd des Lebens
Fühle ich mich frei
Alles wirkt so klein
Das Leben pulsiert weit weg von mir

Ich nehme mir die Zeit
Auf die Lichter der Stadt zu sehen
Und still zu stehen

1 a Wie wirkt das Gedicht auf euch? Beschreibt die Stimmung mit treffenden Adjektiven.
b Begründet mit Hilfe des Textes, wodurch diese Wirkung zu Stande kommt.

2 Erklärt, welche Situation in dem Song beschrieben wird.

3 a Zeichnet auf einer Skala ein, wie sich der Sprecher oder die Sprecherin (das „lyrische Ich") fühlt. Lest hierzu noch einmal genau im Text nach. Sucht anschließend eine Textpassage heraus, die eure Einschätzung stützt.

schlecht					neutral					sehr gut
-5	-4	-3	-2	-1	0	1	2	3	4	5

b Erläutert, von welchem Standort aus bzw. aus welcher Perspektive das lyrische Ich spricht.

c Untersucht, wie das lyrische Ich den Gegensatz von „oben" (auf den Dächern der Stadt) und „unten" (Großstadttreiben) beschreibt. Ergänzt hierzu die folgende Übersicht.

oben (Dächer der Stadt)	unten (Großstadttreiben)
– *Stille/Innehalten (vgl. Vers 4)* – …	– *das Leben pulsiert (vgl. Vers 7)* – …

d Fasst zusammen, was ihr über das lyrische Ich erfahrt. Tragt dann das Gedicht vor.

4 In dem Song wird ein Vergleich verwendet. Erklärt, wozu er dient.

5 Stellt euch vor, ihr steht unten in der Stadt und blickt nach oben in den Himmel. Verfasst eine weitere Song-Strophe:

Ich nehme mir die Zeit *… zu sehen* *Und …*	*Ich finde kaum die Zeit* … …

Information **Der lyrische Sprecher (das lyrische Ich)**

Wie zu jedem Erzähltext ein Erzähler oder eine Erzählerin gehört, so gehört auch zu jedem Gedicht ein **Sprecher oder eine Sprecherin,** der/die nicht mit dem Autor oder der Autorin gleichzusetzen ist.
Oft stellt sich dieser Sprecher als ein „Ich" – das so genannte **lyrische Ich** – vor, das seine **Gefühle, Beobachtungen und Gedanken** mitteilt. Der Leser kann so mitempfinden und mitdenken. Deutlich wird dies an den Pronomen (*ich, mein, mir* usw.).
Manchmal geht der Sprecher in einem „Wir" auf, das in dem Gedicht spricht. Oder der Sprecher tritt überhaupt nicht in Erscheinung, sondern es wird etwas beobachtet, beschrieben oder über etwas nachgedacht. In einigen Gedichten wendet sich der Sprecher direkt an ein „Du", hier wird also ein Adressat/eine Adressatin in das Gedicht einbezogen.

„Unsre Wände sind so dünn wie Haut" – Sprachliche Bilder untersuchen

Alfred Wolfenstein

Städter (1914)

Dicht wie Löcher eines Siebes stehn
Fenster beieinander, drängend fassen
Häuser sich so dicht an, dass die Straßen
Grau geschwollen wie Gewürgte sehn.

Ineinander dicht hineingehakt
Sitzen in den Trams[1] die zwei Fassaden
Leute, ihre nahen Blicke baden
Ineinander, ohne Scheu befragt.

Unsre Wände sind so dünn wie Haut,
Dass ein jeder teilnimmt, wenn ich weine.
Unser Flüstern, Denken ... wird Gegröhle ...

– Und wie still in dick verschlossner Höhle
Ganz unangerüht und ungeschaut
Steht ein jeder fern und fühlt: alleine.

1 die Tram: Straßenbahn

Paul Citroen (1896–1983): Metropolis

1 Beschreibt, welche Bilder und Gedanken euch zu dem Gedicht einfallen. Berücksichtigt dabei auch den Titel des Gedichts.

2 a Überlegt: Was ist eurer Meinung nach das Thema des Gedichts?

Einsamkeit • Großstadtlärm • Wohnverhältnisse • Zweifel • Misstrauen

b Vergleicht eure Ergebnisse und begründet eure Entscheidung anhand des Textes.

3 Findet für jede Strophe des Gedichts eine treffende Wendung, die den Inhalt wiedergibt. Ihr könnt aus den folgenden Wendungen die jeweils passende auswählen.

Straßen sind eng und dreckig • In den Wohnungen machen die Menschen zu viel Lärm • Menschen sind schweigsam und sehen sich nicht an • Häuser stehen dicht an dicht • Ohne Scheu sprechen Menschen in Straßenbahnen • Häuser sehen grau und trist aus • Menschen sitzen eng und beziehungslos in Straßenbahnen nebeneinander • Menschen haken sich in Straßenbahnen unter • dünne Wohnungswände, alle hören alles • Jeder ist isoliert und alleine, keine Anteilnahme • Menschen wollen sich eine Schutzhöhle bauen

4 Zeigt an Textpassagen auf, wie die Stadt und das Leben der Menschen in dem Gedicht beschrieben werden.

5 a In dem Gedicht werden viele sprachliche Bilder verwendet. Sucht sie heraus, bestimmt, um welches Stilmittel (Personifikationen, Vergleiche oder Metaphern) es geht, und notiert, welche Wirkung das Stilmittel an dieser Stelle hat. Legt hierzu eine Tabelle nach dem folgenden Muster an:

Textbeleg (Verszeile)	Stilmittel	Wirkung, Deutung
„Dicht wie Löcher eines Siebes …" (Vers 1–2)	*Vergleich*	*Der Vergleich zeigt, wie eng die Häuser nebeneinanderstehen.*
„stehn Fenster beieinander, drängend fassen Häuser sich so dicht an" (Vers 1–3)	…	…

b Vergleicht eure Ergebnisse. Ergänzt oder korrigiert sie gegebenenfalls.

c Formuliert zusammenfassend die Wirkung dieser sprachlichen Bilder für eine Gesamtaussage des Gedichts:

Die sprachlichen Bilder in dem Gedicht „Städter" von Alfred Wolfenstein führen dazu, dass …

6 a Das letzte Wort im Gedicht heißt „alleine" (▸ Vers 14). Welche Bedeutung hat dieses Wort für die Gesamtaussage des Gedichts?

b Vergleicht: Welche Bedeutung hat das Wort „allein(e)" in dem Gedicht „Städter", welche im Song „Lichter der Stadt" (▸ S. 146, Vers 20).

Information **Sprachliche Bilder**

- **Vergleich:**
  Bei einem Vergleich werden zwei verschiedene Vorstellungen durch ein „wie" oder ein „als ob" miteinander verknüpft, z. B.:
  Die Großstadt unter mir wie ein Lichtermeer (▸ S. 146, Vers 17); *so nass, als ob ich durch einen Fluss geschwommen wäre.*
- **Metapher:**
  Bei einer Metapher wird ein Wort nicht wörtlich, sondern in einer übertragenen (bildlichen) Bedeutung gebraucht, z. B.:
  Jagd des Lebens für den Stress im Alltag; *Suppe* für dichten Nebel.
  Man verwendet Metaphern, weil sich zwei Dinge auf Grund einer Eigenschaft ähnlich sind. Im Unterschied zum direkten Vergleich fehlt bei der Metapher das Vergleichswort „wie", z. B.:
  Die Sonne war (wie) von einer Mauer verdeckt.
- **Personifikation:**
  Die Personifikation (Vermenschlichung) ist eine besondere Form der Metapher: Leblose Gegenstände, Begriffe oder die Natur werden vermenschlicht, das heißt, ihnen werden menschliche Verhaltensweisen und Eigenschaften zugesprochen, z. B.: *Der Alltag zeigte mir sein mürrisches Gesicht; die Stadt schläft; der Wind fegt durch die Straßen.*

Reim, Metrum und Rhythmus – Sinngestaltend vortragen

Kurt Tucholsky

Augen in der Großstadt (1930)

Wenn du zur Arbeit gehst
am frühen Morgen,
wenn du am Bahnhof stehst
mit deinen Sorgen:
da zeigt die Stadt
dir asphaltglatt
im Menschentrichter
Millionen Gesichter:
Zwei fremde Augen, ein kurzer Blick,
die Braue, Pupillen, die Lider –
Was war das? Vielleicht dein Lebensglück ...
Vorbei, verweht, nie wieder.

Du gehst dein Leben lang
auf tausend Straßen;
du siehst auf deinem Gang,
die dich vergaßen.
Ein Auge winkt,
die Seele klingt;
du hast's gefunden,
nur für Sekunden ...
Zwei fremde Augen, ein kurzer Blick,
die Braue, Pupillen, die Lider –
Was war das? Kein Mensch dreht die Zeit zurück ...
Vorbei, verweht, nie wieder.

Du mußt auf deinem Gang
durch Städte wandern;
siehst einen Pulsschlag lang
den fremden Andern.
Es kann ein Feind sein,
es kann ein Freund sein,
es kann im Kampfe dein
Genosse sein.
Er sieht hinüber
und zieht vorüber ...
Zwei fremde Augen, ein kurzer Blick,
die Braue, Pupillen, die Lider –
Was war das? Von der großen Menschheit ein Stück!
Vorbei, verweht, nie wieder.

1 a Erklärt, wie der Sprecher des Gedichts das Leben in der Großstadt bzw. die Menschen und ihr Verhältnis zueinander beschreibt. Versucht in diesem Zusammenhang auch den Titel des Gedichts zu erläutern.
b Tauscht euch aus: Habt ihr selbst schon ähnliche Beobachtungen in einer Großstadt gemacht?

2 Besprecht, wie ihr die Verse 5 bis 8 versteht. Welche Metaphern werden in diesen Versen verwendet? Inwieweit unterstreichen sie die Textaussage?

3 a Lest nur die jeweils letzten vier Verse jeder Strophe und vergleicht sie. Was fällt euch auf?
b Erläutert, was in diesen Versen beschrieben wird:
- Welche Antworten werden jeweils auf die Frage „Was war das?" gegeben?
- Wie deutet ihr den jeweils letzten Vers dieses Refrains „Vorbei, verweht, nie wieder"?

4 Untersucht die Form des Gedichts zunächst in Partnerarbeit. Haltet eure Ergebnisse fest.

1 **Strophe und Vers** (▸ S. 334): **Untersucht den Aufbau des Gedichts.**
- Wie viele Strophen hat das Gedicht? Sind die Strophen alle gleich gebaut?
- Werden einzelne Strophen oder Verse wiederholt (Refrain)?
- Gibt es Enjambements (Zeilen- oder Strophensprünge)?

2 **Reimform** (▸ S. 334): **Beschreibt die Reimform.**
- Ist das Gedicht gereimt? Wenn ja: Bezeichnet die Wörter, die sich reimen, mit gleichen Buchstaben.
- Welche bekannten Reimformen könnt ihr entdecken?

3 **Metrum** (▸ S. 335): **Untersucht das Metrum (Versmaß) der ersten Strophe.**
- Welches Versmaß hat das Gedicht? Gibt es Abweichungen? Wenn ja: Überlegt, ob diese Abweichung eine bestimmte Bedeutung hat.
TIPP: In dem Gedicht bzw. in der ersten Strophe werden zwei verschiedene Metren verwendet.

5 Tragt das Gedicht „Augen in der Großstadt" vor. Probiert unterschiedliche Vortragsweisen aus und überlegt, welche Textwiedergabe am besten zum Inhalt des Gedichts passt. Berücksichtigt dabei die Ergebnisse eurer Textuntersuchung.

Methode **Ein Gedicht sinngestaltend vortragen**

Ein Gedicht vorzutragen, bedeutet immer, es zu interpretieren, also das eigene Verständnis des Gedichts zum Ausdruck zu bringen. Überlegt, welche Wörter ihr besonders betonen wollt, wo es sinnvoll ist, eine Pause zu machen, und wo ein Satz über die Versgrenze hinaus weitergeführt wird (Enjambement). Beschleunigt oder verlangsamt euer Vortragstempo an Stellen, an denen es sinnvoll erscheint. Sprecht lauter oder leiser. Markiert dann das Gedicht mit den entsprechenden Betonungszeichen (▸ S. 371).

TIPP: Bei einem Gedichtvortrag müsst ihr die Abfolge von betonten und unbetonten Silben beachten, ihr dürft aber nicht „leiern". Beim Vortrag entsteht wie in der Musik ein Rhythmus.

Ein Gedicht analysieren und deuten

1. Schritt: Mit dem Gedicht ins Gespräch kommen

Paul Boldt

Auf der Terrasse des Café Josty (1912)

Der Potsdamer Platz[1] in ewigem Gebrüll
Vergletschert[2] alle hallenden Lawinen
Der Straßentrakte[3]: Trams[4] auf Eisenschienen,
Automobile und den Menschenmüll.

Die Menschen rinnen über den Asphalt,
Ameisenemsig, wie Eidechsen flink.
Stirne und Hände, von Gedanken blink[5],
Schwimmen wie Sonnenlicht durch dunklen Wald.

Nachtregen hüllt den Platz in eine Höhle,
Wo Fledermäuse, weiß, mit Flügeln schlagen
Und lila Quallen liegen – bunte Öle;

Die mehren sich, zerschnitten von den Wagen. –
Aufspritzt Berlin, des Tages glitzernd Nest,
Vom Rauch der Nacht wie Eiter einer Pest.

George Grosz (1893–1959): Metropolis

1 Potsdamer Platz: verkehrsreicher Platz in Berlin
2 vergletschern: zu einem Gletscher werden (Gletscher = Eismasse)
3 der Trakt: ein sich in die Breite ausdehnender Teil (z. B. eines Gebäudes, eines Schiffes)
4 die Tram: Straßenbahn
5 blink: Diese Wortneuschöpfung ist reimbedingt und ersetzt das Adjektiv „blank" = frei, leer.

1 a Notiert nach dem ersten Lesen spontan eure Eindrücke. Das können auch Fragen sein, z. B.:

- *Das Gedicht beschäftigt sich mit dem Thema ...*
- *Beim Lesen des Gedichts entsteht der Eindruck/das Gefühl ...*
- *Mir fällt besonders auf ...*
- *Warum ...?*
- *Den Begriff/Das sprachliche Bild ... finde ich ...*

b Begründet anhand einzelner Passagen oder Wörter aus dem Gedicht, wodurch eure ersten Eindrücke entstanden sind.

2 Überlegt, welchen Bezug der Titel zum Gedicht hat.

3 Um einen Zugang zu einem Gedicht zu bekommen, könnt ihr auf einer Kopie des Textes festhalten, was euch beim intensiven Lesen und Nachdenken auffällt, z. B.:

> Diese Methode heißt im Englischen „Talking to the text“, also mit dem Text ins Gespräch kommen.

Paul Boldt

Auf der Terrasse des Café Josty — *Blick von Terrasse auf Potsdamer Platz*

Der Potsdamer Platz in ewigem Gebrüll — *a Lärm (ewig = immer); Gebrüll = Personifikation*

Vergletschert alle hallenden Lawinen — *b Bilder von Naturgewalten; Verkehr, Lärm wie Lawinen*

Enjambements

Der Straßentrakte: Trams auf Eisenschienen, — *b*

Automobile und den Menschenmüll. — *a abwertende Metapher*

a Begründet: Welche Anmerkungen überzeugen euch? Was würdet ihr anders notieren oder ergänzen?

b Kopiert das Gedicht und notiert in ähnlicher Weise zum gesamten Text eure ersten Überlegungen zu Inhalt, Form und sprachlicher Gestaltung.

4 Überprüft und vertieft euer Textverständnis, indem ihr die folgenden Arbeitsaufträge bearbeitet:

a Erklärt, wie in der zweiten Strophe die Menschen in den Straßen beschrieben werden. Welche Wirkung haben die sprachlichen Bilder (Vergleiche, Metaphern) und die verwendeten Verben?

b Überlegt, wie ihr Vers 10 versteht. Entscheidet euch für eine der folgenden Deutungen und begründet eure Entscheidung:

> Mit dem Bild „Fledermäuse, weiß, mit Flügeln schlagen“ (Vers 10)
> – ist das Licht der Autoscheinwerfer gemeint, die nachts aufleuchten.
> – sind die Straßenlaternen gemeint, die im Regen flackern.
> – werden die Flugzeuge beschrieben, die am Nachthimmel zu sehen sind.

c Erklärt, wie ihr die letzten beiden Verse versteht.

5 Haltet eure Eindrücke zu dem Gedicht in einem kurzen Kommentar fest.

2. Schritt: Das Gedicht untersuchen (Inhalt, Form, sprachliche Gestaltung)

1 Untersucht das Gedicht nun genauer. Arbeitet im Team und nutzt hierzu auch die Leitfragen aus dem Methodenkasten auf Seite 155.

a Gebt den **Inhalt** der einzelnen Strophen knapp wieder, z. B.:

> *1. Strophe: Beschreibung des Verkehrs und des Großstadtlärms am Potsdamer Platz*
> *2. Strophe: ...*

b Notiert, welchen Bezug der Titel zum Thema hat.

2 Untersucht den **Aufbau** des Gedichts.

a Lest den folgenden Lexikonartikel zu der Gedichtform „Sonett". Weist dann nach, dass das Gedicht von Paul Boldt ein Sonett ist.

> **Sonett:** Das Sonett ist eine vierstrophige Gedichtform, die aus zwei Quartetten (zwei vierzeiligen Strophen) und zwei Terzetten (zwei dreizeiligen Strophen) besteht. Während in den Quartetten der umarmende Reim (abba) vorherrscht, variiert in den Terzetten das Reimschema. Häufig findet man auch eine inhaltliche Zäsur (Einschnitt) zwischen den Quartetten und den Terzetten, also zwischen dem achten und dem neunten Vers.

b Untersucht, ob es in Boldts Gedicht eine inhaltliche Zäsur (Einschnitt) gibt.

c Notiert, welche Reimformen in den einzelnen Strophen vorliegen.

d Prüft, ob in dem Gedicht ein regelmäßiges Metrum zu erkennen ist.

3 Untersucht die **sprachlichen Gestaltungsmittel** in dem Gedicht.
Bestimmt, um welche Stilmittel es geht, und notiert, welche Wirkung bzw. Funktion sie an dieser Stelle haben.

Textbeleg (Verszeile)	Stilmittel	Wirkung, Deutung
„Der Potsdamer Platz in ewigem Gebrüll / Vergletschert alle hallenden Lawinen / Der Straßentrakte" (Vers 1–3)	*Personifikation*	*Lärm, Verkehr, Menschen stürzen wie Naturgewalten (Lawinen) auf dem Platz zusammen* *„Gebrüll" = negativer Ausdruck, verstärkt durch Adjektiv „ewig" → Lärm endet niemals* *→ negatives Bild des Platzes*
„Menschenmüll" (Vers 4)	*Metapher*	*abwertend, Mensch als Abfall*
„ameisenemsig" (Vers 6)	...	...
„wie Eidechsen" (Vers 6)	...	...
...	...	...

Methode **Ein Gedicht untersuchen**

1 Inhalt
- **Thema:** Worum geht es in dem Gedicht? Wird eine Handlung, eine Situation/Szene beschrieben oder werden Gefühle, Eindrücke, Gedanken oder eine Stimmung dargestellt? Kann man eine Entwicklung im Gedicht feststellen? Gibt es Brüche?
- **Titel:** Was bedeutet der Titel des Gedichts? Welchen Bezug hat er zum Thema?

2 Der Sprecher/Die Sprecherin (▸ das lyrische Ich, S. 334)
- Tritt ein lyrischer Sprecher (lyrisches Ich/Wir) in Erscheinung oder ist der Sprecher nicht direkt im Text greifbar? Gibt es einen Adressaten oder eine Adressatin?

3 Formaler Aufbau (▸ Strophe, Vers, Reimform, Metrum S. 334–335)
- **Strophen und Verse:** Wie viele Strophen hat das Gedicht? Sind sie alle gleich gebaut? Werden einzelne Strophen oder Verse wiederholt (Refrain)?
- **Reim:** Ist das Gedicht gereimt? Welche Reimform liegt vor?
- **Metrum:** Lässt sich ein Metrum erkennen? Gibt es Abweichungen?

4 Sprachliche Gestaltung (▸ S. 335)
- **Sprachliche Bilder:** Welche sprachlichen Bilder (Metaphern, Personifikationen, Vergleiche) werden verwendet? Was bedeuten sie? Wie wirken sie?
- **Wortwahl:** Welche Wörter fallen auf? Gibt es Wörter, die wiederholt werden? Herrscht eine bestimmte Wortart (z. B. Nomen, Adjektive) vor? Gibt es Neologismen (Wortneuschöpfungen)? Welche Wirkung wird durch die Verwendung bestimmter Wörter erzeugt?

TIPP: Benennt nicht nur die formalen und die sprachlichen Mittel, sondern beschreibt ihre Wirkung und Funktion, z. B.: ... *wirken bedrohlich / verstärken den Eindruck von ... / betonen ... / veranschaulichen ... / führen dazu, dass ... / durch ... kann man sich ... vorstellen*

3. Schritt: Die Gedichtinterpretation schreiben

Verfasst nun auf Grundlage eurer Analyseergebnisse eine Gedichtinterpretation, bestehend aus Einleitung, Hauptteil und Schluss. Geht so vor:

Berlin, Potsdamer Platz (Fotomontage 1924)

1 Formuliert eine Einleitung, in der ihr über die Art des Textes, den Titel, den Autor/die Autorin, das Entstehungsjahr und das Thema des Gedichts informiert. Ihr könnt die folgenden Formulierungsbausteine zu Hilfe nehmen:

Das Gedicht ... von ... aus dem Jahr ... •
In dem Gedicht mit dem Titel ... von ... aus dem Jahr ... •
In Paul Boldts Gedicht ... aus dem Jahr ...

beschreibt • geht es um • wird ... dargestellt •
beschäftigt sich mit dem Thema • handelt von

2 Stellt im Hauptteil die Ergebnisse eurer Gedichtanalyse in einer geordneten Reihenfolge dar. Belegt eure Aussagen mit Zitaten aus dem Gedicht (▸ Textbelege zitieren, S. 328). Ihr könnt die folgenden Formulierungsbausteine zu Hilfe nehmen:

Inhalt	In der ersten Strophe beschreibt der Sprecher den Lärmpegel und ... • In der zweiten Strophe werden die Menschen ... • Wurde in den ersten beiden Strophen die Großstadt bei Tag beschrieben, werden in der dritten und vierten Strophe ...
Formaler Aufbau	Bei dem vorliegenden Gedicht handelt es sich um ein Sonett, das aus ... besteht. • Die Quartette sind in einem ... Reim verfasst. Bei den Terzetten ... • Das Metrum des Gedichts ist unregelmäßig, was den Lärm und ... unterstreicht. • Der Aufbau des Sonetts spiegelt sich auch im Inhalt wider, denn ...
Sprachliche Gestaltung und Wirkung	Gleich zu Beginn des ersten Verses wird der Ort des Geschehens, der „Potsdamer Platz“ (Vers 1), genannt. In „ewigem Gebrüll“ (Vers 1) stürzen Lärm ... **Weitere Formulierungsbausteine** Die sprachlichen Bilder ... verstärken den Eindruck ... • hervorheben • veranschaulichen • unterstreichen • verdeutlichen • wird deutlich • drücken aus, wie • erinnern an • wirken • verstärken den Eindruck von • betonen • führen dazu, dass ... • durch ... kann man sich ... vorstellen • wird hervorgehoben

3 a Fasst zum Schluss die wesentlichen Ergebnisse zusammen oder nehmt Stellung zum Gedicht.
- *Zusammenfassend kann man sagen, dass das Gedicht ... Auffallend ist, dass ...*
- *Insgesamt wird deutlich, dass in diesem Gedicht ... Wie oben gezeigt, unterstreichen die sprachlichen Bilder ...*
- *Meiner Meinung nach wird in dem Gedicht ... Dies geschieht durch ...*
- *Mir hat das Gedicht gefallen/nicht so gut gefallen, denn ...*

b Überarbeitet eure Texte mit Hilfe des folgenden Merkkastens.

Information **Ein Gedicht schriftlich interpretieren**

- In der **Einleitung** nennt ihr die Art des Textes, den Titel, den Namen des Autors/der Autorin, das Entstehungsjahr und das Thema des Textes.
- Im **Hauptteil** fasst ihr die wichtigsten Ergebnisse eurer Analyse in einer geordneten Reihenfolge zusammen: Beginnt mit einer **kurzen Inhaltsangabe** (am besten strophenweise). Beschreibt dann den **formalen Aufbau** des Gedichts (Strophe, Verse, Reimform, Metrum) und die **sprachlichen Gestaltungsmittel** (sprachliche Bilder, Wortwahl usw.). Erläutert die Funktion und die Wirkung der Gestaltungsmittel und stellt immer wieder einen Bezug zum Inhalt und zur Aussage des Gedichts her.
  Belegt eure Untersuchungsergebnisse mit Zitaten (▸ Zitieren, S. 328).
- Fasst zum **Schluss** die wesentlichen Ergebnisse eurer Gedichtanalyse zusammen oder nehmt Stellung zum Gedicht.

Testet euch!

Gedichte untersuchen

Theodor Storm

Die Stadt (1854)

Am grauen Strand, am grauen Meer
Und seitab liegt die Stadt;
Der Nebel drückt die Dächer schwer,
Und durch die Stille braust das Meer
Eintönig um die Stadt.

Es rauscht kein Wald, es schlägt im Mai
Kein Vogel ohn Unterlass;
Die Wandergans mit hartem Schrei
Nur fliegt in Herbstesnacht vorbei,
Am Strande weht das Gras.

Doch hängt mein ganzes Herz an dir,
Du graue Stadt am Meer;
Der Jugend Zauber für und für
Ruht lächelnd doch auf dir, auf dir,
Du graue Stadt am Meer.

1 a Schreibt den Text mit den richtigen Aussagen in euer Heft.

In dem Gedicht / Sonett „Die Stadt" von Theodor Storm aus dem Jahr 1854 beschreibt der Sprecher seine Heimatstadt und seine Gefühle gegenüber dieser Stadt / eine Stadt am Meer, die ihm auf den ersten Blick nicht gefällt, ihn dann aber doch verzaubert.
In den ersten beiden Strophen wird ein trostloses / geheimnisvolles / friedliches / ländliches Bild von der Stadt und der sie umgebenden Landschaft entworfen. In der dritten Strophe beschreibt das lyrische Ich / Theodor Storm seine positive Beziehung zu dieser Stadt / glückliche Jugend in dieser Stadt. Das Gedicht besteht aus drei Strophen / Versen mit jeweils fünf Zeilen / Versen, die nach dem Schema abaab / abbaa / ababa gereimt sind. Das Metrum ist ein Daktylus / Jambus / Trochäus.

b Führt die Gedichtinterpretation fort. Die folgenden Hinweise helfen euch:

Beschreibung der Stadt in den ersten beiden Strophen: grau, düster, eintönig, unbelebt
Wiederholung des Farbadjektivs „grau" (Vers 1), Adjektive „schwer" (Vers 3) und „eintönig" (Vers 5); Personifikation: „der Nebel drückt die Dächer schwer" (Vers 3) • „Es rauscht kein Wald" (Vers 6), kein Vogel singt (vgl. Vers 6 f.) • harter Schrei der Wandergans (vgl. Vers 8)

Wende in der dritten Strophe: lyrisches Ich liebt seine Heimatstadt
Konjunktion „doch" (Vers 11) leitet Gegensatz ein • persönliche, vertraute Anrede der Stadt durch ... • positive Wörter und sprachliche Bilder wie ...

c Vergleicht eure Ergebnisse aus den Aufgaben 1a und b in Partnerarbeit.

7.2 Babbeln, schwätzen, schwade, schnacken – Dialekte untersuchen

In den vergangenen Jahren versammelten sich unter dem Motto „Arsch huh, Zäng ussenander!“ immer wieder Zehntausende Menschen in der Kölner Innenstadt, um gemeinsam mit Kölner Musikern und Rockbands gegen Fremdenfeindlichkeit und Rechtsextremismus zu demonstrieren. Zum Abschluss eines dieser Konzerte sangen alle gemeinsam folgendes Lied:

Bläck Fööss

Unsere Stammbaum

Ich wor 'ne stolze Römer, kom met Caesars Legion,
un ich ben ne Franzus, kom mem Napoleon.
Ich ben Buur, Schreiner, Fescher, Bettler un Edelmann,
Sänger un Gaukler, su fing alles aan.

wor: war; kom: kam
Buur: Bauer; Fescher: Fischer

Refrain:

Su simmer all he hinjekumme,
mir sprechen hück all dieselve Sproch.
Mir han dodurch su vill jewonne.
Mir sin, wie mer sin, mir Jecke am Rhing.
Dat es jet, wo mer stolz drop sin.

simmer: sind wir; hinjekumme: hingekommen
hück: heute; Sproch: Sprache
han: haben; jewonne: gewonnen
Jecke: Narren; Rhing: Rhein

Ich ben us Palermo, braat Spaghettis für üch met.
Un ich wor ne Pimock, hück laach ich met üch met.
Ich ben Grieche, Türke, Jude, Moslem un Buddhist,
mir all, mir sin nur Minsche, vür'm Herjott simmer glich.

Pimock: Zuwanderer aus dem Osten

Refrain: Su simmer all …

De janze Welt, su süht et us,
es bei uns he zo Besök.
Minsche us alle Länder
triff m'r he aan jeder Eck.
M'r gläuv, m'r es en Ankara, Tokio oder Madrid,
doch se schwade all wie mir
un söke he ihr Glöck.

Besök: Besuch

schwade: sprechen

Refrain: Su simmer all …

1 a Lest die Informationen auf Seite 158. Erklärt, was mit dem Motto „Arsch huh, Zäng ussenander!" („Hintern hoch, Zähne auseinander!") gemeint sein könnte.
b Begründet: Was haltet ihr davon, wenn sich Musiker oder Künstler politisch engagieren?

2 Lest den Text „Unsere Stammbaum" zunächst still. Tragt ihn dann laut vor der Klasse vor.
TIPP: Wie in vielen Dialekten wird das „g" am Silbenanfang oft als „j" gesprochen.

3 a Übersetzt den Song ins Hochdeutsche. Ihr könnt die Strophen auch in Gruppen bearbeiten.
b Erklärt, worum es in dem Song geht. Überlegt auch, welchen Bezug der Titel zum Text hat.
c Diskutiert, wie ihr Vers 6 versteht.
d Vergleicht eure Übersetzungen des Songs mit dem Original. Begründet, ob sich durch die Übersetzung die Aussage oder die Stimmung des Songs verändert.

4 Den Dialekt, in dem der Song verfasst ist, nennt man Rheinisch. Untersucht, welche Merkmale dieser Dialekt hat, indem ihr einzelne Wörter aus dem Text mit den entsprechenden hochdeutschen Wörtern vergleicht und die Unterschiede benennt:
- Gibt es Buchstaben, die wegfallen?
- Werden Wörter zusammengezogen?
- Welche Unterschiede könnt ihr bei den Vokalen und Konsonanten feststellen?

Adolf Stoltze

Die Frankforter Sprach

Die Frankforter Mundart, was klingt die so schee,
Die Hauptsach is freilich, mer[1] muss se versteh;
Die is derr[2] net eckig, die is derr net spitz,
Die is derr for jede Empfindung was nitz.

Die Frankforter Mundart, des is doch gewiss,
Laut so, wie der Schnawwel gewachse ähm is.
Was hat mer dann nor von dem vornehm Geredd,
Von Herze kimmt so e Gebabbel doch net.

Des Hochdeutsch will mehr wie die Mundart derr sei,
Leiht da in dem „Hoch“ net der Hochmut schon drei?
Als Schriftsprach, da is es am Enn net so schlecht,
Als Sprechsprach is oder die Mundart nor echt.

1 mer: man
2 derr: dir

1 Lest den Text zunächst leise und tragt ihn dann laut vor.

2 a Erklärt, was das Thema des Gedichts ist.

b Das Gedicht ist in Frankfurter Mundart verfasst. Stellt anhand des Textes gegenüber, welche Eigenschaften der Frankfurter Mundart zugeschrieben werden und welche der Hochsprache.

Frankfurter Mundart (Dialekt)	Hochdeutsch
klingt schön (vgl. Vers 1)	…

c Diskutiert: Könnt ihr euch dieser Gegenüberstellung von Dialekt und Hochdeutsch anschließen?

3 Nennt einige Merkmale, die für den Frankfurter Dialekt typisch erscheinen.

Information **Dialekte**

Dialekte (auch Mundarten genannt) sind Sprachvarianten, die an eine bestimmte geografische Region gebunden sind und von der **Standardsprache** (auch Hochdeutsch genannt) unterschieden werden.
Man teilt die Dialekte grob in das **Niederdeutsche** (Dialekte in Norddeutschland, auch „Plattdeutsch“ genannt), das **Mitteldeutsche** (Dialekte in Mitteldeutschland) und das **Oberdeutsche** (Dialekte in Süddeutschland) ein.

Fordern und fördern – Ein Dialektgedicht untersuchen

Luise Ortlieb

Hamborgs Nachtmelodie

De grote Stadt will slopen gohn,
Doch kummt se nich doarto,
Denn Minschensinn un Minschendoon
Giwwt Dag un Nacht keen Roh!

Vun Petri[1] dröhnt de Klockenslag,
Hork, nu is't Mitternacht!
De breete Strot liggt as[2] an'n Dag
In Larm un Lichterpracht.

Se brennt in Greun, in Blau, in Rot,
Neon is dat Fanol[3],
De Autos jogt sick fast to Dod
Des Asphaltbohn hendol[4]!

Als noch de Minsch noh[5] Wark un Doon
Mokt sick getrost bereit,
Mit Stadt un Börgers still to rohn
In sanfte Dunkelheit ...!

De grote Stadt will slopen gohn,
Doch kummt se nich doarto,
Denn Minschensinn un Minschendoon
Giwwt Dag un Nacht keen Roh!

1 Sankt-Petri-Kirche in Hamburg
2 as: als, wie
3 Fanol: Signal
4 hendol: hinunter, hinab
5 noh: nach

1 Tragt das Gedicht laut vor. Erklärt dann, was eurer Meinung nach das Thema des Textes ist.

2 Das Gedicht ist in Niederdeutsch verfasst. Lest die Informationen im Merkkasten auf Seite 162. Erläutert in eigenen Worten, wodurch sich Niederdeutsch und Hochdeutsch unterscheiden.

3 Übersetzt das Gedicht. Verschiebt dabei auch einzelne Laute, z. B.: *grote → große (ss/ß)*
▷ Hilfen zu dieser Aufgabe findet ihr auf Seite 162.

4 Belegt anhand des Textes, dass die Stadt in diesem Gedicht personifiziert wird.
▷ Hilfen zu dieser Aufgabe findet ihr auf Seite 162.

5 Übertragt die Tabelle in euer Heft. Übersetzt dann die folgenden niederdeutschen Wörter ins Hochdeutsche und danach ins Englische, indem ihr die Laute verschiebt.

Lautverschiebung	Niederdeutsch → Hochdeutsch	Englisch
p → pf/f	*Peper → Pfeffer*	*pepper*

niederdeutsche Wörter:
Peper • Appel • Water • wat • beter • breken • koken

▷ Hilfen zu dieser Aufgabe findet ihr auf Seite 162.

6 Vergleicht die niederdeutschen Wörter mit den englischen. Was stellt ihr fest?

Aufgabe 3 mit Hilfen

Übersetzt das Gedicht. Verschiebt dabei auch einzelne Laute. Orientiert euch hierbei an der Spalte „Lautverschiebung" im Merkkasten unten, z. B.:

grote → große (ss/ß); slopen → schlafen
doarto → dazu
Menschendoon → Menschentun
Dag → Tag

Die große Stadt will schlafen gehn,
doch kommt sie nicht dazu,
denn Menschensinn und Menschentun
geben Tag und Nacht keine Ruhe!

Aufgabe 4 mit Hilfen

Belegt anhand des Textes, dass die Stadt in diesem Gedicht personifiziert wird.
Seht euch dazu die Verse 1 und 2 sowie 17 und 18 an. Formuliert in eigenen Worten, z. B.:
Jn dem niederdeutschen Gedicht ... von ... wird die Stadt personifiziert. Jm ersten und zweiten Vers wird die Stadt als ... beschrieben. Die Verben ... und ... werden üblicherweise ... verwendet. Dieses sprachliche Bild wiederholt sich in den Versen ... So entsteht das Bild einer lebendigen ...

Aufgabe 5 mit Hilfen

Übertragt die Tabelle in euer Heft. Übersetzt dann die folgenden niederdeutschen Wörter ins Hochdeutsche und danach ins Englische, indem ihr die Laute verschiebt.

Lautverschiebung	Niederdeutsch → Hochdeutsch	Englisch
p → pf/f	*Peper → Pfeffer* *Appel → ...*	*pepper* ...
t → s/ss/tz/z	*Water → ...* ...	... ...
k → ch	...	...

niederdeutsche Wörter:
Peper • Appel • Water • wat • beter • breken • koken

6 Vergleicht die niederdeutschen Wörter mit den englischen. Was stellt ihr fest?

Information **Sprache im Wandel (Lautverschiebung)**

Das Deutsche hat sich, wie auch viele andere Sprachen, im Laufe der Jahrhunderte in seiner Lautung (und auch Schreibweise) gewandelt. Diesen **Sprachwandel** (Lautverschiebung) haben die **einzelnen Dialekte in unterschiedlicher Weise mitgemacht.** Das **Niederdeutsche** (Dialekte in Norddeutschland) hat diese Lautverschiebung im Unterschied zum Mittel- und Oberdeutschen (Dialekte in Mittel- und Süddeutschland) **nicht vollzogen.**

Lautverschiebung, z. B.:	Beispiele: Niederdeutsch (keine Lautverschiebung)	Hochdeutsch (Lautverschiebung)
p → f/pf	slopen/slapen, Perd	schlafen, Pferd
t → s/ss/tz/z	dat, eten	das, essen
k → ch	maken	machen
d → t	Dag	Tag

Die deutschen Dialekte

1 Beschreibt, was auf der Landkarte abgebildet ist.

2 a Ordnet die Dialekte, in denen das Lied und die Gedichte auf den Seiten 158–161 verfasst sind, einer geografischen Region auf der Karte zu.
b Welcher Dialekt wird bei euch oder in eurer Nähe gesprochen? Sucht seinen Namen auf der Landkarte.
c Stellt Vermutungen darüber an, warum es neben der Hochsprache so viele Dialekte gibt.

3 a Berichtet: Welche Menschen sprechen bei welchen Gelegenheiten Dialekt?
b Diskutiert, welche Bedeutung der Dialekt (die Mundart) für euch hat. Überlegt dabei:
– Wann und mit wem sprecht ihr Dialekt?
– Gibt es Gründe, warum ihr in bestimmten Situationen oder mit bestimmten Personen lieber Dialekt oder Hochdeutsch sprecht?

7.3 Fit in ... – Ein Gedicht untersuchen

Die Aufgabenstellung verstehen

Stellt euch vor, ihr bekommt in der nächsten Klassenarbeit die folgende Aufgabe gestellt:

Verfasse eine Gedichtinterpretation. Gehe so vor:

a Untersuche den Inhalt, die Form und die sprachlichen Gestaltungsmittel des Gedichts „Blauer Abend in Berlin" von Oskar Loerke.

b Schreibe dann auf Grundlage deiner Ergebnisse eine Gedichtinterpretation, bestehend aus Einleitung, Hauptteil und Schluss.

Oskar Loerke

Blauer Abend in Berlin (1911)

Der Himmel fließt in steinernen Kanälen;
Denn zu Kanälen steilrecht[1] ausgehauen
Sind alle Straßen, voll vom Himmelblauen.
Und Kuppeln gleichen Bojen, Schlote[2] Pfählen

Im Wasser. Schwarze Essendämpfe[2] schwelen
Und sind wie Wasserpflanzen anzuschauen.
Die Leben, die sich ganz am Grunde stauen,
Beginnen sacht vom Himmel zu erzählen,

Gemengt, entwirrt nach blauen Melodien.
Wie eines Wassers Bodensatz und Tand[3]
Regt sie des Wassers Wille und Verstand

Im Dünen[4], Kommen, Gehen, Gleiten, Ziehen.
Die Menschen sind wie grober bunter Sand
Im linden[5] Spiel der großen Wellenhand.

1 steilrecht: genau senkrecht
2 der Schlot/die Esse: hoher Schornstein
3 der Tand: wertloser Trödel, Zeug
4 dünen: Wortneuschöpfung; hin und her wogen
5 lind: sanft

1 a Lest euch die Aufgabenstellung aufmerksam durch.
b Besprecht in Partnerarbeit, was genau zur Untersuchung des Gedichts gehört und wie ihr hierbei vorgehen könnt.

Das Gedicht untersuchen und eine Stoffsammlung anlegen

2 a Lest das Gedicht „Blauer Abend in Berlin“ mehrmals durch und überlegt, worum es geht:
Jn dem Gedicht wird die Stadt wie eine Jndustrielandschaft/eine Wasserlandschaft/eine himmlische Landschaft beschrieben.

b Notiert nach dem Lesen eure ersten Eindrücke, z. B.:
- *Beim Lesen des Gedichts entsteht der Eindruck …*
- *Mir fällt besonders auf …*

3 Kopiert das Gedicht oder schreibt es ab. Haltet dann fest, was euch beim intensiven Lesen und Nachdenken auffällt. Achtet dabei auf den Inhalt, die Form und die sprachlichen Bilder:

Inhalt:
- Umkreist Wörter, die für die Aussage besonders wichtig sind.
- Gebt den Inhalt des Gedichts knapp wieder.

Form:
- Notiert, wie viele Strophen mit wie vielen Versen das Gedicht hat. Überlegt, ob eine besondere Gedichtform vorliegt.
- Bezeichnet die Wörter, die sich reimen, mit gleichen Buchstaben. Welche Reimform liegt vor?
- Bestimmt das Metrum, indem ihr die Betonungszeichen setzt.

Sprachliche Gestaltungsmittel:
- Markiert die sprachlichen Bilder, die die Vorstellung einer besonderen Landschaft entstehen lassen.
- Überlegt, um welche Stilmittel es sich handelt, und versucht, sie mit euren eigenen Worten zu erklären, z. B.:

Textbeleg (Verszeile)	Stilmittel	Wirkung, Deutung
„Der Himmel fließt in steinernen Kanälen“ (Vers 1)	*Metapher*	*Der Himmel erscheint am Abend wie ein Fluss, der durch die Straßen fließt*
…	…	*Straßen wirken wie Schifffahrtskanäle*
		Kuppeln werden zu Bojen und Schlote zu Pfählen im Wasser
		Rauchschwaden aus den Schornsteinen werden mit Wasserpflanzen verglichen
		Menschen …

Die Gedichtinterpretation schreiben und überarbeiten

4 Verfasst auf Grundlage eurer Untersuchungsergebnisse eine Gedichtinterpretation, bestehend aus Einleitung, Hauptteil und Schluss. Geht so vor:

a Formuliert eine Einleitung, in der ihr über die Art des Textes, den Titel, den Autor, das Entstehungsjahr und das Thema des Gedichts informiert. Ihr könnt die folgenden Formulierungsbausteine zu Hilfe nehmen:
- *In dem Gedicht mit dem Titel ... von ... aus dem Jahr ... werden die Stadt und die Menschen ...*
- *In Oskar Loerkes Gedicht ... aus dem Jahr ... wird die Stadt wie eine ... beschrieben.*

b Stellt im Hauptteil die Ergebnisse eurer Gedichtanalyse in einer geordneten Reihenfolge dar. Belegt eure Aussagen mit Zitaten aus dem Gedicht (▸ Textbelege zitieren, S. 328). Ihr könnt die folgenden Formulierungsbausteine zu Hilfe nehmen:

Inhalt	Das Gedicht lässt sich inhaltlich in zwei Teile gliedern. Im ersten Teil (Vers 1–7) wird die Stadt ... • Im zweiten Teil stehen die Menschen ...
Formaler Aufbau	Bei dem vorliegenden Gedicht handelt es sich um ein Sonett, das aus ... besteht. • Die Quartette sind in einem ... Reim verfasst. Bei den Terzetten ... • Das Metrum des ...
Sprachliche Gestaltung und Wirkung	Im gesamten Gedicht wird die Stadt bildhaft in Form einer Wasserlandschaft dargestellt, in der die Menschen ... • Schon in der ersten Strophe wird die Abendstimmung in der Stadt ... • ...

c Fasst zum Schluss die wesentlichen Ergebnisse zusammen oder nehmt Stellung zum Gedicht.

- *Insgesamt wird deutlich, dass in diesem Gedicht die Stadt und die Menschen als Teil der Natur ... Die Bilder erzeugen den Eindruck, dass ...*
- *Mir hat das Gedicht gefallen/nicht so gut gefallen, weil ...*

5 Überarbeitet eure Texte in Partnerarbeit. Die folgende Checkliste hilft euch dabei.

Checkliste

Ein Gedicht untersuchen

- Habt ihr in der **Einleitung** die Art des Textes, den Titel, den Namen des Autors/der Autorin, das Entstehungsjahr und das Thema des Gedichts benannt?
- Habt ihr im **Hauptteil** die wichtigsten Untersuchungsergebnisse dargestellt und durch Zitate belegt?
  – Kurze Zusammenfassung des Inhalts?
  – Darstellung des formalen Aufbaus (Strophen/Verse, Reimform, Metrum)?
  – Beschreibung der sprachlichen Gestaltungsmittel und Erläuterung der Wirkung?
- Habt ihr zum **Schluss** die Gesamtaussage des Gedichts noch einmal zusammengefasst oder beschrieben, wie das Gedicht auf euch wirkt oder wie es euch gefällt?

8 Verbotene Liebe: „Romeo und Julia" – Ein Drama untersuchen

Szenenfoto aus dem Film „Romeo und Julia" mit Leonardo DiCaprio und Claire Danes in den Hauptrollen

1 Auf dem Szenenfoto ist eines der berühmtesten Liebespaare der Weltliteratur dargestellt. Berichtet, was ihr über Romeo und Julia wisst.

2 Der Film basiert auf dem gleichnamigen Drama des englischen Dichters William Shakespeare (1564–1616). Kennt ihr weitere Theaterstücke dieses Dramatikers oder habt ihr andere Kenntnisse über sein Leben und Werk?

3 An einer Theateraufführung sind neben den Schauspielerinnen und Schauspielern noch viele andere Personen beteiligt. Nennt die verschiedenen Aufgaben, die zur Aufführung eines Theaterstücks gehören.

In diesem Kapitel ...

- lernt ihr die wohl berühmteste Liebesgeschichte der Weltliteratur, das Drama „Romeo und Julia", kennen,
- untersucht ihr Figuren und ihre Konflikte in diesem Drama,
- lest und spielt ihr Theaterszenen und entwickelt eigene Interpretationsansätze,
- erhaltet ihr Projektideen rund um Shakespeare.

8.1 „... auf Leben und Tod" – Handlung und Figuren kennen lernen

Zwei Familien im Streit – Die Exposition und den Konflikt untersuchen

William Shakespeare

Romeo und Julia (1. Akt, 1. Szene)

Die wichtigsten Figuren der Tragödie

Fürst von Verona	
Graf Paris	reicher Verwandter des Fürsten
Bruder Laurenz	Priester
Familie Montague	
Montague *Lady Montague*	Romeos Eltern
Romeo	Sohn der Montagues
Benvolio	Romeos Cousin
Familie Capulet	
Capulet *Lady Capulet*	Julias Eltern
Julia	Tochter der Capulets
Tybalt	Julias Cousin

Die Handlung von „Romeo und Julia" spielt um 1300 in der mittelalterlichen Handelsstadt Verona (Oberitalien). Zwei adlige Familien, die Montagues und die Capulets, sind seit Generationen zerstritten.

Verona, ein öffentlicher Platz.
Sampson und Gregory, zwei Diener der Familie Capulet, treffen auf Abram und einen weiteren Bediensteten der Montagues.

SAMPSON: Fang Streit mit ihnen an! Ich halte dir den Rücken frei.
GREGORY: Wegrennen wirst du.
SAMPSON: Aber lass *sie* den Streit anfangen, dann sind *wir* im Recht.
GREGORY: Ich werde ihnen Fratzen schneiden. Mal sehen, was sie dann machen.
SAMPSON: Ich werde vor ihnen ausspucken. Das wird sie beleidigen.
ABRAM: Spucken Sie uns an, Sir?
SAMPSON: Ich spucke aus, Sir.
GREGORY: Streitet ihr euch?
ABRAM: Streiten? Nein, Sir.

(Benvolio tritt auf)

BENVOLIO: Hört auf, ihr Narren!
Steckt eure Waffen ein, ihr wisst ja nicht, was ihr tut.

(Tybalt tritt auf.)

TYBALT: Was? Lass doch die feigen Hunde.
Komm her, Benvolio, auf Leben und Tod!

BENVOLIO: Ich will nur Frieden stiften. Steck dein Schwert weg.

TYBALT: Was, mit der Waffe in der Hand willst du Frieden stiften?
Ich hasse das Wort „Frieden“! Ich hasse alle Montagues! – Und dich ganz besonders! Los, Feigling, wehr dich!

(Sie fechten. Drei oder vier Bürger treten auf, mit Knüppeln und Spießen.)

BÜRGER: Her mit den Knüppeln und Spießen! Stoßt zu! Schlagt sie zusammen! Nieder mit den Capulets! Nieder mit den Montagues!

(Der alte Capulet im Schlafanzug und seine Frau treten auf.)

CAPULET: Was ist das für ein Geschrei? – He, gebt mir mein Schwert!

LADY CAPULET: Nein, Krücken brauchst du – und kein Schwert!

(Der alte Montague und seine Frau treten auf.)

CAPULET: Mein Schwert, sag ich!
Der alte Montague schwingt seins doch auch gegen mich!

MONTAGUE: Capulet, du Verbrecher!
(Zu seiner Frau:) Halt mich nicht zurück! Lass mich los!

LADY MONTAGUE: Keinen Schritt weiter!

(Der Fürst tritt mit seinem Gefolge auf.)

FÜRST: Rebellisches Volk! Feinde des Friedens!
Die ihr eure Schwerter mit dem Blut des Nachbarn entweiht, wollt ihr nicht aufhören? – Wie die wilden Tiere, die ihre Raserei nur mit Blut besänftigen können!
Werft sofort eure Waffen weg oder erwartet strengste Strafe!
Schon drei Mal gab es Streitereien in Verona wegen irgendwelcher unbedachter Worte von dir, alter Capulet, und von dir, Montague.
Drei Mal schon habt ihr die Ruhe unserer Straßen gestört, sodass die alten Bürger von Verona ihre verrosteten Waffen hervorholen mussten, um euch zu trennen.
Wenn ihr noch einmal den Frieden der Stadt stört, bezahlt ihr das mit eurem Leben. –
Jetzt gehen alle nach Hause!

1 Lest die Szene zunächst leise alleine. Schaut euch auch das Figurenverzeichnis (▸ S. 168) an. Tragt sie dann mit verteilten Rollen vor.

2 Fasst den Inhalt der Szene zusammen. Ihr könnt hierzu die folgenden Handlungsschritte ergänzen.

- *Gregory und Sampson aus dem Hause Capulet zetteln eine Auseinandersetzung an.*
- *Benvolio aus dem Hause Montague versucht, den Streit zu schlichten.*
- *Tybalt aus dem Hause Capulet möchte keinen Frieden schließen.*
- *...*

3 Zwischen Romeos Familie der Montagues und den Capulets, der Familie Julias, besteht ein tiefer Hass. Dieser äußert sich auch in den Äußerungen der verfeindeten Familienangehörigen. Lest den Anfang der Eingangsszene (▶ Z. 1–31) noch einmal, findet Beispiele für diesen Hass und erläutert sie.

feindschaftliche Äußerungen	Erläuterungen
„Ich werde ihnen Fratzen schneiden“ (Z. 4).	*Der Diener zeigt große Respektlosigkeit.*
...	...

4 Erläutert, welche Rolle der Fürst bei diesem Streit spielt.

Das mittelalterliche Verona

Verona, Stadt in Norditalien, war eine reiche Handelsstadt, in der die wohlhabenden Bürger in Großfamilien zusammenlebten. Während Jungen schon vor der Ehe erste Liebeserfahrungen machen durften, mussten die Mädchen als Jungfrauen in die Ehe gehen. Sie heirateten jung, häufig schon mit zwölf oder 13 Jahren, obwohl die Ehemänner oft sehr viel älter waren. Den Hochzeiten, die von den Familienoberhäuptern ausgehandelt wurden, durften sich die Kinder nicht widersetzen.
Über Verona herrschte ein vielseitig gebildeter Fürst, der für Ruhe und Ordnung sorgte und Recht sprach, wenn Gesetze gebrochen wurden. Neben der Todesstrafe war die Verbannung, der Ausschluss aus der Gemeinschaft durch die Vertreibung aus einer Stadt, eine der härtesten Strafen.

5 Gebt mit eigenen Worten wieder, was ihr über das mittelalterliche Verona erfahren habt. Was könnten die damals gängigen Heiratsgewohnheiten für Romeo und Julia bedeuten?

William Shakespeare

Romeo und Julia (1. Akt, 5. Szene)

Der Festsaal im Hause Capulet.
Die Familie der Capulets gibt ein rauschendes Kostümfest zu Ehren Julias und des Grafen Paris, ihres ausersehenen Ehemanns. Romeo schleicht sich mit seinem Cousin Benvolio verkleidet in den Festsaal.

ROMEO *(erblickt Julia. Zu einem Diener)*: Wer ist die Dame dort, die jetzt dem Ritter ihre Hand reicht?
DIENER: Ich weiß nicht, Sir.
ROMEO *(voller Bewunderung)*: Sie leuchtet heller als alle Fackeln, ihre Schönheit strahlt mehr als ein Diamant am Ohr einer dunklen Schönen.
Sie ist wie eine schneeweiße Taube inmitten ihrer Begleiterinnen, die wie Krähen wirken neben ihr.
Ich will aufpassen, wo sie nach dem Tanz Platz nimmt.
Ich will mit meiner plumpen Hand ihre zarte Hand berühren.
Mein Herz, hast du je geliebt, vergiss es!
Erst heute Abend sehe ich – die wahre Schönheit!

TYBALT: Seiner Stimme nach zu urteilen, ist das ein Montague!
(Zu seinem Diener:)
Hol mir das Schwert, Junge. Was? Wagt der Lümmel, hierherzukommen und hinter der albernen Maske unser Fest zu stören? –
Nun, bei unserer Familienehre, ich schlage ihn tot und denke, das ist keine Sünde.
CAPULET: Was hast du vor? Warum so wütend?
TYBALT: Dies ist ein Montague, einer von unseren Feinden.
Der Schuft ist hierhergekommen, um unser Fest zu stören.
CAPULET: Das ist doch der junge Romeo.
TYBALT: Der Lümmel Romeo!
CAPULET: Nimm dich zusammen, lass ihn zufrieden.
Er benimmt sich wie ein Edelmann.
[...]
ROMEO *(Er himmelt Julia an und nimmt ihre Hand):* Wenn ich mit meiner unwürdigen Hand dich Heilige entweihe, ist das nur eine leichte Sünde.
Meine Lippen sind bereit,
die grobe Berührung durch einen zarten Kuss zu mildern.
JULIA: Da tun Sie Ihrer Hand wirklich Unrecht, sie drückt mir ja Ihre Verehrung aus.
Auch Heiligenfiguren haben Hände, die ein andächtiger Pilger berühren darf.
ROMEO: Haben Heilige nicht auch Lippen,
und fromme Pilger ebenso?
JULIA: Pilger sollten sie zum Beten gebrauchen.
ROMEO: Liebe Heilige, lass die Lippen tun, was die Hände taten, damit aus Glaube nicht Verzweiflung wird.
JULIA *(lächelnd):* Heiligenfiguren halten still, wenn sie dem Betenden eine Bitte gewähren.
ROMEO: Dann halte auch still, wenn ich tue, wofür ich gebetet habe.
(Er küsst sie.)
So sind meine Lippen von jeder Sünde frei.
JULIA: Jetzt haben meine Lippen deine Sünde.
ROMEO: Sünde von meinen Lippen?
Ein süßer Vorwurf!
Gib mir meine Sünde wieder.
(Er küsst sie noch einmal.)
JULIA: Du verstehst zu küssen. –
(Die Amme[1] kommt.)
AMME: Madam, Ihre Mutter möchte mit Ihnen sprechen.
(Julia geht zögernd weg.)
ROMEO *(zur Amme):* Wer ist ihre Mutter?
AMME: Na, guter Mann,
ihre Mutter ist die Herrin dieses Hauses,
eine gute Dame, klug und tugendsam.
Ich habe ihre Tochter großgezogen, mit der Sie gerade gesprochen haben.
Ich sage Ihnen, wer sie einmal bekommt, hat das ganz große Los gezogen.

1 die Amme: In reichen Familien wurden die Kinder nicht von ihren Müttern, sondern von Ammen aufgezogen.

Romeo: O Gott! Sie ist eine Capulet?
Ich würde für sie mein Leben hingeben.
[...]
(Romeo verlässt das Fest, Julia blickt ihm hinterher und wendet sich an ihre Amme.)
Julia: Geh, frag nach seinem Namen. –
Wenn er schon verheiratet sein sollte,
dann will ich sterben, und mein Grab wird mein Brautbett sein.
(Amme hat sich erkundigt und kommt zurück.)
Amme: Sein Name ist Romeo, ein Montague, der einzige Sohn unseres alten Feindes.
Julia: Meine große Liebe – zu dem verhassten Feind!
Die Liebe beginnt für mich unheilvoll. Ich kannte ihn nicht,
und jetzt liebe ich ihn, diesen verhassten Feind.

1 a Lest mehrmals und in verschiedener Besetzung den Monolog Romeos (▶ Z. 3–9), in dem er sich zum ersten Mal über Julia äußert.
TIPP: Drückt mit eurer Sprechweise, eventuell auch mit Mimik und Gestik aus, wie sich die Figur fühlt oder wie eine Äußerung gemeint ist.
b Diskutiert, wer in seinem Vortrag Romeos Gefühle am besten wiedergegeben hat.

2 Gebt den Inhalt der Szene wieder, einmal aus der Sicht Romeos, dann aus der Sicht Julias. Nehmt jeweils die Rolle von Romeo bzw. Julia ein und berichtet, was geschehen ist, z. B.:
- *Zusammen mit meinem Cousin Benvolio habe ich mich ...*
- *Meine Eltern haben für mich und ... ein Fest ...*

3 Bei ihrer ersten Begegnung redet Romeo Julia als „Heilige“ an (▶ Z. 24). Lest den Dialog zwischen Romeo und Julia (▶ Z. 23–43). Gehen die beiden sehr „heilig“ miteinander um? Belegt eure Meinung mit Textbeispielen.

4 a Die ersten Szenen eines Dramas (Exposition) geben wichtige Hinweise auf den weiteren Handlungsverlauf. Erklärt, welche Konflikte sich bereits abzeichnen.
b Fasst zusammen, was ihr in den beiden Szenen (▶ S. 168–169; 170–172) über Ort und Zeit des Geschehens, die Hauptfiguren und den Konflikt erfahrt.
Das Drama „Romeo und Julia“ spielt um 1300 in der italienischen Stadt ...
Schon in der ersten Szene wird die Feindschaft der Familien Capulet und Montague deutlich. Bereits drei Mal ist es ...

5 Stellt euch vor: Nach ihrer ersten Begegnung vertrauen Julia und Romeo ihre Hoffnungen, aber auch ihre Befürchtungen ihrem Tagebuch an. Schreibt einen dieser Einträge.

Information **Die Exposition**

Die Exposition umfasst im klassischen Drama meist den ersten Akt und ist eine Art Einleitung, die in die Handlung einführt. Hier werden die Zuschauer über Zeit und Ort des Geschehens informiert und lernen die Hauptfiguren (Protagonisten) kennen. Gleichzeitig wird der zentrale Konflikt des Dramas angekündigt.

„Mit den leichten Flügeln der Liebe" – Eine Dramenszene untersuchen

William Shakespeare

Romeo und Julia (2. Akt, 2. Szene)

Im Garten der Capulets. Julia auf dem Balkon.

JULIA *(zu sich selbst)*: O Romeo, Romeo! Warum musst du Romeo sein?
Verleugne deinen Vater und lege deinen Namen ab. Oder, wenn du es nicht kannst, schwöre mir deine Liebe, und ich will keine Capulet mehr sein.
ROMEO *(zu sich selbst)*: Soll ich länger zuhören? Oder soll ich antworten?
JULIA: Nur dein *Name* ist mein Feind.
Du bist, wie du bist – ob Montague oder nicht.
Was bedeutet schon „Montague"?
[...]
Dein Name ist kein Teil von dir.
Nimm auch *mich*, wie ich bin.
ROMEO: Ich nehme dich beim Wort.
Nenne mich „Geliebter", und ich bin wie neu getauft.
JULIA *(überrascht)*: Wer bist du, fremder Mann, verborgen in der Nacht, der du dich in meine Gedanken einmischst?
ROMEO: Meinen Namen will ich nicht nennen. Mein Name, liebe Heilige, ist mir verhasst, weil er dich an deinen Feind erinnert.
JULIA: Meine Ohren haben noch nicht hundert Worte von deinen Lippen aufgesogen, doch kenne ich den Klang.
Bist du nicht Romeo und ein Montague?
ROMEO: Weder der eine noch der andere, schönes Mädchen, wenn dir diese Namen nicht gefallen.
JULIA: Wie kamst du hierher, sag mir, und wozu?
Die Gartenmauern sind hoch und schwer zu erklettern, und der Ort könnte für dich den Tod bedeuten, wenn meine Verwandten dich hier finden.
ROMEO: Mit den leichten Flügeln der Liebe bin ich über die Mauer geflogen.
Steine können die Liebe nicht aufhalten, und was die Liebe kann, das wird sie auch versuchen.
Deine Verwandten können mich nicht aufhalten.
JULIA: Wenn sie dich sehen, werden sie dich ermorden.
ROMEO: Viel mehr Gefahr liegt in deinen Augen als in tausend Schwertern.
Schau mich liebevoll an, und ich fürchte mich nicht mehr vor den Feinden.
JULIA: Ich will nicht, um alles in der Welt, dass sie dich hier finden.
ROMEO: Der Mantel der Nacht wird mich verbergen.
Nur wenn *du* mich nicht liebst, sollen sie mich hier finden, dann kann mein Leben durch ihren Hass enden.
Was bedeutet mir schon mein Leben ohne deine Liebe?

Julia: Wer hat dir diesen Ort gezeigt?

Romeo: Die Liebe ließ mich nachforschen.
Ich hätte dich gefunden, und wärst du auf einer fernen Insel, vom Meer umtost. Ich hätte alles für dich gewagt.

Julia: Du weißt, ich konnte dich in der Nacht nicht sehen, sonst würde ich mädchenhaft erröten, weil du alles mitgehört hast, was ich hier gesprochen habe.
Gern würde ich die guten Sitten einhalten,
gern würde ich meine Worte zurücknehmen.
Aber wozu? Wichtig ist nur: Liebst du mich wirklich?
Ich weiß, dass du „Ja“ sagen wirst, und will es glauben.
Doch schwöre nicht, Liebesschwüre sind oft falsch.
Oh, edler Romeo, wenn du mich wirklich liebst, sag es offen und ehrlich. Aber wenn du glaubst, du hättest meine Liebe zu *schnell* gewonnen, werde ich widerspenstig sein und „Nein“ sagen.
Aber nur in *diesem* Fall – sonst um nichts in der Welt.
In Wahrheit, schöner Montague, hab ich dich sehr lieb, deshalb vertraue mir, ich bin aufrichtiger als die anderen Mädchen, die sich nur verstellen, wenn sie so tun, als ob sie abweisend sind.
Ich wäre wohl auch abweisender gewesen, wenn du nicht zufällig meine wahre Liebesleidenschaft mitgehört hättest.

Romeo: Ich schwöre bei dem heiligen Mond, der silberhell diese Baumwipfel beleuchtet.

Julia: Oh, schwöre nicht beim Mond, dem unbeständigen, der sich immer verändert, damit deine Liebe nicht auch so veränderlich sein wird.

Romeo: Wobei soll ich denn sonst schwören?

Julia: Schwöre überhaupt nicht.
Dich vergöttere ich und glaube dir auch so.

Romeo: Wenn meines Herzens treue Liebe –

Julia: Lass die wohltönenden Worte heute Nacht.
Alles geschieht so schnell, so unbedacht wie ein Blitz, der schon vorüber ist, ehe man sagen kann: „Es blitzt. – Mein Süßer, gute Nacht!“
[...]

Romeo: Schwör mir noch einmal deine Liebe.

Julia: Alles möchte ich dir geben.
Meine Liebe ist so tief wie das Meer. Je mehr Liebe ich dir gebe, desto mehr Liebe habe ich, das Geben und das Nehmen sind unendlich.
Ich höre drinnen ein Geräusch. – Geliebter, adieu!
(Die Amme ruft von drinnen.)
Gleich, gute Amme! – Süßer Montague, bleib mir treu!
Bleib noch ein wenig, ich komme gleich wieder.
(Julia geht ins Zimmer.)

Romeo: O selige, selige Nacht! Ist das alles nur ein Traum? Ein schmeichelnd süßer Traum?
(Julia tritt oben auf.)

JULIA: Drei Worte noch, lieber Romeo, und dann wirklich „gute Nacht“.
Wenn deine Liebe zu mir *ehrenhaft* ist, dein Ziel die *Ehe,* gib mir morgen Bescheid durch jemanden, den ich dir schicken werde, wo und wann die kirchliche Trauung vollzogen werden soll.
Dir will ich mein Schicksal zu Füßen legen und dir, als meinem Ehemann, durch die ganze Welt folgen.
AMME *(von drinnen):* Madam!
JULIA: Ich komme gleich. – Doch wenn du es nicht gut meinst, dann bitte ich dich –
AMME *(von drinnen):* Madam!
JULIA: Ich komme sofort. – *(zu Romeo):*
... deine Bemühungen einzustellen und mich in meinem Schmerz allein zu lassen.
Morgen werde ich dir einen Boten schicken.
ROMEO: Bei meinem Seelenheil! –
JULIA: Gute Nacht! Gute Nacht!
(Sie verschwindet im Zimmer.)

1 Übt einen ausdrucksvollen Vortrag dieser berühmten Balkonszene.

2 Julia spricht zu Beginn laut zu sich selbst, sie führt einen Monolog (▸ Z. 1–14).
Fasst zusammen, was Julia sagt. Wieso ist es wichtig, dass Julia glaubt, sie sei alleine?

3 Erläutert, was die beiden mit den folgenden Aussagen meinen:
JULIA: Dein Name ist kein Teil von dir. [...]
ROMEO: [...] Nenne mich „Geliebter“, und ich bin wie neu getauft. (▸ Z. 13–16)

4 Romeo und Julia drücken ihre Liebe durch viele Sprachbilder (z. B. Vergleiche, Metaphern) aus.
Nennt einige Beispiele.

5 a Gliedert die Szene in Handlungsschritte und fasst den Inhalt knapp zusammen, z. B.:
Julia tritt auf den Balkon und spricht laut zu sich selbst. → Romeo hält sich versteckt und hört zu. → Julia gesteht ...
b Überlegt, wie sich die Handlung weiterentwickeln könnte.

6 Wählt einen Satzanfang aus und führt ihn fort. Begründet eure Aussage.
- *Nach meiner Meinung ist Julia ...*
- *Durch eine Hochzeit zwischen Romeo und Julia könnte ...*
- *Ich finde, dass Romeo ...*
- *Romeo und Julia verhalten sich sehr leichtsinnig, weil ...*
- *Romeo und Julia sind ...*

7 Schreibt alle Figuren, die ihr bisher kennen gelernt habt, auf Papierstreifen. Ordnet sie so an, dass ihr Verhältnis zueinander deutlich wird. Beschreibt euer Schaubild.

8 Julia fürchtet, dass Romeo ihre Liebe „zu *schnell* gewonnen“ (▸ Z. 55) haben könnte.
Nehmt die Rolle Julias ein und erklärt in einem kurzen Monolog, was sie damit meint:
Ich, Julia, habe Sorge, dass Romeo denken könnte, ...

Testet euch!

Eine Dramenszene verstehen

William Shakespeare

Romeo und Julia (2. Akt, 3. Szene)

Romeo geht zu Bruder Laurenz, einem Mönch, und vertraut sich ihm an.

Romeo: Ich will alles beichten, bevor du mich fragst.
Ich habe bei meinem Feind gefeiert.
Dort wurde mein Herz verwundet,
genau wie das Herz meines Feindes.
Das Heilmittel für uns beide suche ich bei dir, heiliger Mann,
meine Bitte würde auch meinem Feind helfen.
Bruder Laurenz: Drück dich klarer aus, mein Sohn. Wenn du bei der Beichte
in Rätseln sprichst, wird dir auch die Absolution rätselhaft sein.
Romeo: Dann will ich dir ganz klar gestehen:
Meine neue Liebe gilt der schönen Tochter
des reichen Capulet. – Wir lieben uns von Herzen.
Du sollst uns durch die heilige Ehe verbinden.
Wann und wie und wo wir uns getroffen haben, welche Schwüre wir ausgetauscht haben, will ich dir gleich erzählen.
Aber ich bitte sehr darum, dass du einwilligst, uns *noch heute* zu verheiraten.
Bruder Laurenz: Heiliger Franziskus! Das ist eine Neuigkeit!
[...] komm, lieber Wirrkopf, aus einem bestimmten Grund will ich dir helfen:
Vielleicht wird durch eure Liebe der alte Streit zwischen euren Familien in Liebe verwandelt.
Romeo: O schnell, schnell, lass uns gehen!
Bruder Laurenz: Langsam und bedächtig!
Wer schnell rennt, kann auch schnell stolpern.
(Sie gehen beide ab.)

1 Welche der folgenden Aussagen sind zutreffend? Begründet eure Einschätzung mit Textbelegen.
- A Romeo bittet den Mönch darum, er möge zwischen beiden verfeindeten Familien vermitteln.
- B Romeo bittet den Mönch darum, die Liebenden möglichst schnell zu verheiraten.
- C Bruder Laurenz hält Romeo für verrückt; er will Zeit gewinnen, bis sich der Wahn gelegt hat.
- D Bruder Laurenz hofft, dass der alte Familienstreit durch die Heirat beigelegt werden kann.

2 Ordnet die Szene in den Handlungsverlauf ein. Vervollständigt hierzu die folgenden Sätze:
Nachdem Romeo auf dem Fest der Capulets ... In der „Balkonszene“ ... Nun bittet Romeo ...

3 Erklärt euch gegenseitig die folgenden Begriffe: Protagonist, Exposition.

4 Vergleicht eure Ergebnisse mit den Lösungen auf Seite 375.

8.2 „... lass mich sterben“ – Szenen gestaltend interpretieren

Einen Dramentext szenisch interpretieren

William Shakespeare

Romeo und Julia (3. Akt, 3. Szene)

In aller Heimlichkeit sind Romeo und Julia von Bruder Laurenz vermählt worden. Da nimmt das Geschick der Liebenden eine unvorhergesehene Wendung. Mercutio, ein Verwandter des Fürsten und Romeos Freund, wird bei einem Fechtkampf von Tybalt, dem Cousin Julias, heimtückisch ermordet. Romeo rächt seinen Freund und tötet Tybalt. Vom Fürsten wird Romeo deswegen geächtet und verbannt. Er muss Verona sofort verlassen, andernfalls droht ihm die Todesstrafe.

Die Zelle von Bruder Laurenz. Im Hintergrund sein Studierzimmer. Bruder Laurenz tritt auf.

BRUDER LAURENZ: Romeo, komm her, du bist ja völlig verängstigt.
(Romeo tritt auf.)
ROMEO: Vater, was gibt es Neues? Wie lautet das Urteil des Fürsten?
BRUDER LAURENZ: Ich werde es dir sagen, es ist ein mildes Urteil.
Du bist nicht zum Tode verurteilt, sondern nur zur Verbannung.
ROMEO: Was – Verbannung? Sag, dass das nicht wahr ist.
Das Exil ist viel schrecklicher als der Tod.
BRUDER LAURENZ: Hier aus Verona bist du verbannt.
Sei geduldig, die Welt ist groß und weit.
ROMEO: Außerhalb der Mauern von Verona gibt es keine Welt,
sondern nur Folter und Hölle.
Wer von hier verbannt ist, ist aus der Welt verbannt,
„Verbannung“ ist nur ein anderes Wort für „Tod“.
BRUDER LAURENZ: Sei nicht undankbar.
Nach dem Gesetz hast du den Tod verdient.
Verbannung ist eine kostbare Gnade.
Und du willst das nicht einsehen?
ROMEO: Folter ist das, keine Gnade. Hier, wo Julia lebt, ist der Himmel.
Jede Katze, jeder Hund, jede kleine Maus darf sie ansehen.
Aber Romeo darf es nicht. Und du sagst noch, dass Verbannung nicht Tod bedeutet?
BRUDER LAURENZ: Du unvernünftiger Mensch, hör mir doch nur einmal zu. Lass uns über deine Lage nachdenken.
ROMEO: Denken? Wärst du so jung wie ich,
Julia deine Liebste, seit einer Stunde verheiratet,
der Mörder von Tybalt – und verbannt, dann könnten wir darüber nachdenken.
BRUDER LAURENZ: Ach, da sieht man: Narren haben keine Ohren.

Romeo: Kluge haben ja auch keine Augen.
(Es klopft.)
Bruder Laurenz: Man klopft, guter Romeo, versteck dich.
Romeo: Ich kann nur stöhnen –
(Es klopft.)
[...]
Amme: Lassen Sie mich herein. Ich komme von Julia.
(Die Amme tritt auf.)
Amme: Oh, sag mir doch, heiliger Mönch,
wo ist der Mann meiner Herrin, wo ist Romeo?
Bruder Laurenz: Dort liegt er am Boden, in Tränen aufgelöst.
Amme: Genauso ist es mit meiner Herrin! Das gleiche Leid!
Trauriger Zustand! Genauso liegt sie, heulend und weinend, weinend und heulend. – *(Zu Romeo:)*
Stehen Sie auf, wenn Sie ein Mann sind!
Um Julias willen, stehen Sie doch endlich auf!
Wollen Sie immer nur jammern und seufzen?
(Er steht auf.)
Romeo: Ach, Amme –
Amme: Ach, Sir! Ach, Sir! Der Tod ist das Ende von allem.
Romeo: Sprachst du von Julia? Wie geht es ihr?
Hält sie mich für einen verruchten Mörder,
der das Blut ihres Verwandten vergossen hat?
Amme: Sie sagt nichts, sie weint und weint
und fällt auf ihr Bett und richtet sich auf
und ruft nach Tybalt und ruft nach Romeo
und fällt wieder zurück.
Romeo: Furchtbar ist für sie mein Name.
Romeo hat ja ihren Verwandten ermordet.
(Zum Priester:) Sag mir, mein Vater,
wo wohnt mein Name in meinem Körper,
damit ich ihn auslöschen kann?
(Er versucht, sich selbst zu erstechen. Die Amme entreißt ihm den Dolch.)

Bruder Laurenz: Komm endlich zur Besinnung, wenn du ein Mann bist!
Von Gestalt bist du ein Mann, deine Tränen aber sind weibisch!
Deine wilden Taten sind die eines unvernünftigen Tieres!
Du hast Tybalt umgebracht. Willst du dich nun selbst umbringen? Und die Dame deines Herzens noch dazu?
Deine Liebesschwüre waren falsch,
weil du die Liebe tötest, der du treu sein wolltest.
Nimm dich zusammen, Mann! Deine Julia lebt doch,
das sollte dich glücklich machen.
Tybalt wollte dich töten, aber du erschlugst ihn,
auch das sollte dich glücklich machen.
Mach, dass du zu deiner Liebsten kommst,
klettere in ihr Zimmer. Tröste sie!

Verschwinde, bevor die Polizeiwache aufzieht. –
Fliehe dann nach Mantua. Dort sollst du wohnen, bis hier der richtige Zeitpunkt gekommen ist, um eure Ehe bekannt zu geben und den Fürsten um Verzeihung zu bitten.
Geh, Amme. Sorge dafür, dass alle im Haus schnell zu Bett gehen, damit Romeo kommen kann.
AMME: Junger Herr, ich werde meiner Herrin sagen, dass Sie kommen.
BRUDER LAURENZ *(zu Romeo):* Gute Nacht. Fliehe bei Tagesanbruch aus der Stadt.
Bleib dann in Mantua.
Ich werde dort einen Diener ausfindig machen und dir von Zeit zu Zeit alles Gute melden lassen, was hier in Verona geschehen mag.
Gib mir die Hand! Es ist spät. Leb wohl. Gute Nacht.
(Sie gehen.)

1 Romeo ist außer sich vor Schmerz und Verzweiflung. Wie äußert sich das in dieser Szene? Belegt eure Aussagen anhand passender Textstellen.

2 „Man klopft, guter Romeo, versteck dich" (▸ Z. 29). Überlegt: Wen erwarten die Zuschauer möglicherweise?

3 a Bruder Laurenz bringt Romeo wieder zur Besinnung. Erklärt, mit welchen Argumenten er das tut.
b Charakterisiert die Figur des Bruder Laurenz. Welche Rolle spielt er in dem Drama?

4 a Bildet Gruppen und spielt die Szene in der Klasse. Geht vor wie im Methodenkasten unten beschrieben.
TIPP: Wenn ihr die Szene aufteilt, könnt ihr die Rollen auch mehrfach besetzen, z. B.: 1. Teil: Z. 1–44; 2. Teil: Z. 45–83.
b Diskutiert, ob das Spiel zu den jeweiligen Figuren gepasst hat bzw. was ihr verändern würdet.

5 Spielt eure Szene erneut vor und probiert dabei die Stopp-Technik aus. Ein Spielleiter oder eine Spielleiterin kann jederzeit mit einem „Stopp!" das Spiel unterbrechen. Befragt dann die Figuren, z. B. nach ihren Gedanken, Gefühlen, Motiven, Zielen, Wünschen usw. Sagt der Spielleiter oder die Spielleiterin „weiter", wird das Spiel fortgesetzt.

Methode **Szenisches Spiel**

Im szenischen Spiel könnt ihr zeigen, wie ihr die Figuren, ihre Aussagen und ihr Handeln versteht. Geht so vor:
- Macht euch in einer Art Regiegespräch deutlich, welche Merkmale die Figuren haben, in welcher inneren Verfassung sie sind, was ihre Absichten sind, was sie denken und fühlen. Überlegt dann: Welche Sprechweise, welche Gestik und welche Mimik passen zu den einzelnen Figuren?
- Fotokopiert den Text und verseht ihn mit Regieanweisungen und Markierungen
  – für das Sprechen (Sprechweise, Betonungen, Pausen usw.),
  – für das Spiel (Mimik und Gestik).
- Verteilt die Rollen und probt das Lesen bzw. das Spiel.

Eine Stimmenskulptur gestalten

William Shakespeare

Romeo und Julia (3. Akt, 5. Szene)

Julia ist verzweifelt: Nachdem Romeo von Julia Abschied genommen hat, teilen ihre Eltern Julia mit, dass sie den Grafen Paris, einen Freund des Fürsten, heiraten soll.

LADY CAPULET *(zu ihrem Mann):* Sie will von einer Heirat nichts wissen.
CAPULET: Wie? Sie will nichts davon wissen? Sagt sie uns keinen Dank, dass wir einen so würdigen Edelmann dazu gebracht haben, ihr Bräutigam zu sein?
(Zu Julia, wütend:) Du kleines Aas, du wirst am nächsten Donnerstag mit Paris in die Kirche Sankt Peter gehen oder ich werde dich dorthin schleifen.
JULIA: Guter Vater, ich bitte dich auf Knien, hör mich an mit Geduld, nur ein Wort.
CAPULET: Zum Henker mit dir, du freches Luder!
Ich sage dir – du bist am Donnerstag in der Kirche,
oder komm mir nie wieder unter die Augen!
Keine Widerrede! Es juckt mich in der Hand! –
Frau, wir glaubten, dass Gott uns nur wenig gesegnet hat,
weil er uns nur *ein* Kind geschenkt hat.
Jetzt sehe ich, es war ein Kind zu *viel!* –
Verfluchtes Miststück!

1 Lest den Text mit verteilten Rollen. Probiert dabei an den verschiedenen Textstellen unterschiedliche Sprechweisen für die Figur des Vaters aus, z. B. wütend, verzweifelt, erstaunt.

2 a Beschreibt das Verhältnis zwischen Julia und ihrem Vater. Belegt eure Aussagen am Text.
b Beurteilt das Verhalten des Vaters aus der Sicht anderer Figuren und aus eurer Sicht. Berücksichtigt dabei auch die damals gängigen Heiratsgewohnheiten (▸ S. 170).

3 Julia kommt in dieser Szene nicht richtig zu Wort. Erstellt eine Stimmenskulptur für Julia, in der ihre Gefühle zum Ausdruck kommen. Lest hierzu die Informationen aus dem Methodenkasten.

4 Stellt Vermutungen darüber an, wie sich die Handlung weiter entwickeln könnte.

Methode **Eine Stimmenskulptur gestalten**

Ein Schüler nimmt die Rolle einer Figur ein. Die anderen überlegen, was die Figur gerade denken oder fühlen könnte, treten nacheinander hinter sie und sprechen ihre Sätze in Lautstärke, Geschwindigkeit und Ausdruck, die ihnen angemessen erscheinen. Anschließend werden alle Stimmen um die Figur herum angeordnet: Welche Stimme ist lauter oder leiser? Welche näher, welche weiter von der Figur entfernt? Alle Sprecher wiederholen ihre Sätze mehrfach, sodass die Gedanken und Gefühle der Figur hörbar werden.

Den Aufbau und den Schluss des Dramas verstehen

William Shakespeare

Romeo und Julia (5. Akt, 3. Szene)

Romeo ist aus Verona verbannt und lebt in Mantua. Er weiß nicht, dass Julia gezwungen wurde, in die Heirat mit dem Grafen Paris einzuwilligen. Auf Anraten des Priesters Laurenz nimmt Julia ein schweres Betäubungsmittel, das sie am Hochzeitsmorgen wie tot erscheinen lässt. Von ihren verzweifelten Eltern wird Julia in der Familiengruft aufgebahrt. Der Plan, wonach Romeo seine wieder erwachende Julia nach Mantua entführen soll, misslingt. Er erhält vielmehr die Nachricht, dass Julia tatsächlich gestorben sei, und eilt zur Grabstelle der Capulets. Dort trifft er auf Graf Paris, tötet ihn und verschafft sich Zugang zur Gruft.

Romeo: [...]
(Er öffnet das Grabmal.)
Hier liegt Julia, und ihre Schönheit macht diese Gruft zum Festsaal eines Schlosses. Wie oft sind Menschen kurz vor ihrem Tod fröhlich, ein letzter Lebensblitz.
O meine Liebste, meine Frau! Der Tod
hat noch keine Macht über deine Schönheit gehabt.
Deine Lippen sind noch rot, wie auch deine Wangen,
der Tod hat noch keine bleiche Fahne aufgezogen.
Ach, liebe Julia, warum bist du noch so schön?
Soll ich glauben, dass auch der Tod in dich verliebt ist?
Ich will immer bei dir bleiben, immer in diesem Palast des Todes. Hier will ich Ruhe finden.
Augen, schaut sie zum letzten Mal!
Arme, umarmt sie ein letztes Mal!
Lippen, ein letzter rechtmäßiger Kuss!
Komm, Tod, du bitterer Führer in eine andere Welt.
Auf das Wohl meiner Liebsten! *(Er trinkt.)*
O zuverlässiger Apotheker, dein Gift wirkt schnell, so sterbe ich mit einem Kuss.
(Er stirbt.)
[...]

Bruder Laurenz *(Kommt mit einer Laterne und mit einem Stemmeisen):*
Was ist passiert? – *(Er ruft:)* Romeo!
(Er sieht auf den Boden und erblickt das Blut und die Waffen.)
Was ist das für Blut?
Was sind das für blutbeschmierte Schwerter?
(Er betritt die Gruft.)
Romeo! Ganz bleich! Tot? – Und der hier? Graf Paris? Alles voller Blut! –
(Er sieht Julia.)
Die junge Dame regt sich.
(Julia erhebt sich.)
Julia: O mein Vater! Wo ist er, mein Mann, mein Romeo?
Bruder Laurenz: Ich höre Geräusche. Komm aus dieser Grube des Todes und des unnatürlichen Schlafes.

Eine größere Macht als die, die wir beeinflussen können, hat unsere Pläne vereitelt.
Komm, komm fort!
Dein heimlicher Ehemann liegt hier tot, Graf Paris auch.
Komm, ich will dich in ein Nonnenkloster bringen.
Frag nicht lang, die Polizei kommt.
Wir können hier nicht bleiben.
JULIA: Geh du, ich bleibe hier.
(Bruder Laurenz geht.)
Was ist das? Ein Glas in der Hand von meinem Liebsten?
Gift? Er starb durch Gift. – Du Schelm!
Er hat alles ausgetrunken. Kein Tropfen ist übrig geblieben, um *mir* zu helfen.
Ich will deine Lippen küssen.
Vielleicht haftet dort noch ein Rest vom Gift.
(Sie küsst ihn.)
Deine Lippen sind warm!
POLIZEIHAUPTMANN: Wo sind sie?
JULIA: Was für ein Lärm? Schnell!
O glücklicher Dolch!
(Sie reißt Romeos Dolch an sich.)
Lass mich sterben.
(Sie ersticht sich und fällt zu Boden.)
[...]
(Der Fürst tritt mit Gefolge auf.)
FÜRST: Was ist passiert? Warum weckt man mich aus meiner Morgenruhe?
(Capulet und seine Frau treten auf.)
CAPULET: Warum schreien hier alle herum?
LADY CAPULET: Die Leute auf der Straße schreien „Romeo", andere „Julia" und einige auch „Paris".
Und alle rennen zu unserem Grabmal.
FÜRST *(zu den Polizisten)*: Warum seid ihr so ängstlich?
1. **POLIZIST:** O mein Fürst, hier liegt der Graf Paris erschlagen, und Romeo ist tot.
Und Julia, die schon vorher tot war, ist noch warm und wurde wohl erst jetzt getötet.
FÜRST: Untersucht, wie es zu diesen grässlichen Morden gekommen ist!
1. **POLIZIST:** Hier ist ein Priester und der Diener von Romeo. Sie hatten Werkzeug bei sich, um die Gruft der Toten zu öffnen.
CAPULET: O Himmel! Frau, sieh nur, wie unsere Tochter blutet!
Sieh den Dolch im Busen meiner Tochter!
LADY CAPULET: Schrecklich! Ich werde das nicht überleben.
(Montague und andere treten auf.)
FÜRST: Komm her, Montague. Früh bist du aufgestanden, um den frühen Tod deines Sohns und Erben zu sehen.
MONTAGUE: O weh! Mein Fürst!
Meine Frau ist heute Nacht gestorben.
Der Schmerz über die Verbannung meines Sohnes hat sie umgebracht. Und jetzt *das* noch! –
O Sohn! Was tust du?
Du drängst dich vor deinem Vater ins Grab.

Fürst: Wir werden versuchen, die wahren Umstände aufzuklären. Bringt die Verdächtigen her.
(Bruder Laurenz berichtet dem Fürsten, was passiert ist.)
Fürst: Capulet! Montague! Seht, was eure Zwietracht angerichtet hat!
Euer Hass hat die Liebe dieser jungen Menschen zerstört.
Der Himmel selbst hat euch bestraft.
Capulet *(geht auf Montague zu und reicht ihm die Hand):* O Bruder Montague, reich mir die Hand zur Versöhnung.
Um meiner Tochter willen, was kann ich mehr verlangen?
Montague: Ich kann dir mehr geben: Ich will für deine Tochter Julia eine Statue aus reinem Gold machen lassen.
Der Name deiner Tochter soll unvergessen sein, solange die Stadt Verona besteht.
Capulet: Ebenso reich soll dein Sohn Romeo neben der Dame seines Herzens liegen, ihr Andenken wird unsere Feindschaft besiegen.
Fürst: Ein trauriger Frieden entsteht an diesem Morgen.
Aus Kummer hält sich die Sonne noch verborgen.
Nie gab es eine traurigere Geschichte anderswo
als die von Julia und Romeo.

1 a Lest die Schlussszene des Dramas mehrmals still. Tragt sie dann mit verteilten Rollen vor.
b Diskutiert, wie dieses Ende auf euch wirkt. Was hat euch erstaunt, überrascht? Welche Vermutungen zum Handlungsverlauf haben sich bestätigt?

2 Gliedert die Szene in Handlungsschritte und fasst den Inhalt knapp zusammen.

3 Auch Tragödien (Trauerspiele) enden oft nicht völlig hoffnungslos. Diskutiert, ob diese Aussage auch auf „Romeo und Julia" und den Schluss dieses Dramas zutrifft.

4 a Übertragt das Schema des klassischen Dramas in euer Heft und ergänzt in Stichworten die Handlung von „Romeo und Julia".
b Überlegt, welche Wirkung dieser Dramenaufbau auf die Zuschauer hat.

Information **Das klassische Drama**

Die klassische Form des Dramas, die bis zum Ende des 18. Jahrhunderts eine große Rolle spielte, weist einen strengen Aufbau auf (Fünf-Akt-Schema):

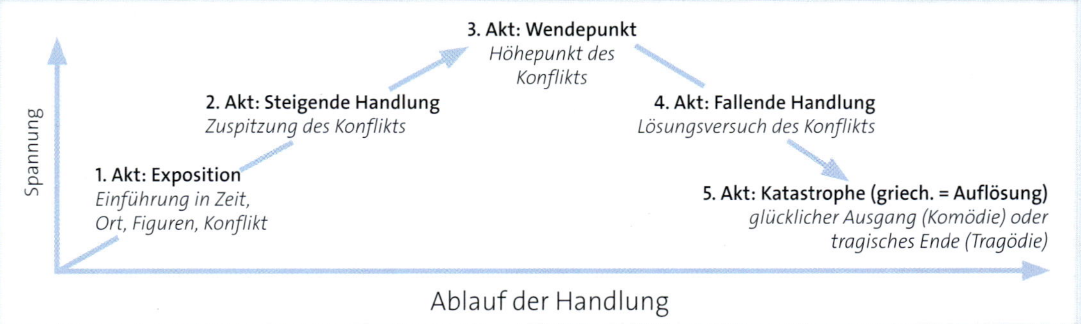

Fordern und fördern – Rollenbiografien gestalten

●●● **1** Stellt euch vor: Romeo ist aus Verona verbannt und lebt in Mantua. Julia ist in den Plan von Bruder Laurenz eingeweiht. Schreibt eine Rollenbiografie zu Romeo oder Julia. Geht dabei so vor:

a Tragt aus den Szenen aus „Romeo und Julia“ (▶ S. 168–183) Informationen über eure Figur zusammen, z. B.:
- Wie heiße ich?
- Wie alt bin ich?
- Wo wohne ich?
- Wer sind meine Eltern?
- Wer sind meine Freunde, Feinde?
- Welche Träume, Ziele, Hoffnungen habe ich?
- Welche Ängste quälen mich? ...

> **Rollenbiografien** dienen dazu, sich von einer Figur ein möglichst genaues und lebendiges Bild zu machen. Schauspieler/-innen erarbeiten solche Rollenbiografien, wenn sie eine Figur spielen.

b Entwerft die Rollenbiografie als zusammenhängenden Text. Schreibt in der Ich-Form, z. B.:
- *Jch bin Romeo aus der Familie der Montague und lebe um 1300 in ...*
- *Jch bin Julia aus der Familie Capulet und lebe ...*

▷ Hilfen zu dieser Aufgabe findet ihr unten.

2 Führt in Gruppen ein Rolleninterview mit Romeo oder Julia durch. Dazu befragen ein oder mehrere Interviewer eine Figur nach Einzelheiten aus ihrem Leben. Der Interviewte antwortet aus der Figurenperspektive möglichst spontan.

●○○ **Aufgabe 1 mit Hilfen**

Schreibt eine Rollenbiografie zu Romeo oder Julia. Geht dabei so vor:

a Tragt aus den Szenen aus „Romeo und Julia“ (▶ S. 168–183) Informationen über eure Figur zusammen. Im Wortspeicher findet ihr schon Informationen zu Romeo und Julia, die aber ungeordnet sind.

> *Romeo • 14 Jahre • um 1300 • Familie Montague •*
> *mein Cousin Benvolio, mit dem ich befreundet bin • Bruder Laurenz •*
> *meine Amme • Verona • Familie Capulet • mein Cousin Tybalt •*
> *dass ich meine große Liebe nie mehr wiedersehen kann •*
> *Meine Familie ist zerstritten mit ...*

b Entwerft die Rollenbiografie als zusammenhängenden Text. Schreibt in der Ich-Form, z. B.:

> *Jch bin Romeo aus der Familie Montague und lebe um 1300 in Verona. Meine Familie ist der ärgste Feind des Hauses Capulet. Beide Häuser sind schon lange Zeit ... Meine Zeit verbringe ich gerne mit meinem Cousin ...*

> *Jch bin Julia aus der Familie Capulet und lebe um 1300 in Verona. Meine Familie ist der ärgste Feind des Hauses Montague. Beide Häuser sind schon lange Zeit ... Meine Eltern sind sehr wohlhabend und können sich z. B. ein Kostümfest ...*

8.3 Rund um Shakespeare – Projektideen

Hier findet ihr Projektideen rund um Shakespeare. Bearbeitet die Themen in Gruppen.

Ein Interview auswerten und kommentieren

Karin Beier über Shakespeare

Die Theaterregisseurin Karin Beier (geb. 1965) wurde vor allem durch ihre Shakespeare-Inszenierungen bekannt. Sie arbeitete als Regisseurin in Düsseldorf, Hamburg und Wien, war Leiterin des Kölner Schauspielhauses und übernahm 2013/2014 die Leitung des Deutschen Theaters in Hamburg. Das folgende Interview gab Karin Beier exklusiv für das Deutschbuch.

Frage: Worin sehen Sie die Bedeutung von Shakespeares „Romeo und Julia" in heutiger Zeit?

Karin Beier: Shakespeares Werk lebt durch seine Kontraste. Das bietet für das theatralische Spiel viele Möglichkeiten, erschafft lebendige Charaktere und lässt sich gut inszenieren. Zudem ist das Stück „Romeo und Julia" gut gebaut. Es ist pur. Die Verknüpfung der unerfüllten Liebe mit der Grundstimmung der verfeindeten Familien ist eine starke Geschichte, die durch junge Menschen ungestüm vorangetrieben wird. Daran wollen die Theater anknüpfen und es ist nach wie vor ihre Aufgabe, junge Menschen für das Theater zu interessieren, sie an seine Sprache heranzuführen. In den letzten zehn Jahren ist häufig der Konflikt der Familien als Konflikt verschiedener Kulturen gedeutet worden. Daran lässt sich ablesen, dass es allgemein gültige Fragestellungen in Romeo und Julia gibt, die jede Generation aus ihrer Zeit heraus neu entdecken muss.

Frage: Schmeckt das Ende von „Romeo und Julia" nicht allzu sehr nach Hollywood?

Karin Beier: Dieses Ende hat einen sehr bitteren Beigeschmack. Es ist zynisch, wenn der Handschlag zur Versöhnung über zwei Kinderleichen erfolgt. Das ist kein Hollywood-Happy-End, sondern das Wesen des menschlichen Schicksals. Es erzählt, dass wir oft erst Lösungen finden, wenn es zu spät ist, zum Beispiel der Atomausstieg nach Fukushima[1]. Das ist tragisch und dafür lassen sich viele, viele weitere Beispiele finden.

1 2012 kam es im Kernkraftwerk im japanischen Fukushima zu einem Reaktorunglück, in dessen Folge viele Länder, darunter auch Deutschland, den Ausstieg aus der Erzeugung von Atomenergie ankündigten.

1 a Begründet: Warum hält Karin Beier die Beschäftigung mit Shakespeare auch heute noch für reizvoll?
b Kopiert das Interview und klebt es in die Mitte eines Plakats. Erläutert nun einzelne Textstellen durch Kommentare.

Einen Theaterbesuch vorbereiten

2 a Shakespeare ist einer der am häufigsten gespielten Dramatiker. Informiert euch im Internet, welches Stück von Shakespeare in eurem Ort oder eurer Umgebung gespielt wird.
b Bereitet den Theaterbesuch vor:
– Informiert euch über das Stück und seine bisherigen Inszenierungen.
– Klärt, ob es möglich ist, vor oder nach der Aufführung mit Beteiligten zu sprechen, z. B. dem/der Regisseur/-in, den Schauspielern. Bereitet Fragen für ein Interview vor.

Übersetzungen vergleichen

2. Akt, 2. Szene

William Shakespeare, um 1593

ROMEO: Wouldst thou withdraw it?
For what purpose, love?
JULIA: But to be frank and give it thee again.
And yet I wish but for the thing I have:
My bounty is as boundless as the sea,
My love as deep; the more I give to thee,
The more I have, for both are infinite.
I hear some noise within. Dear love, adieu!

August Wilhelm Schlegel, 1797

ROMEO: Wolltst du mir ihn [den Liebesschwur] entziehn? Wozu das, Liebe?
JULIA: Um unverstellt ihn dir zurückzugeben.
Allein ich wünsche, was ich habe, nur.
So grenzenlos ist meine Huld, die Liebe
So tief ja wie das Meer. Je mehr ich gebe,
Je mehr auch hab ich: Beides ist unendlich.
Ich hör im Haus Geräusch; leb wohl, Geliebter!

Erich Fried, 1963–1968

ROMEO: Willst du ihn denn zurück? Wozu, Geliebte?
JULIA: Um frei zu sein, ihn dir nochmals zu geben.
Und doch, ich wünsche nur, was ich schon habe:
Denn meine Lieb' ist endlos wie die See
Und tief: Je mehr ich dir davon gesteh,
Je mehr hab ich, denn grenzenlos sind beide!
Man ruft mich drin. Ade, mein Montague!

Frank Günther, 1995

ROMEO: Zurückziehn willst du ihn? Wozu, mein Engel?
JULIA: Um frei zu sein, ihn dir zurückzugeben.
Dabei wünsch ich ja nur, was ich schon hab.
Mein Herz ist weit, weitherzig wie die See,
Die Liebe grad so tief: Je mehr ich geb,
Umso mehr hab ich – beides ist unendlich.
Ich höre drin reden. Geh auch schlafen, du.

3 Dieser Dialogausschnitt ist dem zweiten Akt, der Balkonszene, entnommen (▸ S. 173–175).
a Lest den Originaltext von Shakespeare und tauscht euch darüber aus, was ihr verstanden habt.
b Vergleicht die Übersetzungen, Vers für Vers, mit dem Originaltext und notiert Merkmale der Übersetzung.
c Begründet, welche Übersetzung euch besonders gut gefällt.

4 Stellt eine eigene Fassung des Textes in eurer Sprache her und vergleicht eure Übertragungen.

Verfilmungen vorstellen

5 „Romeo und Julia“ wurde immer wieder verfilmt, z. B. von Franco Zeffirelli (1968), Baz Luhrmann (1996), John Madden (1998) und von Carlo Carlei (2013).
a Seht euch Verfilmungen von „Romeo und Julia“ an und haltet die Besonderheiten der einzelnen Verfilmungen fest (z. B. Handlung, Figuren, Ausstattung, Sprache, Kamera, Ton, Musik usw.).
b Vergleicht und bewertet gezielt einzelne Szenen, z. B. den Beginn des Films oder die Balkonszene.

9 Aktuelles vom Tag – Zeitungstexte verstehen und gestalten

1 Erläutert den Unterschied zwischen einer Zeitung, einer Zeitschrift und deren Online-Ausgaben.

2 a Tragt zusammen: Welche Informationsmedien kann man nutzen, um auf dem Laufenden zu bleiben?
b Erklärt, wie ihr euch über aktuelle Themen informiert, z. B. über Sportereignisse, Veranstaltungen, Musikrichtungen, das politische Geschehen.

3 Führt in eurer Klasse eine Umfrage durch:
- Wer von euch liest regelmäßig eine Zeitung oder eine Zeitschrift?
- Lest ihr diese in gedruckter Form oder im Internet?
- Warum lest ihr eine Zeitung/Zeitschrift? Warum lest ihr eventuell keine?

In diesem Kapitel …

- erfahrt ihr, welche Zeitungstypen es gibt und wie eine Zeitung aufgebaut ist,
- lernt ihr die verschiedenen Textsorten einer Zeitung kennen,
- werdet ihr selbst zu Journalisten, recherchiert über ein Thema und erstellt eine Klassenzeitung.

9.1 Ereignisse, Meinungen, Unterhaltung – Journalistische Textsorten kennen lernen

Verschiedene Zeitungstypen

1 **a** Diese Zeitungen sind alle vom selben Tag. Vergleicht die Titelseiten der Zeitungen. Berücksichtigt hierbei die folgenden Fragen:
- Über welches Thema wird berichtet?
- Wie sind die einzelnen Titelseiten aufgebaut (Layout)? Beschreibt hierbei die Anordnung von Schlagzeile, Text und Foto, die Farbigkeit der Seite und das Verhältnis von Text und Fotos.
- Inwieweit unterscheiden sich die Schlagzeilen sprachlich und optisch? Welche Fotos werden gezeigt? Warum?

b Begründet, welche Titelseite euch am stärksten anspricht.

2 a Stellt fest, um welchen Zeitungstyp es sich jeweils handelt. Lest hierzu die Informationen im unten stehenden Merkkasten.

b Überlegt, welche Informationen ihr von der jeweiligen Zeitung erwartet. Begründet eure Einschätzung.

3 a Bringt verschiedene Zeitungen mit und untersucht die Titelseiten. Erstellt hierzu ein Layout-Raster nach dem nebenstehenden Muster.

b Vergleicht die Titelseiten der verschiedenen Zeitungen. Berücksichtigt hierbei die folgenden Fragen:
- Welche Themen werden auf der Titelseite genannt?
- Was ist der Aufmacher der Zeitung?
- Wie hoch ist der Bildanteil im Vergleich zum Text?
- Was zeigen die Bilder/Fotos?
- Wie sind die Schlagzeilen sprachlich und optisch gestaltet?
- Was wird farbig hervorgehoben?

4 Gestaltet selbst Titelseiten für eine regionale Tageszeitung und eine Boulevardzeitung, z. B. aus verschiedenen Zeitungen von einem Tag:

a Überlegt euch für eure Titelseite ein Layout-Raster und ordnet die Beiträge ein.

b Stellt eure Titelseiten vor und begründet euer Layout sowie die Themenauswahl.

Information **Zeitungstypen**

Zeitungen können z. B. unterschieden werden nach ihrer Erscheinungshäufigkeit (Tages- oder Wochenzeitung), nach dem Verbreitungsgebiet (regionale Zeitung oder überregionale Zeitung) und nach ihrem journalistischen Anspruch (seriöse Presse oder Boulevardzeitung).

- **Tageszeitung:** erscheint täglich; **Wochenzeitung:** erscheint wöchentlich
- **Regionale Zeitung** (Lokalzeitung): erscheint nur in einer bestimmten Gegend (Region). Oft wird das schon im Namen deutlich, z. B.: *Bonner Rundschau, Berliner Zeitung* (regionale Tageszeitungen)
- **Überregionale Zeitung:** ist in ganz Deutschland erhältlich, z. B.: *Süddeutsche Zeitung* (überregionale Tageszeitung), *DIE ZEIT* (überregionale Wochenzeitung)
- **Boulevardzeitung:** Sensationsorientierte Zeitung mit „reißerischer“ Aufmachung (große, plakative Schlagzeile, hoher Bildanteil, auffällige Farben, wenig Text), z. B.: *BILD* (überregionale Tageszeitung), *EXPRESS* (regionale Tageszeitung)

Die Titelseite einer Zeitung

Die Titelseite soll die Leser/-innen **über den Inhalt der Zeitung informieren.** Damit möglichst viele Themen genannt werden können, werden die Texte oft nur angerissen; es folgen dann Seitenverweise auf eine genauere Darstellung im Innenteil der Zeitung. Jede Zeitung hat ihr eigenes Layout, jedoch finden sich in der Regel die folgenden Elemente auf der Titelseite: **Zeitungskopf** (Titel der Zeitung, Ausgabenummer, Datum, Preis), **Schlagzeilen** (auch Headline genannt), **Titelbild, Aufmacher** (zentraler Artikel der Zeitung), **Nachrichten.**

Die Themengebiete einer Zeitung – Die Ressorts

Facebook wächst durch Smartphone-Werbung
Immer mehr Menschen nutzen Facebook über Smartphones oder Tablets und das zahlt sich für das soziale Netzwerk in barer Münze aus. Weil immer mehr Kunden ihre Werbeanzeigen auf den mobilen Geräten schalten, treibt das die Einnahmen des weltgrößten Online-Netzwerks in die Höhe. Zu Jahresanfang erzielte Facebook bereits 30 Prozent seiner Werbeerlöse auf Tablets und Smartphones – drei Monate zuvor waren es erst 23 Prozent. Der Umsatz kletterte auf 1,46 Milliarden Dollar …

Rafael Nadal fällt weiter aus
Der spanische Tennisprofi Rafael Nadal nimmt am letzten Grand-Slam-Turnier des Jahres nicht teil. Sein verletztes linkes Knie lässt nach wie vor keine Spiele zu. Bereits beim olympischen Tennisturnier …

Strohballen standen in Flammen
Auf einem Feld in Kaldauen sind am Samstagmorgen Dutzende von Strohballen in Flammen aufgegangen. Um 4:50 Uhr alarmierte ein Augenzeuge die Feuerwehr. Die Brandursache …

Bundespräsident Gauck in Wien
Bundespräsident Gauck fliegt heute zu seinem offiziellen Antrittsbesuch nach Wien. In Gesprächen mit seinem Amtskollegen Fischer und dem Bundeskanzler Faymann wird vor allem die Eurokrise im Mittelpunkt stehen. Gemeinsam wollen …

1 a Ordnet die Artikelanfänge aus einer Zeitung den passenden Ressorts zu. Nehmt hierzu die Informationen im unten stehenden Merkkasten zu Hilfe.
b Formuliert selbst Schlagzeilen bzw. Texte, die zu den einzelnen Ressorts passen, z. B.:
FC Bayern erreicht Pokalfinale.

2 Seht euch verschiedene Zeitungen (möglichst verschiedene Zeitungstypen) an und beantwortet folgende Fragen:
– Welche Ressorts gibt es und in welcher Reihenfolge sind sie angeordnet?
– Gibt es Ressorts, die im Merkkasten unten nicht aufgeführt sind? Wenn ja: Welches Thema haben diese Ressorts?
– Welchen Seitenumfang haben die einzelnen Ressorts? Was sagt dies über die thematische Schwerpunktsetzung der Zeitung aus?

Information **Die Ressorts (Themenbereiche) einer Zeitung**

Zeitungen sind in verschiedene Themenbereiche gegliedert, die man „Ressorts" nennt. Zu den wichtigsten Zeitungsressorts gehören: **Politik, Wirtschaft, Sport, Kultur** (auch „Feuilleton" genannt) und **Lokales.**
Die einzelnen Ressorts (Themengebiete) werden von unterschiedlichen Abteilungen der Zeitungsredaktion bearbeitet. Das heißt: Ein Redakteur spezialisiert sich auf das Thema „Sport", ein anderer auf das Thema „Politik", ein dritter schreibt über Kulturelles usw.
Beim Radio und Fernsehen werden die Ressorts auch „Programmbereiche" genannt.

Journalistische Textsorten unterscheiden

Der Bericht

Chaos durch Wirbelsturm

Hurrikan „Sandy“ hinterlässt eine Schneise der Verwüstung

Washington, 30.10.2012. **Wirbelsturm „Sandy“ hat an der US-Ostküste ein Chaos von historischem Ausmaß hinterlassen. Mindestens 50 Menschen kamen nach Behördenangaben ums Leben, mehr als 8,2 Millionen Menschen waren ohne Strom. Experten schätzen den wirtschaftlichen Gesamtschaden auf bis zu 50 Milliarden Dollar.**

Der Wirbelsturm „Sandy“ hat in den Bevölkerungszentren an der Ostküste der USA eine Spur der Verwüstung hinterlassen. Nach inoffiziellen Regierungsangaben starben mindestens 50 Menschen. In 18 Bundesstaaten hatten über acht Millionen Amerikaner in der Nacht zu Dienstag keinen Strom. Sie müssen möglicherweise noch bis zu eine Woche auf elektrisches Licht und warmes Wasser verzichten. Vielerorts fielen die Mobilfunkdienste aus, das öffentliche Leben kam streckenweise zum Erliegen. Die Auswirkungen des Wirbelsturms waren bis weit ins Landesinnere zu spüren. Versicherungen beziffern die Schäden auf bis zu 50 Milliarden Dollar (38,7 Milliarden Euro).

Wie Präsident Obama sagte, wird es noch Tage dauern, bis wieder Normalität einkehrt und etwa Verkehrsbetriebe wieder regulär die Arbeit aufnehmen können. Katastrophenschützer rechnen mit weiter steigenden Opferzahlen, da etliche Menschen noch vermisst werden. Neben New York ist der angrenzende Bundesstaat New Jersey schwer betroffen. Dort traf das in der Karibik entstandene Sturmtief am Montagabend mit Windgeschwindigkeiten von bis zu 130 km/h zuerst auf die Küste und überschwemmte die Kasino-Stadt Atlantic City.

Im New Yorker Stadtteil Manhattan mussten 400 000 Menschen ihre Häuser und Wohnungen verlassen, weil der Sturm den Wasserpegel auf die Rekordhöhe von über vier Metern hatte steigen lassen. Allein in New York fielen mindestens zehn Menschen dem Sturm zum Opfer. 750 000 Menschen waren nach Angaben des New Yorker Bürgermeisters Michael Bloomberg auch gestern noch ohne Strom und Heizung. Das U-Bahn-System wurde so schwer beschädigt wie nie zuvor in seiner 108-jährigen Geschichte. Zum ersten Mal seit Jahrzehnten blieb die Börse im Finanzdistrikt Wall Street wetterbedingt zwei Tage hintereinander geschlossen.

1 Erklärt in einem Satz, über welches Ereignis berichtet wird. Überlegt: Welcher Textabschnitt hilft euch dabei besonders?

2 Ein Zeitungsbericht beantwortet die wichtigsten W-Fragen.
- a Schreibt W-Fragen in euer Heft und beantwortet sie mit Hilfe des Textes in Stichworten.
- b Untersucht:
  - Welche W-Fragen werden schon am Anfang des Textes beantwortet?
  - Welche W-Frage wird in dem Bericht ausführlicher beantwortet? Überlegt, warum.

3
- a Kürzt den Zeitungsbericht von hinten nach vorne so, dass die zentralen Informationen erhalten bleiben. Wie weit ist das Kürzen eurer Meinung nach möglich?
- b Beschreibt die sprachliche Gestaltung des Textes (Satzbau, Sprachstil) und die Wirkung.
- c Erklärt, welche Funktion der Text hat.

4 Zeitungsberichte wie der vorliegende sind alle ähnlich aufgebaut. Beschreibt den Aufbau des Textes, indem ihr die nebenstehenden Begriffe den einzelnen Teilen des Berichts zuordnet. Erklärt auch, welche Funktion die jeweiligen Textteile haben.

> Haupttext • Untertitel • Schlagzeile • Vorspann (Lead)

5 Wenn ihr den Vorspann (Lead) mit dem übrigen Text vergleicht, könnt ihr einige Wiederholungen von Informationen feststellen. Überlegt, warum das so ist.

6 Die Nachricht (Meldung) ist die kürzeste journalistische Textsorte.
- a Formuliert eine Nachricht über den Wirbelsturm „Sandy", indem ihr äußerst knapp die wichtigsten Informationen zu den W-Fragen beantwortet.
- b Vergleicht eure Nachrichten. Wer hat möglichst kurz möglichst viele W-Fragen beantwortet?

Information **Der Bericht**

Ein Zeitungsbericht **informiert knapp und sachlich über ein aktuelles Ereignis.** Er beantwortet zu Beginn die wichtigsten W-Fragen und berichtet dann über die näheren Einzelheiten des Ereignisses (z. B. über Hintergründe, Zusammenhänge oder die Vorgeschichte). Diesen Aufbau nennt man **Lead-Stil,** d. h.: Die **wichtigsten Informationen stehen am Textanfang** (Vorspann oder Lead), dann folgen weitere Detailinformationen.

Ein Zeitungsbericht kann Zitate von Experten oder Betroffenen wiedergeben, die dann namentlich genannt werden. Sie sollen die Glaubwürdigkeit einer Aussage unterstreichen und/oder den Bericht lebendiger gestalten.

Die Nachricht

Die Nachricht oder Meldung ist die „kleine Schwester" des Berichts. Sie informiert – wie der Bericht – sachlich und knapp über ein Ereignis und beantwortet die wichtigsten W-Fragen. Im Unterschied zum Bericht verzichtet sie aber auf weiterführende Detailinformationen. Auch Nachrichten sind im Lead-Stil verfasst.

Die Reportage

Auf Leben und Tod in der Notaufnahme

Georg Welty leitet die Ambulanz des Marienhospitals. Täglich muss sein Team Hunderten von Patienten helfen.

Von Matthias Rech

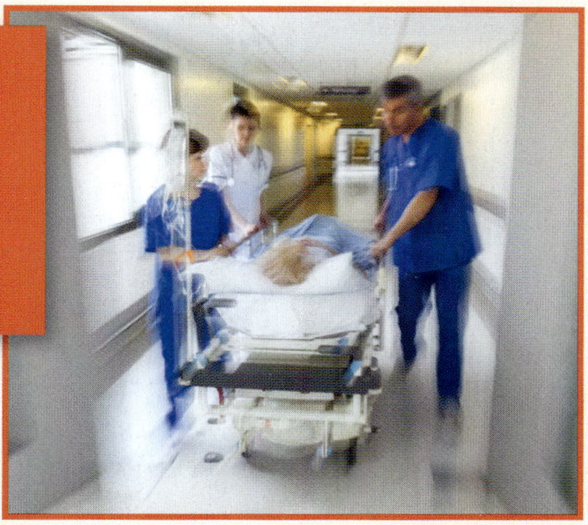

Düsseldorf. Es ist „Primetime“[1] in der Notaufnahme. So zumindest nennt Dr. Georg Welty die Zeit gegen elf Uhr an diesem Sonntagvormittag. Welty ist der Leiter der Abteilung im Krankenhaus, in der es manchmal ums nackte Überleben geht. Jetzt stehen vier Krankenwagen auf dem Hof des Marien-Hospitals und warten darauf, zum überdachten Eingang der Notfallambulanz vorfahren zu können. Wochenenden sind immer besonders heftig, es ist Stau.

Auch im Wartezimmer knubbeln sich jetzt die Patienten mit ihren großen und kleinen Wehwehchen. Ein Bauarbeiter stützt einen humpelnden Kollegen, schon von Weitem ist klar: Verletzung im Sprunggelenk – sicher nicht lebensbedrohlich. Wenn Georg Welty durch den Wartebereich läuft, zieht sein weißer Kittel die sehnsüchtigen Blicke der Menschen auf sich wie ein Magnet. Welty weiß noch nicht, was jedem dieser Patienten fehlt. Genau das ist die große Herausforderung der Notfallambulanz: Wer muss dringend behandelt werden? Wen kann man noch warten lassen? Kranke sichten, Notfälle selektieren[2], rechtzeitig Leben retten und Schmerzen lindern – das ist der Idealfall in der Notaufnahme.

Jeder, der in die Ambulanz kommt, muss sich anmelden. Gerade reicht eine alte Frau der Empfangsdame ihre Krankenkassenkarte durch das Sprechloch. Ein, zwei Nachfragen später sagt die Arzthelferin: „Nehmen Sie bitte noch im Wartebereich Platz.“

Die Notfallambulanz ist mit drei Ärzten aus den Fachbereichen Innere Medizin, Chirurgie und Neurologie[3] besetzt, dazu kommen zwei Pflegekräfte und eventuell Schüler oder Praktikanten. „Wir können auf der gesamten medizinischen Klaviatur spielen“, sagt Welty. Bedrohliche Notfälle seien natürlich vorrangig, aber ein Großteil der Patienten komme mit „Bagatelltraumata“[4]. So nennt der Mediziner zum Beispiel Verletzungen von gestürzten Fahrradfahrern, die sich in Straßenbahngleisen verheddert haben, oder Schnittverletzungen. Hinter einem angeblich harmlosen Schwindelgefühl kann sich aber auch eine Hirnblutung oder ein Schlaganfall verbergen. „Gerade deswegen ist es so wichtig, immer wachsam zu sein“, sagt Welty. Eine solche Bedrohung für den Patienten zu übersehen, ist die Horrorvorstellung eines jeden Mediziners. „Wir sind ja hier nicht in der Toastbrotfabrik und machen Toastbrot mit Toastbrotmaschinen“, sagt Welty. Moderne Technik wie Computertomografie oder Ultraschall könne bei der Diagnose zwar helfen, aber den Arzt nie ersetzen.

1 Primetime: eigentlich Hauptsendezeit im Hörfunk und im Fernsehen; hier: Zeit des größten Andrangs

2 selektieren: auswählen

3 Neurologie: Lehre von den Erkrankungen des Nervensystems

4 Bagatelltraumata: unbedeutende Verletzungen (Bagatelle: unbedeutende Kleinigkeit; Trauma: Verletzung, Wunde)

Patientenaufkommen im Wochenverlauf (Mittelwerte)

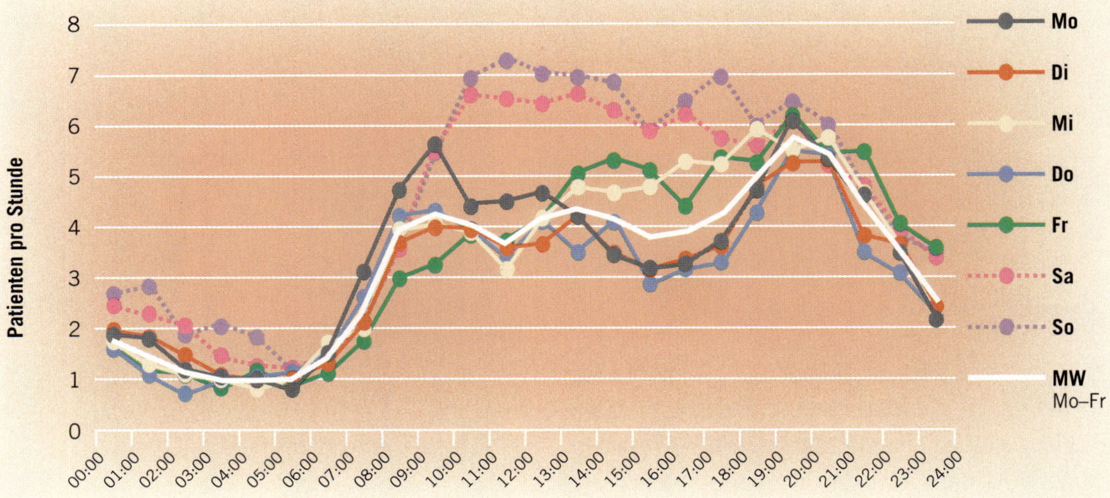

Im Schockraum zeigen Markierungen den richtigen Standort an

Mittag. Die rote Alarmlampe im Flur der Ambulanz leuchtet auf. Das Telefon darunter schellt. Eine Voranmeldung. Ein Notarztteam kündigt der Ambulanz einen Schwerverletzten oder einen anderen Notfall an. Ärzte und Pfleger bereiten sich vor. Das ist das große Spiel. Wie auf einer Taktiktafel kleben auf dem Boden des Schockraumes Markierungen, damit jeder weiß, wo er zu stehen hat – vom Anästhesisten[5] bis zur OP[6]-Schwester.

Bei diesem Finale um Leben und Tod steht Welty aber nicht zwingend selbst auf dem Platz. Der ärztliche Leiter sieht sich auch in der Rolle des Trainers: „Jürgen Klopp spielt in Dortmund ja auch nicht mit, aber er trainiert sein Team jeden Tag." So hält es auch der gelernte Chirurg Welty: In Trainingseinheiten mit simulierten Fällen werden die lebensrettenden Handgriffe und das Zusammenspiel der Fachabteilungen einstudiert.

Jetzt wird der Chef an anderer Stelle gebraucht. Ärzte und Pflegerinnen sehen ihn ratlos an, sie wissen nicht mehr, wohin mit den Kranken: „Wir haben Abflussstau und kriegen eine Voranmeldung nach der anderen." Der Blick geht zurück. Auf dem Flur stehen schon drei belegte Betten, auf den regulären Krankenhausstationen ist kein Platz. In einem kleinen Büro in der hintersten Ecke der Ambulanz glühen die Drähte. Zwei Mitarbeiter versuchen, die Patienten unterzubringen – ohne Erfolg.

Notfallpatienten haben Priorität bei der Zuteilung der Betten

Der Chef muss ran. Notfallpatienten haben Priorität bei der Bettenzuteilung. Einige deutliche Worte später gibt Welty Rückmeldung ans Bettenmanagement: „Der Herr mit dem Hirninfarkt kann auf die 1 B. Die anderen zunächst auf den Flur, bis die Entlassungen erfolgt sind."

Um 13 Uhr hat das Ambulanz-Team sämtliche Staus vor und im Krankenhaus abgearbeitet. Ein erfolgreicher Vormittag für Welty? „Das kommt immer darauf an, wie viele Menschen wir dem Teufel von der Schippe geholt haben." Seine Bilanz von 10 bis 13 Uhr: 100 Patienten, von denen 22 stationär aufgenommen wurden. Ein ganz normaler Sonntag am Marienhospital.

Quelle: Westdeutsche Zeitung, 18.4.2012

5 Anästhesist: Spezialist, der für die sachgerechte Betäubung (etwa bei Operationen) zuständig ist

6 OP: Abkürzung für Operation

1. Schritt: Einen Sachtext analysieren und zusammenfassen

1 a Verschafft euch zunächst einen Überblick über die vorliegende Reportage: Lest nur die im Druckbild hervorgehobenen Teile (Überschrift, Vorspann, Zwischenüberschriften) und betrachtet die Grafik.
b Besprecht, worum es in dem Zeitungsartikel gehen könnte.
c Lest den gesamten Text zügig. Wie wirkt dieser Zeitungsartikel auf euch: spannend, informativ, abenteuerlich, lehrreich …? Begründet eure Meinung mit Textstellen.

2 a Lest den Zeitungsartikel noch einmal genau. Notiert Fragen zu Einzelheiten oder Textstellen, die euch nach dem Lesen noch unklar geblieben sind.
b Klärt die Bedeutung der unbekannten Wörter oder Textstellen.

3 a Erklärt, was die folgenden Sätze im Text bedeuten. Lest hierzu noch einmal genau nach.
– „Jürgen Klopp spielt in Dortmund ja auch nicht mit, aber er trainiert sein Team jeden Tag" (▸ Z. 77–79).
– „Wir sind ja hier nicht in der Toastbrotfabrik und machen Toastbrot mit Toastbrotmaschinen", sagt Welty (▸ Z. 56–58).
– „Wir haben Abflussstau und kriegen eine Voranmeldung nach der anderen" (▸ Z. 87–88).
b Erläutert, worin „die große Herausforderung der Notfallambulanz" besteht (▸ Z. 25–26).

4 Schreibt eine Textzusammenfassung, in der ihr die zentralen Informationen der Reportage knapp und sachlich wiedergebt.
Geht so vor:
a Gliedert den Text in Sinnabschnitte und fasst jeden Abschnitt in Stichworten oder kurzen Sätzen zusammen. Formuliert für jeden Abschnitt eine treffende Überschrift.
b Notiert alle Informationen, die für die Einleitung der Textzusammenfassung wichtig sind:
Autor, Titel des Textes, Textsorte, Quelle (Fundort, wo der Text erschienen ist) sowie Thema des Textes.
c Verfasst mit Hilfe eurer Vorarbeiten aus den Aufgaben 4 a und b die Textzusammenfassung.
– Formuliert eine Einleitung, z. B.:

> *1. Abschnitt Z. x–y:*
> *Sonntagvormittag in der Notaufnahme*
> *– An Sonntagvormittagen herrscht in der Notaufnahme des Marienhospitals in Düsseldorf starker Andrang. Laut Georg Welty, dem Leiter der Ambulanz, besteht die größte Herausforderung darin, …*

> *In der Reportage „…", die in der … erschienen ist, beschreibt der Autor … einen Sonntagvormittag in …*

– Fasst im Hauptteil die wichtigsten Textinformationen knapp, sachlich und in eigenen Worten zusammen. Formuliert im Präsens (bei Vorzeitigkeit im Perfekt) und verwendet keine wörtliche Rede. Macht Zusammenhänge durch Satzverknüpfungen und Satzanfänge deutlich.

5 Überarbeitet eure Textzusammenfassungen mit Hilfe des Merkkastens auf Seite 329.

2. Schritt: Diagramme auswerten

6 a Betrachtet das Diagramm (▶ S. 194). Zu welcher Textpassage liefert es genauere Informationen?
b Wertet das Diagramm aus und beschreibt es mit eigenen Worten (▶ Diagramme auswerten, S. 339). Beantwortet dabei die folgenden Fragen: Worüber informiert das Diagramm? Welche Angaben werden gemacht? Was lässt sich ablesen?

3. Schritt: Die Textsorte erschließen

7 Überlegt: Was unterscheidet den ersten Absatz der Reportage (▶ S. 193, Z. 6–15) von dem Anfang eines möglichen Berichts (▶ S. 192)?

8 a Eine Reportage enthält sachliche Informationen, gibt aber auch die persönliche Sichtweise des Verfassers wieder. Sucht Textstellen heraus, die beides zeigen.
b Reporter geben Lesern das Gefühl, live (mit allen Sinnen) am Ort des Geschehens zu sein. Durch welche sprachlichen Gestaltungsmittel gelingt dies? Sammelt Beispiele.
TIPP: Achtet dabei auch auf ausdrucksstarke Verben und Adjektive sowie sprachliche Bilder.

9 Macht euch die sprachlichen Besonderheiten der Reportage durch Umformulierungen bewusst:
– Setzt die Zeilen 64–73 ins Präteritum. Vergleicht mit dem Originaltext.
– Formuliert den letzten Absatz (▶ Z. 103–110) in einen Berichtsstil um, indem ihr knapp und sachlich die Fakten wiedergebt. Vergleicht die Wirkung eures Satzes mit dem Original.

10 Überlegt, auf welchen Sachverhalt die vorliegende Reportage hinweisen möchte.

11 Weist mit Hilfe der Informationen im Merkkasten nach, dass es sich bei dem Zeitungsartikel um eine Reportage handelt. Führt hierzu für jedes Merkmal eine passende Textstelle an.

Information **Die Reportage**

Eine Reportage **informiert in besonders anschaulicher und lebendiger Weise über ein Ereignis** und greift dabei meist auch ein grundsätzliches Problem oder eine allgemeine Fragestellung auf. Bei einer Reportage schreibt ein Reporter aus seiner subjektiven Sicht über ein Geschehen, das er selbst als Augenzeuge miterlebt hat. Er gibt dabei auch seine persönlichen Eindrücke und meist auch seine Empfindungen wieder.

- Reportagen **führen direkt in eine interessante Szene ein** (szenischer Einstieg, Schilderung einer Situation), sodass die Neugier der Leser geweckt wird.
- Eine Reportage enthält **sachliche Informationen** (Beantwortung der W-Fragen), gibt aber auch die **Eindrücke und die persönliche Sichtweise des Verfassers** wieder.
- Die Reportage will den Lesern das Gefühl geben, dass sie live (mit allen Sinnen) bei dem Geschehen dabei sind. Deshalb beschreibt der Reporter anschaulich die **Atmosphäre und Stimmung vor Ort und schildert seine Wahrnehmungen.** Zitate von Personen und eine bildhafte Sprache (ausdrucksstarke Verben, Adjektive sowie sprachliche Bilder) sorgen für **Anschaulichkeit.**
- Die Zeitformen wechseln; häufig wird das Präsens verwendet, um dem Leser den Eindruck zu vermitteln, direkt vor Ort dabei zu sein.

Fordern und fördern – Eine Reportage untersuchen

Die fliegende Intensivstation

Von Jan Schmidt

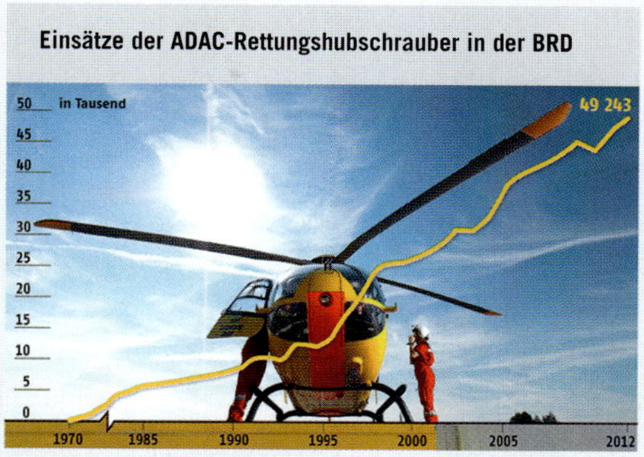

Bremen. Plötzlich ein schriller Ton: Alarm! Andreas Neulinger blickt auf seinen Pieper. „Kind nicht ansprechbar, Fieber, Bremen-Huchting". Noch während er liest, begibt sich der Notarzt zum Rettungshubschrauber. Er geht zügig, setzt sich nebenbei einen Helm auf. Dicht hinter ihm läuft Jochen Bokemeyer, Rettungsassistent. Vom Krankenhaus sind es nur wenige Meter. Rüdiger Engler, der Pilot, hat schon den Motor angelassen.

Unter den rasselnden Rotorblättern klettern die Ärzte in die Kabine. Sie ziehen ihre Sicherheitsgurte fest – dann hebt „Christoph 6" ab. „Christoph 6" ist einer von zwei Rettungshubschraubern für den Großraum Bremen. Seine Besatzung startet täglich vom „Klinikum Links der Weser" zu etwa fünf Einsätzen.

Es dröhnt, es wackelt. Binnen Sekunden schwebt der Helikopter in 150 Metern Höhe. Rüdiger Engler kontrolliert die Instrumente, Jochen Bokemeyer funkt neben ihm mit der Polizei. Ein Treffpunkt wird vereinbart – wie so oft bei Einsätzen in Wohngebieten. Wegen der dichten Besiedelung wäre eine Landung vor Ort zu riskant, deshalb steuert Engler Sportplätze, Grünanlagen oder ähnliche Plätze in der Nähe an. Von dort fährt eine Polizeistreife die Ärzte zur Wohnung des Patienten.

„Sicher am Boden", meldet Engler. „Ihr könnt raus!" Die beiden Ärzte greifen nach ihren Arztkoffern, drücken gegen die Tür und springen auf den Rasen. In kurzer Entfernung wartet ein Polizeiauto. Sie zwängen sich auf die Rückbank, sofort gibt der Beamte Gas. Reifen quietschen. Blaulicht, Sirene …

Obwohl der Helikopter einer fliegenden Intensivstation gleicht, transportiert er nur selten Patienten. Bei fast allen Einsätzen von „Christoph 6" fordert die Rettungsleitstelle gleichzeitig einen Krankenwagen an, der die Patienten ins nächste Krankenhaus transportieren kann. Rüdiger Engler nimmt deshalb auf dem Rückflug meist nur den Notarzt und den Assistenten wieder mit an Bord. Quasi per Lufttaxi geht es zum Einsatzort und damit sind die fliegenden Notärzte schneller bei den Patienten als die Rettungsärzte am Boden. Richtig spektakuläre Notfälle, wie man sie beispielsweise aus dem Fernsehen kennt, gibt es eher selten.

Quelle: Kreiszeitung

1 a Fasst in einem Satz zusammen, worum es in dem Zeitungsartikel geht.
b Beantwortet die folgenden Fragen zum Text:
- Warum vereinbart Jochen Bokemeyer, der Rettungsassistent, mit der Polizei einen Treffpunkt?
- Warum werden Rettungshubschrauber eingesetzt, wenn sie nur selten Patienten aufnehmen?

▷ Hilfen auf Seite 198.

2 Beschreibt das Diagramm und erklärt, was es darstellt. ▷ Hilfen auf Seite 198.

3 Weist anhand von drei Merkmalen nach, dass der Text eine Reportage ist. Sucht für jedes Textsortenmerkmal eine passende Textstelle. ▷ Hilfen auf Seite 198.

4 Schreibt eine Textzusammenfassung mit Einleitung und Hauptteil. ▷ Hilfen auf Seite 198.

●○○ 1 Aufgabe 1 mit Hilfen

a Fasst in einem Satz zusammen, worum es in dem Zeitungsartikel geht. Die nebenstehenden Stichworte aus dem Text helfen euch dabei.

> Einsatz • Rettungshubschrauber • „Christoph 6“ • Bremen

b Beantwortet die folgenden Fragen zum Text:
- Warum vereinbart Jochen Bokemeyer, der Rettungsassistent, mit der Polizei einen Treffpunkt?
- Warum werden Rettungshubschrauber eingesetzt, wenn sie nur selten Patienten aufnehmen? Lest hierzu noch einmal die Zeilen 36–48.

●○○ 2 Aufgabe 2 mit Hilfen

Beschreibt das Diagramm und erklärt, was es darstellt. Geht so vor:
- Lest die Überschrift und betrachtet die Zahlen auf der x- und der y-Achse.
- Vergleicht die Angaben miteinander (höchster, niedrigster Wert). Welche Entwicklung wird aufgezeigt?

Das Diagramm zeigt die Entwicklung von ... zwischen den Jahren ... und ...
Insgesamt ist zu beobachten, dass die ...
Während zum Beispiel im Jahr ... nur ... Einsätze geflogen wurden, waren es ...

●○○ 3 Aufgabe 3 mit Hilfen

Weist anhand von drei Merkmalen nach, dass der Text eine Reportage ist. Wählt drei Textsortenmerkmale aus der linken Spalte der Tabelle aus und sucht jeweils eine passende Textstelle, mit der ihr eure Aussage belegen könnt (▶ Zitieren, S. 328).

Merkmale einer Reportage	Beispiele aus dem Text
– *szenischer Einstieg (Schilderung einer Situation)*	...
– *sachliche Informationen*	...
– *persönliche Wahrnehmung, schildernde Textpassagen*	...
– *Zitate, um die Situation anschaulich zu machen*	...

●○○ 4 Aufgabe 4 mit Hilfen

Schreibt eine Textzusammenfassung mit Einleitung und Hauptteil. Geht so vor:

a Gliedert den Text in Sinnabschnitte und fasst jeden Abschnitt in Stichworten oder kurzen Sätzen zusammen.
- *Sobald ein Notruf im Krankenhaus eingeht, begeben sich der Notarzt ...*
- *„Christoph 6“ ist einer von zwei Rettungshubschraubern, am „Klinikum Links der Weser“ in Bremen stationiert und fliegt täglich ca. fünf Einsätze*
- *...*

b Notiert alle Informationen, die für die Einleitung der Textzusammenfassung wichtig sind: Autor, Titel des Textes, Textsorte, Quelle sowie Thema des Textes.

c Verfasst mit Hilfe eurer Vorarbeiten die Zusammenfassung.
- Formuliert eine Einleitung, z. B.:
  In der Reportage „...“, die in der ... erschienen ist, beschreibt der Autor ...
- Fasst im Hauptteil die wichtigsten Textinformationen knapp, sachlich und in eigenen Worten zusammen. Formuliert im Präsens und verwendet keine wörtliche Rede.

Der Kommentar

Marslandung

Curiosity – Forschen für die nächste Generation

Die Erforschung des Mars hat keine Auswirkungen auf das heutige Leben. Dennoch ist der kulturelle Wert der NASA-Mission gewaltig.

Von Norbert Lossau

Die geglückte Landung des Mars-Rovers „Curiosity“ ist eine fantastische Leistung – ein technisches Meisterwerk, das den Wissenschaftlern ganz neue Möglichkeiten der Erforschung des Roten Planeten eröffnet. Der Name des Forschungsrovers ist Programm. „Curiosity“ bedeutet Neugier – und es ist die unersättliche Neugier des Menschen, die mit dieser Mission ein Stück weit gestillt werden kann.

Gab es auf dem Mars einst Flüsse und Meere? Gab es auf dem heute unwirtlichen Planeten einmal Lebensformen? Existieren vielleicht in ökologischen Nischen noch heute exotische Bakterien? Es liegt in der Natur des Menschen zu fragen – und wenn technisch irgend möglich auch Antworten auf diese Fragen zu finden.

Wer suchet, der findet: Der gesamte wissenschaftlich-technische Fortschritt basiert letztlich auf diesem Prinzip. Natürlich werden in diesen Tagen viele kritisieren, dass die von „Curiosity“ zu erwartenden Erkenntnisse für das konkrete Leben der Menschen keine Relevanz[1] hätten.

Doch wer so argumentiert, verkennt die Mechanismen des wissenschaftlichen Fortschritts. Grundlagenerkenntnisse lassen sich in aller Regel nicht sofort in der Praxis nutzen. Doch ohne dieses Basiswissen sind technische Innovationen[2] eben nicht möglich.

Kein Zeitgenosse von Albert Einstein – und auch er selber nicht – hat vorausgesehen, dass die abstrakten Formeln der Relativitätstheorie[3] einmal benötigt werden würden, um Navigationssysteme für Autos bauen zu können. Bei vielen Innovationen dieser Tage profitieren wir noch von den Forschungsleistungen der Großvätergeneration.

Daran sollte man denken, wenn man über die Fördermittel für heutige Grundlagenforschung[4] diskutiert. Denn auch ohne un-

1 die Relevanz: Bedeutung

2 die Innovation: Neuerung, Erfindung

3 Relativitätstheorie: eine von Albert Einstein entwickelte Theorie, die zu den wichtigsten Grundlagen der heutigen Physik gehört

4 Grundlagenforschung will „nur“ die Grundlage für weitergehende Forschungen legen und hebt sich damit von der angewandten Forschung ab, die nach praktisch umsetzbaren Ergebnissen bzw. Erkenntnissen sucht.

mittelbaren technologischen Nutzen hat die NASA-Mission einen kulturellen Wert. Das Woher, Warum und Wohin des Universums und des Lebens verstehen zu wollen, gehört zum Masterplan des Menschen. Wenn der Mensch diese Neugier verlieren sollte, wäre dies das Ende seiner Evolution.

1 a Lest den Kommentar von Norbert Lossau aufmerksam durch. Zu welchem aktuellen Thema äußert sich der Autor? Erklärt in eigenen Worten, welche Meinung er vertritt.

b Überlegt: Wie wirkt dieser Zeitungsartikel auf euch: spannend, informativ, urteilend, abwägend, lehrreich ...?
Was überwiegt? Begründet eure Meinung mit Textstellen.

2 a Erklärt, was die folgenden Wörter und Ausdrücke im Text bedeuten.
TIPP: Lest hierzu noch einmal die Sätze, in denen diese Wörter/Ausdrücke vorkommen. Sie geben oft Hinweise darauf, wie das Wort zu verstehen ist (= Textzusammenhang).

> fantastische (▶ Z. 7) • unersättliche Neugier (▶ Z. 13) • basiert (▶ Z. 25) • Mechanismen (▶ Z. 32) • abstrakten Formeln (▶ Z. 40) • Masterplan des Menschen (▶ Z. 54) • Evolution (▶ Z. 56)

b Klärt weitere Wörter oder Textpassagen, die euch unklar sind.

3 Untersucht, wie Norbert Lossau seine Position vertritt.

a Sucht Argumente und Beispiele aus dem Text heraus, mit denen er seine Meinung begründet.

b Der Autor nennt in seiner Argumentation auch ein Gegenargument.
Sucht es heraus und erklärt, auf welche Weise der Autor es entkräftet.

4 Diskutiert darüber, ob ihr die Argumentation des Verfassers überzeugend findet.
Formuliert eine mögliche Gegenposition und sammelt auch dazu Argumente und Beispiele.

5 a Erklärt, inwieweit sich der vorliegende Kommentar im Aufbau und in der Sprache von einem Bericht unterscheidet. Belegt eure Äußerungen anhand des Textes.

b Überlegt: Welche Funktion hat ein Kommentar im Vergleich zum Bericht?

Information **Der Kommentar**

Ein Kommentar ist ein **wertender Text, in dem ein Autor** zu einem aktuellen Thema Stellung bezieht und **seine persönliche Meinung äußert.**
Der Autor informiert über das Thema, erläutert seine Bedeutung, erklärt dem Leser die Zusammenhänge und setzt sich mit unterschiedlichen Meinungen auseinander. In einem Kommentar begründet der Autor seine Meinung mit Argumenten und Beispielen. Ziel des Kommentars ist es, den Leser dazu anzuregen, sich eine eigene Meinung zum Thema zu bilden.
Der Autor/die Autorin eines Kommentars wird immer mit Namen genannt.

Die Glosse

Ballern statt Büffeln?

Von David Froitzheim

Ich spiele Killerspiele. Und das ist gut so. Denn so schlimm das klingt, negative Folgen habe ich bisher weder bei mir noch bei meinen Freunden und Freundinnen feststellen können. Oh Schreck, genau, es gibt auch Mädels, die das brutal-blutrünstige Geballer toll finden. Trotzdem, oh Wunder, sind wir alle ganz normal geblieben. Komisch, oder? Vor allem weil das Gros der Politiker in seinem niemals endenden Bemutterungsinstinkt der Meinung ist, genau zu wissen, was wir tun und vor allem lassen sollen. Das scheint irgendwie genetisch bedingt zu sein. Oder wählerbedingt, schließlich ist das ja ein Thema, auf das man beruhigt draufhauen kann. Und Eltern, die wissen in den meisten Fällen noch nicht mal, worum es sich bei „Counterstrike“, „Unreal“ oder „Quake“ handelt. Ist auch einfacher ... Denn wovon man nichts weiß, darüber muss man auch nicht nachdenken, sich keine Meinung bilden, sich nicht mit dem Thema beschäftigen. Stattdessen kann man Allgemeinplätze abgeben, die sich möglichst genau der Mehrheitsmeinung anpassen, und alles ist im Lot. Dafür wird einen auch nie jemand schief ansehen. Doch aus unserer Perspektive ist das, Entschuldigung, gequirlter Mist. Hey, wir sind inzwischen in dem Alter, in dem wir zumindest von Gesetzes wegen eigene Entscheidungen treffen sollten und vor allem dürfen.

Und mir von so genannten Experten irgendwelcher Medienkommissionen sagen zu lassen, was für meine weitere Entwicklung förderlich ist, habe ich satt. Deshalb: Mund zu. Wenn ihr euch äußern wollt, dann bitte zu Themen, von denen wir nicht mehr Ahnung haben als ihr. So viel Mündigkeit müsst ihr uns schon lassen, ob ihr es wollt oder nicht. Denn das ist es, wozu man uns in Elternhaus, Schule und Studium erzieht.

1 a Lest die Glosse von David Froitzheim: Wie wirkt der Text auf euch: spannend, informativ, urteilend, abwägend, lehrreich, lustig? Begründet eure Meinung mit Textstellen.
b Erläutert, welches Thema behandelt wird und welche Meinung der Autor vertritt. An wen wendet sich der Schreiber? Was kritisiert er? Belegt eure Ausführungen anhand des Textes.

2 a Eine Glosse darf übertreiben und provozieren. Nennt Textstellen, die dies belegen.
b Untersucht, mit welchen sprachlichen Mitteln der Autor arbeitet. Beachtet vor allem die Wortwahl und die Art, wie die Leser angesprochen werden.

3 Definiert die Textsorte „Glosse“ und grenzt sie dabei vom Kommentar (▸ S. 200) ab.

4 Verfasst einen Leserbrief, in dem ihr zu der vorliegenden Glosse Stellung nehmt.

Information **Die Glosse**

Die Glosse ist ein **kurzer, pointierter** (zugespitzter) **Meinungsbeitrag** zu einem Thema. Im Unterschied zum Kommentar (▸ S. 200) verzichtet die Glosse bewusst auf eine ausgewogene Argumentation und ist betont subjektiv. Ihre Sprache ist **humorvoll, spöttisch, ironisch;** ein beliebtes **Stilmittel** ist die **Übertreibung**. Eine Glosse darf provozieren, denn sie will den Leser wachrütteln, zum Schmunzeln bringen, aber auch zum Nachdenken anregen.

Informationsvermittlung in Online-Zeitungen, Fernsehen und Radio

Immobilienmarkt | Motormarkt | Stellenmarkt | SZ-Shop | Tickets | Anzeigen | Reiseangebote | Weitere Angebote | Abo & Service | E-Paper | Login

Süddeutsche.de

NEUESTE NACHRICHTEN, 13. AUGUST 2013, 14:21

Politik | Panorama | Kultur | Wirtschaft | Sport | München | Bayern | Digital | Auto | Reise | Video | mehr | Suche

Themen: Günter Grass | Internet-Überwachung | Leichtathletik-WM Updates: Newsletter | Apps & Mobil | RSS | Reiseangebote

Süddeutsche.de als Startseite einrichten — Hinweis nicht mehr anzeigen

Tod durch Drohnen

Verräterische Signale

Mehr als 3000 Menschen sollen im vergangenen Jahrzehnt durch den Beschuss von Drohnen gestorben sein - es traf Terrorverdächtige und gänzlich Unbeteiligte. Und immer spielten dabei Telefondaten eine Rolle. Auch deutsche Behörden waren und sind am Austausch beteiligt. *Von Hans Leyendecker* mehr...

- EXKLUSIV Kooperation mit US-Geheimdiensten **Unmut über BND-Chef Schindler**
- Informationspolitik des BND **Bizarrer Kampf um Deutungshoheit**

Inflationsrate

Preise für Lebensmittel steigen rasant

Paprika kostet fast 50 Prozent mehr als vor einem Jahr, der Preis für Butter legte um ein Drittel zu: Lebensmittel sind in Deutschland erheblich teurer geworden. Die Inflationsrate steht darum nun auf

Heute in der SZ

Süddeutsche Zeitung

Leser lesen aktuell

634 Dokumentarfilm "From One Second to the Next" **Ohne böse Absicht**

599 Transportmittel Hyperloop **Mit 1220 km/h von San Francisco nach LA**

480 Probleme in der Fankurve des FC Bayern **Blanke Stille auf den Stufen**

19305 Leser sind aktuell auf Süddeutsche.de

Leser empfehlen

1111 Nutzerstruktur **13-Jährige hält Facebook für Oma-Netzwerk**

722 Unnützes Google Doodle Wissen **Erwin Schrödinger und die lebendtote Katze**

512 Probleme in der Fankurve des FC Bayern **Blanke Stille auf den Stufen**

Leser empfehlen im Netz
Trends großer Nachrichtenseiten in Echtzeit

14.011 The light inventor who is poor but proud *BBC*

4265 Monsanto: Super-Genmais darf nach Europa *Zeit Online*

3143 BlackBerry goes up for sale after years of struggle in smartphone market *The Guardian*

alle Leserempfehlungen

1 Dieser Screenshot zeigt die Online-Ausgabe einer überregionalen Tageszeitung. Untersucht, wie die Titelseite dieser Online-Zeitung aufgebaut ist:
- Wo findet ihr die klassischen Ressorts (▸ Themengebiete, S. 190) der Zeitung?
- Welche zusätzlichen Funktionen bietet die Online-Zeitung als multimediales Medium?
- Welche Möglichkeiten bietet die Suchfunktion? Stellt Vermutungen an.

2 Eine Online-Zeitung kann jederzeit aktualisiert werden. Überlegt, was dies für die Redakteure und die Leser bedeutet.

3 Vergleicht die Printausgabe einer Zeitung mit ihrer Online-Ausgabe.
- Wie sind die Titelseiten jeweils aufgebaut? Wie hoch ist der Anteil an Werbung?
- Wie gut könnt ihr euch in der Printausgabe orientieren, wie gut in der Online-Zeitung?
- Welche Vor- und Nachteile haben Print- und Online-Zeitung?

TIPP: Unter www.zeitung.de findet ihr eine Liste von Online-Zeitungen.

Neben der Zeitung und dem Internet sind das Radio und das Fernsehen Medien, die Information und Unterhaltung bieten. Nachrichten, Berichte, Kommentare und Reportagen gehören auch hier zum Standardangebot.

1 Verschafft euch einen Überblick über die Nachrichtensendungen, die im Radio und im Fernsehen laufen, z. B. mit Hilfe einer Fernseh- und Radiozeitschrift oder des Internets.
Haltet eure Ergebnisse in Form einer Tabelle fest:

	Sender	Name der Nachrichtensendung	Uhrzeit
TV	*ARD*	*Tagesschau*	*20.00 Uhr*
	...	...	...
Radio	*WDR*	...	...
	...	...	...

2 a Teilt die Nachrichtensendungen unter euch auf: Jede Gruppe wählt eine Sendung, die sie genauer untersuchen möchte.
TIPP: Einigt euch auf einen Tag, damit ihr eure Ergebnisse anschließend vergleichen könnt.
b Überlegt, worauf ihr achten solltet, und erstellt eine Liste, z. B.:
- *Themen: Auswahl, Reihenfolge, Umfang*
- *Einspielungen: Originalton (Radio), Filmsequenzen (Fernsehen)*

3 Haltet die wichtigsten Ergebnisse aus Aufgabe 2 getrennt nach Sendern fest.

4 Stellt eure Ergebnisse vor und vergleicht sie:
– Welche Themen werden wie ausführlich behandelt? Fehlen evtl. für euch wichtige Themen?
– Wie werden die Themen präsentiert, z. B. verständlich, unverständlich, informativ, sachlich, reißerisch ...?
– Wie erklärt ihr euch die Unterschiede? Wie beurteilt ihr die einzelnen Nachrichtensendungen?

Information **Die Online-Zeitung (Internetzeitung)**

Die meisten Zeitungen unterhalten heute neben der Printausgabe (der gedruckten Ausgabe) auch eine Online-Ausgabe. Das Ziel ist prinzipiell dasselbe wie bei der Printausgabe: den Leser zu informieren. Daneben weisen Online-Zeitungen folgende Besonderheiten auf: Sie **können ständig aktualisiert werden,** bei interessanten Ereignissen also auch mehrmals am Tag; sie können ihre Artikel um **multimediale Inhalte** (Film- und Tonbeiträge) ergänzen; sie sind **interaktiv;** d. h., der Leser hat z. B. die Möglichkeit, per E-Mail Leserbriefe zu schreiben bzw. Artikel zu kommentieren oder mit anderen Lesern in Chats oder Foren zu kommunizieren; sie haben eine **Such- und Archivfunktion,** sodass der Leser gezielt auf Artikel zu einem Thema (auch aus zurückliegenden Ausgaben der Zeitung) zugreifen kann.

Testet euch!

Rund um die Zeitung

1 Flugzeug muss notlanden

Linz – Eine Boeing mit 264 Passagieren an Bord musste gestern in Österreich notlanden. Der Pilot hatte kurz vor München Rauch bemerkt, wie die Polizei in Linz mitteilte. Auf dem Blue Danube Airport setzte das Flugzeug kurz nach 16 Uhr sicher auf. Die Passagiere verließen die Boeing unverletzt. Was zu der Rauchentwicklung geführt hatte, …

2 In New York ist alles möglich

Die heiße Juli-Luft ist vor Feuchtigkeit so dick wie Suppe. Eine Stunde muss man mit der Bahn aus New York herausfahren, um sich einigermaßen Linderung zu verschaffen. Hier, auf der Halbinsel Far Rockaway, dem einzigen Surfstrand am Rande von New York, bremst die Meeresbrise die stete Schwüle ein wenig. Matt surft seit 20 Jahren hier. Als er anfing, kam noch niemand aus New York zum Surfen hier raus. „Morgens um fünf“, sagt er, „ist das Surfen hier am schönsten.“ Nachmittags …

3 Droge Internet?

Leider gibt es tatsächlich zunehmend Berichte über Internetsucht. Manche Nutzer finden keine Grenze beim Spielen und „versumpfen“ vor dem PC. Aber sollte man deshalb gleich das Internet verteufeln? Das wäre völlig überzogen. Eher soll darüber nachgedacht werden, …

1 Bestimmt bei jedem Text, um welche journalistische Textsorte es sich handelt.

2 Ordnet den Begriffen in der linken Spalte die richtigen Beschreibungen zu. Schreibt die Ziffern und Buchstaben in der richtigen Zuordnung in euer Heft. Notiert so: *1 + …; 2 + … usw.*

1 Reportage	**A** die wichtigsten Informationen stehen am Textanfang
2 überregionale Zeitung	**B** kurzer, pointierter Meinungsbeitrag, dessen Sprache humorvoll-spöttisch ist.
3 Lead-Stil	**C** Text, der anschaulich und lebendig über ein Ereignis informiert
4 Glosse	**D** Themengebiete einer Zeitung, z. B. Politik, Wirtschaft …
5 Ressorts	**E** Zeitung, die in ganz Deutschland erhältlich ist

3 Von den folgenden Aussagen sind nur zwei richtig. Welche? Schreibt die Buchstaben auf.
A Das Feuilleton ist der Teil einer Zeitung, in dem es um Kultur, also z. B. um Kunst und Musik, geht.
B Eine Nachricht ist ausführlicher als ein Bericht.
C Der Vorspann (Lead) ist das, was auf der ersten Seite einer Zeitung steht.
D Online-Zeitungen können ständig aktualisiert werden.

4 Vergleicht eure Ergebnisse aus den Aufgaben 1 bis 3 in Partnerarbeit.

9.2 Was ist los? – Projekt „Zeitungsmacher"

Im Folgenden erfahrt ihr, wie ihr selbst Schritt für Schritt eine Klassenzeitung erstellen könnt.

1. Schritt: Was ist denn angesagt? – Themen sammeln und ordnen

1 a Überlegt, über welche Themen ihr in eurer Klassenzeitung schreiben wollt. Was interessiert euch, was eure Leser/-innen? Schreibt eure Themenvorschläge auf Blätter und klebt sie an die Tafel.

b Ordnet eure Themen nach Ressorts (Themenbereichen, ▶ S. 190), z. B.:

Neuigkeiten aus der Schule
- *Das Angebot in der Mensa*
- *Jnfos und Tipps zum Schüleraustausch*
- ...

2 Bildet zu den einzelnen Ressorts Redaktionsteams und verteilt die einzelnen Themen.

2. Schritt: Sich über ein Thema informieren – Die Recherche

3 Erstellt einen Rechercheplan und sucht dann nach geeignetem Informationsmaterial (auch Fotos, evtl. Grafiken usw.) zu eurem Thema. Je nach Thema könnt ihr
- vor Ort recherchieren (Umfragen und Interviews mit Personen durchführen, Fotos erstellen),
- euch in Bibliotheken informieren,
- Zeitungen und Zeitschriften studieren,
- im Internet suchen (Informationen, Fotos, Grafiken etc.).

TIPP: Mehr zur Informationsrecherche findet ihr auf Seite 369–370.

Rechercheplan zum Thema „Jnfos und Tipps zum Schüleraustausch"

Fragen zum Thema	**Jnformationsquelle**	**Bildmaterial (Fotos, Bilder, Grafiken)**	**Wer?**
Was ist ein Schüleraustausch?	*Jnternet*	*...*	*Lukas*
Welche Erfahrungen ...?	*Jnterview mit ...*	*Fotos von ... erstellen*	*Ruth, Florian*
...			

3. Schritt: Von der Recherche zum Schreiben – Textsorten festlegen

4 a Entscheidet, welche Textsorte für euer Thema und eure Absicht besonders geeignet ist. Die folgende Übersicht kann euch hierbei helfen:

Absicht	→	Textsorte
informieren	sachlich und nüchtern →	Bericht (► S. 192)
	lebendig →	Reportage (► S. 196)
Meinung äußern	sachlich und nüchtern →	Kommentar (► S. 200)
	humorvoll und ironisch →	Glosse (► S. 201)
Unterhaltung • Übersicht • …		Quiz • Rätsel • Fotostory • Veranstaltungskalender • Interview

b Wertet euer Informationsmaterial aus. Was das konkret bedeutet, hängt davon ab, für welche Textsorte ihr euch entschieden habt. Ein Interview könnt ihr z. B. nahezu im Originalton wiedergeben. Bei einer Glosse kommt es sehr darauf an, einen witzig-spöttischen Ton zu treffen. Sichtet, ordnet und ergänzt euer Material mit Hilfe des folgenden Bearbeitungsbogens:

Material	Weiterarbeit
Fotos Bilder Grafiken	– aussagekräftige Fotos/Bilder/Grafiken aussuchen oder erstellen – Bildunterschriften formulieren; bei einer Grafik Überschrift, Angaben und Erklärungen überprüfen oder ergänzen
Texte	**1 Material auswerten** – wichtige Informationen auf einer Kopie markieren; am Textrand notieren, zu welchen Fragen oder Teilthemen die markierten Informationen gehören – Informationen auswählen: Welche Informationen braucht der Leser, um das Thema zu verstehen? Welche Zusatz- oder Hintergrundinformationen gehören in den Text? **2 Material ergänzen** – je nach Textsorte, z. B.: schildernde Textteile (Reportage), Beantwortung weiterer W-Fragen (Bericht), witzige, ironische Formulierungen (Glosse) usw.

5 Verfasst die Texte für eure Klassenzeitung. Schreibt sie möglichst mit Hilfe des Computers. Beachtet auch die folgenden Hinweise:
– Findet aussagekräftige Schlagzeilen für eure Artikel.
– Wählt Fotos, Bilder oder Grafiken für eure Texte aus.
Tipps zur Arbeit mit dem Computer findet ihr auf Seite 372–373.

4. Schritt: Die Texte überarbeiten und das Layout erstellen

6 Auch Schreibprofis wie Zeitungsjournalisten stellen ihre Texte zur Diskussion und überarbeiten sie.

a Führt eine Schreibkonferenz durch, in der ihr eure Entwürfe sichtet und überarbeitet. Die Tipps unten helfen euch dabei.

- Macht mit einem Bleistift Anmerkungen am Rand, z. B.: ein Fragezeichen, wo euch etwas unklar ist; Stichworte mit Tipps für Ergänzungen, Änderungsvorschläge für die Ausdrucksweise usw.
- Seid kritisch, aber wohlwollend und konstruktiv: Bedenkt das gemeinsame Ziel, eine Zeitung für die Klasse zu erstellen.

b Überarbeitet eure eigenen Texte. Klärt Fragen im gemeinsamen Gespräch.

7 Jede Zeitung hat ihr eigenes Layout. Damit der Leser sich gut orientieren kann und Lust zum Lesen bekommt, muss es übersichtlich und ansprechend sein.
Überlegt, wie ihr die einzelnen Beiträge und die Titelseite eurer Zeitung gestalten wollt. Probiert die Gestaltungsmöglichkeiten mit dem Computer aus und entwerft verschiedene Layout-Raster, z. B.:

Seitenränder und Spalten
- Rand (oben, unten, rechts, links)
- Spalten (ein-, zwei-, dreispaltig)

Schriftgröße
- Schlagzeile
- Untertitel
- ...

Zeilenabstand
- ...

Platzierung der Bilder/Fotos/Grafiken
- ...

8 Entscheidet, in welcher Reihenfolge ihr die Beiträge bzw. die Ressorts anordnen wollt.

Information **Tipps zur Überarbeitung von Zeitungsartikeln**

- Die **Schlagzeile** muss die Leser „packen“. Sie sollte kurz und präzise sein.
- Der **Einstieg in das Thema** entscheidet, ob die Leser weiterlesen. Der erste Satz sollte die Leser neugierig auf das Thema machen oder wichtige und interessante Informationen bieten.
- Der **Gedankengang** sollte schlüssig und ohne Nachfrage **verständlich** sein. Prüft, ob zum Textverständnis weitere Informationen fehlen oder ob Sätze bzw. Formulierungen unklar sind.
- **Vermeidet** unnötige inhaltliche **Wiederholungen** oder Wortwiederholungen.
- Überprüft die **Rechtschreibung** und die **Zeichensetzung.**

9.3 Fit in ... – Einen Zeitungstext untersuchen

Die Aufgabenstellung verstehen

Stellt euch vor, ihr bekommt in der nächsten Klassenarbeit folgende Aufgabenstellung:

Untersuche die Reportage „Schmuggel in Hamburg: So arbeiten die Ermittler“:

1. a Fasse die wichtigsten Informationen des Textes zusammen. Schreibe eine Zusammenfassung mit Einleitung und Hauptteil.
   b Weise anhand von zwei Merkmalen nach, dass der Text eine Reportage ist. Suche für jedes Textsortenmerkmal eine passende Textstelle.
2. Erkläre, wieso die Männer der „Schwarzen Gang“ eigentlich „einen völlig unmöglichen Job“ haben (▸ Z. 60 f.). Was macht ihre Arbeit so schwierig?

Schmuggel in Hamburg: So arbeiten die Ermittler

Hamburger Hafenzöllner haben eigentlich keine Chance, doch das kann ihren Ehrgeiz nicht bremsen.

Von Bernhard Honnigfort

Es muss fix gehen. Die Besatzung der „Oevelgönne“ ist schon an Bord, die beiden Zwölf-Zylinder-Dieselmotoren des Zollbootes sind vorgeheizt, das 17-Meter-Boot schaukelt leicht glucksend am Ponton[1] bei den Landungsbrücken im Hamburger Hafen. Gleich geht es los. Der „Kommissar“ fehlt noch. Ein kalter und windiger Herbsttag, früh am Morgen, die Elbe im Hafen ist leicht kabbelig[2], es fängt an zu regnen. Da kommt „der Kommissar“, steigt an Bord, Leinen los, Kapitän Tobias Wilfling gibt Gas, die „Schwarze Gang“, Hamburgs Hafenzöllner, bricht auf. Mal sehen, was wird.

Der „Kommissar“, das ist Torsten Ahrens, 48 Jahre alt, ein sportlicher, freundlicher Mann. „Kommissar“ nennen sie ihn an Bord, weil sein wahrer Titel unaussprechlich ist: Zolloberamtsrat – Leiter Kontrollraum 2 (Wasser). „Auf geht's“, sagt er. Das Ziel heute ist ein alter, leicht rostiger Bananendampfer. Er ist aus Brasilien gekommen, machte Stopp in Dover und liegt seit einigen Stunden im Hansahafen, wo das Obst ausgeladen wird.

Sobald das Schiff leer ist, kann die Schwarze Gang loslegen. Die „Oevelgönne“ hat angelegt, der „Kommissar“ und seine fünf Kollegen gehen über eine Leiter an Bord, verteilen sich, versuchen, einen Überblick zu bekommen. Vielleicht sieht ja jemand verdächtig aus, vielleicht wirft jemand nervös etwas ins Hafenbecken.

Schwarze Gang? Niemand an Bord weiß, warum sie so genannt werden. 43 Hafenzöllner hat Hamburg. Sie tragen blaue Uniformen und suchen mit ihren fünf Booten den Hafen und die Unterelbe ab. Sie heißen überall so, Schwarze Gang, Zwarte Gang, Black Gang, in Deutschland, Holland, in England.

Der Kran hebt die letzten Kartons mit Bananen aus dem Schiffsrumpf. Die Hafenarbeiter ziehen ab, die Schwarze Gang steigt die wackeli-

1 der Ponton: fest verankerter Schwimmkörper; hier als schwimmende Schiffsanlegestelle genutzt

2 kabbelig: unruhig

gen Leitern hinab in die Stauräume. Das Schiff ist 150 Meter lang, jedes der vier Decks so groß wie eine Turnhalle. Es gibt Zwischenräume, Laufgänge, den Maschinenraum, die Unterbauten der Kräne, die Kombüse usw. Vor allem gibt es überall Hohlräume, dunkle Ecken, Winkel, Nischen, Holzböden, die sich entfernen lassen. „Ein Schiff, hunderttausend Verstecke", sagt Ahrens. Er läuft mit seiner Taschenlampe durchs unterste Deck und leuchtet unter die Lattenroste am Boden, durch die im beladenen Schiff Stickstoff oder kalte Luft zirkulieren kann, damit die Früchte nicht vergammeln.

Die Männer der Schwarzen Gang haben eigentlich einen völlig unmöglichen Job. Sie wissen das, sagen es aber nicht. Sie sind 43 Leute, arbeiten in drei Schichten, sieben Tage die Woche. Das ist die Suchmannschaft. Und das ist das Spielfeld: Hamburg ist Deutschlands größter Hafen, 87 Quadratkilometer Fläche, Nummer drei in Europa, 320 Liegeplätze.

Etwa 10 000 Schiffe kommen jedes Jahr an. Rund neun Millionen Standardcontainer werden ausgeladen, umgeladen, eingeladen, auf Eisenbahnen, kleinere Schiffe oder Lastwagen gepackt. Und in dem wohlorganisierten Durcheinander fährt der Hafenzoll mit seinen Booten herum, hält die Augen auf, sucht nach Drogen, Waffen, Zigaretten, nach exotischen Tieren und Elfenbein, nach gefälschten T-Shirts und Armbanduhren. Es ist so, als wollte die Schwarze Gang jeden Tag mit einem Spielzeugeimerchen einen See leer schöpfen.

Ahrens ist mit der Durchsuchung des unteren Laderaums fertig. Alles gecheckt, alles sauber. Jetzt geht es in den Maschinenraum und in die engen Gänge unter den Schiffskränen. Ahrens und ein Kollege rollen eine Plane auseinander, die in einer Ecke steht, dann untersuchen sie einen Müllsack. Nichts.

14 Uhr, das war es. Die Schwarze Gang klettert auf ihr Zollboot, die „Oevelgönne" brummt Richtung Containerhafen. Der Weg zurück zum Ponton an den Landungsbrücken führt vorbei an einem kleinen Containerschiff, das am Burkhardkai liegt. Ein altes Schiff, orange gestrichen, rostig, unauffällig. Die „Oevelgönne" wird langsamer, Ahrens steht am Bug des Zollbootes und sieht sich den Frachter genau an, der gerade entladen wird. Kräne hieven eilig Container aus dem Schiffsrumpf. „Das ist unser Kunde", sagt er. Der Frachter passt ins Beuteschema der Zöllner. Alle Mann an Bord sind plötzlich wieder sehr munter.

Quelle: Kölner Stadtanzeiger

1 Lest die Aufgabe auf Seite 208 aufmerksam durch. Besprecht dann in Partnerarbeit
- was die einzelnen Aufgaben von euch verlangen und
- wie ihr bei der Bearbeitung der einzelnen Aufgaben vorgeht und worauf ihr achten müsst.

Den Text verstehen

2 a Lest den Zeitungsartikel (▸ S. 208–209) zweimal sorgfältig durch.

b Welche Aussagen zum Text sind richtig? Schreibt sie in euer Heft:
- Die „Schwarze Gang" sind die Hafenzöllner.
- Insgesamt gibt es 43 Hafenzöllner, die im Hamburger Hafen arbeiten.
- Die Hafenzöllner kontrollieren Schiffe, die noch nicht entladen sind.
- Das Schiff, das die Hafenzöllner kontrollieren, ist ein Frachtschiff aus Brasilien.
- Die Zollbeamten suchen nur nach Drogen und Waffen.
- Das Frachtschiff, das die Hafenzöllner kontrollieren, hat Schmuggelware an Bord.
- Der Hamburger Hafen ist Deutschlands größter Hafen.

Die Aufgaben zum Text beantworten und den Text überarbeiten

3 Bearbeitet die Aufgaben 1 und 2 von Seite 208. Geht Schritt für Schritt vor.

Aufgabe 1 a:
Schreibt eine Textzusammenfassung mit Einleitung und Hauptteil. Geht so vor:

a Gliedert den Text in Sinnabschnitte und fasst jeden Abschnitt in Stichworten oder kurzen Sätzen zusammen.
 - *Eine Gruppe von fünf Hafenzöllnern („Schwarze Gang" genannt) fährt an einem Herbstmorgen mit dem Zollboot namens „Oevelgönne" zu einem Frachtschiff, das aus ...*
 - *...*

b Notiert alle Informationen, die für die Einleitung der Textzusammenfassung wichtig sind: Autor, Titel des Textes, Textsorte, Quelle sowie Thema des Textes.

c Verfasst mit Hilfe eurer Vorarbeiten die Zusammenfassung.
 – Formuliert eine Einleitung, z. B.: *In der Reportage „...", die im ... erschienen ist, beschreibt der Autor ...*
 – Fasst im Hauptteil die wichtigsten Textinformationen knapp, sachlich und in eigenen Worten zusammen. Formuliert im Präsens und verwendet keine wörtliche Rede.

Aufgabe 1 b:
Führt euch noch einmal vor Augen, welche Merkmale eine Reportage hat. Wählt dann zwei Textsortenmerkmale aus, die der vorliegende Zeitungsartikel aufweist, und sucht für diese jeweils eine passende Textstelle, mit der ihr eure Aussage belegen könnt (▸ Zitieren, S. 328).

Merkmale einer Reportage:
szenischer Einstieg (Schilderung einer Situation); sachliche Informationen; persönliche Wahrnehmung; schildernde Textpassagen; Zitate von Personen, um die Situation anschaulich zu machen; ...

Aufgabe 2:
Es sind zwei Gründe, die die Aufgabe der Hafenzöllner so schwierig machen. Der eine hat etwas mit dem Bau der Schiffe zu tun, der andere mit der Anzahl der Schiffe und Container, die im Hamburger Hafen unterwegs sind.
Lest zur Beantwortung der Aufgabe noch einmal die Zeilen 49–79.

4 Überarbeitet euren Text in Partnerarbeit. Die folgende Checkliste hilft euch dabei.

Checkliste

Einen Zeitungstext untersuchen

Aufgabe 1 a (▸ S. 208):
- Ist die **Einleitung** eurer Textzusammenfassung vollständig (Autor, Titel des Textes, Textsorte, Quelle, Thema des Textes)?
- Habt ihr im **Hauptteil** die wichtigsten Informationen knapp, sachlich und in eigenen Worten zusammengefasst?

Aufgabe 1 b (▸ S. 208):
- Habt ihr zwei Merkmale der Reportage genannt und hierfür Belege aus dem vorliegenden Text angeführt (▸ Zitieren, S. 328)?

Aufgabe 2 (▸ S. 208):
- Habt ihr erklärt, was die Arbeit der Zollbeamten so schwierig macht? Habt ihr zwei Gründe angeführt?

10 Roadmovies –
Jugendroman und Film vergleichen

1 a Beschreibt das Cover des Romans „Tschick“ und das Szenenbild aus dem Film „Vincent will meer“.
b Vergleicht Cover und Filmbild: Erklärt, welche Gemeinsamkeiten ihr feststellen könnt.

2 a Überlegt: Was erwartet ihr von einem Roman oder einem Film, in dem davon erzählt wird, dass Jugendliche aus ihrer gewohnten Umgebung ausbrechen und auf Reise gehen?
b Kennt ihr Jugendbücher oder Filme mit ähnlichem Thema? Berichtet davon.

3 Habt ihr selbst schon mal eine Reise mit Freunden gemacht? Erzählt von euren Erlebnissen.

In diesem Kapitel ...

- vergleicht ihr einen spannenden Jugendroman mit einem Film,
- untersucht ihr die Figuren, die Handlung und den Erzähler des Romans,
- wendet ihr Begriffe der Filmanalyse an,
- dreht ihr selbst eine Filmszene.

10.1 „Tschick“ – Einen Roman erschließen

Maik Klingenberg und Tschick – Die Hauptfiguren kennen lernen

Wolfgang Herrndorf

Tschick (1)

Neben der Hochsprunganlage saßen die Mädchen, wie gesagt, und hörten Frau Beilcke zu. In Wahrheit hörten sie natürlich nicht zu, sondern guckten zu uns rüber.
Tatjana hockte mit ihrer besten Freundin Natalie ganz am Rand. Sie hockten da und tuschelten. Und ich saß wie auf glühenden Kohlen. Ich wollte unbedingt drankommen, bevor Frau Beilcke mit ihrem Sermon[1] zu Ende war. [...]
Als André sich über die Latte gequält hatte, gab es Mädchenjubel, und Frau Beilcke guckte streng. Bei eins fünfundfünfzig rief Natalie: „Das schaffst du, André!“ Eine extrem blöde Anfeuerung, denn er schaffte es natürlich nicht. Im Gegenteil, er flog geradezu unter der Latte durch, wie so oft beim Hochsprung, wenn man sich zu viel vornimmt. Er krachte hinten über den Rand und versuchte sich dann mit einem Witz zu retten und tat so, als ob er die Latte aus Frust wie einen Speer fortwerfen wollte. Der Witz war aber alt. Keiner lachte. Als Nächstes feuerten sie Kevin an. Mathegenie Kevin. Aber über eins sechzig kam der auch nicht drüber. Und dann war nur noch ich drin. Wolkow ließ eins fünfundsechzig auflegen, und ich merkte schon beim Anlauf, das ist mein Tag. Es war der Tag des Maik Klingenberg. Ich hatte dieses Triumphgefühl schon beim Absprung. Ich sprang überhaupt nicht, ich segelte über die Anlage wie ein Flugzeug, ich stand in der Luft, ich schwebte. Maik Klingenberg, der große Leichtathlet. Ich glaube, wenn ich mir mal selber einen Spitznamen gegeben hätte, wäre es Aeroflot[2] gewesen oder so. Oder Air Klingenberg. Der Kondor von Marzahn[3]. Aber leider darf man sich ja selbst keinen Spitznamen ge-

1 der Sermon: Rede, Predigt
2 Aeroflot: russische Fluggesellschaft
3 Marzahn: Stadtbezirk von Berlin

ben. Als mein Rücken in die weiche Matte sank, hörte ich, wie auf der Jungenseite verhalten geklatscht wurde. Auf der Mädchenseite hörte ich nichts. Als mich die Matte wieder hochdrückte, war mein erster Blick zu Tatjana, und Tatjana guckte Frau Beilcke an. Sie hatten meinen Sprung überhaupt nicht gesehen, die blöden Kühe. Keins von den Mädchen hatte meinen Sprung gesehen. Es *interessierte* sie nicht, was die psychotische[4] Schlaftablette sich da zusammensprang. Aeroflot mein Arsch.

Das hat mich noch den ganzen Tag fertiggemacht, obwohl es mich ja selbst nicht interessiert hat. Als ob mich der Scheißhochsprung eine Sekunde lang interessieren würde! Aber wenn André über eins fünfundsechzig gekommen wär oder wenn bei André nur eins fünfundsechzig *aufgelegt* gewesen wären, wären die Mädchen puschelschwenkend über die Tartanbahn gerast. Und bei mir guckte nicht mal eine hin. Ich interessierte niemanden. Wenn mich irgendetwas interessierte, dann auch nur die Frage: Warum guckt keiner hin, wenn Air Klingenberg Schulrekord fliegt, und warum gucken sie hin, wenn ein Mehlsack unter der Latte durchrutscht? Aber so war das eben. Das war die Scheißschule, und das war das Scheißmädchenthema, und da gab es keinen Ausweg. Dachte ich jedenfalls immer, bis ich Tschick kennen lernte. Und dann änderte sich einiges. Und das erzähle ich jetzt.

Ich konnte Tschick von Anfang an nicht leiden. Keiner konnte ihn leiden. Tschick war ein Asi, und genau so sah er auch aus. Wagenbach *schleppte* ihn nach Ostern in die Klasse, und wenn ich sage, er schleppte ihn in die Klasse, dann meine ich das auch so. [...] Und vielleicht ist es nicht wichtig zu erwähnen, was ich dachte in diesem Moment, als ich Tschick zum ersten Mal sah, aber ich will es trotzdem mal dazusagen. Ich hatte nämlich einen extrem unguten Eindruck, wie er da neben Wagenbach auftauchte. Zwei Arschlöcher auf einem Haufen, dachte ich, obwohl ich ihn ja gar nicht kannte und nicht wusste, ob er ein Arschloch war. Er war ein Russe, wie sich dann rausstellte. Er war so mittelgroß, trug ein schmuddeliges weißes Hemd, an dem ein Knopf fehlte, 10-Euro-Jeans von KiK und braune, unförmige Schuhe, die aussahen wie tote Ratten. Außerdem hatte er extrem hohe Wangenknochen und statt Augen Schlitze. Diese Schlitze waren das Erste, was einem auffiel. Sah aus wie ein Mongole, und man wusste nie, wo er damit hinguckte. Den Mund hatte er auf einer Seite leicht geöffnet, es sah aus, als würde in dieser Öffnung eine unsichtbare Zigarette stecken. Seine Unterarme waren kräftig, auf dem einen hatte er eine große Narbe. Die Beine relativ dünn, der Schädel kantig.

Niemand kicherte. Bei Wagenbach kicherte sowieso niemand. Aber ich hatte den Eindruck, dass auch ohne Wagenbach keiner gekichert hätte. Der Russe stand einfach da und sah aus seinen Mongolenaugen irgendwohin. Und er ignorierte Wagenbach komplett. Das war auch schon eine Leistung, Wagenbach zu ignorieren. Das war praktisch unmöglich.

„Andrej“, sagte Wagenbach, starrte auf seinen Zettel und bewegte lautlos die Lippen. „Andrej Tsch... Tschicha...tschoroff.“

Der Russe nuschelte irgendwas.

„Bitte?“

„Tschichatschow“, sagte der Russe, ohne Wagenbach anzusehen.

Wagenbach zog Luft durch ein Nasenloch ein. Das war so eine Marotte von ihm. Luft durch ein Nasenloch.

„Schön, Tschischaroff. Andrej. Willst du uns vielleicht kurz was über dich erzählen? Wo du herkommst, auf welcher Schule du bisher warst?“

Das war Standard. Wenn Neue in die Klasse kamen, mussten sie erzählen, wo sie her waren und so. Und jetzt ging die erste Veränderung mit Tschick vor. Er drehte den Kopf ganz leicht zur Seite, als hätte er Wagenbach erst in diesem

4 die Psychose: schwere psychische Erkrankung

Moment bemerkt. Er kratzte sich am Hals, drehte sich wieder zur Klasse und sagte: „Nein.“ Irgendwo fiel eine Stecknadel zu Boden.

Wagenbach nickte ernst und sagte: „Du willst nicht erzählen, wo du herkommst?“

„Nein“, sagte Tschick. „Mir egal.“

1 Wie findet ihr diesen Textauszug aus dem Jugendroman „Tschick“? Beschreibt eure ersten Leseeindrücke und erklärt anhand einzelner Textpassagen, wodurch diese entstanden sind.

2 In dem Text werden zwei verschiedene Ereignisse erzählt. Erklärt, um welche Ereignisse es sich handelt.

3 Stellt euch vor, Maik und Tschick wären Klassenkameraden von euch. Wer von beiden würde euch mehr interessieren? Begründet eure Meinung.

4 Macht euch ein genaues Bild von Maik und Tschick, den Hauptfiguren des Romans. Geht so vor:

a Schreibt alle Textstellen heraus, die direkt etwas über die Figuren aussagen oder die indirekt Rückschlüsse auf ihren Charakter erlauben.

b Deutet die Textstellen, indem ihr notiert, was diese über die Figuren aussagen.

Maik Klingenberg

Textbeleg	**Deutung**
„Und ich saß wie auf glühenden Kohlen“ (Z. 7).	*Maik ist in Gegenwart von Tatjana nervös.*
...	...

Tschick

Textbeleg	**Deutung**
„Keiner konnte ihn leiden. Tschick war ein Asi, und genau so sah er auch aus“ (Z. 69–70).	*Tschick ist ein Außenseiter, der ...*
...	

c Stellt eure Ergebnisse vor, indem ihr die wesentlichen Charaktereigenschaften von Maik und Tschick benennt. Überlegt auch, welche Position die beiden innerhalb der Klasse haben.

5 Stellt Vermutungen an: Wie könnte es dazu kommen, dass Maik und Tschick den Entschluss fassen, in den Sommerferien gemeinsam auf eine Reise zu gehen?

Information **Merkmale und Eigenschaften einer Figur**

Die **Merkmale und Eigenschaften einer Figur** können im Text direkt genannt werden, sie können aber auch indirekt dargestellt werden, sodass der Leser sie selbst erschließen muss.

- **Direkt charakterisiert** wird eine Figur durch Textstellen, in denen sie Aussagen über sich selbst macht oder in denen andere Figuren oder der Erzähler ihre Ansichten über diese Figur zur Sprache bringen, z. B.: *„Er war so mittelgroß […].“*
- **Indirekt charakterisiert** wird eine Figur z. B. durch die Art und Weise, wie sie spricht, fühlt, denkt und handelt, z. B.: *„Sie zuckte zusammen.“ → Figur ist verunsichert, ängstlich.*

Maik und Tschick on the road – Den Erzähler untersuchen

Wolfgang Herrndorf

Tschick (2)

Maik soll die ersten beiden Ferienwochen alleine zu Hause verbringen, weil seine Mutter in einer Alkoholentzugsklinik ist und sein Vater mit seiner Sekretärin Urlaub macht. Weil Maik unglücklich in seine Klassenkameradin Tatjana verliebt ist, die ihm jedoch keine Beachtung schenkt, kommt ihm das Angebot von Tschick nach erster Skepsis sehr gelegen: Tschick hat ein Auto geklaut und möchte mit Maik Urlaub machen. Sie machen sich auf den Weg Richtung Rumänien, wo Tschicks Onkel lebt.

Wir waren auf dem direktesten Weg aus Berlin rausgefahren, den Fernverkehr hinter uns lassend, und steuerten durch die Vororte und über abgelegene Wege und einsame Landstraßen. Wobei sich als Erstes bemerkbar machte, dass wir keine Landkarte hatten. Nur einen Straßenplan von Berlin.
„Landkarten sind für Muschis“, sagte Tschick, und da hatte er logisch Recht. Aber wie man es bis in die Walachei schaffen sollte, wenn man nicht mal wusste, wo Rahnsdorf ist, deutete sich da als Problem schon mal an. Wir fuhren deshalb erst mal Richtung Süden. Die Walachei liegt nämlich in Rumänien, und Rumänien ist im Süden.
Das nächste Problem war, dass wir nicht wussten, wo Süden ist. Schon am Vormittag zogen schwere Gewitterwolken auf, und man sah keine Sonne mehr. Draußen waren mindestens vierzig Grad. Es war noch heißer und schwüler als am Tag davor. Ich hatte diesen kleinen Kompass am Schlüsselbund, der mal aus einem Kaugummiautomaten gekommen war, aber in dem Auto zeigte er irgendwie nicht nach Süden, und auch draußen zeigte er, wohin er wollte. Wir hielten extra an, um das rauszufinden, und als ich wieder in den Wagen stieg, merkte ich, dass unter meiner Fußmatte etwas lag – eine Musikkassette. Sie hieß *The Solid Gold Collection von Richard Clayderman* und es war eigentlich keine Musik, eher so Klaviergeklimper, Mozart. Aber wir hatten ja nichts anderes, und weil wir auch nicht wussten, was da vielleicht noch drauf war, hörten wir das erst mal. Fünfundvierzig Minuten. Alter Finne. Wobei ich zugeben muss: Nachdem wir ausreichend gekotzt hatten über *Rieschah* und sein Klavier, hörten wir auch die andere

Seite, wo genau das Gleiche drauf war, und es war immer noch besser als nichts. Im Ernst, ich hab's Tschick nicht gesagt, und ich sag's auch jetzt nicht gern: Aber diese Moll-Scheiße zog mir komplett den Stecker. Ich musste immer an Tatjana denken und wie sie mich angeguckt hatte, als ich ihr die Zeichnung geschenkt hatte[1], und dann kachelten wir mit „Ballade pour Adeline" über die Autobahn.

Tatsächlich hatten wir uns irgendwie auf den Autobahnzubringer verirrt, und Tschick, der zwar einigermaßen fahren konnte, aber so was wie deutsche Autobahn auch noch nicht erlebt hatte, war wild am Rumkurbeln. Als er sich unten einfädeln sollte, legte er eine Vollbremsung hin, gab wieder Gas, bremste noch mal und eierte im Schritttempo auf die Standspur, bevor er es endlich nach links rüberschaffte. Zum Glück rammte uns niemand. Ich hielt die Füße mit aller Kraft vorne gegengestemmt, ich dachte, wenn wir jetzt sterben, liegt das an Rieschah und seinem Klavier. Aber wir starben nicht. Das Geklimper setzte zu immer neuen Höhenflügen an, und wir einigten uns darauf, nach der nächsten Ausfahrt nur noch kleine Straßen und Feldwege zu fahren. Ein Problem war auch: Auf der Autobahn war links neben uns ein Mann im schwarzen Mercedes aufgetaucht und hatte uns reingeguckt und wie wild Handzeichen gemacht. Er hatte irgendwelche Zahlen mit den Fingern angedeutet und sein Handy hochgehalten und so getan, als ob er sich unser Kennzeichen aufschreiben würde. Mir ging wahnsinnig die Muffe, aber Tschick zuckte einfach die Schultern und tat so, als wäre er dem Mann *dankbar*, dass er uns darauf aufmerksam machte, dass wir noch mit Licht fuhren, und dann hatten wir ihn im Verkehr verloren.

Tatsächlich sah Tschick ein bisschen älter aus als vierzehn. Aber keinesfalls wie achtzehn. Wobei wir ja auch nicht wussten, wie er in voller Fahrt durch die verschmierten Scheiben

aussah. Um das zu testen, machten wir auf einem abgelegenen Feldweg erst mal ein paar Versuche. Ich stellte mich an den Straßenrand, und Tschick musste zwanzig Mal an mir vorbeifahren, damit ich gucken konnte, wie er am erwachsensten rüberkam. Er legte beide Schlafsäcke als Kissen auf den Fahrersitz, setzte meine Sonnenbrille wieder auf, schob sie ins Haar, steckte eine Zigarette in seinen Mundwinkel und klebte sich zuletzt ein paar Stücke schwarzes Isolierband ins Gesicht, um einen Kevin-Kurányi-Bart[2] zu simulieren. Er sah allerdings nicht aus wie Kevin Kurányi, sondern wie ein Vierzehnjähriger, der sich Isolierband ins Gesicht geklebt hat. Am Ende riss er alles wieder runter und pappte sich einen kleinen, quadratischen Klebestreifen unter die Nase. Damit sah er aus wie Hitler, aber das wirkte aus einiger Entfernung tatsächlich am besten.

1 Maik hatte Tatjana zum Geburtstag ein selbst gezeichnetes Bild der Sängerin Beyoncé geschenkt.

2 Kevin Kurányi: deutscher Fußballspieler

1 a Beschreibt, welche Probleme Maik und Tschick zu Beginn ihrer Reise lösen müssen.
b Überlegt, welche weiteren Probleme auf ihrer Reise auftreten könnten.

2 Erläutert, welchen Eindruck Maik und Tschick auf euch machen. Ihr könnt aus den folgenden Adjektiven die für euch zutreffenden auswählen. Begründet eure Meinung.

naiv • verantwortungslos • erfinderisch • ängstlich • abenteuerlustig • vergnügt • mutig • entschlossen • draufgängerisch • vorsichtig • sorglos • kriminell

3 Macht euch ein möglichst genaues Bild von dem Erzähler und der Erzählweise.

a Prüft, welche der folgenden Aussagen zutreffen. Verdeutlicht eure Entscheidungen an Textbeispielen.

A Die Geschichte wird aus der Sicht von Tschick erzählt.
B Die Geschichte wird aus der Sicht von Maik erzählt.
C Der Erzähler erscheint gleichzeitig als erlebende und als erzählende Figur.
D Der Erzähler tritt als Figur ganz in den Hintergrund und ist nicht am Geschehen beteiligt.
E Der Erzähler weiß alles und kennt die Gedanken und Gefühle aller Figuren.
F Der Erzähler weiß nur das, was die Figur, aus deren Sicht er erzählt, sehen, hören und wissen kann.
G Der Erzähler erzählt von allen Figuren in der Er-/Sie-Form.
H Der Erzähler stellt die Ereignisse in der Ich-Form dar.

b Beschreibt den Erzähler und seine Art zu erzählen möglichst genau. Verwendet dabei auch die folgenden Begriffe: Erzählform, Erzählverhalten.
TIPP: Informationen zum Erzähler findet ihr auch auf Seite 330.

4 a Vergleicht die folgende veränderte Textpassage mit dem Originaltext (▸ S. 215, Z. 27–35). Erklärt die Unterschiede: Was wurde verändert und wie wirkt die Textpassage jeweils?

[...] und als Maik wieder in den Wagen stieg, merkte er, dass unter seiner Fußmatte etwas lag – eine Musikkassette. Sie hieß *The Solid Gold Collection von Richard Clayderman* und er fand, dass es eigentlich keine Musik sei, sondern eher „Klaviergeklimper“. Doch Maik kannte sich mit Mozart und klassischer Klaviermusik nicht wirklich gut aus. Da sie nichts anderes hatten und auch nicht wussten, was auf der Kassette noch drauf war, hörten sie immerhin erst mal fünfundvierzig Minuten lang die Musik.

b Formt die Zeilen 36–43 um und erzählt das Geschehen aus der Sicht eines Er-/Sie-Erzählers. Vergleicht anschließend die Wirkung eures Textes mit der des Originals, z. B.: *Die Musik fanden sie einfach nur furchtbar und ...*

5 a Die Geschichte wird zum Teil in Umgangs- bzw. Jugendsprache erzählt. Nennt Beispiele aus dem Text und erläutert, wie dieser Sprachstil auf euch wirkt.

b Formt einige Sätze aus der Umgangs- oder Jugendsprache in Standardsprache um. Vergleicht die Wirkung eurer Sätze mit den Originalsätzen.

c Überlegt, inwiefern die Verwendung von Umgangs- bzw. Jugendsprache zum Roman passt.

Isa steigt mit ein – Handlung, Figurenbeziehungen und Orte betrachten

Wolfgang Herrndorf

Tschick (3)

Maik und Tschick haben auf einem Müllplatz durch die Hilfe eines fremden Mädchens einen Schlauch organisiert, mit dem sie aus einem Autotank Benzin stehlen wollen. Beim Versuch, auf einem Tankstellenparkplatz Benzin aus einem anderen Auto abzuzapfen, werden sie von dem fremden Mädchen beobachtet.

„Ihr Schwachköpfe!“, brüllte jemand hinter uns.

Wir schauten in die Dunkelheit, aus der die Stimme gekommen war.

„Eine halbe Stunde macht ihr rum und kriegt's nicht raus, ihr Schwachköpfe! Ihr Vollprofis!“

„Kannst du vielleicht noch etwas lauter schreien?“, sagte Tschick und blieb stehen.

„Und dann noch rauchen!“

„Geht's noch lauter? Kannst du bitte über den ganzen Parkplatz schreien?“

„Schon mal was von ansaugen gehört?“

„Und was machen wir hier die ganze Zeit? Los, hau ab!“

„Pschhhht!“, sagte ich.

Geduckt standen Tschick und ich zwischen den Autos, nur dem Mädchen war natürlich alles egal. Sie überblickte den ganzen Parkplatz.

„Ist doch eh keiner da, ihr Angsthasen. Wo habt ihr denn den Schlauch?“

Sie zog unsere Gerätschaften unter dem Golf hervor. Dann steckte sie ein Ende vom Schlauch in den Tank und das andere Ende und einen Finger in ihren Mund. Sie saugte zehn-, fünfzehnmal, als würde sie Luft trinken, dann nahm sie den Schlauch mit dem Finger drauf aus dem Mund.

„So. Jetzt, wo ist der Kanister?“

Ich stellte ihr den Kanister hin, sie hielt den Schlauch in die Öffnung, und das Benzin schoss aus dem Tank. Von ganz allein, und es hörte auch überhaupt nicht mehr auf.

„Wieso ging das bei uns nicht?“, flüsterte Tschick.

„Das hier muss unter dem Wasserspiegel sein“, sagte das Mädchen.

„Ach ja, unter dem Wasserspiegel“, sagte ich.

„Ach ja“, sagte Tschick, und wir sahen zu, wie der Kanister sich langsam füllte. Das Mädchen

kauerte am Boden, und als nichts mehr kam, schraubte sie den Verschluss wieder drauf, und Tschick flüsterte: „Was für ein Wasserspiegel?“
„Frag sie, du Arsch“, flüsterte ich zurück.
Und so lernten wir Isa kennen. Die Ellenbogen auf die vorderen Sitzlehnen gelegt, schaute sie von der Rückbank genau zu, wie Tschick den Lada anließ und Gas gab. Und natürlich hatten wir da überhaupt keine Lust drauf. Aber nach dieser Benzinsache war es schwer, sie nicht wenigstens ein Stück mitzunehmen.
Tschick hatte mittlerweile keine Probleme mehr mit der Autobahn, er fuhr wie Hitler in seinen besten Tagen, und Isa saß hinten und quasselte unaufhörlich. Sie war auf einmal ganz aufgekratzt und rüttelte beim Reden an unseren Sitzlehnen. Nicht, dass ich das normal gefunden hätte, aber im Vergleich zu dem Gefluche vorher war es immerhin ein Fortschritt.
Anhand der Schilder an den Ausfahrten versuchten wir rauszufinden, wo wir überhaupt waren. Aber die Städtenamen kannte kein Mensch. Ich hatte den Verdacht, dass wir überhaupt nicht vorangekommen waren mit unseren Landstraßen und Feldwegen. Aber es war auch ziemlich egal. Mir zumindest. Die Autobahn führte auch schon längst nicht mehr nach Süden, und irgendwann bogen wir ab und fuhren wieder Landstraßen und der Sonne nach. Isa verlangte, unsere einzige Musikkassette zu hören, und nach einem Lied verlangte sie, wir sollten sie aus dem Fenster werfen. Dann tauchte eine riesige Bergkette vor uns am Horizont auf, wir fuhren genau darauf zu. Ungeheuer hoch und mit Steinzacken obendrauf. Wir hatten keine Ahnung, was das für Berge waren. Stand auch kein Schild dran. Die Alpen sicher nicht. Aber waren wir überhaupt noch in Deutschland? Tschick schwor, in Ostdeutschland gäbe es keine Berge. Isa meinte, es gäbe schon welche, aber die wären höchstens einen Kilometer hoch. Und ich erinnerte mich, dass wir in Erdkunde zuletzt Afrika durchgenommen hatten. Davor Amerika, davor Südosteuropa, näher waren wir an Deutschland nie gekommen. Und jetzt dieses Gebirge, das da nicht hingehörte. Es dauerte noch ungefähr eine halbe Stunde, dann krochen wir langsam die Serpentinen rauf.
Wir hatten uns die kleinste Straße ausgesucht, und der Lada schaffte die Steigung mit Mühe im ersten Gang. Wie Handtücher auf abschüssigem Gelände lagen die Felder rechts und links. Dann kam der Wald, und als der Wald endete, standen wir über einer Schlucht mit einem glasklaren See darin.
Am Seeufer angekommen schubsen Maik und Tschick Isa mitsamt ihrer Kleidung in den See und baden anschließend selbst.
Als wir an Land kamen, zog Isa sofort Shirt und Hose und alles aus und fing an, sich einzuseifen. Das war ungefähr das Letzte, womit ich gerechnet hatte.
„Herrlich“, sagte sie. Sie stand im knietiefen Wasser, schaute in die Landschaft und schäumte ihre Haare ein, und ich wusste nicht, wo ich hingucken sollte. Ich guckte mal hier-, mal dahin. Sie hatte eine wirklich tolle Figur und eine Gänsehaut. Ich hatte auch eine Gänsehaut. Als Letztes kam Tschick zu der flachen Stelle gekrault, und komischerweise gab es überhaupt keine Diskussionen mehr. Keiner sagte etwas, keiner fluchte, und keiner machte einen Witz. Wir wuschen uns nur und keuchten vor Kälte und benutzten alle dasselbe Handtuch.
Mit Blick auf Berge und Täler im Abendnebel aßen wir dann einen Kanister Haribo, der noch von Norma[1] übrig war. Isa hatte ein T-Shirt von mir an und die glänzende Adidas-Hose. Ihre stinkenden Sachen lagen hinten am Ufer und blieben dort auch liegen, für immer.
Wir versuchten an diesem Abend noch mehrfach rauszukriegen, wo sie denn eigentlich herkam und wo sie wirklich hinwollte, aber alles, was sie erzählte, waren wilde Geschichten. Sie wollte ums Verrecken nicht sagen, was sie

1 Norma: Supermarkt

auf der Müllkippe gemacht hatte oder was in ihrer Holzkiste drin war, die sie mit sich rumschleppte. Das Einzige, was sie verriet, war, dass sie Schmidt hieß. Isa Schmidt. Das war jedenfalls das Einzige, was wir ihr glaubten.

1 Beschreibt, welchen Eindruck ihr von Isa habt.

2 In welcher Beziehung stehen Maik, Tschick und Isa am Anfang dieses Textauszuges, in welcher am Ende? Macht dies in zwei Standbildern deutlich.

3 a Untersucht den Handlungsverlauf genauer. Gliedert die Handlung in einzelne Szenen. Notiert, wo die Szene spielt, was passiert, und beschreibt knapp die Figurenbeziehung.

> **1. Szene (→ Z. x–x):**
>
> Ort: Tankstellenparkplatz
>
> Was passiert? Maik und Tschick versuchen, Benzin ...
>
> Figurenbeziehung? Konflikt zwischen Jsa auf der einen und Maik und Tschick auf der anderen Seite. Jsa beschimpft ...

b Beschreibt, wie sich die Beziehung zwischen den Figuren verändert. Belegt eure Aussagen anhand von passenden Textstellen.

c „Drei sind einer zu viel." Diskutiert, ob diese Redewendung zur Beziehung von Isa, Maik und Tschick passt.

4 Erläutert anhand von Textstellen die folgende Aussage: Die Handlungsorte geben zwar in erster Linie an, wo die Figuren sich gerade befinden, sie können aber auch für eine ganz bestimmte Stimmung oder Atmosphäre sorgen.

„Tschick" als Roadmovie – Filmische Elemente in einem Roman entdecken

Wolfgang Herrndorf

Tschick (4)

Die Straße verlor sich kurz hinter dem verlassenen Dorf, und wir mussten querfeldein. Links lag irgendwo die weggefräste Landschaft, rechts sackte eine riesige, längliche Kiesböschung nach unten, und dazwischen lief eine vierzig bis fünfzig Meter breite Piste, ein schmales Plateau. Als ich mich einmal umdrehte, sah ich in großer Entfernung hinter uns das Dorf, sah das zweistöckige Haus, in dem Schütze Fricke wohnte, und sah – dass vor dem Haus ein Polizeiauto hielt. Ganz winzig, kaum noch zu erkennen, aber doch eindeutig: die Polizei. Sie schienen gerade zu wenden. Ich machte Tschick darauf aufmerksam, und wir nagelten mit fast achtzig Stundenkilometern durchs Gelände. Die Piste wurde immer schmaler, die Abhänge rückten näher an uns ran, und schräg vor uns sahen wir irgendwo die Autobahn, die da unten einen Schlenker an der Kiesböschung vorbeimachte. Ich erkannte eine Parkbucht mit zwei Tischchen, einen Mülleimer und eine Notrufsäule, und man

hätte da wahrscheinlich einfach auf die Autobahn fahren können – wenn irgendwo ein Weg nach unten geführt hätte. Aber vom Plateau führte kein Weg hinunter. Das Scheißplateau war da einfach zu Ende. Ich sah verzweifelt durch die Heckscheibe, und Tschick steuerte auf die Böschung zu, einen 45-Grad-Steilhang aus Kies und Geröll.
„Runter oder was?", rief er und ich wusste nicht, was ich sagen sollte. Er tippte noch auf die Bremse, dann rauschten wir schon über die Kante – und das war's.
Möglicherweise hätten wir es auch geschafft, wenn wir gerade runtergefahren wären, aber Tschick fuhr seitlich auf die Böschung, und da schmierte der Lada sofort ab. Er kam ins Rutschen, blieb hängen und überschlug sich. Drei-, vier-, fünf-, sechsmal – ich weiß es nicht –, überschlug sich und blieb dann auf dem Dach liegen. Ich kriegte kaum was mit. Was ich wieder mitkriegte, war: Die Beifahrertür war aufgesprungen, und ich versuchte rauszukriechen. Was mir nicht gelang. Ich brauchte ungefähr eine halbe Stunde, um zu merken, dass ich nicht gelähmt war, sondern im Sicherheitsgurt festhing. Dann war ich endlich draußen und sah in dieser Reihenfolge: einen grünen Autobahnmülleimer direkt vor mir, einen umgedrehten Lada, unter dessen Motorhaube es dampfte und zischte, und Tschick, der auf allen vieren durchs Gelände kroch. Er rappelte sich auf, taumelte ein paar Schritte, rief „Los!" und fing an zu rennen.

1 a Erklärt, welche Situation in dem Textauszug beschrieben wird.
b Wie wirkt dieser Textauszug auf euch? Beschreibt eure Eindrücke und begründet mit Hilfe des Textes, wodurch diese Wirkung zu Stande kommt.
c Nennt Textstellen, die ihr spannend findet. Erklärt, wodurch diese Spannung entsteht.

2 a Lest die folgenden Informationen über Roadmovies, also Filme, deren Handlung überwiegend auf der Straße spielt.

Grundsätzlich geht es in Roadmovies um Flucht und Verfolgung: Der Held wird gehetzt, weil er gegen das Gesetz verstoßen hat, manchmal, weil er ein Gangster ist, meistens aber nur, weil er andere Vorstellungen vom Leben hat als die anderen. Die anderen, das sind z. B. die Eltern, der Sheriff, die Regierung, die Banken, die Exfrau, die Bevölkerung, schlichtweg alle, die sich zwischen den Helden und seine Freiheit stellen. Abgestoßen von einer Gesellschaft, die ihm das Leben schwer macht, springt er ins Auto und gibt Gas: Woanders ist es bestimmt besser! Die Eltern, der Sheriff, die Exfrau und all die anderen brettern hinterher und dann gibt es eigentlich nichts mehr zu sehen außer Auffahrunfällen und Statisten, die im letzten Moment zur Seite springen.

b Diskutiert, ob man den Roman „Tschick" mit einem Roadmovie vergleichen kann.
c Erzählt von ähnlichen Filmen, die ihr kennt.

3 Überlegt, wie ihr euch die Verfilmung des Romans „Tschick" als Roadmovie vorstellt. Sammelt für den obigen Romanauszug Ideen, z. B. für Kameraeinstellungen oder Musik.

Testet euch!

Figuren und Handlung untersuchen

Wolfgang Herrndorf

Tschick (5)

Maik und der verletzte Tschick sind nach ihrem Autounfall im Krankenhaus. Nachdem sie einen Anruf bei einer Tante namens Mona vorgetäuscht haben, behaupten sie, dass diese sie abholen würde.

Wir stellten uns vor den Krankenhauseingang und hielten Ausschau nach Tante Mona. Als wir sicher waren, dass uns keiner beobachtete, rannten wir los. Das heißt, ich rannte und Tschick nicht so. Vor dem Feld stand ein kleiner Zaun. Tschick schmiss die Krücken rüber, dann sich selbst. Nach ein paar Metern auf dem Acker blieb er stecken. Das Feld war frisch gepflügt, und die Krücken versanken darin wie heiße Nadeln in Butter, das ging gar nicht. Er fluchte, ließ die Krücken stecken und humpelte an meiner Schulter weiter. Als wir schätzungsweise ein Drittel vom Acker hatten, drehten wir uns zum ersten Mal um. Die Landschaft hinter uns war blau. Die noch vom Krankenhaus verdeckte Sonne schickte Licht durch Nebel und Baumkronen. [*Sie kommen zum Auto.*]
Das Dach und die rechte Seite waren einigermaßen eingedetscht. Allerdings nicht so stark, dass man nicht noch bequem drin sitzen konnte. Die Beifahrertür war im Eimer und ließ sich nicht mehr öffnen, aber über die Fahrertür konnte man einsteigen. Im Innenraum sah es aus wie auf einer Müllkippe. Der Unfall, das Umdrehen und Wiederaufrichten hatten alle unsere Vorräte, Konservendosen, Kanister, Papiere, leere Flaschen und Schlafsäcke quer durchs Auto verteilt. Sogar die Richard-Clayderman-Kassette flog noch zwischen den Sitzen rum. Die Kühlerhaube hatte einen leichten Knick, und wo der Lada auf dem Dach gelegen hatte, klebte eine ölverschmierte Sandkruste. „Ende, aus", sagte ich.
Tschick zwängte sich auf den Fahrersitz, schaffte es aber nicht, den Gips aufs Gaspedal zu stellen, der war zu breit. Er nahm den Gang raus, steckte die Kabel zusammen, drehte sich ein bisschen im Sitz herum und tippte mit der linken Fußspitze aufs Gas. Der Lada sprang sofort an. Tschick rutschte rüber auf den Beifahrersitz und ich sagte: „Du hast sie doch nicht alle." [...] Und dann legte ich den ersten Gang ein und rollte los. Es war so traurig gewesen, die Nacht über im Krankenhaus zu sitzen und zu denken, alles wäre vorbei, und es war so fantastisch, wieder durch die Windschutzscheibe vom Lada zu gucken und das Steuer in der Hand zu halten. Ich fuhr eine Proberunde auf dem Parkplatz. Die meisten Probleme machte immer noch das Schalten, aber wenn Tschick das übernahm und ich nur auf Kommando die Kupplung treten musste, ging es und dann rollten wir mit einem Schwung auf die Autobahn.

1 a Zu Beginn des Romans sagt Maik über sich: „Es kann sein, dass man langweilig ist *und* keine Freunde hat. Und ich fürchte, das ist mein Problem." Macht anhand von zwei Textstellen deutlich, wie Maik sich seit der Begegnung mit Tschick verändert hat.

b Findet eine Textstelle, in der man als Leser denken könnte, das Abenteuer von Maik und Tschick sei zu Ende, und eine, in der deutlich wird, dass die abenteuerliche Reise weitergeht.

c Nennt zwei typische Elemente eines Roadmovies, die im Textauszug deutlich werden.

d Vergleicht eure Ergebnisse aus den Aufgaben 1 a bis c in Partnerarbeit.

10.2 „Vincent will meer“ – Die Sprache des Films untersuchen

Die Exposition

Bei dem Film „Vincent will meer“ handelt es sich um ein typisches Roadmovie: Im Mittelpunkt steht Vincent, der am so genannten Tourette-Syndrom leidet, das dazu führt, dass er plötzlich heftige Bewegungen macht und ungewollt Schimpfwörter, Ausrufe oder Geräusche von sich gibt. Der Film beginnt mit der Trauerfeier für Vincents Mutter.

1 Die Trauerfeier beginnt.

2 Vincent ruft immer wieder unkontrolliert Schimpfwörter.

3 Er stürmt deswegen aus der Kirche.

4 Vincent sitzt vor der Kirchentür.

1 a Schaut euch die Szenenbilder an und beschreibt, in welcher Situation sich Vincent befindet.
b Besprecht, wie ihr euch an Vincents Stelle fühlen würdet. Begründet eure Meinung.

2 a Die ersten Filmszenen (Exposition) geben wichtige Hinweise auf den weiteren Handlungsverlauf. Erklärt anhand der Szenenbilder, welche Konflikte sich bereits abzeichnen.
b In Roadmovies geht es oft um Menschen, die mit ihrer Umgebung nicht mehr zurechtkommen und fliehen. Erklärt, inwiefern bereits in der Exposition dieses Thema angedeutet wird.

3 a Beschreibt die Einstellungsgrößen (▸ S. 341) der jeweiligen Bilder, z. B. Totale, Nah.
b Erklärt die Wirkung, die durch die jeweilige Einstellung der Kamera erzeugt wird.

Information **Die Exposition**

Sowohl in literarischen Texten als auch in Filmen wird der Leser bzw. der Zuschauer in den ersten Szenen in Zeit, Ort und Atmosphäre der Handlung eingeführt. Ferner erfolgen die Vorstellung der Hauptfiguren sowie erste Hinweise auf den dramatischen Konflikt. Man spricht hier von der Exposition des literarischen Textes bzw. des Films.

Einstellungsgröße und Kameraperspektive

Nach dem Tod von Vincents Mutter schickt ihn sein Vater in ein Heim, wo sein Tourette-Syndrom behandelt werden soll. Dort trifft er auf die magersüchtige Marie und Alexander, der unter einem Reinlichkeits- und Ordnungszwang leidet. Die drei Jugendlichen reißen aus dem Heim aus und machen sich im geklauten Auto der Heimärztin auf den Weg ans Meer.

1 Vincent rüttelt am Zaun des Heimes.

2 Marie, Vincent und Alexander brechen auf.

3 Sie sind unterwegs auf der Autobahn.

4 Die drei fliehen nach unbezahltem Tanken.

5 Sie wandern in den Bergen Richtung Gipfel.

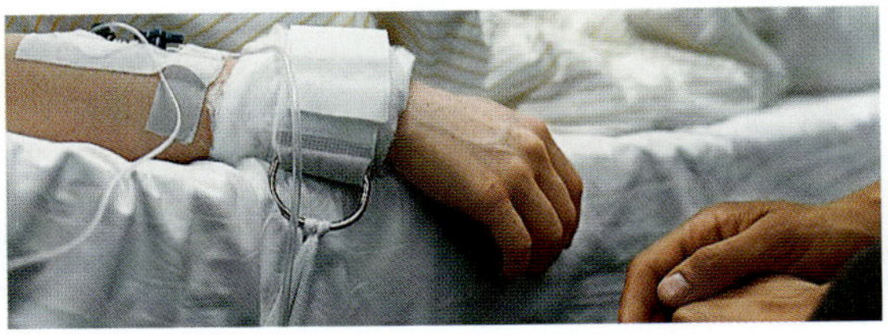

6 Marie ist mit Vincent im Krankenhaus.

1 Begründet: Welches Szenenbild weckt in euch die größte Neugierde auf den Film?

2 a Erklärt, worauf die Aufmerksamkeit bei den einzelnen Bildern gelenkt wird. Erläutert dann, welche Stimmung diese vermitteln.
b Beschreibt die Einstellungsgröße und die Kameraperspektive der Bilder und erläutert deren Wirkung (▶ Einstellungsgröße und Kameraperspektive, S. 341).

Bild	Einstellungsgröße, Kameraperspektive	Wirkung
1	*Halbnah, Normalperspektive*	*Aufmerksamkeit auf den Zaun und …*

3 Nennt Szenenbilder, die euch an den Roman „Tschick" erinnern. Berücksichtigt auch die Merkmale von Roadmovies, z. B. Suche nach Freiheit, Unterwegssein, Gesetzesverstöße.

4 a Seht euch gemeinsam den Film an und verteilt folgende Beobachtungsaufgaben: Gründe für den Aufbruch, Probleme und Hindernisse, Entwicklung der Figurenbeziehungen.
b Vergleicht den Film „Vincent will meer" mit dem Roman „Tschick".

Schnitt, Montage und Kamerabewegung

Vincents Vater und die Heimärztin haben Vincent, Marie und Alexander nach einer Verfolgung endlich gefunden. Vincents Vater will seinen Sohn sofort wieder ins Heim bringen. Doch die Jugendlichen können durch einen Trick mit dem Auto des Vaters wieder entkommen.

1 a Beschreibt, welche Situation auf den sechs Filmbildern dargestellt ist.
b Betrachtet die oberen Filmbilder und notiert, was den Figuren durch den Kopf gehen könnte.
c Erklärt, wie die oberen Filmbilder wirken und welche Stimmung die unteren Bilder vermitteln.

2 a Erläutert, welche Funktion die Schnitte in den Filmbildern oben haben. Welche Wirkung soll durch die Kamerafahrt in der Szene unten erzielt werden? Lest hierzu auch die Informationen im Merkkasten unten.
b Begründet, warum gerade bei einem Roadmovie die Kamerabewegung von Bedeutung ist.

3 Entwickelt Ideen zu einer filmischen Umsetzung des Textauszugs aus „Tschick (4)" (► S. 220/221). Wählt Stellen aus, bei denen eine Kamerafahrt sinnvoll wäre, und andere Stellen, die sich für verschiedene Schnitte eignen würden.

Information **Schnitt, Montage und Kamerabewegung**

Ein **Schnitt** bezeichnet die Verknüpfung von zwei Einstellungen. Man kann z. B. Handlungen, die zeitgleich an verschiedenen Orten spielen, gleichzeitig zeigen, indem man zwischen den Szenen hin- und herspringt (Parallelmontage). Man kann aber auch in einer Rückblende ein Ereignis aus der Vergangenheit zeigen oder zwischen den Figuren, z. B. in einer Dialogsituation, hin- und herspringen (Schuss-Gegenschuss-Technik).
Montage meint das Zusammenfügen von Bild- und Tonelementen zum gesamten Film.
Bei der **Kamerabewegung** unterscheidet man Kameraschwenk und Kamerafahrt. Beim **Kameraschwenk** steht die Kamera fest (z. B. auf einem Stativ) und dreht oder neigt sich – ähnlich der Kopfbewegung – um einen fixen Punkt. Im Gegensatz dazu bewegt sich die Kamera bei der **Kamerafahrt** durch den Raum, z. B. auf ein Objekt zu oder von ihm weg oder parallel zu einem sich bewegenden Objekt (Parallelfahrt).

Mise en Scène

Die Jugendlichen machen einen Stopp in den Alpen und beschließen, einen Berg zu ersteigen.

1 a Schaut euch das Filmbild an. Äußert euch dann spontan: Was ist euch als Erstes ins Auge gefallen? Wie wirkt das Bild auf euch?
b Beschreibt, welche Situation dargestellt ist und welche Stimmung das Filmbild vermittelt.

2 Formuliert, welche Gedanken und Gefühle Vincent und Alexander bewegen könnten, z. B.:
Wie gewaltig die Natur ist. Was mag da oben sein? Ich spüre …

3 a Untersucht die Bildkomposition nun genauer. Arbeitet im Team:
- Bestimmt die **Kameraeinstellung** und die **Perspektive.**
- Beschreibt den ausgewählten **Schauplatz** (Location) und erklärt, wo und wie die **Figuren** auf dem Bild angeordnet sind. Was ist im Vordergrund, in der Mitte und im Hintergrund zu sehen?
- Macht Angaben zu den **Lichtverhältnissen** und zur **Farbgebung.**
- Gebt die **Stimmung** des Bildes wieder.

b Tauscht euch über eure Ergebnisse aus und diskutiert, welche **Wirkung** durch die Bildinszenierung erreicht werden soll.

4 „Eine Kamera kann manchmal mehr sagen als Worte.“ – Nehmt Stellung zu dieser Aussage.

Information **Mise en Scène (die Bildinszenierung)**

Der Begriff „Mise en Scène“ (frz. „in Szene setzen“) beschreibt die **Inszenierung einer Filmszene,** bei der **verschiedene Gestaltungselemente** ineinandergreifen. Um die Gestaltung eines Filmbildes zu beschreiben, können – wie bei der Beschreibung eines Fotos oder eines Gemäldes – folgende Aspekte untersucht werden: **Kameraeinstellung** und **-perspektive, Location** (Schauplatz), **Beleuchtung** (Licht und Schatten), **Farbgestaltung** (Haben die Farben eine bestimmte Wirkung oder eine symbolische Bedeutung?) und **Bildaufbau** (Was fällt zuerst ins Auge? Wie sind Figuren und Gegenstände angeordnet?).
Wichtig ist zu beschreiben, welche **Wirkung** durch die Bildinszenierung erreicht wird.

Fordern und fördern – Eine Filmszene untersuchen

Die folgenden Szenenbilder zeigen, wie zuerst Vincent und anschließend auch Marie und Alexander nach einer langen Bergwanderung das Kreuz auf dem Gipfel des Berges besteigen.

1

2

3

4

1 Seht euch die Szene (Bilder 1 bis 4) genau an. Untersucht die filmischen Gestaltungsmittel und ihre Wirkung. Geht so vor:

a Fasst den Inhalt der Szene (Bilder 1 bis 4) zusammen. Beginnt z. B. so:
Bild 1: Vincent sieht von unten …

b Beschreibt die Gestaltung der einzelnen Filmbilder (Mise en Scène) und erklärt, welche Wirkung das jeweilige Bild hat, z. B.:

> *Filmbild 1:*
> - *Beschreibung des Filmbildes: Aus der Froschperspektive (Kameraeinstellung Halbnah) wird ein graubraunes Holzkreuz gezeigt, das einsam in den Himmel ragt. Im Hintergrund ist ein blauer, wolkenloser Himmel zu sehen, der mehrere Lichtreflexe aufweist.*
> - *Wirkung: Das Gipfelkreuz wirkt majestätisch und eindrucksvoll.*

▷ Hilfen zu dieser Aufgabe findet ihr auf Seite 228.

2 Die Szene wird von dem Song „Point of View“ von Cargo City begleitet. Seht euch die Szene (Bilder 1 bis 4) noch einmal an und erklärt, inwieweit die folgende Textpassage aus dem Song zur filmischen Szenengestaltung passt.
▷ Hilfen zu dieser Aufgabe findet ihr auf Seite 228.

Escape from the places you know,
you would crawl[1] and you would swim,
as long as you keep moving on just to
experience something new.

1 to crawl: kriechen, krabbeln

3 Erläutert, inwiefern die Szene und ihre Gestaltung gut zu einem Roadmovie passen.
▷ Hilfen zu dieser Aufgabe, Seite 228.

Aufgabe 1 mit Hilfen

Seht euch die Szene (Bilder 1 bis 4, S. 227) genau an. Untersucht die filmischen Gestaltungsmittel und ihre Wirkung.

Geht so vor:

a Fasst den Inhalt der Szene (Bilder 1 bis 4) zusammen. Notiert jeweils, was passiert, z. B.:

Bild 1: Vincent sieht zunächst von unten das Kreuz auf dem Gipfel des Berges.
Bild 2: Er steigt als Erster …
Bild 3: Als er oben angekommen ist, setzt er sich auf das Kreuz und …
Bild 4: …

b Beschreibt die Gestaltung der einzelnen Filmbilder (Mise en Scène) und erklärt, welche Wirkung das jeweilige Bild hat, z. B.:

Filmbild 1:
- *Beschreibung des Filmbildes: Aus der Froschperspektive (Kameraeinstellung Halbnah) wird ein grau-braunes Kreuz gezeigt, das einsam in den Himmel ragt. Im Hintergrund ist ein blauer, wolkenloser Himmel zu sehen, der mehrere Lichtreflexe aufweist.*
- *Wirkung: Das Gipfelkreuz wirkt majestätisch und eindrucksvoll.*

Filmbild 2:
- *Beschreibung des Filmbildes: Von der Seite aus (Normalperspektive) sieht man das obere Drittel des Gipfelkreuzes, das von Vincent bestiegen wird. Im Hintergrund …*
- *Wirkung: Durch das Licht und …*

Filmbild 3:
- *Beschreibung des Filmbildes: Vincent sitzt auf der Spitze des Gipfelkreuzes und zeigt mit einem Arm in die Ferne. Sein Blick ist auf einen Punkt in der Ferne gerichtet, der außerhalb des Bildes liegt. Im Hintergrund …*
- *Wirkung: …*

Aufgabe 2 mit Hilfen

Die Szene wird von dem Song „Point of View“ von Cargo City begleitet. Seht euch die Szene (Bilder 1 bis 4) noch einmal an und erklärt, inwieweit die Textpassage aus dem Song zur filmischen Szenengestaltung passt.

In dem Liedtext geht es darum, aus einer gewohnten Umgebung auszubrechen („escape from the places you know“), um etwas Neues auszuprobieren („to experience something new“). Das passt gut zu der Szene, denn …

Escape[1] from the places you know,
you would crawl[2] and you would swim,
as long as[3] you keep moving on just to
experience something new.

1 to escape: ausbrechen, flüchten
2 to crawl: kriechen, krabbeln
3 as long as: solange

Aufgabe 3 mit Hilfen

Erläutert, inwiefern die Szene und ihre Gestaltung gut zu einem Roadmovie passen. Die Themen eines Roadmovies sind zum Beispiel: Ausbrechen aus einer gewohnten Umgebung, Unterwegssein, Suche nach Freiheit, Verstoß gegen Gesetze und Regeln, Verfolgung.

10.3 Projekt: Eine Filmszene drehen – „Wir sind dann mal weg!“

1. Schritt: Ideen sammeln und Drehplan schreiben

1 Bildet Filmteams und dreht eine kurze Szene (nicht länger als drei Minuten) zum Thema „Wir sind dann mal weg!“. Geht so vor:

a Was fällt euch zum Thema ein? Sammelt Ideen für eure Filmszene. Überlegt zum Beispiel, wie man den Ausbruch aus einem tristen Alltag darstellen kann. Denkt an Stimmungen, Bilder, Orte, Figuren.

b Entscheidet, welche Ideen ihr ausführen wollt. Beschränkt euch auf eine oder sehr wenige, denn eure Filmszene sollte nicht länger als drei Minuten dauern.

2 a Erstellt einen Drehplan für euren Film, z. B.:

Szene	Drehort und Inhalt (auch Figuren)	Kamera (Einstellung, Perspektive, Bewegung)	Ton (Geräusche, Musik, Texte)
1	Klassenraum Schülerin schaut sehnsuchtsvoll aus dem Fenster; trägt T-Shirt mit Aufdruck „Holt mich hier raus“; andere Schüler/-innen im Hintergrund, eine ...	Nah auf Schülerin, Normalperspektive	Jm Hintergrund Stimme eines Lehrers, der eine Aufgabe formuliert
2	Klassenraum ...	Langsamer Kameraschwenk zum Fenster	...

b Schreibt die geplanten Texte (Dialoge und Monologe) für eure Filmszene.

2. Schritt: Die Aufgaben im Filmteam verteilen

3 Zum Drehen einer Filmszene gehören verschiedene Aufgaben:
- Regie
- Kamera (Kameraassistenz)
- Schauspielerinnen und Schauspieler
- Mise en Scène, Kostüme, Requisiten
- Ton/Musik
- Schnitt/Montage

Tauscht euch darüber aus, was ihr besonders gut könnt bzw. gerne macht. Verteilt dann die einzelnen Aufgaben in eurem Team.

3. Schritt: Die Filmszene drehen

4 a Macht euch vor dem Dreh noch einmal klar, worauf ihr achten müsst. Formuliert Tipps, um zum Beispiel die folgenden Probleme zu vermeiden:

Mögliches Problem	Tipp
verwackelte Aufnahme	*Konzentration auf eine ruhige Hand oder Nutzung eines Stativs*
ruckhafte, unbeabsichtigte Kamera-schwenks; zu viele Zooms	…
unklare, aussagelose Kameraeinstellung	…
störende Umgebungsgeräusche	…

b Dreht nun eure Szene. Probiert unterschiedliche Einstellungen und Perspektiven aus und dreht jede Szene zwei- oder dreimal.

c Sichtet euer Filmmaterial und überlegt, was ihr bei den einzelnen Szenen verbessern könntet. Dreht eure Szene gegebenenfalls neu.

4. Schritt: Schnitt, Montage, Ton

5 Schneidet euer Filmmaterial am Computer mit Hilfe eines Schnittprogramms. Beachtet:
- Löscht Szenen, die nicht gelungen bzw. überflüssig sind.
- Testet verschiedene Schnitte bzw. Übergänge zwischen den Szenen.
- Überlegt, ob ihr einzelne Szenen oder Teile mit Musik bzw. anderen Geräuschen unterlegen wollt.

6 Präsentiert eure Ergebnisse. Gebt euch gegenseitig ein Feedback darüber, was besonders gut gelungen ist und was ihr noch verbessern könnt.

11 Wörter auf der Goldwaage – Über Sprachgebrauch nachdenken

1 Beschreibt, was ihr auf dem Foto seht.

2 a Benennt die Gefühle des Sportlers Björn Otto und die Stimmung in dieser Situation mit Begriffen, z. B.: *Stolz, …*

b Lest eure Begriffe vor und erklärt, was ihr mit dem jeweiligen Begriff meint.

c Überlegt, wie ihr die einzelnen Begriffe definiert bzw. voneinander abgegrenzt habt, z. B.: durch das Erläutern einer typischen Situation, …

In diesem Kapitel …

- unterscheidet ihr die Grundbedeutung (Denotation) eines Wortes von seinen Nebenbedeutungen (Konnotationen),
- lernt ihr die Funktion von beschönigenden (euphemistischen) Formulierungen kennen und beschäftigt euch mit Wörtern, die in einer übertragenen (metaphorischen) Bedeutung gebraucht werden,
- untersucht ihr anhand des Wortes „Opfer" den Bedeutungswandel eines Begriffs,
- unterscheidet ihr Umgangs-, Jugend- und Standardsprache,
- untersucht ihr in einem Projekt „bedrohte Wörter" und Jugendsprache.

11.1 „Ehre" – Wörter und ihre Bedeutung klären

Das richtige Wort finden – Begriffe definieren

Große Ehre für Natascha Keller

Die 35-Jährige wird bei der Eröffnungsfeier der Olympischen Sommerspiele die deutsche Fahne tragen.

Hamburg – Die Hockeyspielerin Natascha Keller trägt die deutsche Fahne bei der Eröffnungsfeier der 30. Olympischen Sommerspiele am Freitag in London. Dies gab der Deutsche Olympische Sportbund (DOSB) am Mittwoch bekannt. Die 35-Jährige, die 2004 in Athen Gold gewonnen hatte, ist die erste deutsche Hockeyspielerin, der diese Ehre zuteilwird. „Das ist das i-Tüpfelchen auf meiner Karriere. Es ist eine große Wertschätzung, die mir, der ganzen Hockey-Familie und unserer Sportart entgegengebracht wird", sagte Keller.

Theodor Fontane

Es kann die Ehre dieser Welt
Dir keine Ehre geben,
Was dich in Wahrheit hebt und hält,
Muss in dir selber leben.

Wenn's deinem Innersten gebricht
An echten Stolzes Stütze,
Ob dann die Welt dir Beifall spricht,
Ist all dir wenig nütze.

Das flücht'ge Lob, des Tages Ruhm
Magst du dem Eitlen gönnen;
Das aber sei dein Heiligtum:
Vor dir bestehen können.

1 In beiden Texten geht es um den Begriff „Ehre".

a Erklärt, welche Bedeutung der Begriff in dem Zeitungsartikel hat. Gibt es ähnliche Begriffe (Synonyme), die ihn in dem Artikel ersetzen könnten?

b Was versteht der Sprecher in Fontanes Gedicht unter „echter" Ehre und wovon grenzt er diese ab? Arbeitet am Text und haltet eure Überlegungen schriftlich fest, z. B.:

„echte" Ehre
– kommt nicht von außen (vgl. Vers 1 f.), sondern muss …

c Vergleicht die Bedeutung des Begriffs „Ehre" in den beiden Texten. Was fällt euch auf?

2 Erklärt, was ihr unter Ehre versteht. Ihr könnt z. B. von Situationen berichten oder Fälle erfinden, in denen der Begriff zutrifft. Oder ihr erklärt eure Vorstellung von Ehre durch ähnliche Begriffe (Synonyme), denen ihr gegensätzliche Begriffe (Antonyme) gegenüberstellt, z. B.:

Ehre		
Ehrlichkeit (die Wahrheit sagen)	↔	*Unehrlichkeit (lügen)*
Wertschätzung (andere mit Respekt …)	↔	*…*

3 Überlegt, warum abstrakte Begriffe, also Begriffe, die z. B. Gefühle *(Liebe, Angst)* oder Werte *(Stolz, Ehre, Freiheit)* beschreiben, deutlich schwerer zu erklären sind als Begriffe, die etwas Gegenständliches bezeichnen *(Stuhl, Haus)*.

Information **Die Bedeutung von Wörtern und Begriffen definieren**

Wörter und Begriffe sind für uns dann verständlich, wenn ihre Bedeutung klar ist. Ist die Bedeutung unklar oder uneindeutig, kann es zu Missverständnissen kommen. Wenn wir einen Begriff definieren, versuchen wir, seine Bedeutung festzulegen, z. B.:

- durch **Merkmale,** die ein Begriff aufweist, z. B.:
  Ein Dreieck ist eine geschlossene, dreiseitige Figur.
- durch ein **Beispiel,** das zur Erklärung eines Begriffes herangezogen wird, z. B.:
  „Fair Play“ bedeutet zum Beispiel, den sportlichen Gegner mit Respekt zu behandeln.
- durch **Synonyme** (Begriffe, die dieselbe oder eine ähnliche Bedeutung haben), z. B.:
  „Motivation“ heißt so viel wie „innerer Antrieb“.

Fair Play auf dem Platz

Wir schreiben die 68. Minute im Bundesliga-Spiel zwischen dem 1. FC Nürnberg und dem VfL Wolfsburg. Die Gastgeber führen mit 2:1, als FCN-Innenverteidiger Per Nilsson nach einem Zusammenprall im eigenen Strafraum benommen liegen bleibt.

Der Befreiungsschlag der Nürnberger Hintermannschaft wird von Wolfsburg abgefangen und es wird umgehend ein neuer Angriff eingeleitet. Doch VfL-Wolfsburg-Stürmer Edin Dzeko, der sich in äußerst aussichtsreicher Position vor dem Nürnberger Tor befindet, bricht den Angriff ab, um sich um den verletzten Gegenspieler zu kümmern.

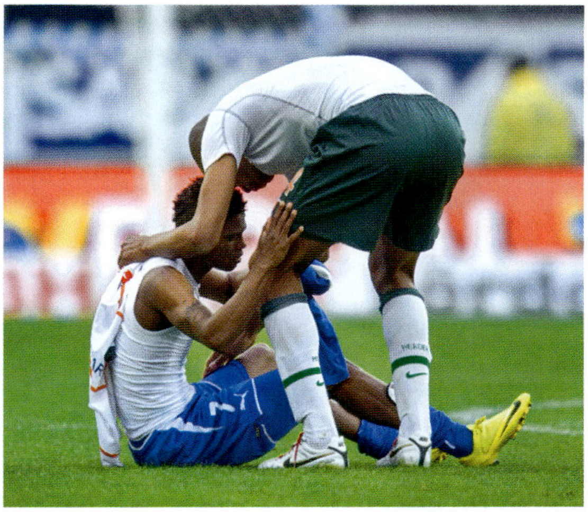

Diese Szene ist sicherlich ein tolles Beispiel für den Fair-Play-Gedanken im Fußball, denn anstatt möglicherweise den Ausgleich zu erzielen, entschied sich Dzeko dafür, einem anderen zu helfen.

Schlägt man im Lexikon nach, findet man unter dem Begriff „Fair Play“ oftmals die Beschreibung „ehrenhaftes Verhalten“. Der ehemalige Bundespräsident Richard von Weizsäcker umschrieb es einst: „Verlangt ist nicht nur die formelle Beachtung von Regeln. Nie werden geschriebene Regeln die menschliche Haltung des ‚Fair Play‘ ersetzen können. Der Sportler, der das Fair Play beachtet, handelt nicht nach dem Buchstaben, er handelt nach dem Geist der Regeln.“

Auch in der Vergangenheit gab es zahlreiche Beispiele für den Fair-Play-Gedanken. Beispielsweise ereignete sich 1997 im englischen Premier-League-Spiel zwischen dem FC Liverpool und dem FC Arsenal Folgendes: *Reds*-Angreifer Robbie Fowler bekam von Schiedsrichter Ashby einen Elfmeter zugesprochen, da er von Torhüter David Seaman regelwidrig zu Fall gebracht worden sei. Zur allgemeinen Überraschung bat der Angreifer des Gastgeberteams den Unparteiischen, seine Entscheidung zurückzunehmen, da er gar nicht gefoult worden sei. Vergeblich, denn der Referee ließ sich nicht umstimmen. Daraufhin trat Fowler zum Strafstoß an und schoss nur halbherzig aufs Tor, sodass sein Schuss vom Torhüter der *Gunners* ohne größere Mühe pariert werden konnte.

1 Erklärt mit eigenen Worten, warum es sich bei den beiden im Text genannten Beispielen um „Fair Play“ handelt.

2 Stellt euch vor: In der Kabine wird nach dem Spiel heftig über das Verhalten Dzekos diskutiert. Improvisiert dieses Streitgespräch.

3 a Lest die Informationen im unten stehenden Merkkasten. Erklärt dann, was man unter der Denotation und der Konnotation eines Wortes versteht.
b Erstellt wie im Merkkasten unten eine Grafik zum Begriff „Fair Play“. Nehmt hierzu die Informationen aus dem Text (▶ S. 233 f.) zu Hilfe. Ergänzt selbstständig weitere Nebenbedeutungen (Vorstellungen, Empfindungen), die ihr mit diesem Begriff verbindet.
c Vergleicht eure Schaubilder und erklärt euch die Nebenbedeutungen (Konnotationen).

4 Die Konnotationen eines Wortes, also die Nebenbedeutungen, Empfindungen und Vorstellungen, die die Sprechenden mit einem Wort verbinden, können sehr unterschiedlich sein. Erläutert dies anhand der folgenden Beispiele: *Hund, Flugzeug, Winter.*

5 a Schreibt zu den folgenden Begriffen alle konnotativen Bedeutungen auf, die euch einfallen: *Heimat, Glück, Zeit.*
b Vergleicht eure Ergebnisse und erläutert die Unterschiede bei den Nebenbedeutungen.

Information **Denotation und Konnotation eines Wortes**

- **Denotation:** Die Denotation eines Wortes (lat. *denotare* = bezeichnen) ist die klar definierte Grundbedeutung eines Wortes, die man im Wörterbuch oder Lexikon nachschlagen kann.
- **Konnotation:** Die Konnotation (lat. *con* = mit, *notatio* = Bezeichnung, Anmerkung) bezeichnet die Nebenbedeutung eines Wortes, d. h. die Vorstellungen, Erfahrungen, Empfindungen und Assoziationen, die wir mit einem Wort verbinden.

Beispiel: *Nacht*

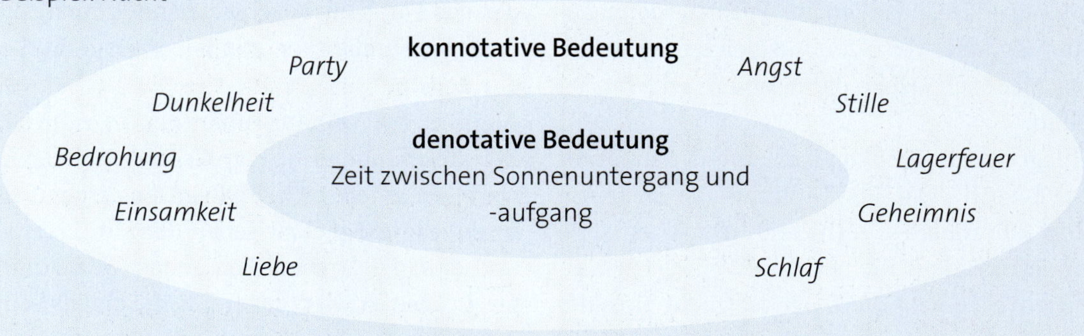

„Das Feld der Ehre ruft alle!" – Euphemismen, Metaphern, Hochwertwörter

Im Westen nichts Neues

In dem Film „Im Westen nichts Neues" von Lewis Milestone, der auf dem gleichnamigen Roman von Erich Maria Remarque (1898–1970) basiert, werden die Schrecken des Ersten Weltkrieges (1914–1918) und die Brutalität des Kriegsgeschehens dargestellt. Zu Beginn hält der Lehrer Kantorek eine flammende Rede:

„Ich weiß genau, dass unser herrlicher Kaiser auf euch und auf die gesamte Jugend unseres Landes rechnen kann. Es sind vielleicht einige unter euch, die sich fragen: ‚Ja, warum geht er nicht mit gutem Beispiel voran?' Glaubt mir, meine lieben Schüler, wenn ich nicht zu alt wäre: Noch heute würde ich mit unserem Feldgrau[1] hinausziehen, um unser geliebtes Vaterland zu verteidigen! Denn das, meine lieben Schüler, das fordert die Pflicht von uns: zuschlagen mit all unserer Macht! Und dazu muss jeder seinen Teil beitragen, damit wir siegen, bevor das Jahr zu Ende geht. Ich verspreche euch, ihr habt eine große Verpflichtung! Von euch jungen Leuten hängt das Leben des Vaterlandes ab! Ihr seid die eiserne Jugend Deutschlands! Ihr seid die jungen Helden, die den Feind zurückschlagen werden, wenn euch die Pflicht ruft.

Ich kann natürlich nicht von euch erwarten, dass jetzt gleich einer vortritt, um freiwillig sein Land zu verteidigen, aber vielleicht hat der eine oder andere schon daran gedacht.

Ich habe von einer Schule gehört, wo die ganze Klasse geschlossen aufgestanden ist, um sich freiwillig zu melden. Und ihr würdet meinen berechtigten Stolz verstehen, wenn das in meiner Klasse auch geschehen würde. Vielleicht würden manche von euch einwenden, dass ihr noch viel zu jung dazu seid. Vielleicht denken viele von euch an ihr Zuhause, an ihre Mütter, die euch nicht fortlassen wollen.

Sind eure Väter so pflichtvergessen, dass sie ihr Vaterland lieber opfern würden als euch? Sind eure Mütter so schwach, dass sie ihre Söhne nicht hinausschicken wollen, um das Land zu verteidigen, in dem sie geboren wurden? Und ist denn schließlich etwas Schlimmes dabei, wenn junge Leute ein wenig Erfahrungen sammeln? Denkt doch nur an die Ehre, die es bedeutet, des Kaisers Rock tragen zu dürfen! Und ist es nicht schön, wenn ein junger, stolzer Krieger von den Töchtern des Landes bewundert wird?

Ich weiß, dass ihr nicht danach strebt, als Helden verehrt zu werden. Das habe ich euch auch nie gelehrt. Wir müssen stets danach trachten, uns zu bewähren, ohne nach dem Beifall zu schielen. Aber auf dem Schlachtfeld, in den vordersten Reihen, zu kämpfen, das ist die wahre Mannestugend!

Bestimmt wird der Krieg bald vorbei sein und, ich glaube, ohne viele Verluste. Und wenn wirklich gewisse Verluste eintreten sollten, dann lasst uns des lateinischen Spruches gedenken: Süß und ehrenvoll ist es, für das Vaterland zu sterben!

1 „Feldgrau" war die Farbbezeichnung der Uniformen der deutschen Armee bis 1945; metaphorisch steht der Begriff allgemein für das deutsche Militär.

Einige von euch haben vielleicht schon ein bestimmtes Ziel vor Augen. Aber jetzt ruft euch unser Land! Das Vaterland braucht seine Söhne! Alle persönlichen Wünsche haben jetzt keine Bedeutung mehr für euch! Ihr müsst sie opfern auf dem Altar des Vaterlandes! Man kann sein Leben nicht ruhmreicher beginnen. Das Feld der Ehre ruft alle!"

1 a Beschreibt die Wirkung, die diese Rede auf euch hat.
b Erklärt, was der Anlass der Rede ist und welche Intention (Absicht) der Lehrer mit seiner Rede verfolgt.

2 Untersucht, mit welchen Argumenten der Lehrer versucht, seine Schüler zu überzeugen. Werden dabei auch mögliche Gegenargumente berücksichtigt und widerlegt?

3 Untersucht, mit welchen sprachlichen Mitteln der Lehrer den Krieg verherrlicht bzw. für diesen wirbt.
a Erklärt, welche Konnotationen (Vorstellungen, Empfindungen) mit den folgenden Begriffen verbunden sind. Welche Emotionen und Wertvorstellungen wecken sie bei den Zuhörern?

(geliebtes) Vaterland (▶ Z. 8–9) • Pflicht (▶ Z. 10, 19) • Verpflichtung (▶ Z. 14) • Stolz (▶ Z. 27) • Ehre (▶ Z. 42, 66) • Helden (▶ Z. 17, 46–47) • (wahre) Mannestugend (▶ Z. 52)

b Sucht in dem Text metaphorische Formulierungen heraus, mit denen der Redner seine Aussagen veranschaulicht. Erklärt die übertragene Bedeutung der Metaphern (▶ S. 335) und erläutert ihre Wirkung.
c Überlegt, welche Funktion die rhetorischen Fragen in dieser Rede haben.

4 In seiner Rede versucht der Lehrer, den Krieg durch Euphemismen (▶ Merkkasten unten) zu verharmlosen. Erläutert, was die folgenden Ausdrücke eigentlich bedeuten und inwiefern sie den Sachverhalt beschönigen bzw. verharmlosen. Lest hierzu noch einmal im Text nach.

ein wenig Erfahrungen sammeln (▶ Z. 40–41) • uns zu bewähren (▶ Z. 49) •
wenn wirklich gewisse Verluste eintreten sollten (▶ Z. 54–55) •
Süß und ehrenvoll ist es, für das Vaterland zu sterben (▶ Z. 57–58) • Feld der Ehre (▶ Z. 66)

5 Überlegt, was ihr gegen die Rede des Lehrers bzw. dessen Aussagen einwenden könntet.

Information **Sprachliche Gestaltungsmittel: Euphemismen und Hochwertwörter**

Sprachliche Gestaltungsmittel werden in Texten gezielt eingesetzt, um die Aussageabsicht (Intention) zu stützen und eine bestimmte Wirkung bei den Zuhörern bzw. Lesern zu erzielen.

- **Euphemismen** sind Ausdrücke, die einen Sachverhalt oder einen Vorgang beschönigen, z. B.: *Verteidigungsfall* für Krieg, *Rentenreform* für Rentenkürzung.
  Euphemismen werden vor allem in der Politik und der Wirtschaft verwendet, um unangenehme Sachverhalte zu verharmlosen bzw. zu verschleiern.
- **Hochwertwörter** sind Wörter oder kurze Phrasen, die positiv konnotiert (▶ Konnotation, S. 234) sind, d. h. mit denen positive Vorstellungen und Empfindungen verbunden sind, z. B. *Heimat, Mut*. Sie sollen bei den Zuhörern oder bei den Lesern positive Emotionen hervorrufen.

Testet euch!

Denotation und Konnotation, Euphemismus, Metapher

Doping im Radsport

„Es ist für mich eine Ehre, als Radprofi für mein Land zu starten“, erklärte der siebenmalige Tour-de-France-Sieger Lance Armstrong immer wieder. Sein Stern begann jedoch schon seit Jahren zu sinken. Jetzt ist er als Dopingsünder endgültig entlarvt und der Radsport steckt in einer tiefen Krise. Schon immer bedienten sich Radsportler unterstützender Hilfsmittel, um die Herausforderungen der schwersten Radrundfahrt der Welt bewältigen zu können. Überführte Dopingsünder gaben zu ihrem Vergehen immer wieder neue Erklärungen ab.
Der belgische Radrennfahrer Frank Vandenbroucke ließ zum Beispiel verlauten, die in seinem Haus sichergestellten Anabolika und Epo seien für seinen Hund bestimmt gewesen. „Der hat Asthma“, sagte der Belgier. Und der Radprofi Matthias Kessler, der positiv auf Testosteron getestet worden war, erklärte, er habe vier mit chinesischen Schriftzeichen versehene Präparate eingenommen, die er für Nahrungsergänzungsmittel hielt.

1 Erklärt, warum es sich bei den markierten Ausdrücken um Euphemismen handelt.

2 Nennt die Denotation (Grundbedeutung) des Begriffs „Stern“ und notiert dann vier mögliche Konnotationen (Nebenbedeutungen). Übertragt hierzu das nebenstehende Schaubild in euer Heft:

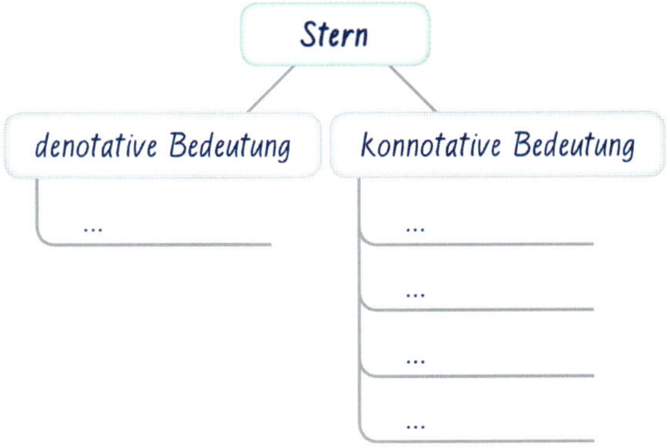

3 Im ersten Absatz (▶ Z. 1–12) des Textes steht eine Metapher. Sucht diese Metapher heraus und erklärt ihre übertragene Bedeutung.

4 Vergleicht eure Ergebnisse mit denen eurer Banknachbarin oder eures Banknachbarn.

11.2 „Du Opfa!“ – Sprachentwicklung und Sprachwandel untersuchen

„Opfer“ – Wörter verändern ihre Bedeutung

Buddhastatue mit Opfergaben in einem Tempel (Tibet)

opfern: das aus der Kirchensprache stammende Verb (mhd. *opfern;* ahd. *opfarōn*) meint ursprünglich „etwas Gott als Opfergabe darbringen“.

Opfer, das: aus dem Verb „opfern“ ist das Nomen „Opfer“ (mhd. *opfer,* ahd. *opfar*) entstanden.

1. Opfer meint ursprünglich – im Sinne des lat. Begriffs „sacrificium“ – die Hingabe von Lebewesen (z. B. Tieropfer) oder Gegenständen (z. B. Lebensmittel) an eine dem Menschen übergeordnete Macht. Diese Macht können Ahnen, Geister oder eine Gottheit (ein Gott) sein. Ein Opfer ist mit einem Ritual (Opferfest) verbunden und fester Bestandteil einer Religion. Diese Bedeutung von „Opfer“ wird im Englischen als „sacrifice“ (Opfer, Opfergabe) bezeichnet.

2. Der Begriff „Opfer“ meint später aber auch jemanden, der durch jemand anderen oder etwas Schaden erleidet oder umkommt, z. B.: Opfer eines Verkehrsunfalls, eines Verbrechens oder einer Lawine werden. Im Englischen werden Opfer dieser Art als „victim“ (Opfer, Leidtragender, Betroffener) bezeichnet.

3. Etwa seit dem Jahr 2000 wird das Wort „Opfer“ in der Jugendsprache abwertend im Sinne von „Schwächling, Verlierer“ verwendet.

mhd. = mittelhochdeutsch;
ahd. = althochdeutsch;
lat. = lateinisch

1 a Lest den Lexikonartikel. Erklärt, welche verschiedenen Bedeutungen das Wort „Opfer“ hat.
b Überlegt, in welcher Weise sich die englischen Bezeichnungen für das Wort „Opfer“ von den deutschen unterscheiden.

2 Erläutert, welche Wortbedeutung von „Opfer“ zu der Abbildung oben passt.

3 a Lest die Informationen zum Bedeutungswandel im Merkkasten auf Seite 239.
b Erläutert, welche Art von Bedeutungswandel bei der jugendsprachlichen Verwendung des Wortes „Opfer“ vorliegt.

Gift, das: mhd., ahd. *gift* „das Geben; Gabe Übergabe"; „Gift" ist eine Bildung zu dem Verb *geben*. Die alte Bedeutung „Gegebenes, Gabe" ist im Dt. noch in den Zusammensetzungen „Mitgift" (Heiratsgut) und schweizerisch Handgift (Schenkung) erhalten. Die jetzt allein übliche Bedeutung „Gift" gibt es seit dem Ahd. Präfixableitung „vergiften"; Adjektiv „giftig".

Witz, der: mhd. *witz[e]*, ahd. *wizzī* (entsprechend engl. *wit*) bedeutete ursprünglich „Wissen", woraus sich die Bedeutung „Verstand, Klugheit, Schlauheit" entwickelte. Im 17. Jh. kam im Dt. die Verwendung im Sinne von „Esprit, Gabe des geistreichen Formulierens" unter dem Einfluss von frz. *esprit* „Geist, Witz" und engl. *wit* „Geist, Witz" auf. Die Bedeutung „Spott, Scherz, scherzhafte Äußerung" erscheint seit dem 18. Jh.

Frau, die: mhd. *vrouwe*, ahd. *frouwe* sind (wie der altisländische Name der Göttin Freyja) weibliche Bildungen zu einem im Deutschen untergegangenen Wort für „Herr". Dieser Herkunft gemäß ist „Frau" im Dt. lange Zeit vor allem die Bezeichnung der Herrin und der Dame von Stand gewesen, wovon heute noch die Anrede „gnädige Frau" zeugt. Als Standesbezeichnung ist „Frau" seit dem 17. Jh. nicht mehr gebräuchlich; das Wort „Frau" hat seitdem die Bedeutung „erwachsene, weibliche Person".

Hochzeit, die: mhd. *hōchgezīt*, verkürzt *hōchzīt*, bedeutete ursprünglich „hohes, kirchliches oder weltliches Fest". Die heutige Bedeutung als „Fest der Eheschließung" ist seit dem 16. Jh. bezeugt.

1 Die Texte stammen aus einem Herkunftswörterbuch. Dieses Wörterbuch erklärt, woher ein Wort stammt und was es ursprünglich bedeutete.

a Erklärt mit Hilfe der Lexikonartikel die frühere und die heutige Bedeutung der Wörter „Gift", „Witz", „Frau" und „Hochzeit". Formuliert jeweils einen Beispielsatz, der die heutige Bedeutung der Wörter veranschaulicht.

b Welche Art des Bedeutungswandels liegt jeweils vor?

Information **Bedeutungswandel**

Im Laufe der Zeit haben sich nicht nur die Schreibweise und die Aussprache der Wörter verändert, sondern auch deren Bedeutung (Bedeutungswandel). Dabei kann sich die Bedeutung eines Wortes in unterschiedlicher Weise verändern:

Mittelhochdeutsch	Frühere Bedeutung	Heutige Bedeutung	Bedeutungswandel
Muos (Mus)	alle Arten von Speisen	breiartige Speisen	Bedeutungs**verengung**
Horn (Horn)	Horn des Tieres	Horn des Tieres, Musikinstrument	Bedeutungs**erweiterung**
marschalc (Marschall)	Pferdeknecht	hoher militärischer Rang	Bedeutungs**verbesserung**
mehre (Mähre)	Pferd	altes, abgemagertes Pferd	Bedeutungs**verschlechterung**

Ist „Opfer" schlimmer als „Loser"? – Netzsprache untersuchen

Xenap Registriert seit: 19.4. | Beiträge: 4000

Tach! War gestern im zug und da liefen n paar jungs vorbei und sagten:
Schau dir dieses opfer an, hahaha!!!
HÄÄÄÄÄÄÄÄ? Was soll das heißen? Du opfer! Ich weiß ja, was ein opfer ist, aber wieso werd ich als solches beschimpft? Keinen plan, was das soll! :-o Und wenn das jugendsprache ist. Was soll das dann bedeuten? Kapier ich nicht! *kopfkratz*

Jessenw Registriert seit: 15.4. | Beiträge: 1200

Ja, das ist Jugendsprache und heißt frei übersetzt: „Hi, ich hab einen niedrigeren IQ als Senf und höre für mein Leben gern Gangsterrap! Is eine Art Outing der Dummen. *g*

Ziska99 Registriert seit: 23.4. | Beiträge: 278

Määänsch, ist doch eigentlich selbsterklärend. Soll so was wie Idiot bedeuten. Das ist einfach ne Bezeichung für ne Person, die einem nich innen Kram passt. Darfst nicht so ernst nehmen. Wird doch heute total oft gesagt.

mr.jogi Registriert seit: 18.12. | Beiträge: 569

: D *lol* Den Vergleich mitm Senf find ich soooooooooooo supa! Opfer heißt so viel wie Versager oder Loser. Dieses Opfergequatsche find ich inzwischen genauso ätzend wie das ständige „schwul". Kotzt mich TOTAL an.

KäptnFidus01 Registriert seit: 01.08. | Beiträge: 129

Mit Opfer wird Schwäche assoziiert, jemand, der einen anderen so bezeichnet, drückt damit aus, dass er selbst kein Opfer ist. Er erniedrigt andere und fühlt sich dabei stark.
So einfach is dat!

eireen09 Registriert seit: 28.01. | Beiträge: 376

btg – Ich find Opfa noch schlimma als Verliera oder Loser! Ein Verliera hat 'n Kampf verlorn. Aba auch wenn er der Verliera ist, er hat dennoch gekämpft. Was zumindest eine Form von Gegenwehr ist. Ein Opfa ist dagegen jemand, der ohne Gegenwehr als Verliera aus einer Situation hervorgeht. Damit steht ein Opfa noch unter dem Verliera. Es kennt ja jeder den Spruch: Wer kämpft, kann verlieren – wer nicht kämpft, hat schon verloren (und wäre somit ein Opfa).

1 a In dem Chat werden verschiedenen Positionen zur Verwendung des Schimpfwortes „Opfer" genannt. Welcher könnt ihr euch spontan anschließen? Begründet.
b Diskutiert, wie ihr zur beleidigenden Verwendung des Begriffes „Opfer" steht. Findet ihr diese Bezeichnung eher harmlos oder bewertet ihr sie als besonders schwerwiegende Beleidigung?

2 Die Sprache in Foren unterscheidet sich in vielen Dingen von der Standardsprache (Hochsprache).
a Sucht in Partnerarbeit Beispiele aus dem Chat heraus, die von der schriftlichen Standardsprache abweichen.
b Überlegt, was das Typische der Netzsprache ist.

Sprache im Netz

Tatsächlich finden durch das Internet immer mehr englische Begriffe Eingang in die Alltagssprache, doch neu ist dies ganz und gar nicht. Das Deutsche wimmelt nur so von Wörtern, die aus anderen Sprachen übernommen sind: *Silvester* und *Exkursion* beispielsweise haben lateinische Wurzeln. Technische Innovationen bringen neue Begriffe mit sich – das war schon beim Hausbau (*Fenster* aus dem Lateinischen) so und später bei der Informationstechnik (*Software, WLAN* aus dem Englischen). Dass nun das Internet auf unsere Art zu kommunizieren Einfluss nimmt, ist deshalb nicht weiter verwunderlich.

Das Auffälligste an der Kommunikation per Chat & Co ist die so genannte *Mündlichkeit*, soll heißen: Der Schreiber tut so, als würde er sprechen. Zu diesem Zweck werden typische Merkmale der mündlichen Kommunikation (Umgangssprache) schriftlich verwirklicht, z. B. werden Worte gemäß ihrer Aussprache geschrieben (z. B. *aba* statt *aber; Tach* statt *Tag*), Buchstaben ausgelassen (*nu* statt *nun*), Wörter verschmolzen *(Wie gehts?)*, dialektale Formen gebraucht *(Do schwetze se e bisje anners, wenn de wast, woas ich mahn!)* und unvollständige Sätze verwendet (Ellipsen, z. B. *Ich auch!*). Die Ausdrucksformen einer realen „Face-to-Face-Kommunikation", wie z. B. Mimik, Gestik, Sprechweise, ersetzen chatspezifische Ausdrucksformen: Auslassungspunkte und Bindestriche stehen stellvertretend für Pausen und Abbrüche *(Boah ... findet das noch jemand so geil? ...)*. Großschreibung aller Buchstaben in einem Wort signalisiert erhöhte Lautstärke *(HALLO?)*, Geräusche oder mimische bzw. gestische Handlungen werden mit den Ausdrucksformen der Comicsprache imitiert *(*grins*, *kopfkratz*)* oder durch die Verwendung von Akronymen (*g* = grins) und Emoticons wie ;–) angezeigt. Und: Da die Texteingabe per Tastatur schnell erfolgen muss, wird die Rechtschreibung weitestgehend ignoriert.

Das Internet stärkt also die oralen und visuellen Aspekte der Kommunikation. Wer die Sprache nicht nur als Schrift, sondern als Zeichensystem begreift, kann seinem Spieltrieb freien Lauf lassen und auf diese Weise die Zukunft der Sprache mitgestalten.

1 Macht anhand von Beispielen deutlich, dass sich die deutsche Sprache ständig verändert.

2 a Welche typischen Merkmale von Netzsprache findet ihr in dem Chat auf Seite 240?
b Listet alle Merkmale der Netzsprache auf und findet für jedes Merkmal ein eigenes Beispiel, z. B.:
1. Worte werden gemäß ihrer Aussprache geschrieben, z. B.: hamma = Haben wir!

3 Im letzten Textabsatz (▸ Z. 44–49) ist die Rede davon, dass wir die Zukunft der Sprache mitgestalten können. Nehmt Stellung zu dieser Aussage.

Information **Standardsprache und Umgangssprache**

Die **Hochsprache** (auch: Standardsprache) ist die allgemein verbindliche Form unserer Sprache, wie sie in der Öffentlichkeit (besonders im Schriftlichen), z. B. in der Schule, verwendet wird.
Die **Umgangssprache** ist die Sprache, die wir bei unserer alltäglichen mündlichen Kommunikation verwenden. Sie orientiert sich an der Hochsprache, wendet deren Regeln und Normen aber nicht streng an. Typisch für die Umgangssprache sind z. B.: unvollständige Sätze (Ellipsen), z. B. *Du auch?;* umgangssprachliche Wörter und Wendungen, z. B.: *doof*.

„Voll porno, Alda!" – Jugendsprache untersuchen

1 Lest die Aussagen. Worum geht es? Diskutiert, ob die Sprache typisch für Jugendliche ist.

2 Untersucht die Sprache der Jugendlichen genauer.
- **a** Nennt Formulierungen, die typisch für die Jugend- bzw. die Umgangssprache sind. Nehmt hierzu den Merkkasten auf Seite 241 zu Hilfe.
- **b** „Übersetzt" die Aussagen oben in Standardsprache.

3
- **a** Schreibt einen Dialog zweier Jugendlicher, die sich über einen neuen Film unterhalten. Verwendet dabei aktuelle jugendsprachliche Wendungen.
- **b** Tragt eure Dialoge vor und diskutiert darüber, ob ihr die Sprache der Jugendlichen glaubwürdig findet.

Jugendsprache im Wandel der Zeit

Ausdrücke	1950	1980	2012
Party, tanzen	Schmeiße, Jubeltrubel, hotten	Fete, Sause, moven, zappeln	Fest, abfeiern, abdancen
super	oberdufte, erste Marke, knorke, riesig	absolute Sahne, stark, rattenscharf, spitzenmäßig, tierisch gut, verschärft	abgespaced, endgeil, fett, knorke, krass, konkret, korall, porno, raumschiff, trashig
dumm sein	jemand ist geistig unter den Teppich gerutscht, in der Baumschule groß geworden	jemand hat einen Schatten, hat einen an der Waffel, hat einen Sprung in der Schüssel	jemand ist bildungsresistent, geistig unbewaffnet, hirnblind, spackig

4
- **a** Untersucht die Ausdrücke. Welche Merkmale von Jugendsprache fallen euch auf?
- **b** Betrachtet die Spalte für das Jahr 2012 genauer. Welche Tendenz ist erkennbar?
- **c** Diskutiert: Welche Ausdrücke werden heute noch verwendet? Welche Wörter oder Wendungen verwendet ihr heute für „Party, tanzen", „super" oder „dumm sein"?

5
- **a** Erfindet eure eigene Jugendsprache. Erstellt z. B. eine Liste für die Wörter:

gut • feiern • Erwachsene • Schule • Spaß machen • Spaß haben • etwas blöd finden

- **b** Verwendet eure Jugendsprache in improvisierten Dialogen. Können die anderen euch verstehen?

Fordern und fördern – Merkmale von Umgangssprache

Aus einer Talkshow (Mitschrift)

Fabian: Nachts rausrennen, an die Tanke umme Ecke und erst mal Fluppen holen, ja?
Jeanette: Das war ein einziges Mal.
Fabian: Und dann aufn Balkon!
Jeanette: Das war ein einziges Mal ... ein einziges Mal ... *(sie lächelt)* Und die Tanke is zwei Meter um die Ecke, ein einziges Mal ...
Fabian: Ja, ein einziges Mal.
Jeanette: Und auch nur, weil du nicht so ein ... Warum bist du denn nicht so ein Gentleman und hastse mir geholt?
Fabian: Ja, klar, ich steh für dich nachts auf, um deine Sucht zu befriedigen, klar!
Kallwass: Also wenn es so heftig ist, dass Se nachts wach werden wie, wie ...?
Fabian: Das ist noch heftiger, das ist noch heftiger.
Kallwass: Wie ist es denn morgens, rauchen Sie denn auch auf nüchternen Magen?
Jeanette: *(sie nickt)*
Fabian: Klar.
Kallwass: Wennse morgens wach werden, als Erstes auf der Bettkante ...?
Fabian: Klar, schön 'n Käffchen und erst mal juhu, jäh *(er bewegt die Hand zum Mund)*. So gehts ab.

1 Die Moderatorin Kallwass verwendet an einer Stelle Hochsprache. Schreibt diesen Satz heraus.

2 In dieser Mitschrift aus einer Talkshow finden sich typische Elemente der Umgangssprache (▶ S. 241). Notiert drei Wortbeiträge, die eurer Meinung nach typisch für die Umgangssprache sind.

3 Listet Merkmale der Umgangssprache auf und findet für jedes Merkmal ein Beispiel aus der Talkshow-Mitschrift, z. B.:
- *Wörter verschmelzen miteinander, z. B.: ...*
- ...

11.3 Projekt – Wörtern auf der Spur

Werdet selbst zu Sprachforschern und führt in Gruppen oder im Team eigene Sprachuntersuchungen durch. Auf dieser Seite findet ihr hierzu zwei Projektideen.

Projekt 1: Bedrohte Wörter

Das „Lexikon der bedrohten Wörter" (www.bedrohte-woerter.de) versammelt Begriffe, die nur noch selten gebraucht werden und deshalb vom Aussterben bedroht sind, wie z. B. *Hagestolz* (heute „Single") oder *Gabelfrühstück* (heute „Brunch"). Die folgenden Wörter wurden beim Wettbewerb „Das bedrohte Wort" prämiert:

Kleinod • blümerant • Dreikäsehoch • Labsal • bauchpinseln • Augenstern • fernmündlich • Lichtspielhaus • hold • Schlüpfer

1 Klärt – eventuell mit Hilfe eines Wörterbuchs – die Bedeutung dieser bedrohten Wörter.

2 Führt Interviews mit älteren Personen zum Thema „Sprachwandel" durch.
- Fragt z. B., welche der „bedrohten Wörter" sie kennen und was diese für sie bedeuten.
- Erfragt und sammelt weitere Wörter und Begriffe, die heutzutage kaum oder gar nicht mehr verwendet werden. Erstellt selbst ein „Lexikon der bedrohten Wörter" oder meldet diese Wörter auf der Website www.bedrohte-woerter.de.

Projekt 2: Jugendsprache

„Du bist ja total spackig!" • „Du Opfer!" • „Bist du behindert oder was?"

Solche Formulierungen sind in den Sprachgebrauch vieler Jugendlicher eingeflossen. Sind solche Ausdrücke eigentlich eher harmlos oder beleidigend?

1 Untersucht, inwieweit es in eurem Sprachgebrauch Ausdrücke gibt, die beleidigend sind bzw. andere herabsetzen. Führt hierzu Interviews mit Jugendlichen durch, z. B. an eurer Schule.
- **a** Entwickelt einen Fragebogen zur Untersuchung des Sprachgebrauchs an eurer Schule.
- **b** Führt Umfragen durch. Ihr könnt die Gespräche auch aufnehmen und sie dann auswerten.

2
- **a** Stellt Beispiele für Wörter zusammen, die ihr als Beleidigung empfindet. Erklärt auch, warum.
- **b** Diskutiert, warum diese Wörter nicht mehr verwendet werden sollten.

Fragebogen

1. Wie bezeichnet ihr einen Jugendlichen, über den ihr euch ärgert?
2. Wie bezeichnet ihr einen Jungen/ein Mädchen, den/das ihr nicht gut findet?
3. Welche Schimpfwörter oder abwertenden Wendungen …?
4. …

12 Grammatiktraining – Konjunktiv und Modalverben

1 Stellt euch vor, ihr könntet Urlaub auf einem fremden Planeten machen. Wie wäre die Reise? Wen würdet ihr treffen? Was würdet ihr erleben?

2 Erklärt, wie in den folgenden Sätzen deutlich gemacht wird, dass es sich um ein Gedankenexperiment handelt:
- *Die Reise würde mehrere Monate dauern.*
- *Jch träfe Außerirdische mit drei Beinen und drei Armen.*

In diesem Kapitel ...

- lernt ihr den Konjunktiv II kennen und formuliert damit unwahrscheinliche und vorgestellte Aussagen,
- verwendet ihr den Konjunktiv I in der indirekten Rede,
- unterscheidet ihr verschiedene Funktionen von Modalverben.

12.1 Gedankenexperimente – Konjunktiv II

Der Konjunktiv II und die würde-Ersatzform

Lebewesen auf fremden Planeten

Was wäre, wenn es auf einem fremden Planeten wirklich Lebewesen gäbe? Wie sähen sie aus? Alle Lebewesen, wie fremdartig sie auch wären, hätten wahrscheinlich bestimmte Merkmale wie Augen, Münder und Fortpflanzungsorgane. Diese sähen menschlichen Organen jedoch nicht unbedingt ähnlich. Wäre die Luft auf dem Planeten z. B. sehr dünn, besäßen die Außerirdischen keine Lungen, sondern stattdessen riesige verzweigte Kiemen. Mit mehreren riesigen Augen könnten die fremden Lebensformen sich auch auf dunkleren Planeten orientieren. Wenn sie keine Ohren hätten, sprächen die Kreaturen vielleicht mit Hilfe von Tentakeln. Die Position der Münder hinge von der jeweiligen Nahrungsquelle ab. Die Münder von

Pflanzen fressenden Aliens befänden sich beispielsweise dicht über dem Boden, wenn dort die nährstoffreichsten Pflanzen wüchsen.

1 Vergleicht die Beschreibung der Außerirdischen mit euren eigenen Vorstellungen. Was hat euch überrascht? Welche Überlegungen findet ihr überzeugend, welche nicht?

2 Untersucht die Verbformen aus dem Text, die deutlich machen, dass es sich bei der Beschreibung der fremden Lebewesen nur um Vermutungen handelt.

a Legt eine Tabelle in eurem Heft an und tragt die Verbformen in die erste Tabellenspalte ein. Notiert in der Spalte daneben die Verbformen im Indikativ Präteritum, z. B.:

Ergänzt ggf. die entsprechenden Personalpronomen *(ich, du, er/sie/es, wir, ihr sie).*

Verbformen aus dem Text (Konjunktiv II)	Indikativ Präteritum
es wäre	*es war*

b Erklärt anhand der Beispiele, wie der Konjunktiv II gebildet wird. Vergleicht eure Ergebnisse anschließend mit den Informationen im Merkkasten auf Seite 248.

3 Setzt den Text fort, indem ihr weitere mögliche Merkmale außerirdischer Lebensformen beschreibt. Verwendet dabei den Konjunktiv II, z. B.:
Um sich im Sand schnell fortzubewegen, besäßen …
Bestände der Planet nur aus Wasser, …

Krieg der Welten

Orson Welles' Hörspiel „Krieg der Welten" gilt bis heute als das bedeutendste Science-Fiction-Hörspiel, das je im Radio zu hören war. Dass womöglich irgendwann die Außerirdischen landen würden, war für viele US-Bürger Ende der 1930er Jahre durchaus vorstellbar. Allerdings glaubte kaum jemand daran, dass dies so bald passieren würde und dass es sich dabei um mächtige, gefährliche Wesen handeln würde, die die Erde erobern könnten.

Dennoch versetzte das Hörspiel viele Menschen in Angst und Schrecken. Welles inszenierte die Sendung am 30. Oktober 1938 nämlich wie ein gewöhnliches Radioprogramm, das plötzlich durch eine dringende Meldung und mehrere sehr realistisch wirkende „Live"-Berichterstattungen über eine angebliche Invasion von Marsmenschen unterbrochen wurde. Die Radiozuhörer glaubten daher, dass es auf dem Mars tatsächlich Gasexplosionen gäbe und Materie mit enormer Geschwindigkeit auf die Erde zufliegen würde. Kurz darauf beschrieb ein angeblicher Augenzeuge die Landung eines außerirdischen Raumschiffs und die Zuhörer dachten, dass in New Jersey wirklich ein zylinderförmiges Metallobjekt eingeschlagen wäre und einen riesigen Krater hinterlassen hätte. Nun folgte eine Schreckensmeldung auf die nächste.

Als schließlich von Marsmenschen mit Tentakeln und glühenden Augen sowie von Hitzestrahlen, die angeblich Schaulustige in Brand setzen würden, die Rede war, brach bei einigen Radiohörern Panik aus. Sie nahmen an, dass gerade eigenartige Geschöpfe vom Mars mit ihren Maschinen die Erde angreifen würden, und stellten sich vor, dass man sich gegen sie verteidigen müsste. Zahlreiche besorgte Bürger riefen daher bei Polizeistationen an, einige Menschen verließen sogar fluchtartig ihre Häuser.

Als in einem „Live-Bericht" schließlich von einem menschenleeren Times Square und einer ganzen Armee von Aliens im Central Park berichtet wurde, dachten die Zuhörer, dass Marsmenschen damit beginnen würden, ganz New York zu zerstören. Allerdings realisierten vor allem die New Yorker Bürger auf Grund ihrer eigenen Beobachtungen schon bald, dass die beschriebenen Ereignisse doch nicht real waren.

1 Lest den Text und erklärt, wie es Orson Welles gelang, mit einem Hörspiel so viele Menschen in Angst und Schrecken zu versetzen.

2 a Nennt Beispiele für die Verwendung des Konjunktivs II im Text, z. B. *könnten (Z. 10)*, …
b Erklärt, warum hier der Konjunktiv II verwendet wird.

3 a Untersucht, warum an einigen Stellen statt des Konjunktivs II die würde-Ersatzform verwendet wird. Übertragt hierzu die folgende Tabelle in euer Heft und tragt die würde-Ersatzformen in die linke Spalte ein. Ergänzt dann die Verbformen in den übrigen Spalten.

würde-Ersatzform	Konjunktiv II	Indikativ Präteritum
sie würden landen (Z. 5)	sie landeten	sie landeten

b Begründet jeweils, warum die würde-Ersatzform gewählt wurde. Nehmt hierzu die Informationen aus dem Merkkasten unten zu Hilfe.

4 a Schreibt den folgenden Text in euer Heft und fügt dabei in die Lücken die entsprechenden Verbformen im Konjunktiv II ein.

b Untersucht noch einmal die Verbformen in eurem Text:
Markiert die Verbformen, die ihr durch die würde-Ersatzform ersetzen würdet.
Begründet eure Entscheidung.

Außerirdische auf der Erde

Wenn tatsächlich ein Raumschiff auf der Erde ? *(landen)*, ? *(sein)* das für die meisten Menschen eine große Überraschung. Kaum jemand ? *(sein)* auf ein solches Ereignis vorbereitet. Niemand ? *(wissen)*, wie man sich gegenüber den Außerirdischen verhalten sollte. Schließlich ? *(sprechen)* sie nicht unsere Sprache und ? *(haben)* ganz andere Verhaltensweisen und Lebensgewohnheiten. Außerdem ? *(wissen)* man nicht, ob sie mit friedlichen Absichten ? *(kommen)* oder einen Krieg gegen die Menschen ? *(führen)*.

Information **Konjunktiv II (Irrealis)**

Wenn man eine Aussage als **unwirklich (irreal),** nur vorgestellt, unwahrscheinlich oder gewünscht kennzeichnen möchte, verwendet man den Konjunktiv II. Man bezeichnet den Konjunktiv II daher auch als **Irrealis.**

Bildung des Konjunktivs II
Der Konjunktiv II wird in der Regel abgeleitet vom Präteritum Indikativ. Bei unregelmäßigen Verben werden **a, o, u** im Wortstamm zu **ä, ö, ü.**

Indikativ Präteritum	*er sah*	*er war*	*er hatte*	*er stand*
Konjunktiv II	*er sähe*	*er wäre*	*er hätte*	*er stände*

Anstelle des Konjunktivs II wird die **würde-Ersatzform** verwendet, wenn
- der Konjunktiv II (im Textzusammenhang) **nicht vom Indikativ Präteritum zu unterscheiden** ist, z. B.: *Zusammen mit Freunden machte er diese Reise.* (Konjunktiv II)
  Zusammen mit Freuden würde er diese Reise machen. (würde-Ersatzform)
- die Konjunktiv-II-Form als besonders **ungebräuchlich** oder **unschön** empfunden wird, vor allem im mündlichen Sprachgebrauch, z. B.: *ich empfähle → ich würde empfehlen.*

Die Verwendung des Konjunktivs II in Konditionalgefügen

Jules Verne

Reise zum Mittelpunkt der Erde

In Jules Vernes berühmtem Science-Fiction-Roman „Reise zum Mittelpunkt der Erde“ aus dem Jahr 1864 findet Professor Lidenbrock eine geheime Notiz, die ihm einen Hinweis darauf gibt, durch welchen Vulkankrater man zum Mittelpunkt der Erde reisen kann. Er möchte die Reise sofort antreten, aber sein Neffe Axel, der Ich-Erzähler des Romans, hat einen Einwand:

„Die Wärme unter der Erdoberfläche nimmt mit siebzig Fuß[1] Tiefe um einen Grad zu. Nehmen wir nun dieses steigende Verhältnis als gleich bleibend an, so muss, da der Erdradius fünfzehnhundert Meilen[2] beträgt, im Zentrum eine Temperatur von mehr als zweihunderttausend Grad herrschen!“, gab ich zu bedenken.
„Also, Axel, die Hitze macht dir Sorgen?“
„Allerdings. Kämen wir bis zu einer Tiefe von nur zehn Meilen, wären wir an der Grenze der Erdrinde mit einer Temperatur von über dreizehnhundert Grad.“
„Nun denn, ich will dir nur sagen, dass echte Gelehrte wie Poisson Folgendes bewiesen haben: Wenn im Inneren des Erdballs eine Hitze von zweimal hunderttausend Grad existierte, würde das aus den zerschmolzenen Stoffen erzeugte glühende Gas eine enorme Spannkraft erlangen. Das Erdinnere könnte dann keinen Widerstand mehr leisten und müsste zerspringen wie die Wände eines Dampfkessels durch die Ausdehnung des Dampfes.“
„Das ist Poissons Ansicht, lieber Onkel, nichts weiter.“
„Einverstanden, aber es ist auch die Ansicht anderer ausgezeichneter Geologen: Wenn das Innere des Erdballs aus Gas bestehen würde, würde die Erde ein zweifach geringeres Gewicht haben. Und ich muss sagen, dass die Ansichten der berufensten Männer mit der meinigen übereinstimmen. Im Jahre 1825 sprach ich mit dem berühmten englischen Chemiker Humphry Davy über die Hypothese[3] der Flüssigkeit des inneren Kerns der Erde. Wir waren uns aus einem Grund einig, dass dies nicht möglich ist.“
„Und welcher ist das?“, fragte ich etwas betroffen.
„Diese flüssige Masse wäre gleich dem Ozean der Anziehung von Seiten des Mondes ausgesetzt. Wenn demzufolge zweimal täglich im Inneren Ebbe und Flut entstehen würden, hätte dies periodische Erdbeben zur Folge.“

1 Fuß: Längenmaß; 1 Fuß = ca. 30 cm
2 Meile: Längenmaß, 1 Meile = ca. 1600 Meter
3 die Hypothese: noch nicht bewiesene Theorie

1 a Erklärt, welche Bedenken Axel gegen eine Reise zum Mittelpunkt der Erde hat. Durch welche Argumente versucht sein Onkel, ihn vom Gegenteil zu überzeugen?
b Überzeugen euch die Argumente von Professor Lidenbrock? Diskutiert in der Klasse, ob ihr euch auf diese Reise einlassen würdet.

2 In ihrer Argumentation verwenden Axel und sein Onkel, Professor Lidenbrock, mehrere Satzgefüge mit Konditionalsätzen.

a Schreibt aus dem Text alle Konditionalsatzgefüge heraus und unterstreicht die Verbformen, z. B.:
Kämen wir bis zu einer Tiefe von nur zehn Meilen, … (Z. 9–12)

b Woran könnt ihr erkennen, dass Axel und der Professor die Erfüllung der jeweiligen Bedingungen für unwahrscheinlich halten?

c Untersucht das folgende Konditionalsatzgefüge. Woran erkennt man hier, dass der Professor die Erfüllung dieser Bedingung für wahrscheinlich hält?
Wenn wir gleich morgen losfahren, kommen wir pünktlich am Vulkankrater an.

3 a Professor Lidenbrock ist von seinem Plan, das Erdinnere zu erforschen, nicht abzubringen. Überlegt, welche anderen Einwände Axel vorbringen könnte, und formuliert Satzgefüge mit Konditionalsätzen. Lest hierzu die Informationen im Merkkasten unten, z. B.:
Wenn wir 1500 Meilen ins Innere der Erde klettern würden, würden wir …

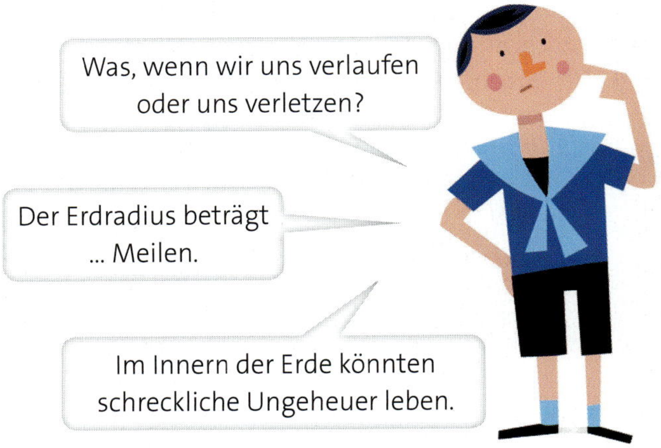

b Vergleicht eure Sätze.

4 Untersucht in den Konditionalsatzgefügen aus dem Text (▶ S. 249) die Verwendung des Konjunktivs II und der würde-Ersatzform.

a Markiert in eurem Heft die Stellen, an denen ihr die jeweils andere Verbform verwenden würdet. Begründet eure Meinung.

b Schreibt die veränderten Sätze in euer Heft.

Information **Irreale Konditionalgefüge (Bedingungsgefüge)**

In einem Satzgefüge stellt der Konditionalsatz (Nebensatz, der mit „wenn“ oder „falls“ eingeleitet wird) eine Bedingung dar; die Folge wird im Hauptsatz formuliert. Haupt- und Nebensatz bilden zusammen ein so genanntes Konditionalgefüge.

1 **Reale Bedingung (Indikativ):** Ist die Bedingung möglich bzw. real, verwenden wir im Hauptsatz und im Nebensatz (Konditionalsatz) den Indikativ, z. B.:
Wenn ich eine Leiter mitnehme, kann ich leichter auf den Baum klettern.

2 **Irreale Bedingung (Konjunktiv II oder würde-Ersatzform):** Ist die Bedingung unwahrscheinlich bzw. irreal, verwenden wir im Hauptsatz und im Nebensatz (Konditionalsatz) den Konjunktiv II (Irrealis) bzw. die würde-Ersatzform, z. B.:
Wenn ich sehr viel Geld hätte, würde ich Urlaub im All machen.
Hinweis: Irreale Konditionalsätze können auch ohne die Konjunktionen „wenn“ oder „falls“ gebildet werden. Dann steht das Verb im Nebensatz an erster Stelle. In diesem Fall kann der konditionale Nebensatz nur vor dem Hauptsatz stehen, z. B.:
Wäre ich Astronaut, flöge ich zum Mond.

Deutsch und Englisch – Irreale Konditionalgefüge vergleichen

1 Übersetzt die englischen Sätze ins Deutsche.

2 Stellt die englischen Sätze euren deutschen Übersetzungen gegenüber. Wie wird im Englischen ausgedrückt, dass es sich um wenig realistische bzw. unrealistische Wunschvorstellungen handelt, wie im Deutschen?

3 **a** Untersucht den nebenstehenden Satz und erklärt, was hier falsch gemacht wurde.
b Schreibt den korrigierten Satz in euer Heft.

VORSICHT FEHLER!

If you would be a millionaire,
you would buy a plane.

4 **a** Fomuliert weitere if-Sätze. Beginnt z. B. so:
- *If I had magical powers ...*
- *If you were invisible ...*
- *If I could fly ...*

b Überprüft eure Sätze und übersetzt sie ins Deutsche.

Information **Irreale Konditionalgefüge im Englischen**

In irrealen Konditionalgefügen im Englischen (second conditional) steht im **Konditionalsatz** (if-Satz) das **„past tense"** und im **Hauptsatz** das **„conditional"**, das gebildet wird aus „would" und dem Infitinitiv des Verbs, z. B.:
If I had a lot of money, I would travel to the moon.
Hinweis: Das Verb „be" hat spezielle Konjunktivformen, die im irrealen Bedingungssatz verwendet werden können: *I were, he/she/it were.* In der Umgangssprache werden sie aber mehr und mehr durch *I was, he/she/it was* ersetzt.

Fordern und fördern – Konjunktiv II

Jules Verne

Reise um den Mond

In Jules Vernes 1870 erschienenem Science-Fiction-Roman „Reise um den Mond" lassen sich die drei Freunde Barbicane, Nicholl und Ardan in einer riesigen Kanonenkugel zum Mond schießen. Allerdings verläuft die Reise anders, als sie es sich vorgestellt haben ...

Barbicane hatte in einem Punkt Bedenken; aber er schwieg, um seine Kameraden nicht zu beunruhigen. Der Kurs des Projektils nach der Nordhälfte des Mondes bewies nämlich, dass man von der vorhergesehenen Bahn abgewichen war. Nach mathematischen Berechnungen hätte die Kapsel das Zentrum der Mondscheibe treffen müssen. Woher kam aber dann die Abweichung? Barbicane konnte sich weder die Ursache noch die Bedeutung der Abweichung erklären. Er hoffte immer noch, das Projektil triebe lediglich dem oberen Rand des Mondes entgegen – der zum Landen ohnehin günstigeren Gegend. Er beschränkte sich darauf, den Mond häufig zu beobachten, um jede Richtungsänderung des Projektils zu registrieren; seinen Freunden gegenüber schwieg er weiterhin. Wenn das Projektil sein Ziel verfehlte und über den Mond hinaus in die Unendlichkeit des Planetensystems fiele, wären die Folgen für die drei Astronauten fürchterlich.

Etwas später konkretisieren sich Barbicanes Befürchtungen:

Wenn das Projektil sich schon bis auf 50 km dem Mond genähert hatte – warum konnte es ihn nicht erreichen? Seine Fahrt hatte sich doch so weit verlangsamt, dass sie der Mondanziehung theoretisch nicht mehr hätten widerstehen können. Den Mond würde man wohl kaum mehr betreten. Wohin aber würde das Geschoss treiben?

●○○ **1** **a** Schreibt aus dem Text die Sätze heraus, in denen der Konjunktiv II verwendet wird.
b Erklärt, was der Konjunktiv II jeweils ausdrückt: Ist das, was beschrieben wird, gewünscht, unwahrscheinlich oder vorgestellt?

●●○ **2** **a** Sucht aus dem Text die beiden Sätze heraus, in denen statt des Konjunktivs II die würde-Ersatzform verwendet wird, und schreibt sie in euer Heft.
b Formuliert die Sätze um und verwendet dabei den Konjunktiv II.
c Erklärt, warum in diesen Sätzen die würde-Ersatzform gewählt wurde.

●●● **3** **a** Im Text gibt es einen Satz, in dem der Konjunktiv II verwendet wird, die würde-Ersatzform aber günstiger gewesen wäre. Schreibt diesen Satz heraus und begründet, warum.
b Formuliert den Satz um, indem ihr die würde-Ersatzform verwendet.
c Barbicane fragt: „[...] wohin aber würde das Geschoss treiben?" (▶ Z. 30–31). Findet mögliche Antworten auf diese Frage. Nutzt dabei den Konjunktiv II und die würde-Ersatzform.

Testet euch!

Konjunktiv II

Zeitreisen

- H. G. Wells, der Autor des Romans „Die Zeitmaschine“ aus dem Jahr 1895, gibt eine mögliche Antwort auf die Frage, wie es ?, in die Zukunft zu reisen.
- Man ? eine fahrradähnliche Zeitmaschine, um sich auf der Zeitachse zu bewegen.
- Mit dieser ? man in die Zukunft reisen und sehen, wie die Menschheit sich entwickelt hat.
- Allerdings ? man sich darauf einstellen, dass einem hinterher niemand glauben würde, wo man war und was man erlebt hat.
- Außerdem ? die Gefahr, dass man von dieser Zeitreise nicht mehr zurückkehren würde.

D wäre • **Z** sei • **A** sein wird

O brauche • **U** bräuchte • **E** braucht

I konnte • **T** könne • **R** könnte

C müsste • **T** müsse • **A** musste

R besteht • **H** bestände • **S** bestand

1 Welche der vorgeschlagenen Verbformen müssen bei den Sätzen eingesetzt werden? Schreibt die Buchstaben der richtigen Verbformen hintereinander in euer Heft.

	Konjunktiv II	würde-Ersatzform
Autoren von Science-Fiction-Romanen und -Filmen überlegen immer wieder, wie man Zeitreisen machen ? ? *(können)*.	Z	R
So schreiben manche Autoren, dass es die Möglichkeit ? ? *(geben)*, durch ein Zeitloch zu laufen oder zu fallen.	A	O
Man ? auch nicht unbedingt in die Zukunft reisen ? *(müssen)*.	U	T
Wenn man stattdessen in die Vergangenheit ? ? *(reisen)*, ? dies allerdings eventuell zu Schwierigkeiten ? *(führen)*.	P R	B E
Was ? ? *(sein)*, wenn das Verhalten des Zeitreisenden in der Vergangenheit zur Folge ? ? *(haben)*, dass er in der Gegenwart nicht mehr ? ? *(existieren)*?	R E L	S A I

2 Prüft, ob die Verben jeweils im Konjunktiv II oder in der würde-Ersatzform eingesetzt werden sollten. Schreibt die zutreffenden Buchstaben hintereinander in euer Heft.
Beachtet: Es gibt immer zwei Lücken, aber die Verbform ist in vielen Fällen einteilig.

3 Wenn ihr die Aufgaben 1 und 2 richtig gelöst habt, erfahrt ihr, wie man noch durch die Zeit reisen könnte. Hintereinander gelesen ergeben die Buchstaben die Lösung.

12.2 Beeindruckende Naturereignisse – Konjunktiv I und Modalverben

Konjunktiv I in der indirekten Rede

Per Hinrichs

Stürmische Liebe

Johannes Dahl, 22, hat keinen Sinn für den Rundumblick auf die Stadt, hier auf der Galerie des rund 40 Meter hohen Wetterturms der Freien Universität Berlin, für den er Eintritt nehmen könnte. „Ich liebe Stürme. Und ich kann nicht genug davon bekommen."
Dahl gehört zu einer kleinen Gruppe von Meteorologiestudenten, die sich „Storm Chasers"[1] nennen. „Wir verbinden die Theorie der Wetterwissenschaften mit der Praxis der Beobachtung", formuliert der Student Christoph Gatzen, 26. Wenn die Jäger einen Sturm wittern, setzen sie sich in ein Auto, laden es mit Laptops und Kameras voll, fahren zum Gewitter und filmen los. So wie beim jüngsten Jahrhundertsturm, am 10. Juli, als der Himmel über Berlin einstürzte.
Der Morgen einer Jagd beginnt stets auf dem Wetterturm in Berlin-Steglitz: Windrichtung, Taupunkt, Temperatur, Luftfeuchtigkeit, Wolkenbewegungen – wo kracht's zuerst, wo am heftigsten? Dahl sagt, sie wüssten meist einen Tag vorher, wann es wirklich losgeht. „Nur das Feintuning müssen wir kurz vorher noch besprechen."
Ein paar der fünf Jungs fahren mit dem Wagen Richtung Norden, nach Oranienburg, dem vermeintlichen Zentrum des Unwetters entgegen. Christoph Gatzen lag mit der Prognose daneben: „Das Gewitter tobt sich in Berlin aus." Auf dem Rückweg bekommen sie den Sturm dann doch noch zu sehen und bannen ihn auf Video. Eine schwarze Wand kommt da auf die Storm Chasers zu, brodelt über das flache Land, knickt Bäume um, jagt ohrenbe-

täubende Böen über Weideflächen. Ab und an schwenkt Gatzen mit der Kamera auf seine Freunde, die herumspringen und jubelnd die Arme hochreißen. Dann allerdings schnappt sich die Crew ihre Ausrüstung und macht sich vom Acker, denn Gatzen behauptet: „Ein guter Storm Chaser wird nicht nass."
Auch im Wetterturm bleiben die Daheimgebliebenen aktiv. Auf einem Video, das Dahls Kommilitone Sebastian Unger aus einem Fenster heraus dreht, spielt sich das Drama noch einmal ab. Unger freut sich begeistert, dass der Sturm die Windstärke zwölf habe. „Ach, ein bisschen verrückt sind wir alle", gibt er zu. Doch er sieht sich nicht nur als verrückten Wetternarren: „Wir wollen mit unserer Arbeit auch aufklären und vor einer bisher unterschätzten Gefahr warnen: den Tornados." Die Wetterforscher hierzulande würden sich zu sehr um Regenwahrscheinlichkeit und Vorhersagegenauigkeit kümmern, mit den Warnungen vor wirklichen Gefahren wie bei der großen Elbe-Flut hapere es aber, erklären die Studenten.

1 storm chasers (engl.): Sturmjäger

1 a Lest den Text und erklärt, worin für Johannes Dahl der Reiz des „Sturmjagens“ besteht.
b Beurteilt, ob der Titel zum Inhalt des Textes passt.

2 a Schreibt die Sätze, in denen indirekte Rede verwendet wird, mit ihren Redebegleitsätzen in euer Heft:
– Markiert alle Verbformen im Konjunktiv I.
– Markiert in zwei weiteren Farben die Verbformen im Konjunktiv II und die würde-Ersatzform.
b Erklärt, wann bei der indirekten Rede anstelle des Konjunktivs I der Konjunktiv II oder die würde-Ersatzform verwendet wird. Nehmt hierzu die Informationen im Merkkasten zu Hilfe.

3 a Formt die Sätze in wörtlicher Rede in die indirekte Rede um. Prüft jeweils, ob ihr den Konjunktiv I oder den Konjunktiv II bzw. die würde-Ersatzform verwenden solltet. Verwendet verschiedene Verben aus dem Wortspeicher.
b Vergleicht eure Ergebnisse mit denen eures Lernpartners oder eurer Lernpartnerin.
c Erklärt, wann man eher direkte Rede und wann man eher indirekte Rede verwenden sollte.

Verben
erklären • behaupten • erläutern • beschreiben • vermuten • feststellen • meinen • schildern • erzählen • befürchten • berichten

4 a Habt ihr auch schon einmal einen großen Sturm oder ein besonders heftiges Gewitter erlebt? Berichtet euch gegenseitig davon.
b Schreibt einen kurzen Bericht über das Erlebnis, von dem euer Lernpartner oder eure Lernpartnerin euch erzählt hat. Verwendet dabei die indirekte Rede.

Information **Konjunktiv I in der indirekten Rede**

Wenn man wiedergeben möchte, was jemand gesagt hat, verwendet man **die indirekte Rede.** Das Verb steht dann im **Konjunktiv I,** z. B.: *Christoph sagt, das Gewitter tobe sich über Berlin aus.*

Bildung des Konjunktivs I
Der Konjunktiv I wird durch den Stamm des Verbs (Infinitiv ohne *-en*) und die entsprechende Personalendung gebildet, z. B.:

Indikativ Präsens	Konjunktiv I	Indikativ Präsens	Konjunktiv I
ich komm-e	*ich komm-e*	*wir komm-en*	*wir komm-en*
du komm-st	*du komm-est*	*ihr komm-t*	*ihr komm-et*
er/sie/es komm-t	*er/sie/es komm-e*	*sie komm-en*	*sie komm-en*

Wenn der Konjunktiv I nicht vom Indikativ Präsens zu unterscheiden ist, wird der **Konjunktiv II** oder die **würde-Ersatzform** verwendet, z. B.:

Konjunktiv I = Indikativ Präsens	~~*Er sagt, viele wissen kaum etwas über Tornados.*~~
Konjunktiv II als Ersatzform	*Er sagt, viele wüssten kaum etwas über Tornados.*
Umschreibung mit „würde“ als Ersatzform	*Er sagt, viele würden kaum etwas über Tornados wissen.*

Fordern und fördern – Konjunktiv I in der indirekten Rede

Hagelkorn in den USA bricht gleich zwei Rekorde

Im US-Bundesstaat South Dakota ist am 3. August 2010 das größte Hagelkorn gefunden worden, das jemals auf dem nordamerikanischen Kontinent erfasst wurde. „Mit 875 Gramm Gewicht und einem Durchmesser von 20,32 Zentimetern hat es gleich zwei Rekorde gebrochen“, berichtete der Nachrichtensender CNN. „Damit ist es vielleicht sogar das größte bisher bekannte Hagelkorn weltweit.“ Bisher handelt es sich laut Wikipedia bei einem Eisbrocken aus Nebraska mit einem Durchmesser von 17,8 Zentimetern um das größte Hagelkorn, und das bislang schwerste Hagelkorn beeindruckt mit einem Gewicht von 623 Gramm.

Leslie Scott, ein Farmer aus South Dakota, hatte das Mega-Hagelkorn entdeckt: „Das Eisstück ist etwas kleiner als ein Fußball. Mich hat anfangs die besondere Form des Hagelkorns mit seinen Eisfingern fasziniert. Leider sind die Finger nach einem Stromausfall meines Gefrierschranks geschmolzen.“ „*Die Wissenschaftler in Colorado fertigen nun Nachbildungen aus Gips an.* Diese geben sie dann an Forscher, ein Museum in South Dakota und den Finder des Hagelkorns weiter“, sagte Experte Charles Knight. „Anschließend halbieren wir das Original und fotografieren dessen innere Ringanordnung“, berichtet Knight weiter und ergänzt mit einem Grinsen: „Das Hagelkorn wird in der Zwischenzeit in einer Gefriertruhe aufbewahrt. Wir haben unsere Kollegen ermahnt, das eisige Gebilde nicht versehentlich für die Cocktail-Zubereitung zu benutzen.“

●○○ **1** Formuliert die wörtliche Rede im ersten Absatz des Textes (▸ Z. 4–7 und Z. 8–9) in indirekte Rede um. Verwendet dabei immer den Konjunktiv I.

●●○ **2** **a** Formuliert die wörtliche Rede im zweiten Absatz (▸ Z. 15–25) in indirekte Rede um. Verwendet bei dem unterstrichenen Satz den Konjunktiv II, bei dem kursiv gedruckten Satz die würde-Ersatzform und bei den übrigen Sätzen den Konjunktiv I.

b Erklärt, warum ihr den Konjunktiv II oder die würde-Ersatzform verwendet habt.

●●● **3** **a** Formuliert die wörtliche Rede im dritten Absatz (▸ Z. 26–33) in indirekte Rede um. Entscheidet dabei jeweils, ob der Konjunktiv I, der Konjunktiv II oder die würde-Ersatzform gewählt werden muss.

Modalverben

Wenn die Erde bebt

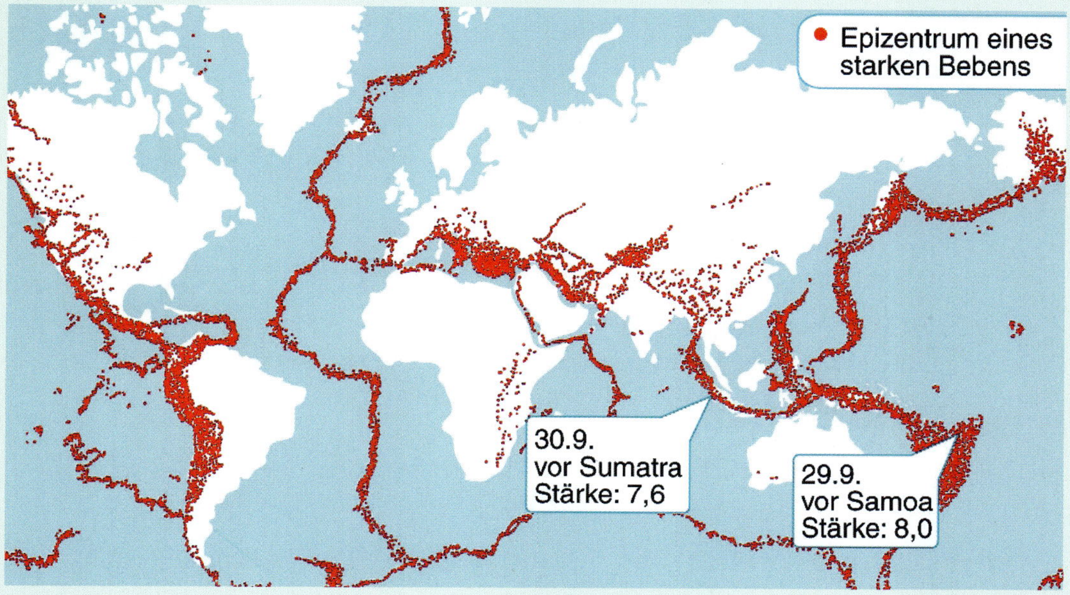

Erdbeben treten auf, wenn an den Grenzen der Erdplatten die Erdkruste bricht und ihre Ränder sich ruckartig verschieben. Man *kann* Erdbeben nicht verhindern, aber man *kann* sie auf Grund von Aufzeichnungen und Druckmessungen vorhersagen. Dennoch werden Menschen immer wieder Opfer von Erdbeben.

Wenn Menschen bei einem Erdbeben unter Trümmern verschüttet werden, müssen sie so schnell wie möglich gefunden werden. Nach einem Erdbeben kann es auch zu Bränden kommen. Die Feuerwehr muss sich dann durch Trümmer und zerstörte Straßen kämpfen, um die Feuer zu löschen. Obdachlos gewordene Erdbebenopfer dürfen sich meist kostenlos in Notunterkünften aufhalten, wo sie auch medizinisch versorgt werden.

In manchen besonders gefährdeten Zonen soll nach Möglichkeit nur noch erdbebensicher gebaut werden. Architekten und Ingenieure wollen durch eine spezielle Bauweise gewährleisten, dass die Häuser die Schwingungen besser abfangen können und nicht einstürzen.

1 Fasst zusammen, worüber der Text informiert.

2 **a** Formuliert den zweiten Satz (► Z. 3–6) um, ohne die kursiv gedruckten Verben zu verwenden.
b Vergleicht die beiden Textfassungen und erklärt, welche Bedeutung das Modalverb „können“ hier hat.

3 Die Verben *können, sollen, müssen, dürfen, wollen* nennt man Modalverben.
Sucht in Partnerarbeit aus dem Text weitere Modalverben heraus und erklärt jeweils, ob sie eine Möglichkeit, eine Vorschrift, ein Gebot, eine Erlaubnis oder eine Absicht angeben, z. B.:
– *müssen (Z. 9) → Gebot*

Proben für den Ernstfall

In einigen Teilen der Welt gehören Erdbebenübungen zum Schulalltag. Die Lehrer **1** damit erreichen, dass die Schüler im Fall eines Erdbebens gut vorbereitet sind. Japanische Kinder lernen ab dem Kindergartenalter, wie sie sich schützen **2**, wenn die Erde bebt. Lehrer haben bunt illustrierte Schautafeln, mit denen sie den Schülern das richtige Verhalten beim Beben gut veranschaulichen **3**. Die Schüler lernen an manchen Schulen, dass sie im Fall eines Erdbebens schnell Schutz unter einem Tisch oder einem Türrahmen suchen **4**. Schüler an anderen Schulen **5** nicht im Gebäude bleiben. Sie **6** bei Erdbebenübungen feuerfeste Schutzhauben tragen und **7** sich auf den Sportplatz begeben.

1 Mit Modalverben drückt man aus, wie eine Äußerung verstanden werden soll.

a Überlegt, welches Modalverb ihr in welche Lücke setzen würdet, und notiert jeweils in Klammern, welchen Aussagewert das Modalverb hat. Nehmt hierzu den Merkkasten unten zu Hilfe, z. B.:
1 = ...

b Vergleicht eure Ergebnisse. Erklärt, warum an einigen Stellen unterschiedliche Modalverben passend sind und inwiefern sich dadurch der Aussagewert des Satzes ändert.

2 Überlegt, welche Modalverben in den folgenden Textsorten besonders häufig vorkommen, und formuliert jeweils einen Beispielsatz, der an eurer Schule gelten sollte, z. B.:
Anweisung/Vorschrift: Man soll seinen Müll ...

Anweisung/Vorschrift • Regel/Gesetz • Erlaubnis • Appell

3 An eurer Schule gibt es sicherlich keine Erdbebenübungen, aber dafür Feueralarmproben. Formuliert einige Sätze zu diesen Proben und verwendet dabei verschiedene Modalverben.

Information **Modalverben**

Mit Modalverben verändert man den Aussagewert des Vollverbs. Man zeigt an, ob man z. B. etwas darf oder muss, z. B.: *Hunde müssen draußen bleiben.*

Modalverb	Auassagewert	Beispiel
können	Möglichkeit, Fähigkeit	*Sie können nebenan parken. Sie kann einparken.*
sollen	Vorschrift, Empfehlung	*Besucher sollen auf Parkplatz C parken.*
müssen	Gebot, Zwang	*Fahrzeuge müssen die Fahrbahn benutzen.*
dürfen	Erlaubnis, Möglichkeit	*Gäste dürfen hier parken.*
wollen	Absicht, Bereitschaft	*Wir wollen die Hose umtauschen.*
mögen	Wunsch, Möglichkeit	*Wir möchten Sie bitten ...*

Modalverben kommen häufig in folgenden Textsorten vor: Anweisungen und Vorschriften *(sollen)*, Gesetze und Regeln *(müssen)*, Appelle *(wollen, sollen)*.

Fordern und fördern – Modalverben

Lawinen

Ins Tal donnernde Schneelawinen sind ein großartiges Naturschauspiel, das jedoch schnell zur Lebensgefahr werden kann. Damit eine Lawine abgeht, muss es steil sein und irgendetwas muss die Lawine auslösen. Das Gewicht einer einzelnen Person oder auch nur ein lautes Geräusch kann genügen, um das fragile Gleichgewicht der Schneedecke zu zerstören. Weil Lawinen möglichst kontrolliert abgehen sollen, werden sie in den Alpen meist von Experten gezielt durch Sprengungen ausgelöst. Mit dieser Maßnahme wollen sie größere Schäden verhindern.

Die einzelnen Skigebiete werden mit entsprechenden Lawinenwarnstufen versehen, die sich täglich oder sogar stündlich ändern 1. Diese 2 die Skifahrer darüber informieren, wo sie sich gefahrlos aufhalten 3 und welche Gebiete sie nicht befahren 4. Wer sich an diesen Warnungen nicht halten 5, 6 sich mit Lawinen gut auskennen, um das Abenteuer gesund zu überstehen, und 7 eine Notfallausrüstung besitzen.

○○ **1** Schreibt aus dem ersten Absatz des Textes (▶ Z. 1–12) alle Modalverben heraus und notiert jeweils, welchen Aussagewert sie haben.

●○ **2** Überlegt, welches Modalverb ihr im zweiten Textabsatz (▶ Z. 13–22) in welche Lücke setzen würdet, und notiert jeweils in Klammern, welchen Aussagewert das Modalverb hat, z. B.: *1 = …*

●● **3** Formuliert die folgenden Ratschläge zum Skifahren um, indem ihr Modalverben verwendet. Notiert auch den Aussagewert des jeweiligen Modalverbs.

Verhaltensregeln für Skifahrer

- Vor der Abfahrt unbedingt Informationen über die Schnee- und Wetterlage sowie das Lawinenrisiko einholen.
- Immer nur auf frei gegebenen Pisten fahren.
- Auf keinen Fall abgesperrtes Gelände befahren.
- Möglichst nicht quer zum Hang fahren und abrupte Sprünge vermeiden.

Testet euch!

Konjunktiv I und Modalverben

Die längste Sonnenfinsternis des Jahrhunderts

A Wissenschaftler teilen mit, dass es sich bei der Sonnenfinsternis in Asien am 22. Juli um die längste totale Sonnenfinsternis dieses Jahrhunderts und somit um ein spektakuläres Naturereignis ? ? *(handeln).*

B In Indien sagen allerdings viele Menschen, sie ? Angst vor der Sonnenfinsternis ? *(haben),* da die verdunkelte Sonne Unglück ? ? *(bringen).*

C Natürlich will man auch Geld mit dem Naturereignis verdienen. Der Chef einer Fluggesellschaft erklärt, die Sitzplätze für einen Sonderflug von Neu-Delhi Richtung Osten mit direktem Blick auf die Sonnenfinsternis ? rund 1 200 Euro ? *(kosten).*

D In China teilen die Behörden mit, etwa 300 Millionen Menschen ? im Tal des Jangtse das seltene Naturschauspiel miterleben ? *(können),* wenn nicht schlechtes Wetter den Blick auf das Ereignis ? ? *(behindern).*

E In Shanghai schwärmt ein Geschäftsmann aus den USA, er ? *(hoffen)* das beeindruckende Schauspiel am klaren Himmel sehen zu können.

F In Japan erklärt der deutsche Filmregisseur Roland Emmerich, dass er sehr froh ? ? *(sein),* wenn er die Sonnenfinsternis zur Werbung für seinen Katastrophenfilm nutzen ? *(können).*

1 a In den Sätzen A bis F sollen die Aussagen anderer in der indirekten Rede wiedergegeben werden. Entscheidet jeweils, ob der Konjunktiv I, der Konjunktiv II oder die würde-Ersatzform gewählt werden muss, und schreibt die Sätze richtig in euer Heft.
Beachtet: Es gibt immer zwei Lücken, dennoch ist die Verbform in vielen Fällen einteilig.

b Vergleicht eure Ergebnisse mit dem Lösungsteil auf Seite 375.

Tipps für die Beobachtung einer Sonnenfinsternis

Damit die Beobachtung einer Sonnenfinsternis die Gesundheit nicht gefährdet, **1** man einige Hinweise beachten. Für den direkten Blick in die Sonne **2** man unbedingt eine geeignete Schutzbrille für die Augen verwenden. Dies **3** man auch nicht vergessen, wenn man durch Kamerasucher, Ferngläser und Teleskope schauen **4**. Bei ungeschützter Sicht in die Sonne **5** die Netzhaut nämlich dauerhaft zerstört werden.

2 a Überlegt, welches Modalverb ihr in welche Lücke setzen würdet, und notiert jeweils in Klammern den Aussagewert des Modalverbs, z. B.: *1 = …*

b Vergleicht eure Ergebnisse in Partnerarbeit.

12.3 Fit in ... – Einen Text überarbeiten

Stellt euch vor, ihr bekommt in der Klassenarbeit folgende Aufgabenstellung:

Julia hat ein Praktikum bei einer Tageszeitung gemacht und durfte das Interview eines Redakteurs mit dem Astrophysiker Harald Lesch verschriftlichen. Allerdings hat sie an einigen Stellen vergessen, den Konjunktiv II zu nutzen.

1. Überarbeite den Text, indem du an den richtigen Stellen den Konjunktiv II bzw. die würde-Ersatzform verwendest. Schreibe die überarbeiteten Sätze in dein Heft.
   TIPP: Im ersten Teil des Textes (▸ Z. 1–29) sind die Fehler schon unterstrichen.
2. Unterstreiche in deinem Text die würde-Ersatzformen und erkläre jeweils, warum du sie anstelle des Konjunktivs II genutzt hast.

Wir sind nicht allein im Universum

Wissenschaftsmoderator Harald Lesch über außerirdisches Leben und die Unmöglichkeit von Zeitreisen

Herr Professor Lesch, glauben Sie an Außerirdische?

Lesch: Ich denke, es gibt jede Menge Planeten, auf denen einfache Formen des Lebens wie Einzeller vorkommen, und eine ganze Reihe, wo es grünen Urschleim oder Würmer gibt.

Gibt es Ihrer Überzeugung nach auch Planeten mit höher entwickelten Lebewesen?

Lesch: Wenige zwar, aber es gibt sie. Es ist natürlich toll, wenn man mit denen in Kontakt treten kann – das eröffnet ungeahnte Möglichkeiten des Wissens. Man kann die Aliens zum Beispiel fragen, wie sie das mit der Energie machen oder ob sie ihren Müll trennen – lauter solche hochinteressanten Dinge.

In einer Ihrer Sendungen geht es um die Frage, ob Zeitreisen möglich sind.

Lesch: Sie sind physikalisch völlig unmöglich, und zwar aus diesem Grund: Wenn Sie wirklich in der Zeit zurückreisen können, dann müssen Sie das ganze Universum in den Zustand versetzen, in dem es zum angepeilten Zeitpunkt war. Dazu müssen Sie mehr Energie zur Verfügung haben, als das Universum selbst zur Verfügung stellt – und das ist absolut unmöglich.

Wenn Zeitreisen trotzdem möglich wären, wohin würde es Sie persönlich verschlagen?
Lesch: Ich bin ein großer Geschichtsfan und reise daher ins beginnende 19. Jahrhundert. Am liebsten lebe ich in Weimar, wo Goethe seinen „Faust" geschrieben hat. Ich bin ein großer Bewunderer Goethes und spreche dann mit ihm über seine Werke.
Und wenn es in die Zukunft ginge?
Lesch: Dann ist die entscheidende Frage, ob ich wieder zurückreisen darf – und wenn das der Fall ist, lerne ich die Zukunft lieber nicht kennen. Vielleicht ist sie ja so schlecht, dass wir erschrecken. Die Offenheit der Zukunft ist schließlich eine der Grundbedingungen für unser Menschsein.

1 a Lest die Aufgabenstellung auf Seite 261 sorgfältig durch.
b Prüft die folgenden Aussagen und schreibt die Sätze in euer Heft, die erklären, was die Aufgabe von euch verlangt.

- Ich soll das Interview so überarbeiten, dass nur noch der Konjunktiv II bzw. die würde-Ersatzform darin vorkommen.
- Damit das Interview für den Leser besser verständlich ist, soll ich es sprachlich überarbeiten.
- Ich soll an den richtigen Stellen den Konjunktiv II bzw. die würde-Ersatzform verwenden.
- Ob ich beim Überarbeiten den Konjunktiv II oder die würde-Ersatzform verwende, soll ich selbst entscheiden.

c Vergleicht eure Ergebnissse mit denen eurer Banknachbarin oder eures Banknachbarn.

2 Tauscht euch mit einer Partnerin oder einem Partner über die folgenden Fragen aus:
- Was drückt man durch die Verwendung des Konjunktivs II aus?
- In welchen Fällen sollte man anstelle des Konjunktivs II die würde-Ersatzform verwenden?

3 Überarbeitet den Text. Geht so vor:
a Im ersten Teil des Textes (► Z. 1–29) sind die Verben, die ihr überarbeiten müsst, schon unterstrichen. Überarbeitet die Sätze, indem ihr die Verbformen in den Konjunktiv II setzt bzw. die würde-Ersatzform wählt, z. B.:
Es wäre natürlich toll, wenn man ...
b Sucht im zweiten Teil des Interviews (► Z. 30–45) alle Verbformen heraus, die ihr überarbeiten müsst. Formuliert die entsprechenden Sätze neu, z. B.:
Ich bin ein großer Geschichtsfan und würde daher ins beginnende 19. Jahrhundert reisen. Am liebsten ...

Ihr wählt die **würde-Ersatzform,**
- wenn der Konjunktiv II (im Textzusammenhang) nicht vom Indikativ Präteritum zu unterscheiden ist, z. B.:
  ~~*wir gingen*~~ (Konjunktiv II = Präteritum)
  → *wir würden gehen,*
- wenn der Konjunktiv II ungebräuchlich ist oder unschön klingt, z. B.:
  ich empfähle → ich würde empfehlen.

4 a Unterstreicht bei euren überarbeiteten Sätzen alle würde-Ersatzformen.
b Erklärt jeweils, warum ihr die würde-Ersatzform verwendet habt.

13 Grammatiktraining – Satzgefüge

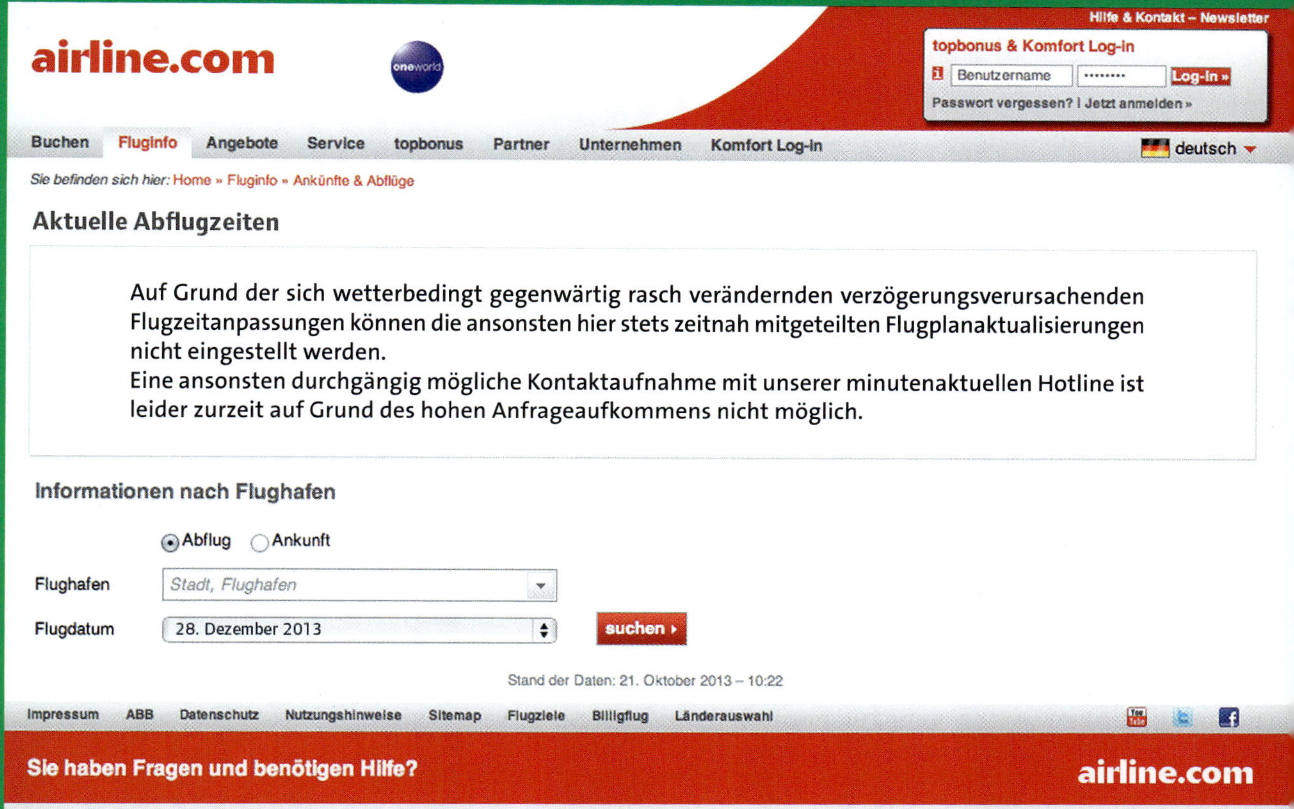

1 An einem Wintertag kommt es an einem Flughafen zu Verzögerungen, da die Startbahnen stark verschneit sind. Reisende, die sich erkundigen wollen, ob ihr Abflug verschoben wurde, finden den obigen Hinweis auf der Homepage der Fluggesellschaft.

a Beurteilt den Inhalt und die Verständlichkeit des Textes.

b Stellt Vermutungen an, warum der Hinweis in dieser Weise formuliert wurde.

2 Vesucht euch an einer Neuformulierung der Mitteilung.

a Formuliert den Text neu, indem ihr Satzgefüge aus Haupt- und Nebensätzen nutzt.

b Vergleicht euren Text mit dem Original: Welche Vorteile hat euer Text? Hat er auch Nachteile?

In diesem Kapitel ...

- wiederholt ihr wichtige Nebensatzarten,
- lernt ihr, was Infinitiv- und Partizipialsätze sind und wozu man sie nutzen kann,
- übt ihr, umständliche Formulierungen zu vereinfachen,
- erfahrt ihr einiges über kuriose Reisen und Reisebeschwerden.

13.1 Kuriose Reisen – Nebensätze unterscheiden

Subjekt- und Objektsätze: Nebensätze als Satzglieder

Im Flugzeug: Pilot und Panik

In Alicante stiegen wir am 15. August mit Verspätung in eine Maschine nach Dortmund ein.

1 Der Pilot sagte sofort, dass wir nicht in Panik verfallen sollten.
2 Warum er dies mitteilte, blieb uns unklar.
3 In der Luft erwähnte er eine Bombendrohung und ein überzähliges Gepäckstück.
4 Die auf Entwarnung Hoffenden wurden jedoch enttäuscht. Der Pilot weiter:
5 „Ich kann Ihnen von einem gründlichen Maschinencheck berichten.
6 Er blieb ohne Ergebnis.
7 Ob das nun gut ist oder nicht, werden wir spätestens in Dortmund wissen."

1 Erklärt, wieso die Passagiere diese Reise wohl nicht vergessen werden.

2 Untersucht den Reisebericht nun sprachlich:
- a Prüft, welche Satzgliedfunktion die Nebensätze in den Sätzen 1 und 2 haben. Erläutert daran die Begriffe Subjekt- und Objektsatz.
- b Wandelt Satz 2 zu einem Hauptsatz (ohne Nebensatz) um. Vergleicht beide Varianten und erklärt, wie das Subjekt des Satzes jeweils gebildet wird.
- c Prüft, ob es weitere Subjekt- und Objektsätze in dem Text gibt.

3 Manche Sätze des Reiseberichts wirken etwas umständlich. Formuliert sie um. Geht so vor:
- a Wandelt die Sätze 3 und 5 zu Satzgefügen mit Objektsätzen um, z. B.:
  - *Satz 3: In der Luft erwähnte er, dass …*
- b Formuliert Satz 4 mit Hilfe eines Subjektsatzes in ein Satzgefüge um, z. B.: *Wer nun …, …*
- c Welche Vor- und Nachteile haben eure Umformulierungen gegenüber den Originalsätzen?

Information **Nebensätze unterscheiden: Subjektsätze und Objektsätze**

Subjektsätze und Objektsätze sind Gliedsätze, weil sie die **Rolle der Satzglieder Subjekt bzw. Objekt** für den Hauptsatz übernehmen. Sie lassen sich wie das Subjekt oder das Objekt mit Hilfe der Frageproben ermitteln.

- **Subjektsatz:** Das Subjekt eines Satzes kann von einem Nebensatz gebildet werden, z. B.:
  Wer eine Reise bucht, muss mit vielem rechnen. Dass wir verlieren, war allen klar.
  Satzgliedfrage: Wer oder was muss mit vielem rechnen? (→ Subjektsatz)
- **Objektsatz:** Das Objekt eines Satzes kann von einem Nebensatz gebildet werden, z. B.:
  Man erlebt, was man nicht für möglich hielt. Ich glaube, dass wir verlieren.
  Satzgliedfrage: Wen oder was erlebt man? (→ Objektsatz)

Relativsätze: Attribute in Form eines Nebensatzes

Auf dem Schiff: Dame mit Begleitung

A Auf der „Queen Elizabeth 2" fuhr jahrzehntelang eine etwas exzentrische amerikanische Dame, die immer zwei Kabinen buchte.
B Eine Kabine war für sie und die andere für ihre Kuscheltiere vorgesehen. Diese reisten immer mit.
C Die immer in der Kabine speisende Kreuzfahrerin buchte eines Tages im Restaurant einen Tisch für acht Personen.
D Dem die Buchung aufnehmenden Kellner erzählte sie: „Meine Stofftiere sollen doch auch am Mahl teilnehmen." Hier griff der Maître ein:
E „Wir reservieren Ihnen gern den schönsten Tisch, den wir im Speisesaal haben.
F Eine Sache, die ich noch erfragen möchte, ist jedoch:
G Werden sich Ihre Kuscheltiere nicht erschrecken, wenn sie auf so viele unbekannte Menschen stoßen?"
H Die Dame zog die Reservierung sofort zurück.

1 Lest den Text und erklärt, warum die Dame als „exzentrisch" (vgl. Satz 1) beschrieben wird.

2 a Nennt den Relativsatz in Satz A und erläutert, welches Nomen er näher erklärt.
b Der Fachbegriff „Relativsatz" leitet sich ab von: *lat. „relativus" = sich beziehend.* Erklärt anhand von Satz A, was dies bedeutet.
c Sucht weitere Relativsätze aus dem Text heraus und erläutert ihre Funktion.

3 a Der Text ist an manchen Stellen umständlich formuliert. Überarbeitet ihn im Team, indem ihr
– die beiden Sätze unter B miteinander verbindet,
– in den Sätzen C und D die jeweils unterstrichenen Attribute in einen Relativsatz umformt,
– die Sätze E und F zu Sätzen ohne Relativsatz umformuliert.
b Überlegt: Wann sind Relativsätze hilfreich, wann wirken sie umständlich?

Information **Nebensätze unterscheiden: Relativsätze**

Relativsätze sind **Nebensätze, die** ein **vorausgehendes Bezugswort** (Nomen oder Pronomen) **näher erklären.** Sie werden mit einem **Relativpronomen** eingeleitet, z. B.:
der, die, das oder *welcher, welche, welches.*
Ein Relativsatz wird **immer** durch ein **Komma** vom Hauptsatz abgetrennt. Wird er in einen Hauptsatz eingeschoben, dann setzt man vor und hinter den Relativsatz ein Komma.
Die Kabine, die sie gebucht hatte, gefiel ihr nicht.

Vor dem Relativpronomen kann eine Präposition stehen, z. B.:
Die Kabine, in die sie umziehen sollte, gefiel ihr nicht.
Relativsätze nehmen im Satz die **Rolle eines Attributs ein** und werden deshalb auch Attributsätze genannt.

Adverbialsätze: Adverbiale Bestimmungen als Nebensätze

Im Auto: Navis als echte Autoritäten

1 Südkoreanische Touristen vertrauten, als sie in Australien reisten, blindlings dem Navi ihres Mietwagens.

2 In Befolgung der Anweisungen des Navis entfernten sie sich immer weiter von der Ostküste.

3 Selbst bei der Ankunft im Waldgebiet von Cordalba wurden sie nicht skeptisch.

4 Trotz des Passierens von Warnschildern fuhren sie unbeirrt weiter.

5 Sie räumten selbst einen Felsbrocken aus dem Weg zur Befolgung der Anweisungen ihres Chefs in der schwarzen Box.

6 Erst durch das Versinken im weichen Untergrund nahe Childers endete ihre Fahrt.

7 Der Polizeichef von Childers riet: „Schalten Sie auch bei der Benutzung des Navis weiterhin Ihren Verstand ein. Dann landen Sie nicht im Sumpf."

1 a Erklärt, was aus eurer Sicht die Ursachen dafür sind, dass Menschen blindlings den Anweisungen eines Navigationsgerätes folgen.
b Sammelt Ideen: Wie kann man verhindern, von einem Navi in die Irre geführt zu werden?

2 Der erste Satz eines Textes ist besonders wichtig, denn er entscheidet darüber, ob die Leser weiterlesen oder nicht.
a Überarbeitet Satz 1 und wandelt das Satzgefüge in einen Hauptsatz um. Baut hierzu die Informationen des Nebensatzes in den Hauptsatz ein: *Während einer Reise in …*
b Ist der neue Anfangssatz aus eurer Sicht besser als der ursprüngliche? Begründet.
c Beschreibt den Unterschied zwischen den beiden Sätzen mit grammatikalischen Fachbegriffen. Nehmt hierzu die Informationen aus dem Merkkasten (► S. 267) zu Hilfe.

3 a Erprobt weitere Umformulierungen:
– Wandelt Satz 2 in ein Satzgefüge um, indem ihr die adverbiale Bestimmung zu einem Adverbialsatz umformt.
– Nennt weitere Hauptsätze, die euch umständlich erscheinen, und formt sie in Satzgefüge mit Adverbialsätzen um.
b Untersucht die Unterschiede zwischen den Originalsätzen und euren Umformulierungen:
– Worin liegt der Vorteil von Hauptsätzen, die adverbiale Bestimmungen nutzen? Ergänzt: *Mit adverbialen Bestimmungen lassen sich nähere Umstände oft in sehr kurzen …*
– Welche Vorteile seht ihr andererseits darin, Satzgefüge mit Adverbialsätzen zu verwenden?

Gibraltar? Gibraltar!

Ein Fernfahrer wollte mit seinem Lkw von der Türkei nach Gibraltar an die Südspitze der Iberischen Halbinsel fahren. Sein Navi schlug beim Eintippen vor: Gibraltar in Großbritannien. Der Fahrer bemerkte es nicht und akzeptierte. Ab dann folgte er 2 580 Kilometer blind der Tour quer durch Europa.

4 Formuliert zu „Gibraltar? Gibraltar!" eine Geschichte. Verwendet dabei unterschiedliche Adverbialsätze.

5 Ein Freund oder eine Freundin kommt am Bahnhof oder an der nächsten Bushaltestelle an und will euch besuchen. Beschreibt den Weg und nutzt hierzu Adverbialsätze, z. B.: *Nachdem du den Bahnhof verlassen hast, …*

Information **Nebensätze unterscheiden: Adverbialsätze**

Adverbialsätze sind Gliedsätze, weil sie die Stelle einer adverbialen Bestimmung einnehmen. Sie werden mit einer **Konjunktion** eingeleitet und durch Komma vom Hauptsatz getrennt. Wie die adverbialen Bestimmungen können sie mit Hilfe der Frageprobe näher bestimmt werden:

Adverbialsatz	Frageprobe	Konjunktionen	Beispiel
Kausalsatz (Grund, Ursache)	Warum …? Aus welchem Grund …?	da, weil	*Ich nutze das Navi, weil ich beim Fahren keine Karte lesen kann.*
Konditionalsatz (Bedingung)	Unter welcher Bedingung …?	wenn, falls, sofern	*Wir werden bald da sein, sofern das Navi uns richtig führt.*
Finalsatz (Ziel, Absicht)	Wozu …? Mit welcher Absicht …?	damit, dass	*Fahr schneller, damit wir pünktlich sind.*
Konsekutivsatz (Folge, Wirkung)	Mit welcher Folge …?	sodass (auch: so …, dass)	*Die Ampel war rot, sodass ich anhalten musste.*
Konzessivsatz (Einräumung)	Trotz welcher Umstände …?	obwohl, obgleich, obschon, auch wenn	*Obwohl ich die Stadt kannte, habe ich das Navi genutzt.*
Temporalsatz (Zeitpunkt/-dauer)	Wann …? Seit/Bis wann …? Wie lange …?	nachdem, als, während, bis, bevor, solange, sobald …	*Nachdem das Navi mich in die Irre geführt hatte, schaltete ich es ab.*
Modalsatz (Art und Weise)	Wie …?	indem, dadurch dass, als (ob) …	*Ich kam zum Ziel, indem ich einen Passanten fragte.*
Adversativsatz (Gegenüberstellung)	Was passiert im Gegensatz zu …?	wohingegen, während	*Ich fahre mit dem Navi, wohingegen mein Freund eine Landkarte nutzt.*

Fordern und fördern – Nebensätze

In der Straßenbahn: Afrika-Touristen

1 Schon Kinder folgen dem Trend zu Fernreisen. Das zeigt die folgende Geschichte:

2 Im Januar 2009 packten ein Junge und ein Mädchen (5 und 6 Jahre) ihre Sonnenbrillen, Badesachen und Luftmatratzen ein. Sie spazierten zur Hannoveraner Straßenbahn.

3 Sie wollten zu ihrem Traumziel nach Afrika reisen. Sie nahmen die Straßenbahn nach Süden.

4 Die Eltern waren zu Hause. Die Kinder hatten die Tür aufgeschlossen und sich auf den Weg gemacht.

5 Gerade stiegen sie in die Straßenbahn mit der Aufschrift „Afrika-Express“ ein. Da fand sie ihr Vater.

6 Die Kleinen lagen abends nach der Rückkehr im Bett. Sie träumten vermutlich von Giraffen und Löwen.

●○○ **1** Überarbeitet den obigen Entwurf für einen Zeitungsartikel. Geht so vor:

a Findet eine andere Überschrift für den Text.

b Verbindet die beiden Hauptsätze hinter den Ziffern 2, 4 und 6 jeweils zu einem Satzgefüge aus Haupt- und Nebensatz. Nutzt hierfür die folgenden Konjunktionen: *2 nachdem*; *4 obwohl*; *6 als*.

c Schreibt zu jedem Satzgefüge dazu, um welche Art von Adverbialsatz es sich handelt.

d Kontrolliert eure Lösungen in Partnerarbeit. Achtet auch auf die Kommasetzung.

●●○ **2** Überarbeitet den obigen Entwurf für einen Zeitungsartikel. Geht so vor:

a Verbindet die Hauptsätze hinter den Ziffern 1, 3 und 5 jeweils zu einem Satzgefüge aus Haupt- und Nebensatz.

b Schreibt zu jedem Satzgefüge dazu, um welche Art von Nebensatz es sich handelt.

c Kontrolliert eure Lösungen in Partnerarbeit. Achtet auch auf die Kommasetzung.

●●● **3** Überarbeitet den obigen Entwurf für einen Zeitungsartikel. Geht so vor:

a Hinter jeder Ziffer stehen zwei Hauptsätze. Verbindet sie jeweils zu einem Satzgefüge und bindet dabei die folgenden Informationen durch weitere Nebensätze ein:
- Satz 1: Die Geschichte hat sich in Hannover ereignet.
- Satz 2: Die Kinder hatten kein Geld für die Fahrkarte.
- Satz 3: Der Straßenbahnfahrer hatte sie ohne Fahrscheinkontrolle einsteigen lassen.
- Satz 4 bis 6: Denkt euch weitere Informationen aus und ergänzt sie in Nebensätzen.

b Schreibt zu allen Nebensätzen eures Textes dazu, um welche Art von Nebensatz es sich handelt.

c Kontrolliert eure Lösungen in Partnerarbeit. Achtet auch auf die Kommasetzung.

Testet euch!

Nebensätze

Vorsicht, Verwechslung!

1 Wer das bucht, flucht:
2 Schon mancher weit gereiste Tourist musste am Ziel feststellen, dass er sich verflogen hatte.
3 So bekommt die Stadt Sidney im US-Staat Montana schon einmal Besuch von Reisenden, die eigentlich nach Australien wollten.
4 Der deutsche Segelprofi Alexander Schlonski legte hier einen unfreiwilligen Zwischenstopp ein, nachdem ein Mitarbeiter des Reisebüros sich vertippt hatte.
5 Falls er den Irrtum am Flughafen in Montana nicht sofort bemerkt haben sollte, wird es ihm an der Temparatur aufgefallen sein.
6 Obwohl es in Australien Sommer war, fand er an seinem Zielort klirrende Kälte vor.
7 Auch Reisende nach New York City sollten aufpassen, damit sie nicht im Süden der USA landen.
8 Aber die Gefahr ist nicht groß, weil die Kleinstadt im Bundesstaat Texas keinen Flughafen hat.

1 a Hinter jeder Ziffer steht ein Satzgefüge aus Hauptsatz und Nebensatz. Bestimmt in allen acht Satzgefügen die Art der Nebensätze. Nennt bei den Adverbialsätzen den genauen Typ.
b Alles richtig? Unterstreicht in euren Lösungen folgende Buchstaben des Nebensatznamens:

1 fünfter Buchstabe • 2 vierter Buchstabe • 3 erster Buchstabe • 4 zweiter Buchstabe • 5 vierter Buchstabe • 6 dritter Buchstabe • 7 zweiter Buchstabe • 8 siebter Buchstabe

Wenn alles richtig ist, könnt ihr aus den acht unterstrichenen Buchstaben das Wort „Reisende“ bilden.

Hinweise für die Reise

A Man möchte solche Fehler vermeiden. Deshalb sollte man immer auch das Land prüfen.
B Du willst nach Paris in Frankreich? Achte darauf, dass du nicht in Paris in Texas (USA) landest.
C Prüfe den Ausdruck deiner Buchung genau. So kannst du ein Verfliegen vermeiden.
D Du landest in einer falschen Stadt: Genieß die neue Erfahrung.

2 a Formuliert vier Tipps, indem ihr die Hauptsätze hinter den Buchstaben A, B, C und D jeweils zu einem Satzgefüge verbindet. Geht so vor:
– Verbindet die Sätze unter A, indem ihr einen Subjektsatz nutzt.
– Verbindet die Sätze unter B, indem ihr einen Konditionalsatz nutzt.
– Verbindet die Sätze unter C, indem ihr einen Modalsatz nutzt.
– Verbindet die Sätze unter D, indem ihr einen Konditionalsatz nutzt.
b Nennt mindestens einen Vorteil, den die neuen Sätze gegenüber den ursprünglichen haben.
c Kontrolliert eure Lösungen in Partnerarbeit.

13.2 Skurrile Beschwerden – Partizipial- und Infinitivsätze

Partizipialsätze

Abenteuerurlaub: Gefährliches Essen

VORSICHT FEHLER!

Trude Trennscharf – Bogenallee 34 – 94032 Passau

Sonnenreisen GmbH
Fluggasse 12
10117 Berlin

19.10.2014

Reise nach Tunesien (Buchung 345211)

Sehr geehrte Damen und Herren!
Aus dem Urlaub zurückgekommen muss ich leider eine Beschwerde an Sie richten. Ansonsten vollkommen gelungen war das Essen im Hotel doch in einer Hinsicht ein Ärgernis. Stets scharf geschliffen so führten die Messer zu vielen Verletzungen. Sogar die Gabeln ähnlich scharf gemacht verletzten mich. Derart verwundet musste ich mir eigenes Besteck kaufen. Noch immer verärgert bitte ich um Erstattung der Kosten.

Mit freundlichen Grüßen
Trude Trennscharf

1 Eine Freundin hat Trude Trennscharf zu diesem Brief geraten: „Da lässt sich eine Menge Geld rausschlagen.“ Formuliert weitere Forderungen, die sich aus den Besteckverletzungen ableiten ließen.

2 Beschreibt anhand von Beispielen, wie die Formulierungen in dem Brief auf euch wirken. Woran liegt das?

3 a Konstruktionen wie den markierten Beginn des ersten Satzes nennt man „Partizipialsatz“. Nennt das Partizip dieses Partizipialsatzes.
b Lest den Brief Satz für Satz. Nennt jeweils den Partizipialsatz und begründet, ob ein Komma gesetzt werden muss. Nehmt hierzu die Informationen im Merkkasten auf Seite 271 zu Hilfe.

4 a Überarbeitet den Brief, indem ihr die Partizipialsätze durch Relativ- oder Adverbialsätze ersetzt, z. B.: *Nachdem ich aus dem Urlaub ...*
b Vergleicht eure Überarbeitung mit dem Original: Wie unterscheidet sich die Wirkung der Briefe? An welchen Stellen sollte man besser weiterhin Partizipialsätze benutzen?

Auf Messers Schneide: Ratschläge für gesundes Essen

Sonnenreisen GmbH – Fluggasse 12 – 10117 Berlin

Trude Trennscharf
Bogenallee 34
94032 Passau

SonnenReisen

24.10.2014

Ihr Brief vom 19.10.2014

Sehr geehrte Frau Trennscharf,

wir bedauern, dass Sie auf Ihrer Reise Verletzungen davongetragen haben, und möchten Ihnen einige Möglichkeiten nennen, solche Verletzungen zu vermeiden:
1. Wenn Sie die Gabel zum Gesicht führen, sollten Sie ohne Umwege auf den Mund zielen.
2. Wenn Sie das Messer in der Hand halten, sollten Sie auf hektische Bewegungen verzichten.
Wenn Sie diesen Ratschlägen folgen, könnten Sie zumindest tiefe Fleischwunden vermeiden.
Wir hoffen, Ihnen mit diesen Hinweisen weitere Verletzungen erspart zu haben. Da wir an einer gütlichen Lösung interessiert sind, überweisen wir Ihnen zeitgleich 14,50 Euro.

5 Ein Mitarbeiter hat diesen Antwortbrief an Trude Trennscharf formuliert.
Sein Chef hat den Entwurf als Mailanhang erhalten und gibt noch einen Tipp:
Schöner Entwurf. Gut fände ich, wenn du auch einige Partizipialsätze nutzen würdest. Das klingt etwas „gehobener" ;-)

a Überarbeitet den Brief und nutzt dabei ein sinnvolles Maß an Partizipialsätzen.

b Ergänzt weitere sinnvolle Ratschläge zum risikoarmen Essen.
Erklärt: Wo habt ihr Partizipialsätze verwendet, wo vermieden?

6 Mit Partizipialsätzen lässt sich manches kürzer sagen.
Verkürzt die beiden folgenden Sätze mit Hilfe von Partizipialsätzen:
– Unsere Firma, die stets an einer gütlichen Lösung interessiert ist, sucht Kompromisse.
– Wir sind auf Ausgleich bedacht und überweisen oft sogar unberechtigte Entschädigungen.

Information **Partizipialsätze**

Obwohl Partizipgruppen kein Verb in der Personalform besitzen, können sie im Satz die Funktion von Nebensätzen übernehmen. Man nennt sie darum auch satzwertige Partizipien oder Partizipialsätze. Ein Partizipialsatz wird mit einem *Partizip I* (Partizip Präsens: *gehend*) oder einem *Partizip II* (Partizip Perfekt: *gegangen*) gebildet. Der Partizipialsatz **bezieht sich meist auf das Subjekt** des Hauptsatzes, z. B.: *Den Kopf in den Nacken **legend** genießt er den Fahrtwind.*
Partizipialsätze darf man immer durch **Komma** vom Hauptsatz trennen. Ein Komma muss stehen,

1 wenn durch ein hinweisendes Wort auf den Partizipialsatz Bezug genommen wird, z. B.: *Den Kopf in den Nacken legend, so genießt er den Fahrtwind.*

2 wenn der Partizipialsatz eine nachgestellte Erläuterung zu einem Nomen oder Pronomen ist, z. B.: *Er, den Kopf in den Nacken gelegt, genoss den Fahrtwind.*

Infinitivsätze

Das böse Meer: Urlauber beschweren sich

Kurt Klugermann – Regenstr. 14 – 80333 München

Sonnenreisen GmbH
Fluggasse 12
10117 Berlin

12.09.2014

Urlaub in Zeeland (Buchungsnummer 103978)

Sehr geehrte Damen und Herren,

während meiner Reise vom 24. August bis zum 7. September in Zeeland gab es leider nicht durchgängige Urlaubsgenussmöglichkeiten. Wir gingen an jedem Nachmittag für ein Bad zum Strand. Es bestand aber die Unmöglichkeit des Schwimmens im Meer. Das Meer hatte den Nachteil einer Abwesenheit während mehrerer Tagesstunden. Ein Hinweis auf diesen Umstand in Ihrem Katalog wäre Ihre Pflicht gewesen. Ich bitte darum, mir den Reisepreis vollständig zu erstatten.

Mit freundlichen Grüßen
Kurt Klugermann

1 Überlegt, welches Naturphänomen Herrn Klugermann die Urlaubsfreude verdorben hat. Findet ihr es berechtigt, deshalb eine Preisrückerstattung zu fordern?

2 a Erläutert, wie die sprachliche Gestaltung des Briefes auf euch wirkt. Nennt Beispiele.
b Der letzte Satz des Briefes enthält einen Infinitivsatz. Nennt den Infinitivsatz und erklärt die Kommasetzung. Lest hierzu auch die Informationen im Merkkasten auf Seite 273.

3 a Überarbeitet den Brief, indem ihr Infinitivsätze nutzt. Achtet darauf, dass der Inhalt der Sätze erhalten bleibt.
b Unterstreicht in eurer Textüberarbeitung alle Infinitivsätze. Prüft, ob ihr die Infinitivsätze immer korrekt mit Komma abgetrennt habt (► Komma bei Infinitivsätzen, S. 273).
c Vergleicht eure Fassung des Briefes mit dem Original. Welche Unterschiede könnt ihr feststellen? Gibt es auch Nachteile bei den Formulierungen mit Infinitivsätzen?

Ein Meeresversteher antwortet

VORSICHT FEHLER!

Sonnenreisen GmbH – Fluggasse 12 – 10117 Berlin

SonnenReisen

Kurt Klugermann
Regenstr. 14
80333 München

17.09.2014

Ihr Brief vom 12.09.2014

Sehr geehrter Herr Klugermann,
wir bedauern, dass Sie mit Ihrer Reise nach Zeeland unzufrieden waren. Leider sehen wir jedoch keine Möglichkeit Ihnen die Reisekosten zurückzuerstatten.
Aus unserer Sicht müssen Sie die unerfreuliche Angewohnheit des Meeres sich von Zeit zu Zeit aus der Badebucht zurückzuziehen hinnehmen.

Anspruch Reisekosten … besteht daher nicht • Auch Ihr Hinweis, im Katalog sei … • Wir hoffen … trotz des entstandenen Ärgers … als Kunden … zu können.

4 a In dem Entwurf des Antwortbriefes an Herrn Klugermann spürt man auch Ironie. Erklärt, wo.
b Schreibt den Briefanfang ab. Unterstreicht die Infinitivsätze und setzt die fehlenden Kommas.
c Setzt den Brief fort. Verwendet an geeigneten Stellen Infinitivsätze.
Ihr könnt dazu die handschriftlichen Notizen aus dem Kasten oben nutzen, wenn sie euch helfen.
d Kontrolliert eure Briefe gegenseitig auf richtige Kommasetzung.
Prüft auch, ob ihr die Infinitivsätze sinnvoll genutzt und verständlich formuliert habt.

Information **Infinitivsätze**

Obwohl Infinitivgruppen kein Verb in der Personalform besitzen, können sie im Satz die Funktion von Nebensätzen übernehmen (z. B. die Stelle von Subjekt-, Objekt- oder Adverbialsätzen).
Man nennt sie darum auch satzwertige Infinitive oder Infinitivsätze. Ein **Infinitivsatz** besteht aus einem Infinitiv mit „zu" und mindestens einem weiteren Wort, z. B.:
Ich habe vor, heute eine Beschwerde zu schreiben.
Infinitivsätze darf man immer durch **Komma** vom Hauptsatz trennen. Ein Komma muss stehen,

1 wenn der Infinitivsatz durch *um, ohne, statt, anstatt, außer, als* eingeleitet wird, z. B.:
*Ich komme, **um** mich zu beschweren. **Statt** zu klagen, sollte man eine Lösung suchen.*
2 wenn der Infinitivsatz von einem Nomen oder einem hinweisenden Wort wie *daran, darauf* oder *es* im Hauptsatz abhängt, z. B.: *Ich habe die Absicht, mich zu beschweren.*
Ich bedauere es, mich beschweren zu müssen.

Bei einfachen Infinitiven (zu + Infinitiv) kann man das Komma weglassen, sofern dadurch keine Missverständnisse entstehen, z. B.: *Wir denken daran(,) zu klagen.*

TIPP: Bei Infinitivsätzen empfiehlt es sich, immer Kommas zu setzen, weil sie die Gliederung eines Satzes verdeutlichen und niemals falsch sind.

Infinitivsätze international – Sprachen vergleichen

Handtuchkampf um freie Liegen

1 a Erklärt, warum solche Schilder aufgestellt werden.
b Nennt die Sprachen, die ihr erkennt. Wie erklärt ihr euch die Reihenfolge der Sprachen?

2 a Vergleicht die Infinitivsätze in den verschiedenen Sprachen. Nennt z. B. Unterschiede in der Reihenfolge der Satzglieder.
b Ein Franzose behauptet:
„Die Deutschen möchten eben immer, dass man ihnen bis zum Ende zuhört."
Erläutert diese Behauptung anhand der Satzgliedstellung im Infinitivsatz.

3 a Sucht andere Formulierungsmöglichkeiten für das Plakat: Findet für alle Sprachen, die ihr sprecht, eine Möglichkeit, diese „Pool Rules" ohne einen Infinitivsatz zu formulieren.
b Vergleicht eure Umformulierungen mit den vorliegenden Infinitivsätzen: Welche Formulierung klingt strenger, welche höflicher, welche klarer?

4 Ein Witzbold hat unter das Schild einen weiteren Satz geschrieben:

VORSICHT FEHLER!

It is allowed deckchairs by placing your own body on them to reserve.

a Die Hotelleitung geht davon aus, dass es sich um einen deutschen Spaßvogel handelt. Wie kommt sie darauf?
b Überlegt: Wie muss der Satz richtig lauten? Korrigiert ihn.

Fordern und fördern – Partizipial- und Infinitivsätze

Einheimische im Urlaub?

1 Vor dem Amtsgericht Aschaffenburg klagte ein Tourist auf Reisekostenerstattung und begründete seine Klage damit, *dass er im Urlaub nicht akzeptieren könne,* dass er von Einheimischen gestört werde.

2 Er, Ruhe suchend, sei in den Urlaub gefahren, um sich zu erholen.

3 Er selbst, der durchaus an Land und Leuten interessiert sei, habe den Urlaub durch die Einheimischen aber überhaupt nicht genießen können.

4 Das Gericht entschied, dass der Tourist die Existenz Einheimischer am Urlaubsort akzeptieren müsse, und wies die Klage ab.

○○ **1**
- a Formuliert einen Ratschlag, den ihr dem Kläger geben würdet.
- b Satz 2 enthält einen Partizipial- und einen Infinitivsatz. Schreibt den Satz ab und unterstreicht den Partizipialsatz und den Infinitivsatz in unterschiedlichen Farben.
- c Erklärt, warum der Partizipialsatz in Satz 2 durch Kommas abgetrennt werden muss.
- d Überarbeitet Satz 1, indem ihr den kursiv gedruckten Nebensatz in einen Infinitivsatz umformt. Achtet auf die Kommasetzung.
- e Kontrolliert eure Ergebnisse in Partnerarbeit.

●○ **2**
- a Satz 1 klingt etwas eintönig. Begründet, woran das liegt.
- b Überarbeitet Satz 1, indem ihr den kursiv gedruckten Nebensatz in einen Infinitivsatz umformt.
- c Formuliert Satz 3 um, indem ihr den unterstrichenen Nebensatz in einen Partizipialsatz umwandelt.
- d Begründet die Kommasetzung in Satz 2.
- e Kontrolliert eure Ergebnisse in Partnerarbeit.

●● **3**
- a Überarbeitet Satz 1, indem ihr die beiden Nebensätze in Infinitivsätze umbaut.
- b Formuliert Satz 4 um, indem ihr einen Infinitivsatz nutzt. Begründet, ob in eurem neuen Satzgefüge der Infinitivsatz durch ein Komma abgetrennt werden muss oder nicht.
- c Begründet, warum es bei Satz 3 günstig wäre, einen Partizipialsatz zu nutzen.
- d Ergänzt einen weiteren Satz (Satz 5), in dem ihr einen Partizipialsatz oder einen Infinitivsatz verwendet.
- e Kontrolliert eure Ergebnisse in Partnerarbeit.

Testet euch!

Partizipial- und Infinitivsätze

VORSICHT FEHLER!

Überhaupt nicht zufrieden

0,8

Wir hatten ursprünglich die Absicht zwei Wochen zu bleiben sind dann aber nach fünf Tagen wieder abgereist um unseren Resturlaub auf dem Balkon zu verbringen.
Schon der Mitarbeiter an der Rezeption an allem außer seiner Kundschaft interessiert ignorierte uns bei der Ankunft. Endlich wahrgenommen konnten wir uns nicht verständlich machen da er kein Englisch sprach.

A In dem Hotel „Palace" ist es eher hinderlich, wenn Sie sich für Land und Leute interessieren.

B Wenn Sie in den nächsten Ort gelangen wollen, müssen Sie einen Fußmarsch von zehn Kilometern auf sich nehmen.

C Fettige, unappetitliche Fleischgerichte sollten Sie mögen, sofern Sie beim Büfett ordentlich schlemmen wollen.

D Es ist zwar verständlich, wenn Sie in einem Hotel auch einen Zimmerservice erwarten, jedoch sollten Sie Ihre Betten besser gleich selbst machen.

E Der Pool, der in einem schattigen Hinterhof lag, war keine 10 qm groß.

F Als wir dort ankamen, bemerkten wir sogleich den Fluglärm über unseren Köpfen.

G Nachdem wir aus dem Urlaub zurückgekehrt waren, waren wir wirklich urlaubsreif.

17. September — 178 Mal gelesen

1 Schreibt den ersten Abschnitt des Textes (▶ Z. 1–5) ab. Unterstreicht dann die Infinitivsätze blau und die Partizipialsätze grün und setzt die fehlenden Kommas.

2 Formuliert die Sätze A bis D um, indem ihr Infinitivsätze verwendet. Achtet auf die Kommasetzung, z. B.: *In dem Hotel „Palace" ist es eher hinderlich, sich für ...*

3 **a** Ersetzt in den Sätzen E, F und G die Nebensätze durch Partizipialsätze.
b Nennt einen Vor- und einen Nachteil der neu formulierten Sätze.

4 Erklärt, warum in den folgenden Sätzen ein Komma stehen muss:
Satz 1: Wir gingen zur Rezeption, um uns zu beschweren.
Satz 2: Man machte uns den Vorschlag, das Zimmer zu wechseln.

5 Vergleicht eure Ergebnisse aus den Aufgaben 1 bis 4 mit dem Lösungsteil auf Seite 375–376.

13.3 Fit in ... – Einen Text überarbeiten

Stellt euch vor, ihr bekommt in der nächsten Klassenarbeit folgende Aufgabenstellung:

1. Der folgende Beschwerdebrief, den der Klassensprecher Ruben Meyer im Namen der 8 c formuliert hat, muss noch überarbeitet werden. Überarbeite den Brief sprachlich, indem du die Sätze flüssiger und verständlicher formulierst, ohne den Inhalt zu verändern.
   TIPP: Für die ersten Sätze findest du schon entsprechende Überarbeitungsvorschläge in der Randspalte.
2. Formuliere einen kurzen Antwortbrief des Reiseunternehmens (zwei bis drei Sätze).

Ruben Meyer
Am Walde 15
12345 Waldheim

Reisen für Klassen GmbH
Sonnengasse 12
54321 Südhausen

12.10.2014

Buchungsnr. 1234711

Sehr geehrte Damen und Herren!

Heute wende ich mich an Sie mit der Bitte um Rückerstattung eines Teils der Reisekosten. Als Klassensprecher muss ich Ihnen mitteilen, dass wir sehr verärgert waren, dass wir auf unserer Reise nicht den uns bekannten Standard vorfanden.
Schon das Frühstück wurde uns nicht auf einer zum Grundstandard einer jeden Suite gehörenden Terrasse serviert.
Das Wohnen in den allerbesten Hotels gewöhnt, waren wir dieses Mal in Acht-Bett-Zimmern untergebracht. Zudem mussten wir das Nichtvorhandensein eines Zimmerservices feststellen.
Es wird Sie nicht wundern, dass wir uns auch ärgerten, dass wir zum Abendessen nicht das gewohnte Fünf-Gänge-Menü erhielten. Das auf einem einfachen Tisch ohne Hummer, Kaviar, Austern und Trüffel angerichtete Büfett entsprach überhaupt nicht unseren Essgewohnheiten.
Zudem vermissten wir im Speisesaal der Jugendherberge die ihre Gäste in weißen Anzügen und mit ausgesuchter Höflichkeit bedienenden Butler.

Infinitivsatz nutzen

Infinitivsatz nutzen

Hauptsatz in Satzgefüge mit Relativsatz umformen

> Auf Grund dieser in Ihre Verantwortung fallenden Reisemängel fordern wir Sie zu einer Rückerstattung der Reisekosten auf.
>
> Mit freundlichen Grüßen
> Ruben Meyer

1 a Lest euch die Aufgabenstellung auf Seite 277 und den Briefentwurf sorgfältig durch.
b Besprecht gemeinsam mit eurer Banknachbarin oder eurem Banknachbarn, was ihr tun sollt.

2 Überarbeitet nun den Brief. Geht so vor:
a Formuliert die ersten Sätze des Briefes um, indem ihr die Überarbeitungsvorschläge in der Randspalte umsetzt, z. B.: *Heute wende ich mich an Sie mit der Bitte, uns einen Teil ...*
b Geht bei der weiteren Überarbeitung Satz für Satz vor.
Überlegt, welche Passagen ihr flüssiger und verständlicher formulieren wollt:
- Wo würdet ihr Partizipialsätze oder Infinitivsätze in andere Nebensätze (z. B. Adverbial- oder Relativsätze) umformen?
- An welchen Stellen wollt ihr Infinitivsätze nutzen, um verständlicher oder abwechslungsreicher zu formulieren?
- Welche Hauptsätze würdet ihr in Satzgefüge umwandeln?

TIPP: Achtet bei euren Umformulierungen auf eine korrekte Kommasetzung.

3 Plant nun den Antwortbrief des Reiseunternehmens (zwei bis drei Sätze). Geht so vor:
a Überlegt, ob Rubens Beschwerde und seine Forderung berechtigt sind. Notiert in Stichworten, was ein Reiseunternehmen auf einen solchen Brief antworten könnte.
b Formuliert einen kurzen Antwortbrief (zwei bis drei Sätze), in dem ihr Stellung zu den Forderungen nehmt. Achtet darauf, dass Briefkopf, Anrede und Briefschluss korrekt sind.

4 Kontrolliert eure Texte. Geht so vor:
a Lest eure Überarbeitung des Beschwerdebriefes und prüft:

1. Lesedurchgang:	Sind die überarbeiteten Sätze verständlich und abwechslungsreich formuliert?
2. Lesedurchgang:	Habt ihr die Nebensätze durch Komma vom Hauptsatz abgetrennt? Ist die Rechtschreibung korrekt?

b Prüft euren Antwortbrief mit Hilfe der folgenden Fragen:

1. Lesedurchgang:	Beantwortet dein Brief das Beschwerdeschreiben, indem er Stellung zu den Forderungen nimmt?
2. Lesedurchgang:	Sind Briefkopf, Anrede und Briefschluss formal korrekt?
3. Lesedurchgang:	Sind Zeichensetzung und Rechtschreibung korrekt?

14 Rechtschreibtraining – Fehler vermeiden, Regeln sicher anwenden

Freilichtmuseum Ferropolis (Dessau) • Deutsches Technikmuseum (Berlin) • Optisches Museum (Jena) • Otto-Lilienthal-Museum (Anklam) • Technoseum (Mannheim) • Johannes-Kepler-Museum (Weil der Stadt)

1 a Welches Museum ist auf dem Foto zu sehen? Wenn ihr es nicht kennt, stellt begründete Vermutungen an.
b Überlegt: Welche Themengebiete und Ausstellungsobjekte könnt ihr in solchen Museen wohl entdecken?

2 Untersucht die Museumsnamen: Was fällt euch bei der Namensbildung und ihrer Schreibweise auf?

In diesem Kapitel …

– beschäftigt ihr euch mit besonderen Regeln der Groß- und Kleinschreibung,
– wendet ihr Regeln zur Getrennt- und Zusammenschreibung an,
– lernt ihr, Fremdwörter richtig zu schreiben,
– übt ihr, Kommas und andere Satzzeichen richtig zu setzen.

14.1 Technische Höhenflüge – Richtig schreiben

Deutsche Technikmuseen – Groß- und Kleinschreibung

Nominalisierungen erkennen

Das alles ist Technik!

Jana: Für mich war die Abteilung zur Textiltechnik das Beeindruckendste. Beim Anschauen der Materialien und Maschinen ist mir klar geworden, wie sich das Modische und Technische, das Handwerkliche und Industrielle verbinden.

ROBERT: AM INTERESSANTESTEN FAND ICH DIE KOFFERPRODUKTION MIT HILFE EINER ALTEN MASCHINENANLAGE. ALLE PRODUKTIONSSCHRITTE, ZUM BEISPIEL DAS SCHNEIDEN DER HARTPAPPEN, DAS STANZEN DER EISENBESCHLÄGE UND DAS ZUSAMMENNAGELN UND NIETEN DER EINZELTEILE, WURDEN VOR UNSEREN AUGEN LIVE DURCHGEFÜHRT.

FELICIA: DAS GENIALSTE IST FÜR MICH EINFACH, WIE DER MENSCH ZUM FLIEGEN GEKOMMEN IST. BESONDERS DIE ALTEN FLUGZEUGE HABEN FÜR MICH ETWAS UNGEHEUER FASZINIERENDES.

HANNES: ICH KANN GAR NICHT GENAU SAGEN, WAS MIR AM BESTEN GEFALLEN HAT. ICH HABE BEIM STREUNEN DURCHS MUSEUM IN JEDER ABTEILUNG ETWAS INTERESSANTES ODER ÜBERRASCHENDES ENTDECKT.

1 Werkzeugtechnik – Nachrichtentechnik – Textiltechnik – Luft- und Raumfahrttechnik – Schifffahrtstechnik – Eisenbahntechnik – Automobiltechnik – Fototechnik – Filmtechnik: Welcher Technikbereich interessiert euch besonders? Begründet euer Interesse.

2 a Im ersten Abschnitt (▸ Z. 1–6) sind sechs Wörter markiert. Erklärt die Großschreibung dieser Wörter.
b Formuliert eine allgemeine Regel zur Großschreibung von Verben und Adjektiven, z. B.:
Verben und Adjektive schreibt man groß, wenn …
Man erkennt solche Nominalisierungen häufig an …
c Nicht immer wird ein nominalisiertes Wort durch einen Nomenbegleiter angekündigt. Mit Hilfe welcher Probe könnt ihr dennoch entscheiden, ob das Wort groß- oder kleingeschrieben wird?

3 a Groß oder klein? Schreibt den restlichen Text (▸ Z. 7–26) in der richtigen Schreibweise in euer Heft. Achtet dabei besonders auf die Großschreibung der nominalisierten Verben und Adjektive.
b Vergleicht eure Ergebnisse in Partnerarbeit.

4 Formuliert eine Regel zur Schreibweise des Superlativs von Adjektiven mit „am". Sucht dazu zwei Beispiele aus dem Text heraus.

Schreibung von Eigennamen und Herkunftsbezeichnungen

Vom Rostocker Schifffahrtsmuseum bis zum Deutschen Museum in München

Das Berliner Technikmuseum ist keinesfalls das einzige Museum in den deutschen Bundesländern, das Technik als Ausstellungsgegenstand zu bieten hat. Das baden-württembergische Landesmuseum für Technik und Arbeit und das Mannheimer Technoseum gehören ebenfalls zu den großen Technikmuseen in Deutschland, zu denen als viertes schließlich noch das Deutsche Museum zu zählen ist, dessen vollständiger Titel „Deutsches Museum von Meisterwerken der Naturwissenschaften und Technik“ lautet. Während das Münchener Stammhaus dieses Museums mit rund 28 000 Ausstellungsstücken die größte naturwissenschaftlich-technische Sammlung der Welt darstellt, ist die Bonner Außenstelle des Deutschen Museums zwar nicht so groß, bietet aber mit Forschung und Technik nach 1945 einen besonders aktuellen Themenschwerpunkt. Weitere nordrhein-westfälische Museen zu speziellen Technikbereichen sind zum Beispiel das Bochumer Deutsche Bergbau-Museum und die Essener Zeche Zollverein, die zum UNESCO-Welterbe gehört. Im Norden Deutschlands gibt es, wie zu erwarten ist, eine Reihe von Schifffahrtsmuseen, so vor allem das Deutsche Schifffahrtsmuseum in Bremerhaven. Aber auch das

Rostocker, das Kieler und das Flensburger Schifffahrtsmuseum sowie das Internationale Maritime Museum Hamburg sind sicherlich einen Besuch wert! Wer sich für Luft- und Raumfahrttechnik interessiert, kann im Osten das mecklenburg-vorpommerische Otto-Lilienthal-Museum in Anklam besuchen oder die Luftfahrthistorische Sammlung, eine riesige Sammlung unter dem Terminal 2 des Frankfurter Flughafens, die die „Frankfurter Rundschau“ einmal „Frankfurts unbekanntestes Museum“ genannt hat.

1 a Der Text über Technikmuseen in Deutschland enthält viele Eigennamen und Herkunftsbezeichnungen. Sucht sie aus dem Text heraus, z. B.: *Rostocker Schifffahrtsmuseum, …*

b Übertragt die Tabelle in euer Heft. Ordnet alle Eigennamen und Herkunftsbezeichnungen ein.

Eigennamen	**Herkunftsbezeichnungen**	
	Ableitungen auf *-er*	Ableitungen auf *-isch*
…	– *Rostocker Schifffahrtsmuseum*	…

2 a Versucht, aus der Tabelle Regeln für die Schreibung von Eigennamen und Herkunftsbezeichnungen abzuleiten.

b Vergleicht eure Regeln mit den Informationen im Merkkasten auf Seite 282.

Ausstellungsobjekte und wo sie zu sehen sind

DAS GOLDENE KAFFEEZEUG • NIEDERSÄCHSISCHES BAUERNHOF-MODELL DREISEITHAUS • WERKE DER MALERGRUPPE DER BLAUE REITER • MUMIENMASKE EINER ÄGYPTERIN • KLAPPGESTÜHL DES DEUTSCHEN BUNDES-TAGES

HISTORISCHES MUSEUM AM HOHEN UFER IN HANNOVER • DRESDENER GRÜNES GEWÖLBE • NEUES MUSEUM BERLIN • BONNER HAUS DER GESCHICHTE • STÄDTISCHE GALERIE IM LENBACHHAUS MÜNCHEN

3 Ordnet zu: Welches Ausstellungsstück ist in welchem Museum zu sehen? Schreibt entsprechende Sätze auf. Entscheidet dabei über die richtige Groß- und Kleinschreibung, z. B.:
Das Goldene Kaffeezeug ist im Dresdener …

4 Bildet bzw. erfindet in Partnerarbeit weitere mehrteilige Eigennamen und Herkunftsbezeichnungen und schreibt sie auf. Ihr könnt die folgenden Wortspeicher zu Hilfe nehmen, z. B.:
Graf-von-Zeppelin-Museum, …

GRAF VON ZEPPELIN • CARL ZEISS • GEORG BÜCHNER • HAMBURG • MÜNCHEN • FRANKFURT • BERLIN • NEW YORK

PLATZ • ALLEE • STRASSE • PFORTE • MUSEUM • FLUGHAFEN • HAFEN • OLYMPIASTADION

Information **Schreibung von Eigennamen und Herkunftsbezeichnungen**

- **Eigennamen** schreibt man **groß.** In mehrteiligen Eigennamen schreibt man alle Wörter groß mit Ausnahme der Artikel, Konjunktionen und Präpositionen, z. B.: *das Optische Museum Jena, das Gasthaus zum Goldenen Schwan, Karl der Große, der Erste Mai.*
  Zusammensetzungen aus mehreren oder mehrteiligen Eigennamen schreibt man mit **Bindestrich,** z. B.: *Otto-Lilienthal-Museum, Rheinland-Pfalz.*
- Für die Schreibung von **Straßennamen,** Plätzen, Brücken usw. gelten dieselben Regeln wie für Eigennamen, z. B.: *Frankfurter Straße, Carl-Maria-von-Weber-Allee.*
- **Herkunftsbezeichnungen:**
  – Die von geografischen Namen abgeleiteten **Wörter auf *-er* schreibt man** immer **groß,** z. B.: *das Sinsheim**er** Automuseum, das Berlin**er** Olympiastation.*
  – Die von geografischen Namen abgeleiteten **Adjektive auf *-isch* werden kleingeschrieben,** z. B.: *das speyer**isch**e Technikmuseum, niedersächs**isch**e Städte.*

Schreibung von Tageszeiten und Wochentagen

Otto-Lilienthal-Museum
von Juni bis September:
täglich: 10.00 – 17.00 Uhr
von November bis April:
Mi. – Fr.: 11.00 – 15.30 Uhr; So. 13.00 – 15.30 Uhr
im Oktober und im Mai:
Di. – Fr.: 10.00 – 17.00; Sa., So. 13.00 – 17.00 Uhr

Technoseum
täglich 9.00 – 17.00 Uhr

Optisches Museum
Dienstag – Freitag: 10.00 – 16.30 Uhr
Samstag: 11.00 – 17.00 Uhr

1 a Lest die folgenden Sätze. Auf welches Museum trifft die jeweilige Aussage zu?

1 Das ? öffnet SAMSTAGMORGENS und schließt am SAMSTAGNACHMITTAG später als WOCHENTAGS.
2 In den Weihnachtsferien können wir das ? nicht SAMSTAGS besuchen, aber SONNTAGNACHMITTAGS gäbe es eine Gelegenheit dazu.
3 Das ? öffnet VORMITTAGS früher als die anderen beiden Museen.

b Groß oder klein? Entscheidet, wie die Wörter in Großbuchstaben geschrieben werden. Beachtet dabei die Informationen im Merkkasten unten.

c Formuliert selbst Ratesätze mit Tageszeiten und Wochentagen und tauscht sie aus.

Am HEILIGEN ABEND hat das Museum nur VORMITTAGS geöffnet. Am ERSTEN WEIHNACHTSTAG findet am NACHMITTAG eine Lesung statt, bei der ein SPANNENDER WEIHNACHTSKRIMI vorgestellt wird. Im Januar zeigen wir jeden MITTWOCHABEND sowie MONTAGNACHMITTAGS einen Kinofilm. Das Programm finden Sie am Eingang. Am ERSTEN MAI ist das Museum nur NACHMITTAGS geöffnet. Am TAG DER DEUTSCHEN EINHEIT bieten wir ein besonderes Programm.

2 Begründet, wie die Wörter in Großbuchstaben geschrieben werden.

Information **Schreibung von Tageszeiten und Wochentagen**

- **Tageszeiten und Wochentage** werden **großgeschrieben,** wenn sie **Nomen** sind. Man erkennt sie häufig an den üblichen Nomensignalen, z. B.: *am Nachmittag, diesen Dienstag.*
- **Tageszeiten und Wochentage** werden **kleingeschrieben,** wenn sie **Adverbien** sind, z. B.: *heute, morgen, nachmittags, gestern, tagsüber, freitags.*
- Bei **kombinierten Angaben** schreibt man die **Adverbien klein** und die **Nomen groß,** z. B.: *heute Abend, gestern Nacht, morgen Mittag.*

TIPP: Auch für **zusammengesetzte Angaben** gilt: Sie werden großgeschrieben, wenn sie Nomen sind, und kleingeschrieben, wenn sie Adverbien sind, z. B.: *der Montagnachmittag – montagnachmittags, am Mittwochabend – mittwochabends.*

Industriehistorie erleben – Fremdwörter

Ferropolis

Ferropolis ist ein Ort, den es vor wenigen Jahren noch nicht gab. Früher wurde auf dem 260 000 Quadratmeter großen Territorium Braunkohle gefördert. Heute erinnern imposante Maschinen an die Zeit des Bergbaus und laden die Besucher zu einem Trip in die Vergangenheit ein.

Beeindruckende Fahrzeuge, wie der Schwenkbagger „Mad Max", der Schaufelradbagger „Big Wheel", der Raupensäulenschwenkbagger „Mosquito" sowie drei Absetzer, jeder Einzelne bis zu 130 Metern lang und 30 Meter hoch, residieren auf einer Halbinsel im Gremminger See: insgesamt 7 000 Tonnen Industriehistorie.

Bis 1991 befand sich hier die Zentrale des mittlerweile gefluteten Braunkohletagebaus Golpa-Nord. Dann sollten die Tagebaugroßgeräte – Monumente des Maschinenzeitalters – geschrottet werden. Doch ehemalige Bergleute und Visionäre retteten die stählernen Kolosse und gruppierten sie zu einem beeindruckenden Ensemble. Ferropolis ist nicht nur Industriemuseum, sondern zugleich ein idealer Ort für unterschiedliche Open-Air-Veranstaltungen, wie z. B. Pop-Konzerte oder fotografische Exkursionen, denn die gigantischen Maschinen sorgen für eine einzigartige Atmosphäre.

1 a „Ferropolis": Findet heraus, aus welchen zwei Fremdwörtern der Name besteht und was er bedeuten könnte. Trennt so: *Ferro-polis.*

b Überlegt und begründet, welche der folgenden Fremdwörter vom griechischen Wort „polis" abgeleitet sein könnten: Polizei – Politur – Politik.

TIPP: Klärt eure Vermutungen mit einem Fremd- oder Herkunftswörterbuch.

2 a Klärt in Partnerarbeit, was die markierten Fremdwörter im ersten Textabsatz bedeuten (► Z. 1–6). Formuliert jeweils eine kurze Erläuterung und stellt eine Vermutung auf, aus welcher Sprache das Fremdwort kommt. Prüft anschließend eure Ergebnisse mit Hilfe eines Wörterbuchs.

b Sucht aus dem restlichen Text (► Z. 7–26) selbstständig alle Fremdwörter heraus, notiert zu diesen ebenfalls eine Erläuterung und prüft anschließend eure Ergebnisse.

3 a Erklärt anhand der folgenden Einträge aus einem Fremdwörterbuch, welche Angaben in einem solchen Wörterbuch gemacht werden.

> **Vi|si|on** *die;* –, -en *<lat.>:* a) übernatürliche Erscheinung als religiöse Erfahrung; b) optische Halluzination; c) in jmds. Vorstellung bes. in Bezug auf die Zukunft entworfenes Bild
> **Event** [ɪ'vɛnt] *der* od. *das;* -s, -s *<lat.-altfr.-engl.>:* (Jargon) Veranstaltung, Ereignis

b Vergleicht die Einträge in einem Rechtschreibwörterbuch und in einem Fremdwörterbuch miteinander. Überlegt, wann ihr welches Nachschlagewerk nutzen solltet.

[ˈɛkʃn̩] in der „Stadt aus Eisen"

Ferropolis ist eine [kuːlə] [lɔkeɪʃən] für ein [ˈfɛstivəl, ...val] oder eine [ˈpaːɐ̯ti]. Dafür wurde es auch schon mit einem Preis, dem [la͜if ɛntɐˈteɪnmənt əˈwɔːd], ausgezeichnet. Die Stahlkolosse bieten unvergleichliche Möglichkeiten für eine spektakuläre [pəˈfɔːməns]. Dazu werden auch [ˈbɛksteːdʒ]-Besuche und ein [ˈkeɪtərɪŋ] angeboten. Von den [ˈkɛmpɪŋ]-Plätzen im Umfeld gibt es sogar [ˈʃatl̩] -Busse zum Gelände.

4 Die markierten Wörter in Lautschrift sind Fremdwörter aus dem Englischen (Anglizismen). Übertragt sie in eine normale Schreibweise.

Souvenir • brillant • Konstrukteur • Etage • Restaurant • Montage • Plateau • Ingenieur

Viel Eisen in der Stadt: Der Eiffelturm

Der *[an einer Hochschule ausgebildete Techniker]* Gustave Eiffel hat vor allem auf Grund des berühmten Bauwerks, des Eiffelturms in Paris, den Ruf eines *[glänzenden] [Erbauers].* Für *[das Aufstellen und Zusammenbauen]* der 18 000 Gusseisenstücke hatten die Arbeiter nur zwei Jahre, von 1887 bis 1889, Zeit. Besucher können zwischen unterschiedlichen *[Stockwerken]* als Aussichtsplattformen wählen. Das höchste *[Plattform]* befindet sich in 276 Metern Höhe. Der Eiffelturm beherbergt auch *[Gaststätten],* in denen man vorzüglich speisen kann. Mini-Eiffeltürme gehören zu den beliebtesten *[Andenken]* aus Paris.

5 a Schreibt den Text ab und ersetzt dabei die eingeklammerten deutschen Begriffe durch passende Fremdwörter aus dem Französischen.

b Markiert in den Fremdwörtern Merkmale, die typisch für die französische Schreibweise sind.

c Legt eine Tabelle zu diesen Merkmalen an und sucht für jedes Merkmal weitere Beispielwörter.

6 In Fremdwörtern aus dem **Griechischen** kommen oft die Buchstabenkombinationen *th, ph* oder *rh* vor.

a Ergänzt bei den nebenstehenden Wörtern die fehlende Buchstabenkombination und den Artikel.

b Erläutert die Bedeutung der Wörter, wenn nötig mit Hilfe eines Wörterbuchs.

? ema • ? ysik • ? etorik • ? eorie • ? änomen • A ? let • Atmos ? äre • Eu ? orie • ? y ? mus • Meta ? er • Stro ? e • ? ilharmonie

Information **Fremdwörter**

Fremdwörter sind **Wörter,** die aus **anderen Sprachen** kommen, z. B.: *Gymnastik* (griech.), *diskutieren* (lat.), *Garage* (frz.), *Spaghetti* (ital.), *Snowboard* (engl.). Meist erkennt man sie an der Aussprache und der Schreibung, wenn sie den Regeln ihrer Herkunftssprache folgen.
Häufig gebrauchte **Fremdwörter** werden **eingedeutscht,** d. h. in ihrer Schreibweise dem Deutschen angeglichen. In diesen Fällen ist sowohl die eingedeutschte als auch die fremdsprachige Schreibung korrekt, z. B.: *Photographie/Fotografie; Portemonnaie/Portmonee.*
Fremdwörter, die als **Fachbegriffe** verwendet werden, werden **nicht eingedeutscht.** Dies gilt auch für Fachbegriffe aus dem Deutschunterricht, z. B.: *Apposition, Metapher, Strophe.*

Hoch hinausfahren – Getrennt- und Zusammenschreibung

Katharina Beckmann

Achterbahnen: Rein ins Vergnügen!

Wollt ihr einmal Probe fahren und zusammen johlen, laut lachen? Dann gut sichern, noch einmal tief Luft holen und festhalten, bevor es losgeht. Mit einem Ruck durchstarten, in knapp vier Sekunden auf 206 Stundenkilometer beschleunigen, senkrecht die Schienenstraße emporrasen und – auf dem höchsten Punkt stehen bleiben: 139 Meter über dem Erdboden. Weltrekord!

Ihr befindet euch in der höchsten und schnellsten Achterbahn auf der Welt! Kurz durch/atmen und dann hinab/stürzen, dass der Hintern hoch/fliegt und das Herz für einen Schlag aus/setzt! Wenn „Kingda Ka“ wieder in ihren Bahnhof in Jackson, New Jersey (USA), ein/fährt und man wieder auf festem Boden sicher/steht, will man kaum wahr/haben, dass die Fahrt nur 50 Sekunden gedauert hat. Kann euch schon bei der Vorstellung an eine solche Achterbahnfahrt schlecht/werden? Angst/haben bräuchtet ihr aber nicht. Die Münchner Konstrukteure von „Kingda Ka“ haben auf mehr als 50 000 Seiten Papier jeden Streckenzentimeter berechnet und sicher/gestellt, dass nichts kaputt/geht und an keiner Stelle ein Passagier Schaden/nimmt. Und Feuerwehrleute üben regelmäßig, wie sie Fahrgäste aus einer Achterbahn heraus/holen, die hoch oben auf der Strecke stehen/geblieben ist.

1 Erzählt euch gegenseitig von euren Erfahrungen mit dem Achterbahnfahren.

2 **a** Arbeitet im Team und ordnet die grün markierten Wortgruppen aus dem ersten Absatz (▶ Z. 1–9) den folgenden Gruppen zu:
- Wortgruppe aus **Nomen + Verb,** z. B.: ...
- Wortgruppe aus **Verb + Verb,** z. B.: ...
- Wortgruppe aus **Adjektiv + Verb,** z. B.: ...
- Wortgruppe aus **Adverb + Verb,** z. B.: ...
- Wortgruppe aus **Präposition + Verb,** z. B.: ...

b Untersucht die Getrennt- oder Zusammenschreibung innerhalb jeder Gruppe. Formuliert zu jeder Gruppe Regeln zur Getrennt- oder Zusammenschreibung.

c Vergleicht eure Regeln mit den Informationen im Merkkasten auf Seite 287.

3 Getrennt oder zusammen? Entscheidet, wie die unterstrichenen Wortgruppen im zweiten Textabsatz (▶ Z. 10–29) geschrieben werden, und schreibt sie richtig in euer Heft.

4 Schlagt die Adjektive „hoch“ und „wahr“ in einem Wörterbuch nach. Welche Informationen bekommt ihr zur Schreibung dieser Adjektive in Verbindung mit Verben?

Im Freizeitpark

In den Sommerferien fährt mein Onkel mit mir in einen Freizeitpark und ich darf den ganzen Tag auf seine Kosten ? . Da kann es einem schon ganz schön ? , sich für die eine oder andere Attraktion zu entscheiden. Das Achterbahnfahren kann zum Beispiel echt ? . Aber so etwas kann einen auch erst einmal für eine halbe Stunde ? und man sollte sich besser erst danach richtig ? . Wenn wir die Fahrerei auf den Wasser-, Achter- und Gruselbahnen irgendwann ? , gehen wir in eine der Shows, bei denen man sich ? kann.

satt/haben • schwer/fallen • satt/essen • lahm/legen • kaputt/lachen • Spaß/haben • spaßig/sein

5 Schreibt den Text ab und ergänzt dabei die fehlenden Wörter. Entscheidet euch für Getrennt- oder Zusammenschreibung.

6 a Schreibt die folgenden Sätze ab. Prüft dabei mit Hilfe der Informationen im Merkkasten unten, ob die Wortgruppen aus Adverb und Verb getrennt oder zusammengeschrieben werden.
TIPP: Lest die Sätze laut und achtet darauf, an welchen Stellen ihr Betonungen setzt.
– Nach der Dunkelfahrt dauert es eine Weile, bis man wieder/sehen kann.
– Ich würde dich gerne wieder/sehen.
– Wir sollten uns zusammen/anstellen, um in die gleiche Bahn zu kommen.
– Freunde sollten immer zusammen/halten.
– Manchmal denkt man, die Passagiere müssten aufeinander/prallen.
– Ihr sollt in eurer Gruppe aufeinander/achten.

b Bildet selbst Beispielsätze mit den Adverbien *wieder, zusammen, aufeinander* + *Verb*, z. B.:
Du solltest die T-Shirts ordentlich aufeinanderlegen.

Information **Getrennt- und Zusammenschreibung**

- Wortgruppen aus **Nomen und Verb** sowie Wortgruppen mit ***sein*** werden immer getrennt geschrieben, z. B.: *Rad fahren, reich sein.*
- Wortgruppen aus **Verb und Verb** können immer getrennt geschrieben werden, z. B.: *einkaufen gehen, gelobt werden.*
- Wortgruppen aus **Adjektiv und Verb** werden meist getrennt geschrieben, z. B.: *lange warten, schnell fahren, laut schreien.*
  Aber: Entsteht durch die Verbindung von Adjektiv und Verb ein **Wort mit einer neuen Gesamtbedeutung,** schreibt man zusammen, z. B.: *blaumachen* (schwänzen)
- Wortgruppen aus **Adverb und Verb** werden in der Regel
  – **zusammengeschrieben, wenn** die Hauptbetonung auf dem Adverb liegt, z. B.: *Wir müssen zusammenhalten.*
  – **getrennt geschrieben, wenn** Adverb und Verb gleich betont werden, z. B.: *Ich wohne in dem Haus, das du gegenüber siehst.*
  TIPP: Macht die Erweiterungsprobe. Wenn ihr ein Wort oder eine Wortgruppe zwischen Adverb und Verb einfügen könnt, schreibt ihr getrennt, z. B.: *Wollen wir das Regal zusammen (in die Küche) tragen?*
- Verbindungen aus **Präposition und Verb** schreibt man in der Regel **zusammen.** Die Hauptbetonung liegt bei der Zusammenschreibung auf der Präposition, z. B.: *Können wir umkehren?*

Fordern und fördern – Rechtschreibung

Die folgenden Diktattexte haben verschiedene Schwierigkeitsstufen:
- **Level 1:** Das ist eine eher gemütliche Fahrt!
- **Level 2:** Hier wird es schon ein bisschen rasanter!
- **Level 3:** Das wird kein Zuckerschlecken!

1 a Entscheidet euch für einen Diktattext und diktiert euch die Texte als Partnerdiktat (▶ S. 360).
b Prüft anschließend, ob ihr alle Wörter richtig geschrieben habt. Achtet dabei besonders auf die markierten Wörter.

●○○ **Level 1**

Für das Malen, Schreiben, Meißeln oder Ritzen von Buchstaben und Zeichen wurden in den zurückliegenden 5000 Jahren ganz unterschiedliche Materialien verwendet. Heute ist Papier der wichtigste, billigste und am leichtesten verfügbare Schriftträger. Doch lange Zeit war Papier wie vorher Papyrus oder Pergament etwas sehr Wertvolles. Das erste Verfahren zum Herstellen von Papier wurde in China entwickelt. Dort verwendete man schon vor 1000 Jahren Lettern aus gebranntem Ton zum Bedrucken von Papier. Im Deutschen Technikmuseum in der Trebbiner Straße in Berlin können sich Schulklassen zum Papierschöpfen und Drucken anmelden. Es hat täglich außer montags vom Vormittag bis spätnachmittags geöffnet. (98 Wörter)

●●○ **Level 2**

Wusstet ihr, dass Zucker durch Kochen oder Pressen aus dem Zuckerrohr oder der Zuckerrübe extrahiert wird? Das Berliner Zuckermuseum in der Amrumer Straße zeigt nicht nur Maschinen zur Zuckergewinnung oder das Modell der ältesten Rübenzuckerfabrik der Welt. In der Ausstellung werden auch schwierige Prozesse wie die Photosynthese und die alkoholische Gärung einfach demonstriert und es wird klargemacht, wie Chemie, Biologie und Technik bei der Zuckerproduktion zusammenhängen und ineinandergreifen. Auch die historische Dimension des süßen Stoffes wird thematisiert, denn seit der Entdeckung des amerikanischen Kontinents gewann das kostbare Gewürz als Handelsfaktor an Bedeutung. Das Zuckermuseum ist freitags und samstags geschlossen, am Sonntag öffnet es erst am späten Vormittag. (107 Wörter)

●●● **Level 3**

Skijacken mit eingebautem Navigationsgerät, Reiterwesten mit Airbags oder Jogging-Anzüge, die die Atmung und den Blutdruck überwachen? Intelligente Kleidung heißt der neue Trend, der für eine Revolution in der Textilbranche sorgt. Durch das Kombinieren von Textilien und Elektronik soll das textile Produkt intelligent gemacht werden. Alles, was heute die mobilen elektronischen Geräte können, soll in die Kleidung integriert werden. Solche anspruchsvollen Kleidungsstücke werden unter anderem von Textilingenieuren entworfen, die beim Produzieren auch sicherstellen, dass die Elektronik bei einer Wäsche nicht kaputtgeht. Das bedeutet auch, dass diese Kleidungsstücke nicht mit Batterien gespeist werden, sondern mit flexiblen Solarzellen in Millimetergröße. Das „High-Tech-Kabinett“ im Augsburger Textil- und Industriemuseum zeigt die modernen Anwendungsbereiche von Textilien und ist täglich außer montags geöffnet. Für Schulklassen kann vormittags ein geführter Rundgang gebucht werden. (125 Wörter)

Testet euch!

Rechtschreibung

1 a In jeder Stationenüberschrift steckt ein Rechtschreibfehler: Hier muss entweder ein Buchstabe gestrichen oder ergänzt werden. Notiert jeweils den Buchstaben, den ihr streichen oder ergänzen müsst, z. B.: *Station 1: ...*

b Entscheidet bei jeder Station, welche der beiden Aussagen richtig ist, und schreibt die Buchstaben der richtigen Antworten in euer Heft.

c Die zehn Buchstaben aus Aufgabe a und b ergeben den Namen eines Technikmuseums in Deutschland. Dafür müsst ihr die zehn Buchstaben in die richtige Reihenfolge bringen.
TIPP: Das richtige Lösungswort findet ihr auf Seite 376.

VORSICHT FEHLER!

Rechtschreib-Rallye durchs Technikmuseum

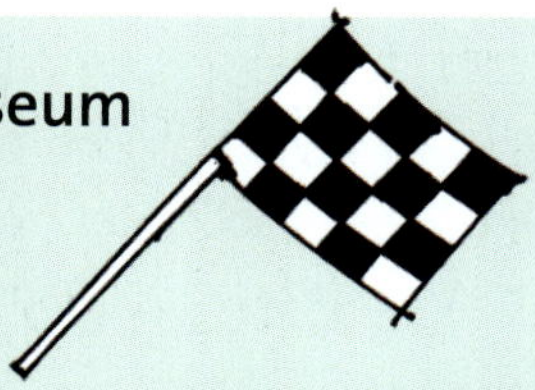

Station 1: Werkzeugmaschienen

L In mehrteiligen Eigennamen schreibt man alle Wörter groß, auch Artikel, Konjunktionen und Präpositionen.

N Zusammensetzungen aus mehreren oder mehrteiligen Eigennamen schreibt man mit Bindestrich.

Station 2: Oldtimer-Depo

E Tageszeiten und Wochentage werden großgeschrieben, wenn sie Nomen sind, und kleingeschrieben, wenn sie Adverbien sind.

B Tageszeiten und Wochentage werden immer großgeschrieben. Man erkennt sie an den üblichen Nomensignalen.

Station 3: Eisenbahn- und Lockschuppen

A Ein Fremdwörterbuch erklärt die Bedeutung und Herkunft von Fremdwörtern, die nach ihren Herkunftssprachen sortiert aufgelistet werden.

O Ein Fremdwörterbuch gibt Informationen zur Aussprache, Herkunft und Bedeutung von Fremdwörtern.

Station 4: Science-Scenter

U Verbindungen aus Adverb und Verb werden zusammengeschrieben, wenn die Hauptbetonung auf dem Adverb liegt.

W Verbindungen aus Adverb und Verb werden zusammengeschrieben, wenn die Hauptbetonung auf dem Verb liegt.

Station 5: Archiv und Bibliotek

T Bei Fremdwörtern aus dem Griechischen mit *th, ph* oder *rh* werden diese Buchstabenkombinationen im Deutschen durch *t, p* oder *r* ersetzt.

M Häufig gebrauchte Fremdwörter werden eingedeutscht, d. h. der deutschen Schreibweise angepasst.

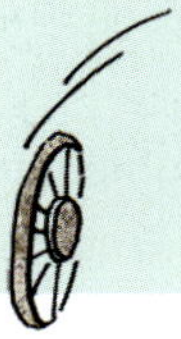

14.2 Gebrauchsanweisungen – Zeichen setzen

Das Komma in Satzreihen und Satzgefügen

Angenehm warm – Was ist es?

1 Sobald Sie das Metallplättchen im Beutel ein oder zwei Mal geknickt haben, kristallisiert das Gel und der ? erwärmt sich auf ca. 35° C.

2 Der ? , der zum Beispiel im Winter die Hände warm hält, kühlt innerhalb einer Stunde wieder ab.

3 Legen Sie vor dem nächsten Gebrauch den ? zirka acht Minuten in kochendes Wasser, bis sich die Kristalle wieder vollständig verflüssigt haben.

4 Gerade im Winter ist der ? sehr angenehm, denn er hält die Hände einige Stunden warm.

1 a Besprecht: Wann habt ihr schon einmal eine Gebrauchsanweisung genutzt?
b Löst das Rätsel: Um welches Produkt geht es in der Gebrauchsanweisung?

2 a Zeichnet zu den Sätzen oben Satzbaupläne. Berücksichtigt dabei auch die Kommas.
b Vergleicht eure Ergebnisse: Formuliert dann Regeln zur Kommasetzung in Satzreihen und Satzgefügen. Prüft eure Regeln mit Hilfe der Informationen im Orientierungswissen (▶ S. 357).

VORSICHT FEHLER!

Effektive Schutzmaßnahme – Was ist es?

Installieren Sie die ? im Schlafzimmer und im Flur sofern es sich bei diesem um einen Fluchtweg handelt. Wenn Sie Kinderzimmer haben bringen Sie auch in diesen jeweils einen ? an. In Küche und Bad sollten Sie auf eine Installation verzichten weil dort durch Wasserdämpfe die zum Beispiel beim Kochen entstehen ein Fehlalarm ausgelöst werden könnte. Wenn die Stärke der Batterie nachlässt gibt der ? 30 Tage lang ein Warnsignal in Form eines kurzen Tons ab sodass genügend Zeit für das Ersetzen der Batterie zur Verfügung steht. Das Anstreichen des ? mit Farbe muss unterbleiben da die Gefahr besteht dass die Farbe die Lufteingangsschlitze verstopft und dann kein Rauch mehr eindringen kann.

3 a Schreibt den Text ab und setzt dabei die fehlenden Kommas.
b Vergleicht eure Ergebnisse. Über welches Produkt informiert der Text?

Das Komma bei Infinitiv- und Partizipialsätzen

Du hast dir etwas Neues gekauft, **1** um dein Leben zu vereinfachen oder zu verschönern? Nun willst du es in Betrieb nehmen, **2** ohne dich genauer über seine korrekte Handhabung zu informieren? Falsch! Nutze die Möglichkeit, **3** dich köstlich zu amüsieren: Lies die Gebrauchsanweisung, **4** anstatt sie verächtlich beiseitezulegen. Lass dich verblüffen von den unglaublichen Möglichkeiten, **5** einfache Dinge kompliziert zu erklären. Erfreue dich an dem verkrampften Bemühen, **6** sachlich korrekt zu sein. Genieße vor allem bei Übersetzungen kreative Wortneuschöpfungen und waghalsige Wortstellungen, die nur den Zweck erfüllen **7** zu erheitern. Vor allem beachte: Wenn die Gebrauchsanweisung mal wieder überhaupt nicht hilft, ist es immer noch besser **8** zu lachen, **9** als sich zu ärgern!

1 Begründet bei jeder nummerierten Stelle, warum dort ein Komma gesetzt werden muss oder warum das Komma weggelassen werden darf. Nehmt hierzu den Merkkasten unten zu Hilfe.

VORSICHT FEHLER!

Sehr geehrte Damen und Herren,
meine Absicht ist es mich über die Aufbauanleitung zu Ihrem Regal „Bücherfreund" zu beschweren. Dem Rat meiner Freundin erst einmal die Gebrauchsanweisung zu lesen bin ich leider gefolgt. Andernfalls wäre es mir vielleicht gelungen mein neues Regal aufzubauen. Das eigentümliche Gebilde aus Brettern und Stangen einem Museum als Kunstwerk anzubieten, das ist jetzt das einzig noch Mögliche! Haben Sie eigentlich Spaß daran Ihre Kunden so zu ärgern? Ich mache Ihnen den Vorschlag mir jemanden aus Ihrer Firma vorbeizuschicken. Der hat dann das Vergnügen sich selbst an der erfolgreichen Umsetzung Ihrer Gebrauchsanweisung zu versuchen.

2 Schreibt den Brief ab. Unterstreicht die Infinitivsätze und setzt die nötigen Kommas.

3 Überprüft bei den folgenden Sätzen, ob Missverständnisse entstehen können, wenn kein Komma gesetzt wird: *Wir bitten alle zu helfen. Wir bitten euch zu helfen.*

Information **Komma bei Infinitivsätzen**

Infinitivsätze **darf** man immer durch **Komma** vom Hauptsatz trennen.
Ein Komma **muss** stehen,

- wenn der Infinitivsatz durch *um, ohne, statt, anstatt, außer, als* eingeleitet wird, z. B.: *Verwenden Sie das Gerät nicht,* ***ohne*** *die Bedienungsanleitung gelesen zu haben.*
- wenn der Infinitivsatz von einem Nomen oder einem hinweisenden Wort wie *dazu, daran, darauf* oder *es* im Hauptsatz abhängt, z. B.: *Der Knopf dient dazu, das Gerät einzuschalten.*

Bei einfachen Infinitiven (zu + Infinitiv) kann man das Komma weglassen, sofern dadurch keine Missverständnisse entstehen, z. B.: *Wir zweifeln nicht daran(,) zu gewinnen.*
TIPP: Bei Infinitivsätzen empfiehlt es sich, immer ein Komma zu setzen, weil sie die Gliederung eines Satzes verdeutlichen und niemals falsch sind.

VORSICHT FEHLER!

„Auspack und freu!“

Viele Übersetzungen von Gebrauchsanweisungen um Verständlichkeit bemüht scheitern an der mangelnden Sprachkompetenz ihrer Verfasser. Womöglich einfach nur ein Wörterbuch benutzend übertragen unprofessionelle Übersetzer den Ausgangstext. Selten erfüllen die so entstandenen Anleitungen ihre Leser mal erheiternd und mal zur Verzweiflung treibend ihren Zweck. Den Bedarf erkennend spezialisieren sich manche Übersetzungsbüros auf diese Aufgabe. Medien belustigen das Lachmuskel-Potenzial nutzend mit den unfreiwillig komischen Texten ihr Publikum. Ein kleiner, leuchtender Anstecker in Kerzenform bescherte der japanischen Firma einen enormen Absatz seine Käufer mit folgender Bedienungsanleitung beglückend:

Mit Modell GWK 9091 Sie bekommen Weihnachten teutonische Gemütlichkeit für trautes Heim. Zu erreichen Glückseligkeit unter finsterer Tann, ganz einfach Handbedienung von GWK 9091:
1. Auspack und freu. 2. Slippel A abbiegen und verklappen in Gegenstippel B für Illumination. 3. Mit Klammer C in Sakko oder Jacke einfräsen. 4. Für kaputt Batterie beschweren an: Wir, Bismarckstraße 5. Für neue Batterie alt Batterie zurück für Sauberwelt in deutscher Wald.

1 Erklärt anhand von Beispielen: Wie wirkt der erste Textabschnitt (▶ Z. 1–16) auf euch, wie der zweite (▶ Z. 17–27)?

2 a Konstruktionen wie die unterstrichene Textpassage oben nennt man Partizipialsatz. Nennt das Partizip dieses Partizipialsatzes.
b Schreibt den ersten Absatz des Textes (▶ Z. 1–16) in euer Heft. Unterstreicht die Partizipialsätze und entscheidet, ob ein Komma gesetzt werden muss oder nicht. Beachtet dazu die Informationen im Merkkasten unten.

3 Überarbeitet die Gebrauchsanleitung (▶ Z. 17–27), sodass ein verständlicher und rechtschreiblich richtiger Text entsteht. Arbeitet im Team.

4 Formt die folgenden Sätze mit Hilfe von Partizipialsätzen um. Achtet auf die Kommasetzung.
– Da unser Büro 1966 gegründet wurde, verfügt es über Erfahrungen bei Übersetzungen.
– Weil das Team aus Technikern und Übersetzern besteht, ist es hochkompetent.
– Unsere Übersetzungen, die von den Kunden sehr geschätzt werden, sind verständlich und fehlerfrei.

Information **Komma bei Partizipialsätzen**

Partizipialsätze **darf** man immer durch **Kommas** vom Hauptsatz trennen.
Ein Komma **muss** stehen,
- wenn durch ein hinweisendes Wort auf den Partizipialsatz Bezug genommen wird, z. B.:
  Jedes Wort einzeln übersetzt, so nützen Bedienungsanweisungen nichts.
- wenn der Partizipialsatz eine nachgestellte Erläuterung ist, z. B.:
  Jens, aus vollem Halse lachend, reichte mir die Bedienungsanleitung.

Das Komma bei Appositionen und nachgestellten Erläuterungen

- Der Helikopter „E-Sky“, ein elektrisch angetriebener Modellhubschrauber, ist für den Einsatz in Innenräumen gedacht.
- Das Kickboard, ein bei Kindern und Jugendlichen beliebtes Fortbewegungsmittel, ist bei Dunkelheit nicht geeignet.
- Das so genannte Hollandrad, ein bequemes, alltagstaugliches Fahrrad, kommt vor allem in der Stadt sinnvoll zum Einsatz.

1 Bestimmt bei jedem Satz die Apposition und erläutert, auf welches Wort sie sich bezieht.

- Beim Trampolin ? sollte man auf ein intaktes Sicherheitsnetz achten.
- Auf dem Fußballplatz im Miniaturformat ? ist Handspiel erlaubt – an den Stangen!
- Beim Carambolage ? werden die Kugeln nicht in Löcher versenkt.
- Airhockey ? wird auf einem Spezialtisch mit Luftkissen gespielt.

ein Geschicklichkeitsspiel für zwei Spieler • eine besondere Form des Billardspiels • der Tischkicker • ein Sportgerät zur Sprungunterstützung

2 Schreibt die Sätze ab und fügt dabei in die Lücken jeweils eine passende Ergänzung als Apposition ein. Achtet auf den richtigen Kasus und die Kommasetzung.

VORSICHT FEHLER!

Der Tischtennistisch darf nur für seinen bestimmungsmäßigen Zweck verwendet werden d. h. für das Spiel mit geeigneten Schlägern und Bällen. Weisen Sie Ihre Mitspieler insbesondere Kinder auf mögliche Gefahren vor allem beim Auf- und Abbau des Tisches hin. Durch unsachgemäße Reparaturen und bauliche Veränderungen z. B. Demontage von Originalteilen oder Anbau von nicht zulässigen Teilen können Gefahren für die Benutzer entstehen. Führen Sie bei regelmäßigem Spielbetrieb in angemessenen Abständen Kontrollen aller Geräteteile vor allem der Schrauben durch.

3 Schreibt den Text ab. Unterstreicht die nachgestellten Erläuterungen und setzt die Kommas.

Information **Das Komma bei Appositionen und nachgestellten Erläuterungen**

1. Die **Apposition** besteht in der Regel aus einem Nomen oder einer Nomengruppe. Sie folgt ihrem Bezugswort, steht im gleichen Kasus wie ihr Bezugswort und wird **durch Kommas abgetrennt,** z. B.: *Robi Clean, Ihr neuer Haushaltsroboter, wird Sie glücklich machen.*
2. Die **nachgestellte Erläuterung** wird oft mit Wörtern wie *nämlich, und zwar, vor allem, das heißt (d. h.), zum Beispiel (z. B.)* eingeleitet. Sie wird **durch Kommas abgetrennt,** z. B.: *Spielplatzgeräte, z. B. Schaukeln und Klettergerüste, brauchen Sicherheitshinweise.*

Der Gedankenstrich

Die Packung und ihre Beilage

Aufgeregt – er hielt den Beipackzettel in der Hand – sagte er: „Frau Doktor, Sie haben mir diese Medizin verschrieben, aber ich verstehe die Gebrauchsinformation nicht!" – „Herr Quengel, lassen Sie sich gesagt sein – das geht nicht nur Ihnen so. Die Beipackzettel – auch Waschzettel genannt, weil die Hersteller damit ihre Hände in Unschuld waschen wollen – sind meist nicht zu gebrauchen. Wenn Sie glauben, ich mache Scherze – das ist leider nicht so. Die Beipackzettel – sie lesen sich häufig wie Pharmazie-Latein – sind leider oft unverständlich, weil sich die Arzneimittelhersteller gegen Klagen absichern wollen. So entstehen – und das ist wirklich eine Schande – Texte, die kein Patient versteht. Aber es ist höchst unwahrscheinlich, dass alle Nebenwirkungen an einem einzigen Menschen auftreten – und noch unwahrscheinlicher, dass ausgerechnet Sie es sind!" – „Frau Doktor, das beruhigt mich – ich danke Ihnen!"

1 **a** Lest den Text laut vor. Erklärt danach, inwiefern euch die Gedankenstriche beim Vortrag des Textes geholfen haben.
b Prüft, an welchen Stellen der Gedankenstrich durch ein anderes Satzzeichen, z. B. Komma, Doppelpunkt oder Klammern, ersetzt werden könnte.

2 Prüft anhand der folgenden Sätze, ob es für das Lesen bzw. Vortragen einen Unterschied macht, welche Satzzeichen – Gedankenstriche, Kommas oder Klammern – verwendet werden:
– Der Beipackzettel – die Gebrauchsanweisung für ein Medikament – ist eine wichtige Information.
– Der Beipackzettel, die Gebrauchsanweisung für ein Medikament, ist eine wichtige Information.
– Der Beipackzettel (die Gebrauchsanweisung für ein Medikament) ist eine wichtige Information.

Information **Der Gedankenstrich**

Der Gedankenstrich markiert besonders deutlich eine Grenze innerhalb eines Satzes oder zwischen zwei Sätzen. Er steht häufig dort, wo man in der gesprochenen Sprache eine deutliche Pause macht. Der Gedankenstrich

- **kündigt** etwas **Folgendes,** oft etwas Unerwartetes oder Überraschendes, **an,** z. B.:
  Er glaubte, den Roboter programmiert zu haben – ein verhängnisvoller Irrtum.
- kann **Zusätze** oder **Nachträge** deutlich vom übrigen Text abgrenzen. Wenn der Zusatz in den Satz eingeschoben ist, steht ein paariger Gedankenstrich, z. B.:
  Kochrezepte sind – so könnte man sagen – eine besondere Form der Gebrauchsanweisung.
- kann zwischen Sätzen den **Wechsel des Themas oder des Sprechers** anzeigen, z. B.:
  „Ich bin mit der Installation fertig." – „Kommst du dann bitte zum Essen!"

TIPP: Oft können anstelle des Gedankenstrichs auch andere Satzzeichen wie Kommas, Doppelpunkte oder Klammern gesetzt werden.

Das Komma bei Anreden, Ausrufen und Bekräftigungen

Was fällt Ihnen zum Thema „Gebrauchsanweisung“ ein?

VORSICHT FEHLER!

Lili: Guten Tag, dürfen wir Sie etwas fragen? Wir machen eine Umfrage, eine Umfrage zum Thema „Gebrauchsanweisungen“. Was fällt Ihnen dazu ein?

Frauke M.: Bitte, erinnert mich nicht daran! Der letzte Versuch mit so etwas endete in heillosem Chaos und einem Wutanfall!

Robert: Mein Herr, welche Erfahrungen haben Sie mit Bedienungsanleitungen gemacht?

Konrad V.: Junge, glaub mir, Papierverschwendung, genau das: Papierverschwendung!

Lili: Und Sie, finden Sie das auch?

Käthe V.: Ja, genauso ist es. Entweder man weiß wie es geht oder man ist verloren.

Robert: Aber bitte, es muss doch auch jemanden geben der Gebrauchsanweisungen gut findet?

Herbert M.: Ach, wisst ihr, natürlich ist so eine Anleitung manchmal auch hilfreich und völlig in Ordnung. Aber die Erinnerung bleibt einfach eher da wo man sich über so eine Anweisung entweder wahnsinnig geärgert oder richtig amüsiert hat.

1 a Untersucht die Kommasetzung an den markierten Stellen. Formuliert Regeln und weitere Beispiele zu euren Beobachtungen:
- *Eine Anrede wird ..., z. B. ...*
- *Ausrufe, kommentierende Äußerungen und Bekräftigungen werden ..., z. B. ...*

b Vergleicht eure Ergebnisse mit den Regeln im Orientierungswissen auf Seite 359.

c Im Text fehlen vier weitere Kommas. Findet die Stellen, wo die fehlenden Kommas gesetzt werden müssen, und begründet die jeweilige Kommasetzung.

VORSICHT FEHLER!

Uwe G.: Gebrauchsanweisung liebes Kind das ist doch dieses vielsprachige unansehnliche Papier. Eine Bleiwüste so muss man es deutlich sagen mit schlechten Abbildungen die man als Allererstes zur Seite legt um nur widerwillig reinzugucken wenn es gar nicht anders geht nicht wahr

2 In der Aussage von Uwe G. fehlen alle Satzzeichen.

a Schreibt den Text ab und setzt alle fehlenden Zeichen.

b Begründet jedes Satzzeichen mit einer Regel. Diskutiert, an welchen Stellen unterschiedliche Lösungen möglich sind.

3 a Interviewt selbst Personen zum Thema „Gebrauchsanweisungen“. Nehmt euer Interview auf.

b Haltet das Interview schriftlich fest. Achtet dabei auf eine korrekte Rechtschreibung und Zeichensetzung.

Fordern und fördern – Kommasetzung

VORSICHT FEHLER!

1 Wenn die Spülmaschine startet wird Wasser auf ca. 60 Grad erhitzt und in die Maschine gepumpt. 2 Um Kalkablagerungen zu verhindern muss das Wasser zuvor enthärtet werden. 3 Das Spülmittel befindet sich in einem Behälter der automatisch zum richtigen Zeitpunkt geöffnet wird. 4 Von Spülmittelresten im Klarspülgang befreit wird das Geschirr danach durch heiße Luft getrocknet. 5 Bei den neueren Modellen den Öko-Geschirrspülmaschinen wird der sorgsame Umgang mit Energie großgeschrieben.

●○○ **1** a Schreibt den Text ab und setzt dabei alle fehlenden Kommas.
b Übertragt die Tabelle in euer Heft und tragt die Nummern der Sätze in die passende Spalte ein.

Satzgefüge mit Infinitivsatz	Satzgefüge mit Partizipialsatz	Satzgefüge ohne Infinitiv- oder Partizipialsatz	Satz mit Apposition oder nachgestellter Erläuterung
...	...	...	...

VORSICHT FEHLER!

1 Als es noch keinen Kühlschrank gab bediente man sich anderer Kühlungsmethoden um Nahrungsmittel über längere Zeit haltbar zu machen: 2 Beliebt war es Fleisch und Fisch einzusalzen oder über schwelenden Hölzern zu räuchern. 3 Das Verfahren des Konservierens nutzend wurden Obst und Gemüse erhitzt und unter Luftabschluss in Gläser oder Flaschen gefüllt eine Methode die später durch den französischen Chemiker Louis Pasteur perfektioniert wurde. 4 Die Kältemaschinen die Carl Linde ein deutscher Ingenieur entwickelte waren nur für die Industrie geeignet. 5 Heute sind moderne Kühl-Gefrier-Kombinationen sparsam im Stromverbrauch am beliebtesten.

●●○ **2** a Schreibt die Sätze (1 bis 5) ab und setzt die fehlenden Kommas.
b Ordnet die Nummern der Sätze nach dem obigen Muster in eine Tabelle ein. Manche Sätze gehören in mehrere Spalten.

VORSICHT FEHLER!

1 Mikrowellenherde erhitzen Speisen ohne einen Kontakt zu einer Wärmequelle z. B. einer heißen Fläche oder heißer Luft zu haben. 2 Durch die Mikrowellenstrahlung elektromagnetische Wellen wie z. B. das Licht werden die Wassermoleküle des Kochguts in Bewegung versetzt und erzeugen so durch Reibung Wärme. 3 Durch eine Vakuumröhre den Magnetron erzeugt werden die Mikrowellen in den Garraum geleitet wo die metallischen Wände des Mikrowellenherdes die Wellen zusätzlich reflektieren sodass eine gleichmäßige Verteilung der Wellen gewährleistet wird. 4 Auch der häufig vorzufindende Drehteller meist aus Glas hergestellt hat den Zweck die Wellen gleichmäßig zu verteilen.

●●● **3** Schreibt den Text ab und setzt alle fehlenden Kommas. Begründet jedes Komma mit einer Regel.

Testet euch!

Kommasetzung

VORSICHT FEHLER!

Geschichte der Gebrauchsanweisung

Sie steckt als Beipackzettel in der Hi-Fi-Anlage genauso wie im Überraschungsei – die Gebrauchsanweisung. Nicht wahr liebe Leser Sie haben sich auch schon einmal über ihr Kauderwelsch geärgert wünschend dass ihr Verfasser dafür ewig in der Hölle schmoren möge. Viele Museen vollgestopft mit technischen Geräten zeigen die Entwicklung von der Dampfmaschine bis ins Atomzeitalter. „Doch mit der schriftlichen Vermittlung von technischem Know-how durch Gebrauchsanleitungen hat sich bisher noch kein Museum beschäftigt“, sagt Clemens Schwender wissenschaftlicher Mitarbeiter der TU Berlin. Unter dem Titel „Erst lesen – dann einschalten“ gibt es nun eine Ausstellung in der die Geschichte der Gebrauchsanweisung geschildert wird.

Ohne einteilende Theorien aufzustellen, **1** bringt das Ausstellungsteam Licht in die Vergangenheit der Technikdokumentation. Die Geschichte zwischen Mensch, Betriebsanleitung und Technik zeigend, **2** werden natürlich auch Stilblüten und skurrile Übersetzungen von Gebrauchsanleitungen dokumentiert. Wer wird sich nicht vor Lachen biegen, **3** wenn er zum Beispiel zum Gebrauch einer simplen Luftmatratze liest: „Kaltes Wetter schadet der Unterlage, **4** denn sie wird sich dann nur langsam puffen. Entrollen der Unterlage und Liegen auf ihr, dann wird sie von der Wärme aufschwellen.“ Solche Texte müssen vom Verbraucher mühevoll dechiffriert werden, im schlimmsten Fall ergeben sie überhaupt keinen Sinn. Viele Hersteller sind offenbar nicht in der Lage, **5** verbraucherfreundlich umzusetzen, was die DIN-Bestimmung 8418 fordert, **6** nämlich „die Form und Ausführlichkeit auf die Eigenart des Erzeugnisses und die voraussetzbare Sachkunde des Verwenders“ abzustimmen.

1 Schreibt den ersten Teil des Textes (▶ Z. 1–17) ab und setzt die acht fehlenden Kommas.

2 **a** Ordnet im zweiten Teil des Textes (▶ Z. 18–41) jeder nummerierten Textstelle die passende Regel zu, nach der dort ein Komma gesetzt werden muss, z. B.: *1 = ..., 2 = ...*

Kommaregeln

- **U** Das Komma trennt einen Partizipialsatz von einem Hauptsatz ab.
- **E** Das Komma trennt zwei Hauptsätze in einer Satzreihe.
- **M** Das Komma trennt einen Infinitivsatz, der mit *um, ohne, statt, anstatt, außer* oder *als* eingeleitet wird, vom folgenden Hauptsatz ab.
- **U** Das Komma trennt einen Infinitivsatz ab, der von einem Verweiswort im Hauptsatz abhängt.
- **M** Das Komma trennt eine nachgestellte Erläuterung von einem Nebensatz ab.
- **S** Das Komma trennt einen Adverbialsatz vom Hauptsatz.

b Die Buchstaben ergeben ein Lösungswort, wenn ihr sie in die richtige Reihenfolge bringt.

14.3 Fit in ... – Richtig schreiben

Mit diesem Kapitel könnt ihr testen, wie fit ihr bereits in der Rechtschreibung und Zeichensetzung seid. Ihr geht so vor:

1 **Textüberarbeitung:** Zuerst überarbeitet ihr einen Fehlertext.
2 **Fehlerschwerpunkte finden:** Danach wertet ihr euer Ergebnis aus und stellt fest, in welchen Bereichen ihr noch Probleme habt.
3 **Training an Stationen:** Auf den Seiten 301–306 übt ihr gezielt die Bereiche der Rechtschreibung, die für euch noch schwierig sind.

VORSICHT FEHLER!

Ohne Technik durch den Tag – ein Selbstversuch

Pauline wollte es wissen: Wie abhängig ist sie von der Technik? Einen Tag lang hat sie auf alle technischen Geräte verzichtet und darüber eine Reportage für die Schülerzeitung geschrieben:

1 Gleich Morgens nach dem aufstehen fing es an:
2 Statt der Elektrischen die annaloge Zahnbürste zu nehmen, ist mir nicht so schwer gefallen.
3 Beim frühstücken den Toster nicht zu benutzen, war kein Problem, ich habe einfach Haferflocken mit Milch gegessen.
4 Aber am vormittag in der Schule war ich im Physikunterricht schnell lahm gelegt und vom Matheunterricht wurde ich sogar frei gestellt.
5 An einem normalen Tag hätte ich mir Mittags das Essen im Miekrowellenherd erwärmt, aber so habe ich mich an Brot, Obst und Salat sattgegessen – doch, echt delickat!
6 Die Spülmaschiene war auch tabu, sodass ich das abwaschen mit der Hand machen musste.
7 Das planschen im Spülbecken hat mir als Kind auch mehr spaßgemacht!
8 Für den Klavierunterricht war es dann höchst komplizirt, die Strecke von der düsseldorfer Allee bis zum Bettina-Von-Arnim-Platz ohne Bus zu bewältigen.
9 Ich habe überlegt, blau zu machen, bin dann aber doch Fahrradgefahren, sogar die weitere Strecke über die bergische Landstraße, um noch ein bisschen Fitnes-Training zu bekommen.
10 Ich war mir nicht ganz sicher ob Duschen verboten ist weil bestimmt auch die Wasserpumpe elektrisch funktioniert.
11 Ich hab's dann doch gemacht aber ohne hinterher die Haare zu föhnen.
12 Eine echte Krise hatte ich abends als meine ganze Familie meine Eltern sowie meine beiden Brüder viel Spaß dabei hatten einen Film im Fernsehen zu schauen.
13 Ich hab dann nach so einem – wie heißt es noch mal – ach ja: Buch gesucht leider vergeblich.
14 Nein liebe Lehrer keine Sorge: Das war natürlich nur ein Scherz ein saublöder!
15 Tatsächlich ging der Abend schmökernd im Bett verbracht sehr unspektakulär zu Ende.
16 Das Handy eigentlich mein ständiger Begleiter habe ich an diesem Tag besonders vermisst!
17 Aber viele technische Geräte haben mir obwohl ich sie sonst häufig benutze kaum gefehlt.

1 a Schreibt die Sätze 1–9 ab. Korrigiert dabei alle Fehler (Groß- und Kleinschreibung, Getrennt- und Zusammenschreibung, Schreibung von Fremdwörtern).
b Schreibt die Sätze 10–17 ab. Setzt dabei alle fehlenden Kommas.

Die eigenen Fehlerschwerpunkte finden

1 Überprüft in Partnerarbeit eure Lösungen der Aufgaben. Vergleicht sie dazu mit den Lösungen auf S. 376. Markiert alle Fehler, die ihr gemacht habt.

2 Findet eure Fehlerschwerpunkte. Geht so vor:
a Alle Fehler, die ihr gemacht habt, markiert ihr auf einer Kopie des folgenden Fehlerbogens.
b Zählt, wie viele Fehler ihr in jedem Kästchen gemacht habt. Tragt eure Fehlerzahl in die mittlere Spalte ein.
c In der rechten Spalte der Tabelle mit dem Namen „Trainingsstationen" seht ihr, bei welchen Stationen ihr üben solltet. Markiert diese Stationen und die entsprechenden Seitenzahlen.

3 Übt eure Rechtschreibung an euren Trainingsstationen.

Fehlerbogen

Fehlerschwerpunkte	Fehlerzahl	Trainingsstationen
Sätze 1–9		
Groß- und Kleinschreibung 1 ... morgens nach dem Aufstehen ... 2 Statt der elektrischen die ... 3 Beim Frühstücken ... 4 ... am Vormittag ... 5 ... mittags ... 6 ... das Abwaschen ... 7 Das Planschen ... Spaß gemacht! 8 ... von der Düsseldorfer Allee ... zum Bettina-von-Arnim-Platz ... 9 ... über die Bergische Landstraße, ...		Mehr als drei Fehler gemacht: ▶ Training an der Station 1, S. 301 ▶ Hilfen im Buch: S. 363–364
Getrennt- und Zusammenschreibung 2 ... ist mir nicht so schwergefallen. 4 ... schnell lahmgelegt ... freigestellt. 5 ... satt gegessen ... 7 ... mehr Spaß gemacht! 9 ... blauzumachen ... Fahrrad gefahren.		Mehr als zwei Fehler gemacht: ▶ Training an der Station 2, S. 302 ▶ Hilfen im Buch: S. 365
Fremdwörter 2 ... analoge ... 3 ... Toaster ... 5 ... Mikrowellenherd ... delikat ... 6 Die Spülmaschine ... 8 ... kompliziert ... 9 ... Fitness-Training ...		Mehr als zwei Fehler gemacht: ▶ Training an der Station 3, S. 303 ▶ Hilfen im Buch: S. 364

Fehlerschwerpunkte	Fehlerzahl	Trainingsstationen
Sätze 10–17		
Kommasetzung bei Satzgefügen (ohne Infinitiv- oder Partizipialsätze) **10** … nicht ganz sicher, ob Duschen verboten ist, weil … funktioniert. **12** … hatte ich abends, als meine … **17** … haben mir, obwohl ich sie sonst häufig benutze, kaum gefehlt.		Mehr als zwei Fehler gemacht: ▶ Training an der Station 4, S. 304 ▶ Hilfen im Buch: S. 357
Kommasetzung bei Infinitiv- und Partizipialsätzen **11** … doch gemacht, aber ohne hinterher die Haare zu föhnen. **12** … viel Spaß dabei hatten, einen Film im Fernsehen zu schauen … **15** … der Abend, schmökernd im Bett verbracht, sehr unspektakulär …		Ab einem Fehler: ▶ Training an der Station 5, S. 305 ▶ Hilfen im Buch: S. 358
Kommasetzung bei Appositionen, nachgestellten Erläuterungen und Anreden **12** … meine ganze Familie, meine Eltern sowie meine beiden Brüder, viel Spaß … **13** … Buch gesucht, leider vergeblich. **14** Nein, liebe Lehrer, keine Sorge: Das war … nur ein Scherz, ein saublöder! **16** Das Handy, eigentlich mein ständiger Begleiter, habe …		Mehr als zwei Fehler gemacht: ▶ Training an der Station 6, S. 306 ▶ Hilfen im Buch: S. 358–359
Andere Fehler:		Sprecht mit eurer Lehrkraft über diese Fehler. Sie gibt euch Tipps und Übungen für diese Fehlerbereiche.
Fehler insgesamt:		

Keine oder nur ganz wenige Fehler gemacht?
Bearbeitet an den Stationen die Aufgaben „Für Spezialisten“.

Training an Stationen

Station 1: Groß- und Kleinschreibung

VORSICHT FEHLER!

Break-down der Haushaltstechnik

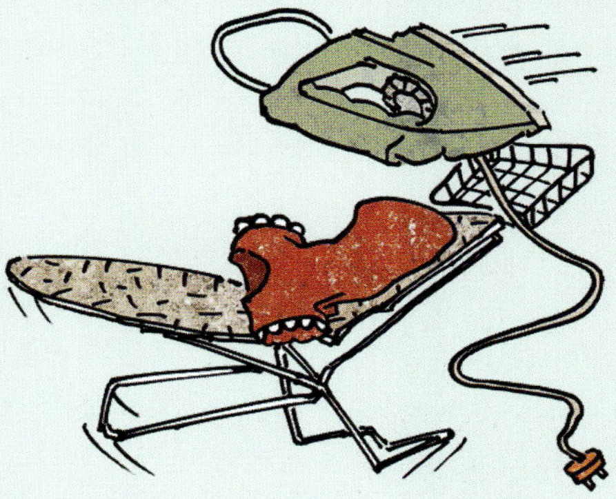

am montagmorgen fing es an. beim betätigen des rollladenschalters gab es ein kleines feuerwerk, ansonsten blieb es bis zum eintreffen des handwerkers, der hausbesuche leider nur mittwochs nachmittags tätigt, zappenduster. im dunklen stolperte ich über das fernsehkabel, wodurch nicht einfach der stecker aus der Dose, sondern das kabel aus der fernseherrückwand gerissen wurde. da bügeln ohne fernsehgucken sowieso langweilig ist, schadete es nicht, dass dienstagabends das bügelbrett unter dem gewaltigen gewicht eines rüschenblüschens zusammenbrach, was das dampfbügeleisen ebenfalls zum aushauchen seines geistes veranlasste. bis freitagnacht passierte seltsamerweise nichts bemerkenswertes, abgesehen davon, dass der gefrierschrank still und heimlich seinen dienst einstellte, was mir erst freitag früh auffiel, als meine füße mir ein kühles nass meldeten. in der nacht von freitag auf samstag schlugen dann die brandmelder alarm, zum glück aber nur auf Grund eines defekts. zu loben bleibt das unverdrossene funktionieren meines radioweckers, der mich diensteifrig auch sonntag früh aus süßen träumen holte, da ich vergessen hatte, ihn auszustellen.

1 a Schreibt den Text in der richtigen Groß- und Kleinschreibung in euer Heft.
b Unterstreicht die nominalisierten Verben und Adjektive in eurer Abschrift.
c Umkreist die Tageszeiten und Wochentage und gleicht ihre Schreibung mit den Regeln auf S. 283 ab.

2 Wo gibt es was? Schreibt die Informationen in der richtigen Groß- und Kleinschreibung auf.
- metzgerschmitzinderstockholmeralleebietetrheinischensauerbraten.
- günstigesmeißnerporzellanimausverkaufaufdembertha-von-suttner-platz.
- holensiesicheingelbestrikotimfahrradladenimwiesenweg.
- besuchensiediehessischenspezialitätenständebeidergrünenwocheinberlin.
- einebayrischeundmünchnerdirndlkollektionfindensieimgeschäftinderstraßeandendreieichen.

3 a Für Spezialisten: Begründet, warum die unterstrichenen Adjektive trotz Nomenbegleiter kleingeschrieben werden müssen.
- Die T-Shirts gefallen mir alle sehr gut. Ganz besonders mag ich die gestreiften.
- Das schwarze ist mein Fahrrad.

b Begründet die Schreibweise bei den folgenden Beispielpaaren:
- die Frankfurter Buchmesse – ein spannender Roman
- eine pfälzische Stadt – der Pfälzer Wein
- ein sächsischer Dichter – die Sächsische Schweiz

Station 2: Getrennt- und Zusammenschreibung

Freizeitspaß im Freizeitpark

Wenn die Sommerferien bevor/stehen und man endlich frei/hat, ist es nahe/liegend, sich auf einen Besuch in einem der zahlreichen Freizeitparks vor/zu/bereiten. Im Europa-Park Rust kann man an einem Tag ganz Europa durch/queren. In 16 Länderbereichen könnt ihr euch von rund 100 Fahrgeschäften verführen/lassen. Wer dazwischen ein bisschen Ruhe/haben möchte, kann sich in einem der Show-Theater zurück/lehnen. Im Zoo Safaripark Stukenbrock könnt ihr Lamas, Zebras und weißen Löwen nahe/kommen, auf einem Krokodil aus Stahl reiten/üben und auf der Wildwasserbahn ordentlich durch/starten. Im Serengeti-Park Hodenhagen solltet ihr auf Safari/gehen und euch in Bussen durch den Tierpark fahren/lassen. Affen, Elefanten, Giraffen und auch Breitmaulnashörner kommen vorbei, wenn die Busfahrer ihnen Leckerbissen bereit/stellen. Wer nach der Busfahrt aktiv/sein will, kann im Abenteuer-Hochseilgarten klettern/gehen. Im Heide Park Resort bei Soltau darf es ruhig abwärts/gehen: Bei der größten und längsten Holzachterbahn Europas werden die Wagen aus 52 Meter Höhe hinab/geworfen. Beim Freifallturm „Scream“ können sich die Passagiere aus 103 Metern Höhe in die Tiefe stürzen/lassen. Rund 40 solch rasanter Attraktionen sind hier aneinander/gereiht.

1 Getrennt oder zusammen? Entscheidet, wie die markierten Wortgruppen geschrieben werden, und schreibt sie in euer Heft.

2 Bildet Sätze mit den folgenden Wortgruppen. Begründet bei jedem Satz die Zusammen- bzw. die Getrenntschreibung. TIPP: Bei einigen Wortgruppen ist beides möglich.

dahinter/stecken • davon/kommen • fest/nageln • wieder/sehen • zusammen/schreiben • frei/machen • schön/reden • vorher/sagen • fest/nehmen • zusammen/halten

3 **a** Für Spezialisten: Überlegt, welchen Unterschied es zwischen den markierten Wortgruppen gibt. Leitet daraus eine Regel zur Getrennt- und Zusammenschreibung ab.

- Kannst du mir bitte einen Teil abgeben? – An dem Erfolg können alle teilhaben.
- Lasst uns Eis essen gehen! – Ab heute kann man im Park wieder eislaufen.
- Ich will nicht meinen Kopf riskieren. – Hier scheint heute ja alles kopfzustehen!

b Überprüft eure Regel mit Hilfe des Regelteils eines Wörterbuchs.

Station 3: Fremdwörter

Rasante ['reɪsɪŋ]-[zɛ'zõ] auf dem Hockenheimring

Dieser kleine [krɛʃ] hätte einfach nicht passieren dürfen! Rahel Frey heftet ihre Augen auf den Asphalt und gibt Gas – 240 km/h! Ihr zierlicher Rücken vibriert im verschwitzten ['oʊvərɔːl]. In der ersten Kurve hat sie ein anderer Wagen gerammt, nun liegt das Auto nicht mehr [pɛr'ʃɛkt] auf der Straße. Rahel Frey biegt deshalb in die Boxengasse ein, wo sich die [garaʒə]n der [tiːm]s aneinanderreihen. In wenigen Sekunden ['tʃɛkn̩] die Mechaniker den Wagen. Aber helfen können sie Rahel auf die Schnelle nicht. Pech. Heute rauscht sie als Letzte ins Ziel. Während der Applaus für den Sieger von der Tribüne donnert, will Rahel erst einmal allein sein. Aber schon eine Stunde später ist sie wieder ['pozitiːf] gestimmt und gibt ein ['ɪntɐvjuː] für ihre [fɛn]s. Später wird sie mit dem Renn-[ɪnʒe'ni̯øːɐ̯] ihr Fahrverhalten, das der Bord-[kɔm'pjuːtɐ] genau dokumentiert hat, im [de'tai̯] durchsprechen. Seit anderthalb Jahren ist die 26-Jährige als Rennfahrerin bei der Deutschen [tuːr]enwagenmeisterschaft (DTM) dabei. Schon mit zwölf fiel sie beim ['goːkaʁt]fahren auf, einige Jahre später bekam sie die ['ʃãːsə], internationale Rennen mitzufahren, seitdem [trɛ'niːrt] sie jeden Tag, um bei einem der nächsten Rennen auch einmal Siegerin zu sein.

1 a Schreibt die markierten Wörter in Lautschrift in normaler Schreibweise in euer Heft.
b Kontrolliert die Schreibweise der Fremdwörter mit Hilfe eines Wörterbuchs.

2 a Notiert für jedes Wort die Schreibweise(n), die ihr für richtig haltet.
b Prüft dann eure Ergebnisse mit Hilfe eines Wörterbuchs.

VORSICHT FEHLER!

placieren	platzieren	plazieren	platziren
Saxophon	Sacksophon	Saksofon	Saxofon
existentziell	existenziell	existentiell	existenziel
Grafikerin	Graphikerin	Grapfikerin	Graphickerin
Dragee	Dragée	Drajee	Dragé
Rethorik	Rhetorik	Rhethorik	Rhetorick
ortografisch	orthografisch	ortographisch	orthographisch
Download	Downlod	Daunload	Downlood

3 Für Spezialisten: Aus welchen Sprachen stammen die folgenden Wortbauteile? Übertragt die Tabelle in euer Heft und ergänzt sie.

Wortbauteile	Sprache	Beispielwörter
ph, th, rh	...	...
age, eau, eur, ou	...	...
ea, ity, oo, y	...	...
dis, ex, ismus, tion, iv	...	...

Station 4: Kommasetzung in Satzgefügen

VORSICHT FEHLER!

Lieber Tierfreund, liebe Tierfreundin,
hier noch ein paar wichtige Punkte die wir dir ans Herz legen möchten: In den ersten drei bis vier Tagen solltest du deinem Schützling Ruhe bieten damit er sich an die neue Umgebung gewöhnen kann. Ein bis drei Mal pro Woche ist ein Vitaminpräparat das dem Wasser oder Futter beigemischt werden kann empfehlenswert. Platziere das Kleintierheim so dass es hell steht aber vor Sonneneinstrahlung und Zugluft geschützt ist. Die Futter- und Pflegeanleitung die dir mitgegeben wird solltest du unbedingt befolgen. Wenn es in den ersten zwei Wochen zu Auffälligkeiten kommt setze dich bitte umgehend mit uns in Verbindung. Bitte bedenke dass es sich bei deinem Pflegling um ein Lebewesen handelt das auch so behandelt werden möchte.
Dass du viel Spaß mit deinem neuen Hausgenossen hast wünscht dir das Team von deiner Zoohandlung.

1 Schreibt die Ratschläge aus dem Kleintierpass einer Zoohandlung ab. Unterstreicht Hauptsätze blau, Nebensätze grün und setzt die notwendigen Kommas.

Hinweise zum Umgang mit einem Buch

1 Sie beginnen mit dem Lesen eines Buches.
2 Verwenden Sie das Buch nicht beim Duschen oder in der Nähe von offenem Feuer.
3 Sie leiden unter Müdigkeit oder Konzentrationsstörungen.
4 Reißen Sie Seiten aus dem Buch heraus.
5 Sie sind am Ende des Buches angekommen.

A Das Verständnis des Buches kann beeinträchtigt werden.
B Wenden Sie sich bitte an Ihre Bibliothek oder Ihre Buchhandlung.
C Papier kann aufquellen und ist leicht entflammbar.
D Sie sollten das Lesen des Buches vermeiden.
E Beherzigen Sie bitte folgende Hinweise.

2 Bildet Satzgefüge, indem ihr jeweils zwei Sätze miteinander verbindet. Achtet auf die Kommasetzung. Ihr könnt die folgenden Konjunktionen zu Hilfe nehmen:

bevor • da/weil • wenn • dass • sobald

Erstmaliges Verwenden Ihres Mobiltelefons
Um eine Aktion zu starten, wählen Sie ✔. Um eine Aktion zu überspringen, wählen Sie ✘.
Wenn Sie bereits ein Konto besitzen, geben Sie Ihren Benutzernamen und Ihr Passwort ein. Wenn Sie Ihr Kennwort vergessen haben, können Sie es über eine Mail- oder SMS-Mitteilung anfordern.
Verwenden Sie das Programm *Telefonwechsel*, um Ihre Inhalte zu kopieren.

3 Für Spezialisten: Erklärt, wie Gebrauchsanweisungen dieser Art wirken. Beschreibt hierzu die Besonderheiten des Satzbaus und bestimmt dabei genau die Art und die Funktion der Nebensätze. Nutzt hierzu Fachbegriffe.

Station 5: Kommasetzung bei Infinitiv- und Partizipialsätzen

- Hilf mir lieber mal.
- Ich erwarte nichts von Gebrauchsanweisungen.
- Da bleibt uns wohl nichts anderes übrig.
- Diese Anleitung besteht nur aus Bildern.

- ... dich lustig zu machen.
- ... ganz von vorne anzufangen.
- ... in jedem Land verständlich zu sein.
- ... hilfreich zu sein.

um • (an)statt • außer • ohne • als

1 Bildet Satzgefüge aus Hauptsatz und Infinitivsatz. Verwendet dazu jeweils eine passende Konjunktion und achtet auf die Kommasetzung.

VORSICHT FEHLER!

Forschungsprojekt „Bedienungsanleitung"

Das Ziel einer wissenschaftlichen Studie zu Bedienungsanleitungen ist es deren unverzichtbare Funktion als Mittler zwischen Mensch und Technik zu erforschen. Ein Team von Sprach- und Kulturwissenschaftlern aus allen Kontinenten arbeitet daran universale und kulturspezifische Merkmale von Bedienungsanleitungen herauszufinden. Die Forscher haben es sich zur Aufgabe gemacht der Menschheit endlich die Bedeutung dieser ganz besonderen Textsorte deutlich zu machen. Eine Möglichkeit sich auch der historischen Dimension des Themas zu nähern bietet eine Sammlung von Faltzetteln, Handbüchern und Hinweisschildern aus fünfhundert Jahren.

2 Schreibt den Text ab. Unterstreicht die Infinitivsätze, umkreist das Wort im Hauptsatz, das auf den Infinitivsatz hinweist, und setzt die Kommas.

VORSICHT FEHLER!

Unverhofft

Gestern brauchte ich dringend Support für mein die Mitarbeit verweigerndes Handy. Den PC startend griff ich gleichzeitig nach dem Telefonhörer. Ich wartete eine Mail schreibend fünf Minuten vergebens auf ein Durchkommen bei der Service-Hotline. So zwei Medien gleichzeitig nutzend qualmte mir nach kürzester Zeit der Kopf. Entnervt knallte ich das Handy auf den Tisch ihm damit unverhofft ein Lebenszeichen entlockend.

3 a Schreibt den Text ab und trennt dabei alle Partizipialsätze vom Hauptsatz ab.
b Klammert die Kommas, die auch entfallen könnten, ein.

4 a Für Spezialisten: Schreibt selbst eine – möglichst witzige – Anleitung zu einer der folgenden Situationen. Verwendet dabei mindestens drei Infinitiv- und zwei Partizipialsätze und setzt entsprechend den Regeln Kommas.
- Wie benutze ich die kalte Dusche im Freibad?
- Hinweise zum Verhalten bei Tanten- und Onkel-Besuch
- In fünf Minuten fertig für die Schule sein – so geht's!

b Diktiert euch gegenseitig eure Anleitungen und korrigiert sie in Partnerarbeit.

Station 6: Kommasetzung bei Appositionen und nachgestellten Erläuterungen

Musikinstrumente

Saiteninstrumente ? werden entweder gezupft oder mit einem Bogen gestrichen. Beim Klavier ? werden beim Anschlagen der Tasten Hämmerchen gegen Saiten im Inneren des Instruments geschlagen. Ein nur hinsichtlich der Tastatur ? ähnliches Instrument ? wird mit Händen und Füßen gespielt. Bei der Orgel wird der Klang durch Pfeifen ? erzeugt. Durch eine besondere Technik des Anblasens entlockt man auch der Querflöte ? Töne. Bei der Blockflöte ? bläst man einfach in die Mundöffnung hinein.

nämlich die Orgel • in gewisser Weise auch ein Saiteninstrument • einem Holzblasinstrument • ihrer senkrecht zu haltenden Verwandten ohne Klappen • wie zum Beispiel die Geige oder die Gitarre • Manual genannt • angeblasen durch einen „Orgelwind“ genannten Luftstrom

1 a Schreibt den Text „Musikinstrumente“ ab und füllt dabei die Lücken mit passenden Appositionen bzw. nachgestellten Erläuterungen aus dem Kasten. Setzt dabei auch die erforderlichen Kommas.
b Unterstreicht die Appositonen blau und die nachgestellten Erläuterungen grün.

VORSICHT FEHLER!

Wurfring

Der Wurfring dem Frisbee verwandt ist ein wunderbares Spiel- und Sportgerät bestens geeignet für den Urlaub am Strand! Der Ring fliegt perfekt eingestellt und flach geworfen gerade und stabil. Die besondere Konstruktion ein zweiteiliges Profil aus Polycarbonat-Kern und Weichgummi-Polster sorgt für eine enorme Flugweite und komfortables Fangen. Die Flugeigenschaften können beeinflusst werden zum Beispiel durch ein vorsichtiges Biegen nach oben oder nach unten. Der Ring ist flach und trocken gelagert sowie vor Sonnenlicht und Hitze geschützt robust und haltbar und bietet umsichtig und sachgemäß verwendet ein perfektes Sportvergnügen.

2 a Für Spezialisten: Schreibt den Text „Wurfring“ ab und entscheidet, wo möglich, ob ihr Kommas, Gedankenstriche oder Klammern zur Abgrenzung der nachgestellten Erläuterungen verwenden wollt.
b Unterstreicht die nachgestellten Erläuterungen, bei denen es sich um Partizipialsätze handelt.

15 Glücklich sein –
Texte auswerten, Lernstrategien anwenden

Gl*ck h*ngt n*cht d*v*n *b, w*r d* b*st *d*r w*s d* h*st. *s h*ngt n*r d*v*n *b, w*s d* d*nkst.

Dale Carnegie

D*s G*hmn*s d*s Gl*cks l**gt n*cht *m B*s*tz, s*nd*rn *m G*b*n. W*r *nd*r* gl*ckl*ch m*cht, w*rd gl*ckl*ch.**

André Gide

D*s V*rglch*n *st d*s *nd* d*s Gl*cks *nd d*r *nf*ng d*r *nz*fr**d*nh**t.**

Søren Kierkegaard

1 a Mit einiger Übung könnt ihr die Sätze oben sicherlich lesen. Versucht es.
b Erklärt, warum man die Wörter lesen kann, obwohl sie unvollständig sind.

2 Diskutiert: Welcher Aussage zum Thema „Glück" könnt ihr euch anschließen? Was bedeutet Glück für euch?

3 a Gebt Bespiele dafür an, wann ihr Texte überfliegt und wann ihr Texte gründlich und mehrmals lest.
b Es gibt unterschiedliche Ziele beim Lesen. Beschreibt, wie ihr vorgeht,
- wenn ihr wissen wollt, ob ein Text zu einem bestimmten Thema passt (z. B. bei Suchergebnissen im Internet),
- wenn ihr einen Text lest, den ihr interpretieren sollt oder zu dem ihr eine Stellungnahme schreiben sollt.

In diesem Kapitel …

- lernt ihr unterschiedliche Lesetechniken kennen und wendet sie an,
- erschließt ihr Sachtexte und literarische Texte,
- übt ihr den Umgang mit verschiedenen Aufgabenformaten,
- entnehmt ihr Hörtexten Informationen.

15.1 Lesetechniken anwenden – Informationen entnehmen und bewerten

Texte überfliegen

Die Sehnsucht nach Glück

Jeder will glücklich sein. Und jeder wünscht sich, dass dieses schöne Gefühl möglichst lange anhält. Diese Sehnsucht nach Glück gibt es auf der ganzen Welt.

Verschiedene Auffassungen von Glück

Einig sind sich alle darin, dass Glück ein angenehmes und schönes Gefühl ist. Unterschiedlich sind aber die Auffassungen davon, was Glück genau ist. So spricht man von Glück, wenn der Zufall im Spiel war und jemand im Lotto gewonnen hat.

Etwas geschafft zu haben, wofür man geübt oder sich angestrengt hat, wie z. B. einen guten Aufschlag beim Tennis oder das Spielen eines schwierigen Musikstücks, kann ebenfalls glücklich machen. Auch besonders schöne Situationen oder Erlebnisse wie ein Sonnenuntergang am Meer können Glücksgefühle auslösen. Der Traum von einem glücklichen Leben erfüllt sich wahrscheinlich nur dann, wenn man mit sich selbst im Einklang und mit seinem Leben zufrieden ist.

Der Begriff „Glück"

Glück kann offenbar für jeden Menschen in verschiedenen Situationen und Lebensphasen etwas anderes bedeuten. Im Deutschen gibt es für die unterschiedlichen Bedeutungen von Glück, z. B. als positiver Zufall, freudige Gemütsverfassung usw., nur ein Wort. Andere Sprachen, wie zum Beispiel das Englische, unterscheiden auch sprachlich zwischen „luck", (= das Zufallsglück), „pleasure" (= ein aktuelles Glückserlebnis) oder „happiness" (= ein dauerhafter Glückszustand).

Gibt es eine Glücksformel?

Glücksratgeber gehören heute zu den Bestsellern. Und es gibt viele Wissenschaften, z. B. die Philosophie und die Psychologie, die sich mit dem Thema „Glück" beschäftigen und erforschen, was Glück ist und wie es entsteht. Eine Glücksformel hat noch niemand entdeckt. Forscher haben aber herausgefunden, dass es offenbar Faktoren gibt, die Glück begünstigen. Dazu gehören ein stabiles soziales Umfeld, das Ausüben einer befriedigenden Tätigkeit, z. B. im Beruf, als Ehrenamt oder Hobby, physische und psychische Gesundheit, persönliche Freiheit, genug Geld zur Abdeckung der Grundbedürfnisse (Essen, Trinken, Wohnen), vor allem aber auch eine positive innere Haltung, eine Art Lebensphilosophie. Vielleicht kommt man dem Glück auf die Spur, wenn man auf ein weiteres Forschungsergebnis achtet: Die Untersuchungen zeigen nämlich, dass vor allem die Menschen glücklich sind, die das Gemeinwohl über ihre eigenen Interessen und Leistungen stellen.

Glück: Was ist das?

In jeder Kultur und zu jeder Zeit beschäftigten sich Menschen mit den Fragen, was Glück ist und wie man es erreichen kann. Früher waren das vor allem Philosophen. So sah der Chinese Lao Tse (6. Jahrhundert vor Christus) das wahre Glück in der Untätigkeit. Wenn der Mensch aufhöre, so Lao Tse, dem Glück oder anderen Zielen hinterherzulaufen, dann sei er wirklich glücklich.

Für die griechischen Philosophen Sokrates, Platon und Aristoteles (5./4. Jahrhundert vor Christus) führte eine tugendhafte Lebensweise zum Glück.

Heute hat die Suche nach dem Glück das Haus der Philosophen verlassen. Soziologen wollen herausfinden, wo die glücklichsten Menschen leben. Der Niederländer Ruut Veenhoven hat die weltgrößte Glücksdatenbank gegründet und herausgefunden, dass unter den Bewohnern von 97 Ländern die Dänen am glücklichsten sind, es folgen die Schweizer, dann die Isländer.

Auch die Psychologen beschäftigen sich mit dem Glück und untersuchen, wie positive Emotionen entstehen und welche Rahmenbedingungen in der Gesellschaft positive Gefühle unterstützen.

Auch die Hirnforschung leistet einen wichtigen Beitrag zur Glücksforschung, indem sie versucht, das Bewusstsein von Emotionen (z. B. „Ich bin glücklich“) hirnphysiologisch zu erklären. Vor allem der amerikanische Hirnforscher Richard Davidson hat sich durch seine Experimente einen Namen gemacht, indem er die Gehirnaktivität seiner Versuchspersonen maß. So fand Davidson heraus, dass die linke vordere Gehirnhälfte für positive Gefühle zuständig ist, während die rechte vordere Gehirnhälfte negative Emotionen entstehen lässt.

Die Glücksforschung ist also ein Thema, das in den verschiedensten Wissenschaften diskutiert und erforscht wird.

1 Prüft durch überfliegendes Lesen, welcher der beiden Texte (► S. 308–309) euch Informationen zu folgender Fragestellung liefert: *Welche Faktoren fördern das Glücklichsein?*
Lasst dazu die Augen schnell über die Texte gleiten: Lest nur die Überschriften und die ersten Zeilen der Absätze. Achtet auf Signalwörter zum Thema.

2 **a** Lest nun beide Texte durch. Fasst dann zusammen, worum es in den Texten jeweils geht.
b Vergleicht anschließend eure Ergebnisse und überprüft diese am Text.

3 Diskutiert, welche Informationen für euch interessant waren oder was euch überrascht hat.

Methode **Texte überfliegen**

Das überfliegende Lesen hilft euch, aus einer größeren Anzahl von Texten, z. B. aus dem Internet oder aus einem Sachbuch, diejenigen herauszufiltern, die euch wichtige Informationen zu einem bestimmten Thema oder einer bestimmten Frage liefern.

1. **Klärt,** zu welcher **Fragestellung** oder zu welchem **Thema** ihr euch informieren möchtet.
2. Lest die **Überschrift** (evtl. Zwischenüberschriften) des Textes und die ersten Zeilen der Textabsätze. Oft gibt es auch einen Vorspann, der Auskunft über den Inhalt des Textes gibt.
3. **Überfliegt** den gesamten **Text**, indem ihr mit den Augen zügig über den Text gleitet und nach vorher festgelegten **Signalwörtern** Ausschau haltet.
4. **Notiert, ob** der **Text** für euer Anliegen **geeignet** ist und deshalb genau gelesen werden muss.

Sachtexte erschließen, zusammenfassen und bewerten

Bhutan: Glück als Staatsziel

Wie ein König seine Untertanen erzieht

Von Christina Krätzig

Wo liegt Bhutan?
→ erklären!

In Bhutan wurde bereits vor mehr als 30 Jahren festgelegt: Nicht Wirtschaftswachstum soll das wichtigste Entwicklungsziel des Landes sein, sondern „Bruttonationalglück“. Diesen Begriff prägte der damals regierende bhutanische König Jigme Singye Wangchuck Anfang der 1970er Jahre. Gemeint ist: Jeder Mensch in Bhutan soll so glücklich wie möglich leben können; die Regierung soll das ermöglichen und die Rahmenbedingungen dafür schaffen.

→ Definition!
Was heißt das?

Anders als ihm internationale Berater empfahlen, setzte der König zunächst auf den Ausbau des Gesundheits- und Bildungssektors, um seine Untertanen glücklich zu machen – und nicht auf den Bau von Fabriken oder eine schnelle wirtschaftliche Entwicklung. Damals gab es in ganz Bhutan zwei Ärzte und die Lebenserwartung lag bei unter 40 Jahren. Heute hat sich die Lebenserwartung mit 65,5 Jahren enorm gesteigert. Das Netz von Krankenhäusern und Ärzten ist engmaschig, die Krankenversorgung nach wie vor kostenlos. So gut wie alle jungen Bhutaner gehen zur Schule. 60 Prozent der Bevölkerung können inzwischen lesen und schreiben.

2006 übernahm der Sohn des früheren Königs die Macht. Der junge König Jigme Khesar Namgyel Wangchuck war beim Amtsantritt erst 26 Jahre alt. Er wurde in den USA, England und Indien ausgebildet und hat unter anderem in Oxford studiert. Gleich in seiner ersten Ansprache hat der „Fünfte Drachenkönig“ (so sein offizieller Titel) erklärt, dass er die demokratische Entwicklung des Landes voranbringen wolle. 2008 fanden in Bhutan die ersten Wahlen statt. Seitdem gibt es auch eine Verfassung, in der Bruttonationalglück als Staatsziel verankert ist. Darin heißt es in Artikel 9, Absatz 2: Der Staat bemüht sich, jene Bedingungen zu fördern, die das Streben nach Bruttonationalglück ermöglichen.

Der junge König hat die Prämissen seines Vaters, die zu mehr Glück der Untertanen führen sollen, weitestgehend übernommen. Dazu gehören neben einer „guten Regierungsführung“ ein nachhaltiges und

gerechtes Wirtschaftswachstum, der Erhalt der bhutanischen Kultur und Umweltschutz. 60 Prozent des Landes stehen unter Naturschutz, insbesondere die einzigartigen Himalajawälder, die in Nepal oder Tibet rücksichtslos abgeholzt wurden. Wer in Bhutan einen Baum fällt, muss dafür zwei nachpflanzen. Allerdings gab und gibt es auch viele Vorschriften: Zu offiziellen Anlässen müssen die Menschen traditionelle Kleidung tragen. Häuser dürfen nur im bhutanischen Stil gebaut werden. Rauchen, Werbung und Plastiktüten sind untersagt.
Dass ausgerechnet der König des kleinen Himalajastaates eine so menschenfreundliche Politik verfolgt, liegt auch an der buddhistischen Tradition des Landes. Nächstenliebe und Toleranz stehen seit jeher im Zentrum der Religion. Die Überwindung von Gier und anderen Schwächen soll zu innerer Ausgeglichenheit und Glück führen. Nach buddhistischer Vorstellung ist ein Zustand des Glücks sogar der ursprüngliche Zustand, in dem sich jeder Mensch befindet, der nicht von bösen Gedanken beherrscht wird. Durch Meditation und andere religiöse Praktiken kann er diesen Zustand wieder erreichen – als dauerhaften Zustand. Damit ist Glück nicht nur ein Moment kurzer Euphorie, wie wir uns im Westen dies meistens vorstellen. Der Besitz materieller Güter macht nach buddhistischen Vorstellungen nicht glücklich, wird aber auch nicht kategorisch abgelehnt. Vielmehr geht es darum, materielle und spirituelle Bedürfnisse in Einklang zu bringen.
2008 hat der „Fünfte Drachenkönig" das Glück seiner Untertanen erstmals erforschen lassen. Dafür hat er Interviewer in alle Landesteile geschickt und seine Untertanen befragen lassen. Die Interviews dauerten manchmal einen ganzen Tag lang. Die Forscher vom Institut für Bhutan-Studien wollten beispielsweise wissen, ob die Menschen genug zu essen haben, ihren Nachbarn trauen oder wie oft sie meditieren. Die Ergebnisse dieser Forschung wurden allerdings nicht publiziert. Weitere Befragungen sind geplant, derzeit mangelt es jedoch an Geld.

1 **a** Überfliegt den Text (▶ überfliegendes Lesen, S. 309) unter der folgenden Fragestellung: Welche Maßnahmen wurden ergriffen, um das Glück der Bhutaner zu fördern?
b Vergleicht eure Antworten zur obigen Fragestellung und überprüft sie am Text.

2 Lest den gesamten Text zügig durch, ohne euch an Einzelheiten aufzuhalten. Klärt die Bedeutung unbekannter Wörter aus dem Textzusammenhang oder durch Nachschlagen.

3 **a** Arbeitet mit einer Kopie des Textes. Lest den Text sorgfältig und bearbeitet ihn so:
– Markiert Schlüsselwörter – wie in den ersten Zeilen bereits geschehen – farbig.
– Notiert Fragen am Rand, wenn euch etwas unklar ist.
b Sprecht über eure Fragen und klärt sie.
c Gliedert den Text in Sinnabschnitte und haltet die wichtigsten Informationen in Stichworten oder kurzen Sätzen fest.

4 Fasst die wichtigsten Informationen des Textes zusammen. Geht so vor:

a Formuliert eine Einleitung, in der ihr über den Autor/die Autorin, den Titel, die Textsorte (ggf. Quelle) und das Thema des Textes informiert, z. B.: *Jn dem Bericht ... von ... geht es um ...*

b Fasst im Hauptteil die wichtigsten Informationen des Textes mit eigenen Worten sachlich zusammen. Macht die Zusammenhänge (Ursache, Wirkung, Gründe) durch passende Satzverknüpfungen deutlich.

c Bewertet zum Schluss den Text. Notiert z. B., was euch am Text gut bzw. weniger gut gefallen hat, oder äußert euch zu einer Textaussage, z. B.:
- *Durch den vorliegenden Text ist mir deutlich geworden, wie wichtig ...*
- *Einerseits finde ich es gut, dass ... Auf der anderen Seite gibt es in diesem Land viele Vorschriften ...*

5 **a** Strukturiert in Partnerarbeit die gewonnenen Informationen grafisch, z. B. in Form eines Flussdiagramms oder einer Mind-Map.

König von Bhutan → *Jigme Singye Wangchuck*
↓
1970: „Bruttonationalglück" als Staatsziel → *Jeder Mensch in Bhutan soll so glücklich wie möglich leben.*
↓
Mittel: ...

b Vergleicht eure Skizze mit eurer Zusammenfassung aus Aufgabe 4. Welche Vor- und Nachteile haben die beiden Arten der Informationsdarstellung?

Methode **Einen Sachtext erschließen und zusammenfassen**

1. Schritt: Lest die Überschrift(en), hervorgehobene Wörter und die ersten Zeilen des Textes, betrachtet die Abbildungen.
2. Schritt: Arbeitet mit einer Kopie des Textes: Lest den gesamten Text zügig durch und kreist unbekannte Wörter ein. Macht euch klar, was das Thema des Textes ist.
3. Schritt: Klärt unbekannte Wörter und Textstellen durch Nachdenken oder Nachschlagen.
4. Schritt: Lest den Text sorgfältig. Markiert die Schlüsselwörter farbig, gliedert den Text in Sinnabschnitte, notiert Fragen am Rand, wenn euch etwas unklar ist.
5. Schritt: Fasst die Informationen des Textes zusammen.
TIPP: Häufig ist es sinnvoll, die aus Texten gewonnenen **Informationen grafisch** zu **strukturieren,** z. B. in Form eines Flussdiagramms oder einer Mind-Map. Ein Flussdiagramm eignet sich besonders gut, um Abläufe darzustellen.

Für die **Zusammenfassung eines Sachtextes** gelten grundsätzlich die gleichen Regeln wie für die Inhaltsangabe eines literarischen Textes (► S. 328):
- In der **Einleitung** informiert ihr über den Autor/die Autorin, den Titel, die Textsorte (sofern bekannt), ggf. über die Quelle sowie über das Thema des Textes.
- Im **Hauptteil** fasst ihr die wichtigsten Textinformationen sachlich und in eigenen Worten zusammen und macht dabei die Zusammenhänge (Ursache, Wirkung, zeitliche Zusammenhänge usw.) durch passende Satzverknüpfungen deutlich.
- Zum **Schluss** bewertet ihr den Text oder nehmt Stellung zu einer Textaussage.

Grafiken entschlüsseln und auswerten

Abb. 1: Glücksskala

Frage: „Wie glücklich sind Sie zurzeit in Ihrem Leben?“ Bitte bewerten Sie es mit einer Zahl zwischen „1“ und „10“. „1“ bedeutet, dass Sie überhaupt nicht glücklich sind, und „10“ bedeutet, dass Sie sehr glücklich sind. Mit den Werten dazwischen können Sie Ihre Meinung abstufen.

n = 1004 Durchschnitt: 7,4

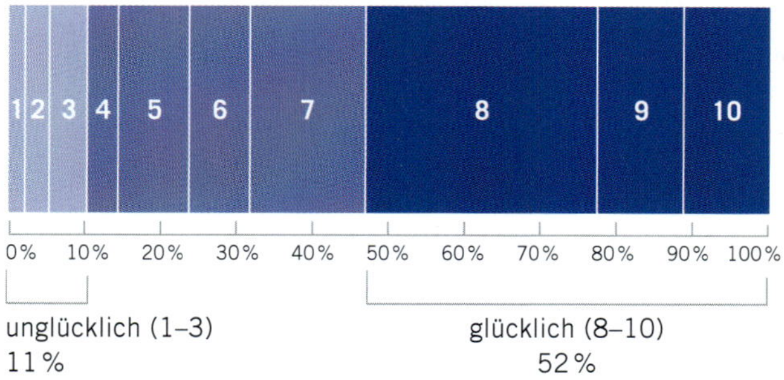

Abb. 2:

Frage: „Was bedeutet für Sie Glück?“ Ich lese Ihnen nun einige Aussagen dazu vor und Sie sagen mir bitte jeweils, ob das auf Sie sehr zutrifft, eher zutrifft, eher nicht zutrifft oder gar nicht zutrifft. Glück ist …

n = 1004 Übersicht: Nennungen „trifft sehr zu“

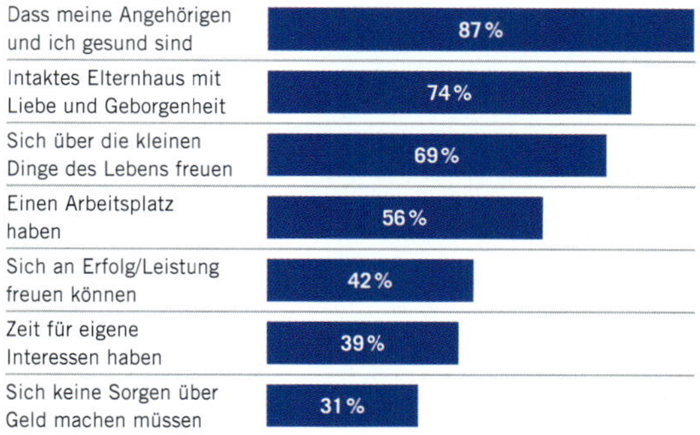

1 Untersucht in Partnerarbeit das Diagramm links. Geht so vor:

a Lest die Überschrift und die übrigen Erklärungen. Untersucht, was die Farbgebung und die Zahlen sowie die Prozentangaben bedeuten.

b Notiert, worüber das Diagramm informiert und welche Angaben gemacht werden.
Das Diagramm mit dem Titel … zeigt, dass die Mehrheit der Befragten … Immerhin 11 Prozent …
Zirka 48 Prozent der Befragten ordnen sich auf einer Glücksskala von … bis … unter …

2 **a** Schaut euch die Grafik rechts genau an.

b Überlegt, was sich aus den Angaben ablesen lässt, und formuliert eine passende Überschrift für die Grafik.

c Erklärt, warum die angegebenen Prozentzahlen über 100 % ergeben, wenn man sie zusammenzählt.

3 Fasst zusammen, was die beiden Grafiken über Glück in Deutschland aussagen.

4 Stellt einen Bezug zwischen den Grafiken oben und dem Text „Bhutan: Glück als Staatsziel“ (► S. 310–311) her. Prüft z. B., für wie wichtig für ihr Glücksempfinden die befragten Deutschen und die Bewohner von Bhutan den Besitz von Geld halten.

Methode **Diagramme verstehen und auswerten**

Um ein Diagramm auszuwerten, geht ihr so vor:

1. Schaut euch das Diagramm genau an. Lest die Überschrift und die übrigen Angaben und Erklärungen.
2. Stellt fest, worüber das Diagramm informiert. Welche Maßeinheiten werden verwendet, z. B. Prozent (%), Kilogramm (kg), Euro (€)?
3. Setzt Angaben in Beziehung zueinander, indem ihr sie z. B. vergleicht.
4. Fasst zusammen, was sich an dem Diagramm ablesen lässt.

Literarische Texte erschließen

Hermann Hesse (1877–1962)

Chinesische Legende

Ein alter Mann mit Namen Chunglang, das heißt „Meister Felsen“, besaß ein kleines Gut in den Bergen. Eines Tages begab es sich, dass er eins von seinen Pferden verlor. Da kamen die Nachbarn, um ihm zu diesem Unglück ihr Beileid zu bezeigen.
Der Alte aber fragte: „Woher wollt ihr wissen, dass das ein Unglück ist?“
Und siehe da: Einige Tage darauf kam das Pferd wieder und brachte ein ganzes Rudel Wildpferde mit. Wiederum erschienen die Nachbarn und wollten ihm zu diesem Glücksfall ihre Glückwünsche bringen.
Der Alte vom Berge aber versetzte: „Woher wollt ihr wissen, dass es ein Glücksfall ist?“
Seit nun so viel Pferde zur Verfügung standen, begann der Sohn des Alten, eine Neigung zum Reiten zu fassen, und eines Tages brach er sich das Bein. Da kamen sie wieder, die Nachbarn, um ihr Beileid zum Ausdruck zu bringen.

Und abermals sprach der Alte zu ihnen: „Woher wollt ihr wissen, dass dies ein Unglücksfall ist?“
Im Jahr darauf erschien die Kommission der „Langen Latten“ in den Bergen, um kräftige Männer für den Stiefeldienst des Kaisers und als Sänftenträger zu holen. Den Sohn des Alten, der noch immer seinen Beinschaden hatte, nahmen sie nicht. Chunglang musste lächeln.

1 **a** Tauscht euch über eure ersten Leseeindrücke aus.
b Fasst zusammen, worum es in der Geschichte geht.

2 Überlegt, warum Chunglang am Schluss der Geschichte lächeln muss (▶ Z. 29).

3 **a** Überlegt euch in Partnerarbeit für die Geschichte einen neuen Titel.
b Stellt eure Überschriften vor und begründet, warum ihr diese treffend findet.

4 **a** Untersucht, wie die Handlung der Geschichte aufgebaut ist.
- Gliedert den Text in Sinnabschnitte, denen ihr treffende Überschriften gebt. Notiert mit Zeilenangaben, z. B.:
  - *Z. X–Y: Chunglang verliert ein Pferd …*
- Benennt den Höhe- oder Wendepunkt (Pointe) der Geschichte.

b Ihr könnt den Handlungsaufbau auch grafisch darstellen.

Ausgangssituation (Z. X–Y): vermeintliches Unglück durch verlorenes Pferd, Nachbarn …

ungewöhnliche Reaktion …

…

5 a Besprecht, wie die Figuren auf euch wirken. Welche Rolle spielt es hierbei, dass im Text keine innere Handlung erzählt wird?

b Die Eigenschaften Chunglangs können nur aus seinem Verhalten erschlossen werden. Nennt zwei Adjektive, die zu Chunglang passen.

c Überlegt, was die Nachbarn im Laufe des Geschehens und am Schluss über Chunglang denken könnten.

6 Untersucht, welche sprachlichen Auffälligkeiten die Geschichte hat.

a Die Geschichte wird im Titel als „Legende“ bezeichnet, eine Textsorte, die dem Märchen verwandt ist. Sucht märchenhafte Wendungen in der Geschichte und beschreibt ihre Wirkung.

b Begründet, welche Wirkung durch die Verwendung der wörtlichen Rede erzielt wird, z. B.: *Erzählung lebendig machen, Spannung steigern, Figuren glaubwürdig darstellen, eine Textstelle besonders betonen.*

7 Verfasst zur Geschichte „Chinesische Legende“ von Hermann Hesse eine kurze Inhaltsangabe. Begründet im Anschluss, ob es sich um eine Geschichte über Glück oder über Unglück handelt. Belegt eure Meinung anhand des Textes (▶ Aussagen mit Zitaten belegen, S. 328).

Methode **Einen Erzähltext erschließen und interpretieren**

Folgende Leitfragen helfen euch, einen literarischen Text zu erschließen:

Thema/Inhalt:
- Was ist das Thema des Textes? Enthält er eine Lehre? Gibt es zentrale Motive?

Aufbau der Handlung:
- Wie sind Ausgangssituation und Schluss (offen/geschlossen) gestaltet?
- Gibt es einen Höhe- bzw. Wendepunkt (Pointe)? Wird Spannung erzeugt?
- Wird linear (fortlaufend) erzählt oder gibt es Rückwendungen und/oder Vorausdeutungen?

Figuren:
- Welche Figuren kommen vor? In welcher Beziehung stehen sie zueinander?
- Erfahrt ihr etwas über die Gedanken und Gefühle der Figuren (innere Handlung) oder liegt der Schwerpunkt auf der Darstellung der äußeren Handlung?

Erzähler:
- In welcher Erzählform (Ich-Erzähler/-in oder Er-/Sie-Erzähler/-in) ist der Text geschrieben?
- Welches Erzählverhalten (auktorial oder personal) liegt vor?

Sprache:
- Gibt es Besonderheiten im Satzbau, z. B. einfache, kurze Sätze oder längere Satzgefüge?
- Werden Sätze oder Wörter wiederholt? Wird wörtliche Rede verwendet (häufige oder gezielte Verwendung an bestimmten Stellen)?
- Werden sprachliche Bilder (Personifikationen, Metaphern, Vergleiche) gebraucht?

TIPP: Beschreibt nicht nur, sondern erklärt auch die Wirkung und die Funktion der erfassten Merkmale. Erläutert auch die Textsorte.
Mehr Informationen zur Erschließung literarischer Texte findet ihr auf den Seiten 330–333.

Gedichte verstehen und interpretieren

Hermann Hesse

Blauer Schmetterling

Flügelt ein kleiner blauer
Falter vom Wind geweht,
Ein perlmutterner Schauer,
Glitzert, flimmert, vergeht.
So mit Augenblicksblinken,
So im Vorüberwehn
Sah ich das Glück mir winken,
Glitzern, flimmern, vergehn.

1 a Wie wirkt das Gedicht auf euch? Beschreibt eure ersten Eindrücke mit treffenden Adjektiven.
b Begründet anhand des Textes, wodurch diese Wirkung entsteht.

2 Erklärt, welche Situation beschrieben wird. Verwendet dabei auch den Begriff „lyrisches Ich".

3 a Bestimmt die Reimform des Gedichts.
b Das Gedicht hat keine Strophen, aber es gibt einen Einschnitt (eine Zäsur). Untersucht, wo diese Zäsur liegt und wodurch sie sprachlich gekennzeichnet wird.
c Erklärt, inwieweit man auch von einer inhaltlichen Zäsur sprechen kann. Erläutert dabei den Vergleich in Vers 5 und 6.

4 Beschreibt weitere sprachliche Auffälligkeiten und erläutert ihre Wirkung. Achtet auf die Verwendung bestimmter Wortarten, auf Neologismen (Wortneuschöpfungen) und den Klang der Wörter durch helle (e, i) bzw. dunkle Vokale (a, o, u).

5 Verfasst eine Gedichtinterpretation, in der ihr auch erläutert, welche Auffassung vom Glück in dem Gedicht deutlich wird. Bezieht dabei eure Ergebnisse aus den vorangegangenen Aufgaben mit ein.

Methode **Ein Gedicht untersuchen**

Folgende Leitfragen helfen euch, ein Gedicht zu erschließen:

- **Inhalt:** Worum geht es in dem Gedicht? Was bedeutet der Titel?
- **Sprecher/-in:** Gibt es einen lyrischen Sprecher/eine lyrische Sprecherin (lyrisches Ich/Wir)?
- **Formaler Aufbau:** Ist das Gedicht in Strophen und Verse gegliedert? Werden Verse oder Strophen wiederholt? Ist das Gedicht gereimt (Reimform)? Lässt sich ein Metrum erkennen?
- **Sprachliche Gestaltung:** Welche sprachlichen Bilder (Metaphern, Personifikationen, Vergleiche) werden verwendet? Werden Wörter auffällig wiederholt? Herrscht eine bestimmte Wortart vor (z. B. Adjektive, Verben)? Gibt es Neologismen (Wortneuschöpfungen)? Fallen Alliterationen oder eine Häufung von Wörtern mit hellen/dunklen Vokalen auf?

TIPP: Beschreibt nicht nur, sondern erklärt auch die Wirkung und die Funktion der erfassten Merkmale (► mehr Informationen zur Erschließung von Gedichten, S. 334–337).

15.2 Wie bereite ich mich vor? – Aufgabenformate kennen lernen

Glück hinterlässt Spuren

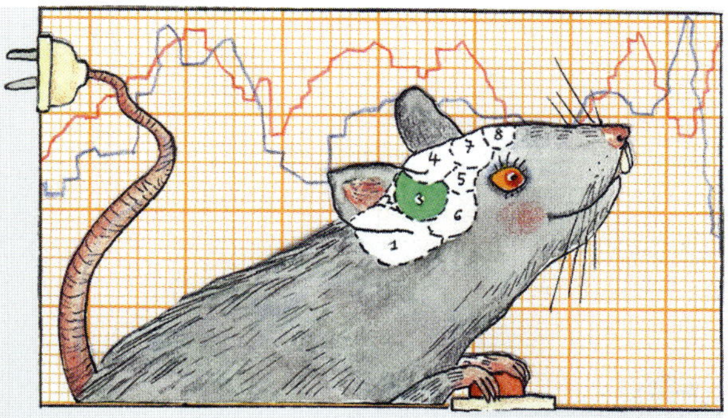

Was ist Glück? Wie entsteht Glück? Bis vor wenigen Jahren wurden diese Fragen in der Philosophie, der Soziologie und der Psychologie erforscht. Heute untersuchen auch die Hirnforscher, wie das Glück in unserem Kopf zu Stande kommt. Eine wichtige Erkenntnis der Hirnforschung lautet: Der Mensch ist nicht darauf angelegt, dauerhaft Glück zu empfinden.

Was Glücksgefühle auslöst, ist bei jedem Menschen verschieden. Schon der Genuss von einem Stückchen Schokolade oder das Lesen eines guten Buches kann viele glücklich machen. Bei anderen stellt sich das Hochgefühl bei besonderen Tätigkeiten oder Ereignissen ein, z.B. beim Bergsteigen, Feiern, Musikmachen, Zusammensein mit Freunden, Shoppen oder bei einem Erfolgserlebnis. In jedem Fall lassen sich aber Spuren im Gehirn nachweisen, wenn man Glück empfindet.

Glück findet im Gehirn statt

Bereits Ende der 1950er Jahre fand James Olds, Psychologe an der University of Michigan, heraus, dass Ratten die elektrische Stimulation eines bestimmten Gehirnareals mögen. Die Ratten konnten diese Gehirnregion selbst per Knopfdruck stimulieren und drückten den Knopf immer wieder. So lange, bis sie vor Durst, Hunger und Erschöpfung beinahe gestorben wären. Für sie zählte nur noch der „Glückskick".

Olds hatte das Belohnungszentrum im Gehirn entdeckt, eine Ansammlung von Neuronen (Nervenzellen) im Mittelhirn. Sie werden aktiv, wenn etwas passiert, das besser ist als erwartet. Dann stoßen sie Dopamin aus und leiten es weiter: zum einen in das untere Vorderhirn, zum anderen direkt ins Frontalhirn. Wenn Dopamin im Vorderhirn ankommt, produzieren die dortigen Neuronen Endorphine. Das sind körpereigene, opiumähnliche Stoffe, die angenehme Gefühle auslösen und für ein Stimmungshoch sorgen. Man ist glücklich! Dopamin ist ein Botenstoff (Neurotransmitter), der Signale zwischen den Nervenzellen überträgt. Weil Dopamin an der Entstehung von Glücksgefühlen beteiligt ist, wird es auch als „Glückshormon" bezeichnet. Übrigens produzieren unsere Nervenzellen schon beim Gedanken an etwas Beglückendes Dopamin. Hat man beispielsweise schon einmal erfahren, wie lecker Schokolade schmeckt, wird schon in Vorfreude darauf Dopamin ausgeschüttet. Damit es uns mit einer Überdosis Glück nicht geht wie den Ratten, ist es wichtig, dass unser Glücksempfinden auch wieder abflaut. Deswegen sorgt das Gehirn dafür, dass unser Glücksgefühl nach einiger Zeit wieder nachlässt.

Auswirkungen von zu viel oder zu wenig Dopamin im Hirn

Möglicherweise beeinflusst die Konzentration von Dopamin auch, ob Menschen eher temperamentvoll oder ruhig, eher ängstlich oder mutig sind. Versuche am Berliner Universitätsklinikum Charité ergaben, dass Menschen mit einer hohen Dopaminmenge im Gehirn ängstlicher reagierten als Menschen mit einer geringen Konzentration. Bei den Versuchen wurden den Teilnehmern Bilder gezeigt, die positive oder negative Reize auslösten. Bei Fotos mit negativen Reizen, z.B. Fotos von einem Autounfall oder einem Raubüberfall, waren die Hirnregionen, die Angst auslösen, bei Menschen mit hoher Dopaminkonzentration viel aktiver. Wer relativ viel Dopamin im Gehirn habe, so die Forscher, reagiere auf bestimmte Reize vermutlich generell ängstlicher als andere.

Ob sich die Dopaminkonzentration eines Menschen im Laufe seines des Lebens verändert, ist noch unklar. Möglicherweise sinkt sie im Alter, was auch erklären könnte, warum ältere Menschen allgemein als ruhiger und weiser gelten.

Im Folgenden findet ihr verschiedene Aufgabenformate zu dem Text, mit denen euer Textverständnis getestet werden kann. Bearbeitet sie.

Auswahlaufgaben (Multiple-Choice-Aufgaben)

1 Was ist Dopamin? Eine der folgenden Antworten ist richtig. Welche ist es? Schreibt den Buchstaben der zutreffenden Antwort und den dazugehörigen Satz in euer Heft.

A Dopamin ist ein körpereigener, opiumähnlicher Stoff.
B Dopamin ist ein Botenstoff, der Signale zwischen Nervenzellen überträgt.
C Dopamin ist ein Teil des Belohnungszentrums, das im Mittelhirn liegt.
D Dopamin ist ein Glücksgefühl.

Richtig/Falsch-Aufgaben (True/False-Aufgaben)

2 Welche der folgenden Aussagen zum Text treffen zu, welche nicht? Notiert in eurem Heft hinter jedem Buchstaben ein *r* für richtig oder ein *f* für falsch.

A Nervenzellen schütten Dopamin aus.
B Dopamin stimuliert das Belohnungssystem im Gehirn.
C Endorphine entstehen bei Angst.
D Die Menge an Dopamin ist bei jedem Menschen unterschiedlich.
E Der Genuss von Schokolade löst bei allen Menschen Glücksgefühle aus.
F Schon beim Gedanken an etwas, das uns glücklich macht, produziert das Gehirn Dopamin.

Zuordnungsaufgaben (Matching-Aufgaben)

3 Bildet Satzgefüge, sodass zutreffende Aussagen zum Inhalt des Textes „Glück hinterlässt Spuren" entstehen. Schreibt die vollständigen Sätze in euer Heft.

- Menschen reagieren auf Reize ängstlicher,
- Menschen würden lebensnotwendige Dinge wie Nahrungsaufnahme und Schlaf vernachlässigen,
- Im Gehirn von Menschen finden sichtbare Prozesse statt,
- Möglicherweise sinkt bei Menschen der Dopaminspiegel,

- wenn sie ständig Glück empfinden würden.
- wenn sie älter werden.
- wenn sie Glück empfinden.
- wenn sie eine hohe Dopaminkonzentration im Gehirn haben.

Lückentexte

4 Schreibt den folgenden Text ab und füllt dabei die Lücken mit passenden Wörtern aus dem Wortspeicher, sodass korrekte Aussagen entstehen.
TIPP: Ihr müsst die Nomen deklinieren (beugen).

> Auch wenn wir Glück im ganzen Körper empfinden, entsteht dieses Gefühl im ? . Wenn uns etwas Schönes passiert, wird im ? des Gehirns ? ausgestoßen, ein Botenstoff, der die Nervenzellen erregt. Weil Dopamin an der Entstehung von ? beteiligt ist, wird es auch ? genannt. Forscher meinen, dass die Menge von ? auch darüber entscheidet, ob Menschen eher ruhig und gelassen oder eher gestresst oder ängstlich reagieren.

> Glücksgefühl • Belohnungszentrum • Dopamin (2x) • Gehirn • Glückshormon

Kurzantworten

5 a Welche Wissenschaften beschäftigen sich mit der Erforschung von Glück? Notiert eure Antwort in einem Satz.
b Warum sorgt unser Gehirn dafür, dass unser Glücksgefühl nach einiger Zeit wieder abklingt? Beantwortet diese Frage in ein bis zwei Sätzen.

6 Kontrolliert eure Ergebnisse mit Hilfe der Lösungen auf Seite 377.

7 Im Deutschunterricht, aber auch in den anderen Fächern gibt es unterschiedliche Aufgabenformate. Einige habt ihr auf den Seiten 318 bis 319 kennen gelernt.
a Diskutiert, welche Arten von Aufgaben ihr bevorzugt, z. B.:
- Aufgaben, bei denen ihr selbst einen Text relativ frei verfassen könnt, z. B. eine Inhaltsangabe, eine Stellungnahme,
- Aufgaben, bei denen die Antworten festgelegt sind (► vgl. Aufgaben 1–4).

b Tauscht euch über eure Strategien aus, die unterschiedlichen Aufgaben zu lösen.

Information **Verschiedene Aufgabenformate**

Neben den Aufgaben, bei denen ihr selbst Texte relativ frei verfassen könnt (Inhaltsangabe, Gedichtinterpretation usw.), gibt es andere Aufgabenformate, mit denen man prüfen kann, ob jemand einen Text verstanden hat. Hier sind die Lösungen relativ festgelegt, z. B.:
- **Auswahlaufgaben** (Multiple-Choice-Aufgaben, ► S. 318): Zu einer Frage werden verschiedene Antwortmöglichkeiten vorgegeben und ihr wählt die richtige Antwort aus.
- **Richtig/Falsch-Aufgaben** (True/False-Aufgaben, ► S. 318): Ihr müsst entscheiden, welche der vorgegebenen Aussagen (z. B. zu einem Text) richtig oder falsch sind.
- **Zuordnungsaufgaben** (Matching-Aufgaben, ► S. 318): Hier ordnet ihr vorgegebene Informationen einander zu, z. B. indem ihr Satzteile zu einer richtigen Aussage verbindet.
- **Lückentextaufgaben** (Einsetzaufgaben, ► S. 319): In einen vorgegebenen Text mit Lücken setzt ihr die richtigen Wörter oder Wortgruppen ein.
- **Kurzantwort** (► S. 319): Zu einer Frage formuliert ihr eine kurze Antwort oder Stellungnahme.

Glück kann man trainieren

Wer gezielt Dankbarkeit, Optimismus und Humor trainiert, geht zufriedener durchs Leben. Das ist das Ergebnis einer Studie aus der Schweiz.

Sie kamen, weil sie sich besser fühlen wollten. Und sie gingen mit höherer Lebenszufriedenheit. 180 Männer und Frauen in der Schweiz trainierten zehn Wochen lang bestimmte Charakterstärken. Das reichte aus, um ihr Wohlbefinden zu steigern, zeigte eine Studie der Universität Zürich.

Mehr positive Gefühle erleben

Dahinter steht die Theorie, dass Menschen, die Charakterstärken wie Dankbarkeit, Humor, Neugier, Freundlichkeit und Liebe zum Lernen einsetzen, mehr positive Gefühle erleben. Außerdem sehen sie mehr Sinn im Leben und haben bessere Beziehungen zu anderen. Das alles führe letztlich dazu, dass sie sich besser fühlen. Die Frauen und Männer in Zürich trafen sich alle zwei Wochen, bekamen eine Stärke vorgestellt und übten sie in der Gruppe. „Als es um Dankbarkeit ging, mussten sie sich zum Beispiel mit ihrem Sitznachbarn darüber austauschen, wie sie in einer bestimmten Situation Dankbarkeit erlebt hatten", erzählt René Proyer, Psychologe an der Uni Zürich. Als Hausaufgabe sollten die Teilnehmer einem Menschen einen Dankesbrief schreiben, ihm diesen vorlesen und die Reaktion beobachten. Um Neugier zu fördern, schlugen die Forscher verschiedene Aktivitäten vor, etwa sich über die Küche eines anderen Landes zu informieren und ein Gericht nachzukochen. „Die Leute sollten etwas Neues kennen lernen und beobachten, ob es ihnen Spaß macht", sagt Proyer. Die Männer und Frauen mit dem Stärketraining fühlten sich anschließend besser – sie waren heiterer, glücklicher und positiverer Stimmung.

Ist es so einfach, glücklich und zufrieden zu werden? „Sie werden durch so ein Training nicht plötzlich von einem unglücklichen Menschen zu einem glücklichen", sagt Prof. Michael Eid, Psychologe an der Freien Universität Berlin. Aber es gebe Effekte. Das heißt: Man wandert auf der Glücksleiter ein, zwei Sprossen nach oben.

Negative Gefühle gehören genauso zum Leben

Doch auch ein bisschen glücklicher und zufriedener zu werden, gelingt nicht von heute auf morgen. „Man muss dranbleiben und seine Stärken immer wieder einsetzen", sagt Renate Frank. Ein Stärkentraining kann also nur der Einstieg sein. Üben und anwenden muss man das Gelernte hinterher selbst.

Und auch wer fleißig übt, wird nicht ständig auf rosaroten Wolken schweben. „Es geht nicht darum, ein Glücksroboter zu sein", sagt Proyer. „Menschen, die immer mal wieder unzufrieden sind, machen nichts falsch, denn negative Gefühle gehören genauso zum Leben dazu." Wer seine eigenen Stärken kennt und sie trainiert, könne aber auf Dauer den Blickwinkel etwas verschieben und ein „positiveres Grundgefühl entwickeln".

1 Lest den Text sorgfältig. Klärt anschließend die Bedeutung von Wörtern oder Textstellen, die euch unklar sind.

2 Bildet Gruppen und entwickelt zu diesem Text selbst Aufgaben. Nutzt dabei die fünf verschiedenen Aufgabenformate (► S. 318–319).

3 a Testet euch gegenseitig mit Hilfe eurer Aufgaben.
b Prüft anschließend eure Lösungen.

15.3 Zuhören trainieren – Hörtexte verstehen

Glück macht Schule

Schülerinnen und Schüler des Anno-Gymnasiums haben in diesem Jahr ein Projekt zum Thema „Glück" durchgeführt. Wir sprachen mit dem Schulleiter Herrn Becker und einigen Schülern über ihre Erfahrungen.

Reporterin: Wie seid ihr auf die Idee gekommen, ein Projekt zum Thema „Glück" durchzuführen?
Angela: Wir hatten gehört, dass es Schulen gibt, in denen Schüler Unterricht im Fach „Glück" haben. Da sind wir neugierig geworden und haben das Thema „Glück" für unsere Projektwoche vorgeschlagen.
Reporterin: Herr Becker, waren Sie denn gleich einverstanden mit dem Projektthema?
Herr Becker: Ja, ich fand die Idee wirklich gut. Ich hatte einen Beitrag im Fernsehen über eine Heidelberger Schule gesehen, an der Glück als Unterrichtsfach eingeführt worden war. Der dortige Schulleiter Ernst Fritz-Schubert hatte das Fach mit Bildungsforschern und Sportwissenschaftlern entwickelt. Ich war von diesem Konzept beeindruckt, die Schülerinnen und Schüler rannten sozusagen mit ihrem Vorschlag bei mir offene Türen ein.
Reporterin: Was lag Ihnen bei diesem Projekt besonders am Herzen?
Herr Becker: Ich finde es schlimm, wenn ich höre, dass Schüler nicht gerne in die Schule gehen. Stellen Sie sich mal vor, es gibt eine Umfrage, da steht Schule bei den Schülern auf der Beliebtheitsskala noch hinter Zahnarztpraxis! Das will ich ändern.
Reporterin: Wie meinen Sie das denn genau? Was ist das Ziel des Projekts?
Herr Becker: In der Projektwoche zum Thema „Glück" ging es erst einmal darum, die Schüler für das Thema zu sensibilisieren. Man muss ja erst einmal erkennen, was ein Glücksmoment sein kann.

Reporterin: Was wurde in der Projektwoche konkret angeboten?
Angela: Das war ganz abwechslungsreich. Es gab zum Beispiel Informationsveranstaltungen, in denen erklärt wurde, welche Sicht die Hirnforschung, die Philosophie und die Psychologie auf das Thema „Glück" haben. Es wurden aber auch praktische Übungen angeboten. Zum Beispiel gab es spezielle Theaterkurse, in denen Vertrauensübungen durchgeführt wurden, Sportkurse, in denen man sich beim Klettern gegenseitig sichern musste oder gemeinsam einen Langstreckenlauf machte. Auch Meditationsübungen und Kunstcollagen zum Thema „Glück" wurden durchgeführt und eine Filmgruppe hat einen Videoclip dazu gedreht.
Reporterin: Und was hat euch besonders gut gefallen?
Sven: Mir hat die „Honigdusche" am besten gefallen. Einer sitzt mit dem Rücken zur Gruppe und die ganze Gruppe sagt positive Sachen über ihn. Man soll loben und nur gute Dinge sagen, z. B.: „Ich finde es toll, dass du sportlich und hilfsbereit bist." Man hört diese netten Sachen in einer großen Gruppe und denkt dann wirklich: So schlecht sind meine Eigenschaften doch gar nicht. Klar, am Anfang war mir das Ganze schon ein bisschen unangenehm.

Herr Becker: Ja, solche Übungen wie die Honigdusche stärken das Gemeinschaftsgefühl und fördern das Selbstbewusstsein. Die Schüler entdecken ihre Stärken durch die Rückmeldung ihrer Mitschüler.

1 Lest die Überschrift und den Vorspann zum Interview (▸ S. 321). Notiert: Welche Erwartungen an den Inhalt des Textes habt ihr?

2 **a** Lest das Interview mit verteilten Rollen. Die anderen hören aufmerksam zu und notieren sich beim Hören Stichpunkte zum Textinhalt. Schreibt auch Wörter auf, die ihr nicht versteht.
b Formuliert in einem Satz, wovon der Text handelt.
c Klärt Wörter, die ihr nicht versteht.

3 **a** Lasst euch den Text ein zweites Mal vorlesen. Überprüft und korrigiert eure Notizen.
b Prüft euer Hörverständnis, indem ihr die zutreffenden Antworten in euer Heft schreibt.
TIPP: Bei manchen Aufgaben treffen mehrere Antworten zu.

A Der Schulleiter befürwortete das Projekt zum Thema „Glück“ sofort, ...
- weil er etwas Neues ausprobieren wollte.
- weil er den Schülern zeigen wollte, was Glücksmomente sind.
- weil er zuvor einen Fernsehbeitrag über das Unterrichtsfach „Glück“ gesehen hatte.
- weil er wollte, dass die Schüler/-innen nicht nur Glück beim Konsumieren empfinden.

B In der Projektwoche zum Thema „Glück“ gab es ...
- Unterricht, der lustig war.
- Informationsveranstaltungen zum Thema „Glück“.
- spezielle Theater- und Sportkurse.
- Tanzveranstaltungen zum Thema „Glück“.

C Bei der Übung „Honigdusche“ geht es darum, ...
- einander zu kritisieren.
- zu lernen, miteinander respektvoll umzugehen.
- über andere besondere Dinge zu sagen.
- das Gemeinschaftsgefühl und das Selbstbewusstsein zu stärken.

c Überprüft eure Ergebnisse mit Hilfe der Lösungen auf Seite 377.

4 Diskutiert: Was haltet ihr von einer Projektwoche zum Thema „Glück“?

5 Trainiert euer Hörverständnis. Entwickelt dabei selbst Aufgaben zu einem Text, mit denen ihr das Hörverständnis prüfen könnt. Nutzt verschiedene Aufgabenformate (▸ S. 318–319).

Methode **Hörtexten Informationen entnehmen**

- Klärt eure Erwartungen an den Text, z. B. anhand des Titels.
- Hört euch den Text einmal ganz an. Notiert dabei Stichworte zu wichtigen Textaussagen. Notiert auch Wörter, deren Bedeutung ihr nicht kennt.
- Klärt Wörter, die ihr nicht versteht.
- Hört euch den Text ein zweites Mal an. Prüft eure Notizen und korrigiert sie gegebenenfalls.

Orientierungswissen

Sprechen und Zuhören

Argumentieren

▶ S. 40–42

Beim Argumentieren versucht man, seine Meinung überzeugend zu begründen. Man formuliert einen Standpunkt (Meinung, Wunsch, Forderung), den man durch Argumente und Beispiele stützt.

- **Standpunkt (Meinung):**
  Ein Leben ohne digitale Medien ist heute nicht mehr denkbar.
- **Argument:**
  ..., weil die moderne Welt den schnellen Zugang zu Informationen und auch die digitale Kommunikation verlangt.
- **Beispiel:**
  Zum Beispiel gehört bei der Vorbereitung eines Referats die Internetrecherche selbstverständlich dazu.

Überzeugende Beispiele können sein:

- ein überzeugendes **Beispiel** aus eurem eigenen **Erfahrungsbereich** oder eine **nachvollziehbare Erläuterung,** warum etwas sinnvoll oder nicht sinnvoll ist, z. B.:
  In unserer Schule haben wir eine Medien-AG, in der wir einen Kurzfilm erstellt haben. Für ein solches Projekt braucht man zum Beispiel auch den Computer, mit dem man das Film- und Audiomaterial bearbeiten kann.
- ein **Beleg aus der Zeitung** oder ein **Zitat von einer Expertin/einem Experten,** z. B.:
  Der Medienpädagoge Thomas Welsch hat die Erfahrung gemacht, dass Medien Jugendliche zum Mitdenken anregen, die Kreativität fördern und sogar aufnahmefähiger machen können.

So könnt ihr ein Gegenargument (Einwand) entkräften oder widerlegen:
Beim Argumentieren überzeugt ihr noch mehr, wenn ihr auch auf ein Argument eingeht, das gegen euren Standpunkt spricht (Gegenargument), und dieses entkräftet. Erklärt zum Beispiel, warum euch das Argument nicht überzeugt, und nennt ein Argument, das für euren Standpunkt spricht, z. B.:
Es ist zwar nachvollziehbar, wenn ..., aber viel entscheidender ist doch ... Gegen ... spricht, dass ...

Schreiben

Zu einer Streitfrage schriftlich Stellung nehmen

► S. 46–49; 57–60

Beim Argumentieren nehmt ihr Stellung zu einer Streitfrage (z. B. *Findet ihr es sinnvoll, Hausaufgabenportale zu nutzen?*), indem ihr eure Meinung überzeugend begründet.

Einleitung:

- Führt in das Thema ein: Nennt zum Beispiel den Anlass oder die Absicht eurer Argumentation oder weckt Interesse für das Thema.
- Leitet dann zum Hauptteil über, indem ihr die Diskussionsfrage nennt *(Im Folgenden möchte ich zu der Frage Stellung nehmen, ...)* oder kurz euren Standpunkt darlegt *(Ich bin der Meinung, dass ..., und habe hierfür folgende Gründe: ...).*

Hauptteil:

Im Hauptteil begründet ihr euren Standpunkt, indem ihr Argumente und Beispiele entfaltet, die eure Meinung stützen.

- Macht den Zusammenhang eurer Argumentation deutlich, indem ihr die **Argumente** und **Beispiele sprachlich geschickt einleitet und miteinander verknüpft.**
- Beim Argumentieren überzeugt ihr noch mehr, wenn ihr ein **Gegenargument** (Argument, das gegen euren Standpunkt spricht) nennt und dieses **entkräftet** oder widerlegt. Erklärt zum Beispiel, warum euch das Argument nicht überzeugt, und nennt ein Argument, das für euren Standpunkt spricht, z. B.: *Es ist zwar nachvollziehbar, wenn ... Aber viel entscheidender ist doch ... Gegen ... spricht, dass ...*
- Achtet auf eine sinnvolle Anordnung der Argumente: So kann zum Beispiel das erste oder das letzte Argument, das ihr nennt, besonders schlagkräftig sein.

Schluss:

Bekräftigt zum Schluss noch einmal euren Standpunkt oder formuliert einen Vorschlag, eine Forderung oder einen Wunsch für die Zukunft. Ihr könnt auch eine Bedingung nennen, die eingehalten werden müsste *(Wenn ..., fände ich es ... Falls ..., könnte ich mir vorstellen, ...).*

Setzt zur besseren Übersichtlichkeit zwischen Einleitung, Hauptteil und Schluss Absätze.

Formulierungshilfen für die Argumentation

Ein Argument für/gegen ... ist, dass ... • Darüber hinaus ... • Ein weiteres Argument ... •
Es gibt noch ein wichtigeres Argument für/gegen ... • Besonders wichtig ist ... •
Außerdem spielt eine Rolle, dass ... • Bedenken muss man auch, ... • Wenn ..., dann ... •
Dafür spricht ... • ... berichtet zum Beispiel, dass ... • Wenn man zum Beispiel ... •
denn • weil • da • deshalb • daher • außerdem • wenn • um ... zu • sodass • aber • darum

Informieren

Ein Protokoll anfertigen

► S. 21–23

Das Protokoll ist eine Sonderform des Berichts. Es gibt **knapp und sachlich** das Wichtigste einer Unterrichtsstunde, einer Diskussion, einer Sitzung oder eines Versuchs wieder.
Protokolle haben eine **feste äußere Form:**

1 **Protokollkopf:**
Der Protokollkopf enthält folgende Angaben: Anlass (Titel der Veranstaltung), Datum/Zeit, Ort, Anwesende/Abwesende, Name des Protokollanten/der Protokollantin, Thema (z. B. der Unterrichtsstunde) oder Auflistung der Tagesordnungspunkte (TOPs).

2 **Hauptteil:**
Im Hauptteil werden die wichtigsten Informationen sachlich, knapp und übersichtlich wiedergegeben.

3 **Schluss:**
Der Schluss des Protokolls enthält Ort und Datum der Abfassung sowie die Unterschrift des Protokollanten/der Protokollantin.

Das **Tempus** des Protokolls ist in der Regel das **Präsens.** Wichtige Gesprächsbeiträge einzelner Teilnehmer/-innen werden in der **indirekten Rede** (► S. 349) mit Angabe des Namens der Sprecherin oder des Sprechers wiedergegeben.

Einen Informationstext verfassen

► S. 24–28; 37–38

In einem Informationstext fasst ihr in knapper und für die Leser gut verständlicher Weise **das Wichtigste über einen Sachverhalt** zusammen. Ihr gebt dabei Informationen aus verschiedenen Materialien übersichtlich wieder und beschreibt und erklärt Zusammenhänge.

- Gebt eurem Text eine **klare gedankliche Struktur** (roter Faden), in die ihr die Informationen einordnet, z. B.: *Ursache → Wirkung → Folgen; Vergangenheit → Gegenwart → Zukunft; Problem → Lösung → Umsetzung; Frage → Antwort → Folgerung.*
- **Gliedert** euren Text in **Überschrift, Einleitung** (Thema, W-Fragen), **Hauptteil** (Beschreibung und Erklärung der Sachverhalte in einer klaren gedanklichen Struktur) und **Schluss** (Zusammenfassung, Ausblick).
- Macht durch Absätze die Gliederung eures Textes deutlich.
- Nutzt **eigene Worte** und formuliert **sachlich** ohne persönliche Wertungen.
- Schreibt vorwiegend im **Präsens** und verwendet die **indirekte Rede,** wenn ihr Äußerungen anderer wiedergebt.
- Macht die **Zusammenhänge** der Informationen (Ursache, Wirkung etc.) auch sprachlich deutlich, z. B. durch **Satzverknüpfungen** (*weil, daher, denn, sodass* usw.).

Beschreiben

Eine Person beschreiben

► S. 62–63

- **Einleitung:** Macht in der Einleitung allgemeine Angaben zur Person (z. B. Geschlecht und Alter).
- **Hauptteil:** Beschreibt im Hauptteil das Aussehen der Person in einer geordneten Reihenfolge, z. B. von oben nach unten.
- **Schluss:** Hier könnt ihr beschreiben, wie die Person auf euch wirkt.
- Sucht **aussagekräftige Adjektive,** z. B. *fahlgrau, gertenschlank.*
- Verwendet an Stelle der Wörter „ist", „sind", „hat" und „haben" **treffende Verben,** z. B. *tragen, aussehen, besitzen, aufweisen, wirken, umgeben.*
- **Vermeidet persönliche Wertungen** wie *schön, süß, lieb* oder *hässlich.*
- Schreibt im **Präsens.**

Einen Ort beschreiben

► S. 64–65; 70

- **Einleitung:** Benennt den Ort und macht allgemeine Angaben, z. B. zur Größe, Lage.
- **Hauptteil:** Beschreibt den Ort in einer geordneten Reihenfolge, z. B. vom Wesentlichen zum weniger Wichtigen, von vorne nach hinten, von links nach rechts oder im Uhrzeigersinn. Benennt wichtige Elemente der Raumgestaltung und Einrichtungsgegenstände.
- **Schluss:** Hier könnt ihr beschreiben, wie der Ort insgesamt auf euch wirkt.
- Nutzt möglichst **treffende Begriffe** (auch Fachbegriffe) zur Bezeichnung einzelner Gegenstände, z. B.: *Leinwand, Scheinwerfer.*
- Sucht **treffende Adjektive** (z. B. *grasgrün*) und **Verben** (z. B. *hängen, stehen*).
- Beschreibt die genaue **Lage der einzelnen Gegenstände**, z. B.: *links, oben, davor.*
- Eine Ortsbeschreibung wird im **Präsens** und in einer **sachlichen Sprache** verfasst.

Einen Arbeitsablauf beschreiben

► S. 66–67

- **Einleitung:** Benennt notwendige Materialien und/oder Vorbereitungen.
- **Hauptteil:** Beschreibt Schritt für Schritt den Arbeitsablauf.
- **Schluss:** Hier könnt ihr einen weiterführenden Hinweis geben.
- Erklärt möglichst die **Fachbegriffe,** die ihr verwendet.
- Wählt passende Wörter, die die **Reihenfolge** der einzelnen Arbeitsschritte **deutlich machen,** z. B.: *zuerst, dann, danach, zum Schluss.*
- Wechselt zwischen **Aktiv- und Passivformulierungen,** dann wird eure Beschreibung abwechslungsreicher, z. B.: *Flüssigkeitsbehälter werden ... verpackt. Danach legt man ...*
- Schreibt im **Präsens,** um das Allgemeingültige des Vorgangs auszudrücken.

Bilder beschreiben

- **Einleitung:** Macht Angaben zum Titel, zur Künstlerin oder zum Künstler, zum Erscheinungsjahr, zur Technik (z. B. Aquarell, Öl auf Leinwand), zum Format des Bildes (Hochformat oder Querformat) sowie allgemeine Angaben zum Bildinhalt.
- **Hauptteil:** Geht vom **Gesamteindruck** des Bildes oder vom **Hauptmotiv** aus (was ist abgebildet?). Dann erwähnt ihr die **Einzelheiten.** Geht dabei geordnet vor, ohne zu springen: von der linken zur rechten Bildhälfte, von oben nach unten oder von vorne (Vordergrund) über die Mitte (Mittelgrund) nach hinten (Hintergrund). Macht auch genaue Angaben zur **Farbgestaltung** (überwiegen helle oder dunkle Farbtöne? Welche Farben liegen vor und wie sind sie verteilt?) und eventuell zu den Formen (z. B. rund, eckig, weich).
- **Schluss:** Hier könnt ihr beschreiben, wie das Bild insgesamt auf euch wirkt.

Die Bildbeschreibung wird im **Präsens** und in einer **sachlichen Sprache** verfasst.

Schildern

Schildern

▶ S. 82–86; 95–96

Schildern bedeutet, eine Situation oder eine Atmosphäre so **anschaulich und detailliert** zu beschreiben, dass eure Leser diese genau vor Augen haben. Schilderungen sind **handlungsarm** und geben **Wahrnehmungen, Sinneseindrücke** (sehen, hören, fühlen, riechen/schmecken) sowie **persönliche Gedanken und Empfindungen** wieder. Sie beruhen auf genauen Beobachtungen.

Folgende **Gestaltungsmittel** helfen euch, besonders anschaulich zu schildern:
- **anschauliche Adjektive** und **Partizipien,** z. B.: *klebrig, ohrenbetäubend.*
- **ausdrucksstarke Verben,** z. B.: *schieben, drängeln.*
- **sprachliche Bilder wie**
  - Vergleiche, z. B.: *leuchtet grell wie die riesige Neonreklame,*
  - Metaphern, z. B.: *die Sonne ist von einer Wolkenmauer verdeckt,*
  - Personifikationen, z. B.: *ein Geruch von ... kriecht mir in die Nase.*
- Aufzählungen und Wiederholungen (als Mittel der Hervorhebung), z. B.: *Alles ist eng, überfüllt, eine dicht gedrängte Menschenmasse ...*

Vermeidet in euren Texten kitschige Formulierungen und abgegriffene Wendungen, z. B.:
- abgegriffene Redensarten und abgedroschene sprachliche Bilder, z. B.: *glänzende Kinderaugen, die Sonne lacht, wie verzaubert sein.*
- zu allgemeine oder klischeehafte Adjektive, Partizipien und Verben, z. B.: *verträumte Gassen, unvergessliches Erlebnis.*

Wenn ihr bei euren Texten das Gefühl habt, dass etwas nicht überzeugend klingt, dann werden eure Leser das auch so empfinden. Streicht zum Beispiel überflüssige Adjektive oder übertriebene Formulierungen oder ersetzt sie durch treffendere Wörter.

Texte zusammenfassen

Erweiterte Inhaltsangabe eines literarischen Textes

▶ S. 131–144

Bei der erweiterten (interpretierenden) Inhaltsangabe fasst ihr den Inhalt eines Textes knapp und sachlich zusammen (Inhaltsangabe) und bearbeitet zusätzlich eine weiterführende Aufgabe zum Text.

Aufbau der Inhaltsangabe

- In der **Einleitung** nennt ihr die Art des Textes (z. B. Kurzgeschichte, Erzählung, Ballade), den Titel, den Namen des Autors/der Autorin und das Thema des Textes.
- Im **Hauptteil** fasst ihr die wichtigsten Ereignisse der Handlung (Handlungsschritte) in der zeitlich richtigen Reihenfolge zusammen. Mögliche Rückblenden oder Vorausdeutungen werden in den zeitlich richtigen Handlungsverlauf eingeordnet und zusammengefasst.
  – Verzichtet auf die Darstellung von Einzelheiten und beschränkt euch auf das Wesentliche.
  – Macht die Zusammenhänge der Handlung (z. B. zeitliche Zusammenhänge) durch passende Satzverknüpfungen und Satzanfänge deutlich (▶ S. 329).
  – Schreibt **sachlich** und **nüchtern,** vermeidet ausschmückende Formulierungen.
  – Formuliert **in eigenen Worten** und verwendet als Zeitform das **Präsens** (bei Vorzeitigkeit das Perfekt).
  – Verwendet **keine wörtliche Rede.** Besonders wichtige Äußerungen von Figuren werden in der indirekten Rede (▶ S. 349) wiedergegeben oder umschrieben.

Textdeutung – Bearbeitung der weiterführenden Aufgabe

Im Anschluss an die Inhaltsangabe bearbeitet ihr eine Aufgabe zum Text. Diese Aufgabe kann sich zum Beispiel beziehen auf: die Figuren und ihre Beziehung zueinander (▶ S. 333), die sprachliche Gestaltung eines Textes (▶ S. 333) oder auf die Textsorte (z. B. die Merkmale einer Kurzgeschichte (▶ S. 332) anhand des Textes nachweisen), z. B.:
Bei diesem Text handelt es sich um eine Kurzgeschichte. Dies ist anhand der folgenden Merkmale zu erkennen: Die Handlung der Geschichte beginnt unvermittelt, ohne eine ausführliche Einleitung: „Als der Wolkenbruch [...], stand das ganze Land unter Wasser" (Z. 1–4).
Die Aufgabe zum Text wird in einem zusammenhängenden Text bearbeitet. Die Aussagen, die ihr über den Text macht, belegt ihr anhand des Textes durch Zitate.

Aussagen mit Zitaten belegen

Wenn ihr Aussagen zu einem Text macht, müsst ihr sie durch Zitate belegen. Es gibt zwei Möglichkeiten des Zitierens:
Beim **wörtlichen (direkten) Zitat** übernehmt ihr ein Wort, eine Textstelle oder einen ganzen Satz wortwörtlich aus dem Text. Das Zitat steht in Anführungszeichen, z. B.:
Der Landarbeiter „wäre bedenkenlos dem Farmer um die Erde gefolgt" (Z. 111–112).
Der Schlusspunkt steht erst nach der Zeilenangabe.
Beim **sinngemäßen (indirekten) Zitat** gibt man den Inhalt einer Textstelle mit eigenen Worten wieder. Hier werden keine Anführungszeichen gesetzt, sondern es wird nur die Textstelle genannt, auf die man sich bezieht, z. B.:
Der Landarbeiter hat seine Frau und seine Hütte durch das Hochwasser verloren (vgl. Z. 14–15; 20–22).

Zusammenhänge deutlich machen

Macht die Zusammenhänge der Handlung durch Verknüpfungen und Satzanfänge deutlich, z. B.:
nachdem – als – solange – bevor – weil – da – denn – damit – deshalb – sodass – obwohl – um – indem – aber – jedoch – nun – daraufhin – um – einerseits ... andererseits – anfangs – zuerst – daraufhin – anschließend – am Ende

Hinweise zur Umwandlung von wörtlicher Rede in die indirekte Rede

Auch Gedanken können in indirekte Rede verwandelt werden, z. B.:
Sollte er springen? → Er fragt sich, ob er springen solle.
Bei der Umwandlung in die indirekte Rede werden auch Zeitangaben und Personalpronomen verändert, z. B.: *„Morgen bin ich da" → Er kündigte an, am nächsten Tag da zu sein. „Gestern waren wir noch bei ihm." → Sie beteuerten, noch am Tag zuvor bei ihm gewesen zu sein.*

Sachtexte analysieren und zusammenfassen

▶ S. 193–196, 310–312

Für die Zusammenfassung eines Sachtextes gelten grundsätzlich die gleichen Regeln wie für die Inhaltsangabe eines literarischen Textes (▶ S. 328).

- In der **Einleitung** nennt ihr den Titel, den Namen des Verfassers/der Verfasserin (evtl. auch die Quelle, z. B. Name der Zeitung) und das Thema des Textes.
- Im **Hauptteil** fasst ihr die wichtigsten Textinformationen knapp, sachlich und in eigenen Worten zusammen. Verwendet als Zeitform das **Präsens** (bei Vorzeitigkeit das Perfekt).
  - Verzichtet auf die Darstellung von Einzelheiten und beschränkt euch auf das Wesentliche.
  - Macht die **Zusammenhänge** der Information (Ursache, Wirkung, zeitliche Zusammenhänge) durch passende Satzverknüpfungen und Satzanfänge **deutlich.**
  - Formuliert in eigenen Worten und übernehmt keine Passagen aus dem Originaltext.
  - Verwendet **keine wörtliche Rede** (falls in der Textvorlage vorhanden), sondern gebt wichtige Äußerungen in der indirekten Rede (▶ S. 349) oder in einem Aussagesatz wieder.

Textanalyse – Bearbeitung der weiterführenden Aufgabe

Im Anschluss an die Textzusammenfassung bearbeitet ihr eine Aufgabe zum Text. Diese Aufgabe kann sich zum Beispiel auf die Textsorte beziehen (z. B. die Merkmale einer Reportage anhand des Textes nachweisen) oder ihr nehmt zu einer zentralen Textaussage Stellung.
Die Aufgabe zum Text wird in einem zusammenhängenden Text beantwortet. Interpretierende Aussagen, die ihr über den Text macht, müsst ihr anhand des Textes belegen (▶ Aussagen mit Zitaten belegen, S. 328), z. B.:
Dass dieser Text eine Reportage ist, kann man anhand einiger Merkmale begründen. Zum einen beginnt der Text mit der Schilderung einer Szene aus der Notaufnahme, die die Leser direkt ins Geschehen reinzieht: „Es ist ‚Primetime' in der Notaufnahme. [...] Jetzt stehen vier Krankenwagen auf dem Hof des Marien-Hospitals und warten darauf, zum überdachten Eingang der Notfallambulanz vorfahren zu können" (Z. 6–14).

Lesen – Umgang mit Texten und Medien

Erzählende Texte (Epik)

▶ S. 97–144; 212–222

Die erzählenden Texte (Epik) sind neben den Gedichten (Lyrik) und den dramatischen Texten (Dramatik) eine der drei Gattungen der Dichtung (Epik, Lyrik, Dramatik). Erzählende Texte gliedern sich in eine Vielzahl von Textsorten auf, z. B.: Märchen, Fabel, Novelle (▶ S. 97–116), Kurzgeschichte (▶ S. 117–144), Anekdote, Kalendergeschichte, Roman usw. Folgende Elemente sind für erzählende Texte kennzeichnend:

Der Erzähler/die Erzählerin

Das **wesentliche Merkmal** für einen erzählenden (epischen) Text **ist der Erzähler/die Erzählerin,** der/die nicht mit dem Autor/der Autorin gleichgesetzt werden darf. Ein erwachsener Autor kann zum Beispiel eine Geschichte von einem Kind, ein männlicher Autor eine Geschichte von einer Frau erzählen lassen oder umgekehrt. Immer ist der Erzähler/die Erzählerin eine vom Autor erfundene Figur und gehört zur Welt der erzählten Geschichte.

Erzählform

▶ S. 98–101

- **Ich-Erzähler/Ich-Erzählerin:** Der Erzähler/die Erzählerin erscheint **gleichzeitig als erlebende und erzählende Figur.** Dabei kann der Erzähler unmittelbar aus der Situation heraus erzählen oder mit einem zeitlichen Abstand auf die Situation zurückblicken.
- **Er-/Sie-Erzähler:** Der Erzähler **tritt als Figur ganz in den Hintergrund.** Er ist nicht am Geschehen beteiligt und erzählt von allen Figuren in der Er-Form bzw. in der Sie-Form.

Erzählverhalten

▶ S. 98–101

Der Erzähler kann seine Geschichte auf ganz unterschiedliche Weise vermitteln.

- **auktoriales Erzählverhalten:** Der Erzähler erscheint als freier Schöpfer der erzählten Welt und **steht außerhalb der Handlung.** Er kennt die Gedanken und Gefühle aller Figuren und greift mit Kommentaren, Vorausdeutungen, Urteilen über die Figuren oder Ansprachen an den Leser in den Erzählvorgang ein.
- **personales Erzählverhalten:** Der Erzähler erzählt **aus der Sicht einer Figur oder** wechselnd aus der Sicht **mehrerer Figuren.** Hierbei tritt der Erzähler nicht unmittelbar auf, kommentiert nicht, sondern bleibt in der Sichtweise der Figur bzw. der Figuren verhaftet.

Die Zeitgestaltung in einer Erzählung

▶ S. 128

Der Erzähler kann sich streng an die zeitliche Reihenfolge der Ereignisse halten, also **chronologisch erzählen.** Er kann aber auch die aktuelle Handlung unterbrechen und in **Rückblenden** von vergangenen Ereignissen erzählen oder in **Vorausdeutungen** Ereignisse vorwegnehmen.

Die Figuren einer Geschichte

▶ S. 101–103; 214

Die **Personen,** die **in einer Geschichte** vorkommen bzw. handeln, **nennt man Figuren.** Sie haben ein bestimmtes Aussehen, bestimmte Eigenschaften, Gefühle, Gedanken und Absichten. In vielen Geschichten gibt es eine **Hauptfigur,** über die der Leser besonders viel erfährt. Um eine Geschichte zu verstehen, solltet ihr euch ein klares Bild von den einzelnen Figuren machen.
Auch Tiere können handelnde Figuren in Erzähltexten sein, z. B. in einem Märchen.

Eine literarische Figur charakterisieren

▶ S. 101–103; 214

1. Schritt: Die Charakterisierung vorbereiten
Sammelt Informationen über die Figur, z. B. Aussehen, Lebensumstände, Verhaltensweisen, Eigenschaften, Gefühle, Gedanken und ihr Verhältnis zu anderen Figuren.

2. Schritt: Die Charakterisierung schreiben
- **Einleitung:** Nennt allgemeine Informationen zur Figur, z. B.: Name, Alter, Aussehen.
- **Hauptteil:** Beschreibt wichtige Eigenschaften und Verhaltensweisen der Figur sowie ihr Verhältnis zu anderen Figuren.
- **Schluss:** Erklärt in einer persönlichen Stellungnahme, wie die Figur auf euch wirkt.

Verwendet als Tempus das **Präsens.** Formuliert **sachlich und anschaulich. Belegt** die **Aussagen,** die ihr über die Figur macht, anhand des Textes durch **Zitate** (▶ S. 328).

Äußere und innere Handlung

In einer Geschichte wird nicht nur die äußere Handlung (das, was geschieht; das, was man von außen sehen kann) dargestellt, sondern es wird vor allem erzählt, **was die Figuren in einer Situation denken und fühlen (innere Handlung).** So können sich die Leser besser in die Figuren hineinversetzen und erhalten einen Einblick, was in einer Figur vorgeht, z. B. Angst, Wut, Freude, Verzweiflung.

- Beispiel für äußere Handlung: *Während die halbe Klasse auf dem Gang versammelt war, schrie Klaus aus dem Klassenraum um Hilfe.*
- Beispiel für innere Handlung: *Als ich Klaus' Hilfeschrei hörte, drehte sich mir der Magen um. Wie sollte ich Klaus bloß helfen?*

Leitmotive in literarischen Texten

▶ S. 129

Als Leitmotiv bezeichnet man einen **Baustein** (z. B. eine einprägsame Aussage/Wendung oder ein Sprachbild, einen besonderen Ort, ein Handlungselement, einen Gegenstand oder eine Farbe), **der in einem literarischen Text wiederkehrt** und dadurch eine besondere Bedeutung erhält. Ein Leitmotiv stellt inhaltliche Verknüpfungen her, indem es dem Leser bestimmte Ereignisse, Situationen oder Figuren wieder ins Gedächtnis ruft.

Literarische Textsorten

Erzählende Texte (▶ S. 330–331) gliedern sich in eine Vielzahl von Textsorten auf, z. B.: Kurzgeschichte, Novelle, Anekdote, Kalendergeschichte usw.

Anekdote

Eine Anekdote ist eine kurze Geschichte über eine bekannte Persönlichkeit. Auf humorvolle Weise verdeutlicht sie das Verhalten oder die Eigenarten dieses Menschen. Wie der Witz enthält die Anekdote am Ende eine Pointe (überraschende Wendung).
Das, was über die Person erzählt wird, muss nicht unbedingt wahr sein. Wichtig ist vielmehr, dass in der Anekdote das Typische einer Person erkennbar wird.

Erzählung

„Erzählung" ist ein **Sammelbegriff für unterschiedliche Kurzformen des Erzählens,** die nicht genauer durch bestimmte Textmerkmale gekennzeichnet sind. Im Unterschied zum Roman ist die Erzählung knapper und überschaubarer.

Kalendergeschichte

Eine Kalendergeschichte ist eine **kurze Geschichte, die unterhalten und belehren soll** und **meist** mit einer **Pointe (überraschenden Wendung)** endet. Bis ins 19. Jahrhundert wurden diese Geschichten in Jahreskalendern abgedruckt. Neben der Bibel waren Kalendergeschichten für viele Familien oft die einzige Lektüre. Ab dem 20. Jahrhundert erschienen die Kalendergeschichten nur noch in Buchform. Der bekannteste Autor von Kalendergeschichten ist Johann Peter Hebel (1760–1826).

Kurzgeschichte

▶ S. 117–144

Die Kurzgeschichte ist eine **knappe, moderne Erzählung,** die **eine Momentaufnahme,** einen krisenhaften Ausschnitt oder eine **wichtige Episode aus dem Alltagsleben** eines oder mehrerer Menschen zeigt. Kurzgeschichten haben meist folgende Merkmale:

- geringer Umfang
- Ausschnitt aus einem alltäglichen Geschehen, der für die dargestellten Figuren von besonderer Bedeutung ist
- **unmittelbarer Einstieg** in das Geschehen, der schlagartig eine Situation aufreißt
- zielstrebiger Handlungsverlauf hin zu einem **Höhe- oder Wendepunkt**
- **offener Schluss,** der viele Deutungsmöglichkeiten zulässt
- meist Alltagssprache mit einfachem Satzbau und umgangssprachlichen Elementen in der direkten Rede (passend zur alltäglichen Thematik der Kurzgeschichte)

Die ersten deutschen Kurzgeschichten, die sich an dem Vorbild der amerikanischen „short story" orientierten, entstanden nach dem Zweiten Weltkrieg (1939–1945) und behandelten Themen der Kriegs- und Nachkriegszeit. Später kamen andere, aus dem Alltagsleben entnommene Themen hinzu.

Novelle

▶ S. 97–116

Die Novelle (ital. „novella“ = Neuigkeit) ist eine **Erzählung,** in deren Mittelpunkt eine **„unerhörte Begebenheit“** (Johann Wolfgang Goethe) steht, deren Handlung also außergewöhnlich ist. Die Novelle ähnelt einem Drama darin, dass die Handlung um einen **zentralen Konflikt** kreist und sich **gradlinig auf einen Höhe- und Wendepunkt hin zuspitzt.** Häufig wird die Novelle in eine **Rahmenhandlung (Rahmenerzählung)** eingebettet. Wie in einer Geschichte in der Geschichte wird zuerst von einer Situation erzählt, in der es dann zum Erzählen der eigentlichen Geschichte kommt.

Einen Erzähltext erschließen und interpretieren

▶ S. 98–105; 125–144; 314–315

Folgende Leitfragen helfen euch, einen literarischen Text zu erschließen:

Thema/Inhalt:
- Was ist das Thema des Textes? Enthält er eine Lehre? Gibt es zentrale Motive?

Aufbau der Handlung:
- Wie sind Ausgangssituation und Schluss (offen/geschlossen) gestaltet?
- Gibt es einen Höhe- bzw. Wendepunkt (Pointe)? Wird Spannung erzeugt?
- Wird linear (fortlaufend) erzählt oder gibt es Rückwendungen und/oder Vorausdeutungen?

Figuren:
- Welche Figuren kommen vor? In welcher Beziehung stehen sie zueinander?
- Erfahrt ihr etwas über die Gedanken und Gefühle der Figuren (innere Handlung) oder liegt der Schwerpunkt auf der Darstellung der äußeren Handlung?

Erzähler:
- In welcher Erzählform (Ich-Erzähler/-in oder Er-/Sie-Erzähler/-in) ist der Text geschrieben?
- Welches Erzählverhalten (auktorial oder personal) liegt vor?

Sprache:
- Gibt es Besonderheiten im Satzbau, z. B. einfache, kurze Sätze oder längere Satzgefüge?
- Werden Sätze oder Wörter wiederholt? Wird wörtliche Rede verwendet (häufige oder gezielte Verwendung an bestimmten Stellen)?
- Werden sprachliche Bilder (Personifikationen, Metaphern, Vergleiche) gebraucht?

TIPP: Beschreibt nicht nur, sondern erklärt auch die Wirkung und die Funktion der erfassten Merkmale. Erläutert auch die Textsorte.

Den Inhalt eines literarischen Text zusammenfassen und interpretieren

▶ S. 328–329

Gedichte (Lyrik)

▸ S. 145–166

Die Gedichte (Lyrik) sind neben den erzählenden Texten (Epik) und den dramatischen Texten (Dramatik) eine der drei Gattungen der Dichtung (Lyrik, Epik, Dramatik).
Folgende Gestaltungsmittel sind häufig kennzeichnend für Gedichte:

Der lyrische Sprecher (das lyrische Ich)

▸ S. 146–147

Wie zu jedem Erzähltext ein Erzähler oder eine Erzählerin gehört, so gehört auch zu jedem Gedicht ein **Sprecher oder eine Sprecherin,** der/die nicht mit dem Autor oder der Autorin gleichzusetzen ist. Oft stellt sich dieser Sprecher als ein „Ich" – das so genannte **lyrische Ich** – vor, das seine **Gefühle, Beobachtungen und Gedanken** mitteilt. Der Leser kann so mitempfinden und mitdenken. Deutlich wird dies an den Pronomen (*ich, mein, mir* usw.).
Manchmal geht der Sprecher in einem „Wir" auf, das in dem Gedicht spricht. Oder der Sprecher tritt überhaupt nicht in Erscheinung, sondern es wird etwas beobachtet, beschrieben oder über etwas nachgedacht. In einigen Gedichten wendet sich der Sprecher direkt an ein „Du", hier wird also ein Adressat/eine Adressatin in das Gedicht einbezogen.

Vers: Die Zeilen eines Gedichts heißen Verse.

Strophe: Eine Strophe ist ein Gedichtabschnitt, der aus mehreren Versen besteht. Die einzelnen Strophen eines Gedichts sind durch eine Leerzeile voneinander getrennt. Häufig bestehen Gedichte aus mehreren, gleich langen Strophen.

Reim:

▸ S. 150–151

Oft werden die einzelnen Verse (Gedichtzeilen) durch einen Reim miteinander verbunden.
Zwei Wörter reimen sich, wenn sie vom letzten betonten Vokal an gleich klingen, z. B.:
Haus – Maus, singen – entspringen.
Die regelmäßige Abfolge von Endreimen ergibt verschiedene Reimformen. Dabei werden Verse, die sich reimen, mit den gleichen Kleinbuchstaben gekennzeichnet, z. B.:

- **Paarreim:** Wenn sich zwei aufeinanderfolgende Verse reimen, sprechen wir von einem Paarreim (aa bb):
  ... Katertier a
  ... Kavalier a
  ... Garten b
  ... erwarten b
- **Kreuzreim:** Reimen sich – über Kreuz – der 1. und der 3. sowie der 2. und der 4. Vers, dann nennt man das Kreuzreim (a b a b).
  ... verschieden a
  ... Bauch b
  ... zufrieden a
  ... auch b
- **umarmender Reim:** Wird ein Paarreim von zwei Versen umschlossen (umarmt), die sich ebenfalls reimen, heißt dies umarmender Reim (a bb a).
  ... springen a
  ... Traum b
  ... Raum b
  ... singen a

Metrum (Versmaß): ▶ S. 150–151

In den Versen (Zeilen) eines Gedichts wechseln sich häufig betonte (X́) und unbetonte Silben (X) regelmäßig ab. Wenn die **Abfolge von betonten und unbetonten Silben** (Hebungen und Senkungen) einem bestimmten Muster folgt, nennt man dies **Metrum** (Versmaß). Die wichtigsten Versmaße sind:

Jambus (X X́): X X́ X X́ X X́ X X́
Die Mitternacht zog näher schon (Heinrich Heine)

Trochäus (X́ X): X́ X X́ X X́ X X́ X
O du Ausgeburt der Hölle! (Johann Wolfgang Goethe)

Daktylus (X́ X X): X́ X X X́ X X X́ X X X́ X
Pfingsten, das liebliche Fest, war gekommen (Johann Wolfgang Goethe)

Anapäst (X X X́): X X X́ X X X́
Wie mein Glück, ist mein Lied (Friedrich Hölderlin)

Manchmal werden auch zwei Versmaße miteinander kombiniert, z. B.: *Er hát uns geréttet, er trägt die Krón'* (Kombination aus Jambus und Anapäst; Theodor Fontane).
Beim Vortrag müsst ihr die Abfolge von betonten und unbetonten Silben beachten, ihr dürft aber nicht leiern. Beim Vortrag entsteht wie in der Musik ein Rhythmus.
Häufig bildet eine unbetonte Silbe am Versanfang den Auftakt.

Stilmittel von Gedichten ▶ S. 148–149

In lyrischen Texten werden häufig Bilder durch Sprache entfaltet (z. B. durch Vergleiche, Metaphern oder Personifikationen) oder einzelne Wörter klanglich hervorgehoben (Lautmalerei). Solche sprachlichen Mittel sind besonders geeignet, um Gefühle und Stimmungen auszudrücken oder eine bestimmte Atmosphäre entstehen zu lassen. So werden zur Darstellung von Liebe, Freude, Angst oder Einsamkeit z. B. oft Bilder aus dem Bereich der Natur verwendet.

- **Vergleich:** Bei einem Vergleich werden zwei verschiedene Vorstellungen durch ein „wie" oder ein „als ob" miteinander verknüpft, z. B.: *Das Meer glänzte schwarz wie die Nacht. In meinem Zimmer sah es aus, als ob ein Orkan durchgezogen wäre.*
- **Metapher:** Bei einer Metapher wird ein **Wort** nicht wörtlich, sondern **in einer übertragenen (bildlichen) Bedeutung** gebraucht, z. B.: *Nussschale für ein kleines Boot, Suppe für Nebel.*
  Im Unterschied zum direkten Vergleich fehlt bei der Metapher das Vergleichswort „wie", z. B.: *Wolken sind (wie) flockige Länder.*
- **Personifikation:** Die Personifikation (Vermenschlichung) ist eine besondere Form der Metapher. Leblose Gegenstände, Begriffe oder die Natur werden vermenschlicht, d. h., ihnen werden menschliche Verhaltensweisen und Eigenschaften zugesprochen, z. B.: *die Natur schläft, das Glück lacht, der Tag verabschiedet sich, das Veilchen träumt.*
- **Lautmalerei:** Mit den Klängen von Wörtern werden Naturlaute oder Geräusche nachgeahmt, z. B.: *klirren, rascheln, zischen.*

Gedichtformen

Neben den thematischen Schwerpunkten, die es in der Lyrik gibt (z. B. Liebeslyrik, Naturlyrik), haben sich im Laufe der Zeit auch verschiedene Gedichtformen (Gedichtarten) entwickelt, die sich in ihren Gestaltungselementen voneinander unterscheiden, z. B.:

Die Ballade

Die Ballade ist meist ein längeres Gedicht über ein ungewöhnliches oder spannendes Ereignis. Dieses Ereignis kann erfunden oder wirklich passiert sein. Im Mittelpunkt der Ballade steht oft eine Figur, die eine gefahrvolle Situation meistern muss.

- Wie andere Gedichte sind auch Balladen meist in **Strophen** (▸ S. 334) gegliedert, besitzen eine **Reimform** (▸ S. 334) und haben ein bestimmtes **Metrum** (▸ S. 335).
- Viele Balladen haben einen Aufbau, den man mit Hilfe einer **Spannungskurve** darstellen kann: Nach der Einleitung spitzt sich die **Handlung dramatisch** bis zum **Höhepunkt** zu, zum Schluss folgt die Auflösung.
- Balladen enthalten oft **wörtliche Rede** der Figuren (Monologe, Dialoge), die an die Szenen eines Theaterstücks erinnert.

In ihrer Wirkung setzen Balladen auf Spannung, sie können aber auch belehrend oder lustig sein.

Die Ballade enthält Elemente aus

- der Lyrik (Metrum, Strophe, Reim),
- der Epik (abgeschlossene Geschichte wird erzählt) und
- dem Drama (dramatischer Handlungsverlauf, Dialoge und Monologe der Figuren).

Deshalb bezeichnete Goethe (1749–1832) sie als Ur-Ei der Dichtkunst, weil sie alle Gattungen (Lyrik, Epik, Drama) in sich vereint.
Viele Balladen sind vertont worden. Die Tradition der gesungenen Ballade hat in der Rock- und Popmusik ihre Fortsetzung gefunden.

Das Sonett

▸ S. 154

Das Sonett ist eine vierstrophige Gedichtform, die aus zwei Quartetten (zwei vierzeiligen Strophen) und zwei Terzetten (zwei dreizeiligen Strophen) besteht. Während in den Quartetten der umarmende Reim (abba) vorherrscht, variiert in den Terzetten das Reimschema. Häufig findet man auch eine inhaltliche Zäsur (Einschnitt) zwischen den Quartetten und den Terzetten, also zwischen dem achten und dem neunten Vers.

Der Song

▸ S. 146–147; 158–159

Eine oft politisch aktuelle, zeitkritische bzw. **lehrhafte Liedgattung** ist der Song, im angloamerikanischen Sprachgebrauch gleichbedeutend mit „Lied" (Folksong, Protestsong usw.). Typisch sind der **Aufbau aus Strophe und Refrain** sowie die Aufnahme von Elementen aus Bänkelsang, Moritat, Schlager, Jazz usw.
Oft wird der Song nicht melodisch gesungen, sondern in einer Art Sprechgesang vorgetragen. Bekannte Songschreiber sind: Kurt Weill (1900–1950) und Bertolt Brecht (1898–1956), die gemeinsam an der Dreigroschenoper arbeiteten (Musik: Kurt Weill; Text: Bertolt Brecht), Franz Josef Degenhardt (1931–2011), Wolf Biermann (* 1936), Bob Dylan (* 1941).

Ein Gedicht untersuchen

▶ S. 152–156; 316

1 Inhalt
- **Thema:** Worum geht es in dem Gedicht? Wird eine Handlung, eine Situation/Szene beschrieben oder werden Gefühle, Eindrücke, Gedanken oder eine Stimmung dargestellt? Kann man eine Entwicklung im Gedicht feststellen? Gibt es Brüche?
- **Titel:** Was bedeutet der Titel des Gedichts? Welchen Bezug hat er zum Thema?

2 Der Sprecher/Die Sprecherin (▶ das lyrische Ich, S. 334)
- Tritt ein lyrischer Sprecher (lyrisches Ich/Wir) in Erscheinung oder ist der Sprecher nicht direkt im Text greifbar? Gibt es einen Adressaten oder eine Adressatin?

3 Formaler Aufbau (▶ Strophe, Vers, Reimform, Metrum, S. 334–335)
- **Strophen und Verse:** Wie viele Strophen hat das Gedicht? Sind sie alle gleich gebaut? Werden einzelne Strophen oder Verse wiederholt (Refrain)?
- **Reim** (▶ S. 334): Ist das Gedicht gereimt? Welche Reimform liegt vor?
- **Metrum** (▶ S. 335): Lässt sich ein Metrum erkennen? Gibt es Abweichungen?

4 Sprachliche Gestaltung (▶ S. 335)
- **Sprachliche Bilder:** Welche sprachlichen Bilder (Metaphern, Personifikationen, Vergleiche) werden verwendet? Was bedeuten sie? Wie wirken sie?
- **Wortwahl:** Welche Wörter fallen auf? Gibt es Wörter, die wiederholt werden? Herrscht eine bestimmte Wortart (z. B. Nomen, Adjektive) vor? Gibt es Neologismen (Wortneuschöpfungen)? Welche Wirkung wird durch die Verwendung bestimmter Wörter erzeugt?

TIPP: Benennt nicht nur die formalen und die sprachlichen Mittel, sondern beschreibt ihre Wirkung und Funktion, z. B.: ... *wirken bedrohlich / verstärken den Eindruck von ... / betonen ... / veranschaulichen ... / führen dazu, dass ... / durch ... kann man sich ... vorstellen*

Ein Gedicht schriftlich interpretieren

▶ S. 152–156; 164–166

- In der **Einleitung** nennt ihr die Art des Textes, den Titel, den Namen des Autors/der Autorin, das Entstehungsjahr und das Thema des Textes.
- Im **Hauptteil** fasst ihr die wichtigsten Ergebnisse eurer Analyse in einer geordneten Reihenfolge zusammen: Beginnt mit einer **kurzen Inhaltsangabe** (am besten strophenweise). Beschreibt dann den **formalen Aufbau** des Gedichts (Strophe, Verse, Reimform, Metrum) und die **sprachlichen Gestaltungsmittel** (sprachliche Bilder, Wortwahl usw.). Erläutert die Funktion und die Wirkung der Gestaltungsmittel und stellt immer wieder einen Bezug zum Inhalt und zur Aussage des Gedichts her.
  Belegt eure Untersuchungsergebnisse mit Zitaten (▶ Zitieren, S. 328).
- Fasst zum **Schluss** die wesentlichen Ergebnisse eurer Gedichtanalyse zusammen oder nehmt Stellung zum Gedicht.

Drama (Theater)

▶ S. 168–184

Die dramatischen Texte (Theater/Drama) sind neben den Gedichten (Lyrik) und den erzählenden Texten (Epik) eine der drei Gattungen der Dichtung (Lyrik, Epik, Dramatik).
In einem Theaterstück gibt es Rollen, die von Schauspielerinnen und Schauspielern gespielt werden. Die Handlung wird durch die Gespräche zwischen den Personen auf der Bühne (Dialoge) oder durch das Selbstgespräch (Monolog) einer Figur ausgedrückt. Im Theater sprechen die Schauspieler aber nicht nur ihren Text, sie gebrauchen auch ihre Stimme (Sprechweise und Betonung), ihre Körpersprache (Gestik) und ihren Gesichtsausdruck (Mimik), um Gefühle und Stimmungen auszudrücken.
Wichtige Theaterbegriffe:

- **Akt:** Hauptabschnitt eines Dramas, dessen Schluss früher durch das Fallen des Vorhangs angezeigt wurde (auch Aufzug genannt, weil bei Beginn eines neuen Aktes der Bühnenvorhang wieder aufgezogen wurde). Ein Akt ist eine geschlossene Handlungseinheit, die meist aus mehreren Szenen besteht.
- **Dialog:** Gespräch von zwei oder mehr Figuren. Sein Gegensatz ist der Monolog.
- **Exposition:** Die Exposition umfasst im klassischen Drama meist den ersten Akt und ist eine Art Einleitung, die in die Handlung einführt. Hier wird der Zuschauer über Zeit und Ort des Geschehens informiert und lernt die Hauptfiguren (Protagonisten) kennen. Gleichzeitig wird der zentrale Konflikt des Dramas angekündigt.
- **Monolog:** Selbstgespräch einer Figur (im Gegensatz zum Dialog).
- **Regieanweisungen:** Von der Autorin/vom Autor im Dramentext zusätzlich zu den Rollentexten bereits mitgelieferte Anregungen, wie sich die Figuren bewegen, wie sie schauen und sprechen sollten und wie die Handlung auf der Bühne dargestellt werden sollte.
- **Rolle:** Rolle nennt man die Figur, die eine Schauspielerin oder ein Schauspieler in einem Theaterstück verkörpert, z. B. die Rolle der Julia, die Rolle des Fürsten usw.
- **Szene:** Eine Szene ist ein kurzer, abgeschlossener Teil eines Theaterstücks. Eine Szene endet, wenn neue Figuren auftreten und/oder Figuren abtreten. Meistens erlischt am Ende einer Szene auch die Bühnenbeleuchtung.

Aufbau des klassischen Dramas

▶ S. 183

Die klassische Form des Dramas, die bis zum Ende des 18. Jahrhunderts eine große Rolle spielte, weist einen strengen Aufbau auf (Fünf-Akt-Schema):

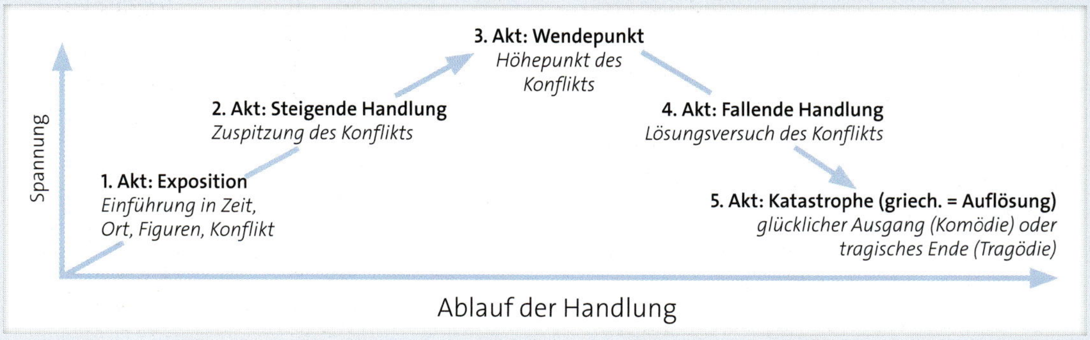

Sachtexte

▶ S. 191–201; 208– 210; 308–313

Sachtexte unterscheiden sich von literarischen Texten (z. B. einer Erzählung oder einem Gedicht) dadurch, dass sie sich vorwiegend mit wirklichen (realen) Ereignissen und Vorgängen beschäftigen und informieren wollen. Es gibt verschiedene Formen von Sachtexten, z. B.: Lexikonartikel, Zeitungstexte (▶ S. 340) und Zeitschriftenartikel. Häufig findet man in Sachtexten auch Tabellen oder Grafiken (z. B. Landkarte, Balkendiagramm), Fotos oder andere Abbildungen.

Einen Sachtext erschließen (Fünf-Schritt-Lesemethode)

▶ S. 310–312

1. Schritt: Lest die Überschrift(en), hervorgehobene Wörter und die ersten Zeilen des Textes, betrachtet die Abbildungen.
2. Schritt: Arbeitet mit einer Kopie des Textes: Lest den gesamten Text zügig durch und kreist unbekannte Wörter ein. Macht euch klar, was das Thema des Textes ist.
3. Schritt: Klärt unbekannte Wörter und Textstellen durch Nachdenken oder Nachschlagen.
4. Schritt: Lest den Text sorgfältig. Markiert die Schlüsselwörter farbig, gliedert den Text in Sinnabschnitte, notiert Fragen am Rand, wenn euch etwas unklar ist.
5. Schritt: Fasst die Informationen des Textes zusammen.
TIPP: Häufig ist es sinnvoll, die aus Texten gewonnenen **Informationen grafisch** zu **strukturieren,** z. B. in Form eines Flussdiagramms oder einer Mind-Map. Ein Flussdiagramm eignet sich besonders gut, um Abläufe darzustellen.

Grafiken entschlüsseln

▶ S. 313

Beim Entschlüsseln einer Grafik könnt ihr so vorgehen:

1. Stellt fest, worum es in der Grafik geht. Hierbei hilft euch die Überschrift, wenn es eine gibt.
2. Untersucht, was in der Grafik dargestellt wird: Erklärt sie einen Vorgang, den Aufbau oder die Funktion von etwas oder verdeutlicht sie eine Lage, wie z. B. eine Landkarte?
3. Prüft, ob die Grafik Farben, Beschriftungen oder Symbole enthält, die erklärt werden.
4. Schreibt auf, worüber die Grafik informiert.

Diagramme verstehen und auswerten

▶ S. 196, 313

Ein Diagramm ist eine anschauliche Darstellung von Daten und Informationen. Um ein Diagramm auszuwerten, geht ihr so vor:

- Schaut euch das Diagramm genau an. Lest die Überschrift und die übrigen Angaben und Erklärungen.
- Stellt fest, worüber das Diagramm informiert. Welche Maßeinheiten werden verwendet, z. B. Prozent (%), Kilo (kg), Euro (€)?
- Vergleicht die Angaben miteinander (höchster und niedrigster Wert, gleiche Werte).
- Fasst zusammen, was im Diagramm gezeigt wird. Was lässt sich ablesen?

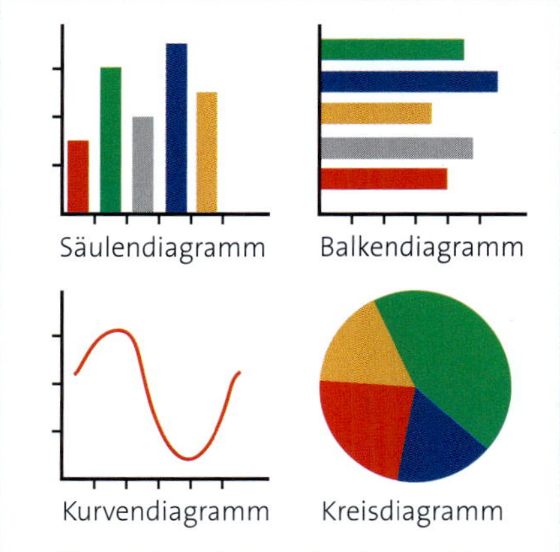

Einen Sachtext analysieren und zusammenfassen

▶ S. 329

Journalistische Textsorten/Zeitungstexte

▶ S. 191–201

Der Bericht

▶ S. 191–192

Ein Zeitungsbericht informiert knapp und sachlich über ein aktuelles Ereignis. Er beantwortet zu Beginn die wichtigsten W-Fragen und berichtet dann über die näheren Einzelheiten des Ereignisses (z. B. über Hintergründe, Zusammenhänge oder die Vorgeschichte). Diesen Aufbau nennt man Lead-Stil, d. h.: Die wichtigsten Informationen stehen am Textanfang (Vorspann oder Lead), dann folgen weitere Detailinformationen. Ein Zeitungsbericht kann Zitate von Experten oder Betroffenen wiedergeben, die dann namentlich genannt werden. Sie sollen die Glaubwürdigkeit einer Aussage unterstreichen und/oder den Bericht lebendiger gestalten.

Die Reportage

▶ S. 193–198

Eine Reportage **informiert in besonders anschaulicher und lebendiger Weise über ein Ereignis.** Sie ist ein **Erlebnisbericht,** denn bei einer Reportage schreibt ein Reporter über ein Geschehen, das er selbst als Augenzeuge miterlebt hat.

- Reportagen **führen direkt in eine interessante Szene ein** (szenischer Einstieg, Schilderung einer Situation), sodass die Neugier der Leser geweckt wird.
- Eine Reportage enthält **sachliche Informationen** (Beantwortung der W-Fragen), gibt aber auch die **Eindrücke und die persönliche Sichtweise des Verfassers** wieder.
- Die Reportage will den Lesern das Gefühl geben, dass sie live (mit allen Sinnen) bei dem Geschehen dabei sind. Deshalb beschreibt der Reporter anschaulich die **Atmosphäre und Stimmung vor Ort und schildert seine Wahrnehmungen.** Zitate von Personen und eine bildhafte Sprache (ausdrucksstarke Verben, Adjektive sowie sprachliche Bilder) sorgen für **Anschaulichkeit.**
- Die Zeitformen wechseln; häufig wird das Präsens verwendet, um dem Leser den Eindruck zu vermitteln, direkt vor Ort dabei zu sein.

Der Kommentar

▶ S. 199–200

Ein Kommentar ist ein **wertender Text, in dem ein Autor** zu einem aktuellen Thema Stellung bezieht und **seine persönliche Meinung äußert.** Der Autor informiert über das Thema, erläutert seine Bedeutung, erklärt dem Leser die Zusammenhänge und setzt sich mit unterschiedlichen Meinungen auseinander. In einem Kommentar begründet der Autor seine Meinung mit Argumenten und Beispielen. Ziel des Kommentars ist es, den Leser dazu anzuregen, sich eine eigene Meinung zum Thema zu bilden. Der Autor/die Autorin eines Kommentars wird immer mit Namen genannt.

Die Glosse

▶ S. 201

Die Glosse ist ein **kurzer, pointierter** (zugespitzter) **Meinungsbeitrag** zu einem Thema. Im Unterschied zum Kommentar verzichtet die Glosse bewusst auf eine ausgewogene Argumentation und ist betont subjektiv. Ihre Sprache ist **humorvoll, spöttisch, ironisch;** ein beliebtes **Stilmittel** ist die **Übertreibung.** Eine Glosse darf provozieren, denn sie will den Leser wachrütteln, zum Schmunzeln bringen, aber auch zum Nachdenken anregen.

Film, Fernsehen, Radio

▶ S. 223–228

Die Einstellungsgrößen

▶ S. 223–224

Die Einstellungsgröße legt die Größe des Bildausschnitts fest. Je kleiner der Bildausschnitt ist, desto näher scheint der Betrachter am Geschehen zu sein. Je nachdem, wie nah die Kamera an das Geschehen heranführt oder wie weit sie entfernt bleibt, entstehen unterschiedliche Wirkungen.

Totale

Eine Einstellung, in der die Figur/die Figuren in einer größeren Umgebung gezeigt wird/werden. Man erhält einen Überblick über den gesamten Schauplatz.

Halbnah

Gegenstände werden aus mittlerer Nähe gezeigt, Figuren werden etwa vom Knie an aufwärts. Die unmittelbare Umgebung ist erkennbar.

Nah

Man sieht Kopf und Schultern von Figuren. Die Einstellung wird häufig bei Dialogen verwendet.

Groß

Der Kopf einer Figur wird bildfüllend dargestellt. So kann man die Gefühle an der Mimik genau ablesen.

Die Kameraperspektive

▶ S. 224

Der Standpunkt der Kamera und – damit verbunden – ihr Blickwinkel wird als Kameraperspektive bezeichnet. Man unterscheidet:

Vogelperspektive

Normalperspektive

Froschperspektive

- **Vogelperspektive** (Aufsicht): Kamera von oben
- **Normalperspektive** (Normalsicht): Kamera auf Augenhöhe
- **Froschperspektive** (Untersicht): Kamera von unten

Schnitt, Montage und Kamerabewegung

▶ S. 225

Ein **Schnitt** bezeichnet die Verknüpfung von zwei Einstellungen. Man kann z. B. Handlungen, die zeitgleich an verschiedenen Orten spielen, gleichzeitig zeigen, in dem man zwischen den Szenen hin- und herspringt (Parallelmontage), in einer Rückblende ein Ereignis aus der Vergangenheit zeigen oder zwischen den Figuren, z. B. in einer Dialogsituation, hin- und herspringen (Schuss-Gegenschuss-Technik).
Montage meint das Zusammenfügen von Bild- und Tonelementen zum gesamten Film.
Bei der **Kamerabewegung** unterscheidet man Kameraschwenk und Kamerafahrt. Beim **Kameraschwenk** steht die Kamera fest (z. B. auf einem Stativ) und dreht oder neigt sich – ähnlich der Kopfbewegung – um einen fixen Punkt. Im Gegensatz dazu bewegt sich die Kamera bei der **Kamerafahrt** durch den Raum, z. B. auf ein Objekt zu oder von ihm weg oder parallel zu einem sich bewegenden Objekt (Parallelfahrt).

Mise en Scène

▶ S. 226–228

Der Begriff „Mise en Scène" (frz. „in Szene setzen") beschreibt die **Inszenierung einer Filmszene,** bei der **verschiedene Gestaltungselemente** ineinandergreifen. Um die Gestaltung eines Filmbildes zu beschreiben, können – wie bei der Beschreibung eines Fotos oder eines Gemäldes – folgende Aspekte untersucht werden: **Kameraeinstellung** und **-perspektive, Location** (Schauplatz), **Beleuchtung** (Licht und Schatten), **Farbgestaltung** (haben die Farben eine bestimmte Wirkung oder eine symbolische Bedeutung?) und **Bildaufbau** (was fällt zuerst ins Auge? Wie sind Figuren und Gegenstände angeordnet?).
Wichtig ist zu beschreiben, welche **Wirkung** durch die Bildinszenierung erreicht wird.

Das Hörspiel

Beim Hörspiel wird der zu Grunde liegende Text wie ein Bühnenstück dramatisiert (d. h. durch Sprechtexte dargestellt). Im Unterschied zu einem Bühnenstück erfahren die Zuhörerinnen und Zuhörer nur das, was zu hören ist. Durch die Dialoge (Gespräche) und die Monologe (Selbstgespräche) der Figuren, durch den Erzähler sowie durch Geräusche (z. B. Glockenschlag, Ausrufe oder Stimmengewirr) erhalten die Hörer/-innen alle notwendigen Informationen, um der Handlung folgen zu können. Die Figuren in einem Hörspiel können auch laut überlegen, fragen oder laut beobachten, um die Situation für die Hörer verständlich zu machen.

Das Radio-Feature

▶ S. 68–69

Ein Radio-Feature (englisch: „Aufmachung") ist eine **lebendig gestaltete, nicht fiktionale Hörfunksendung.** Ein Feature behandelt ein Thema möglichst facettenreich und besteht daher aus **verschiedenen Elementen** wie eingesprochenen Texten (z. B. Beschreibungen, Berichte), Originaltönen (z. B. Interviews, Umfragen, Geräusche) und Musik.

Nachdenken über Sprache

Wortarten

Das Nomen (Plural: die Nomen)

Die meisten Wörter in unserer Sprache sind Nomen (auch: Hauptwörter, Substantive).
Nomen bezeichnen:
- Lebewesen/Eigennamen, z. B.: *Frosch, Baum, Susanne,*
- Gegenstände, z. B.: *Haus, Schreibtisch, MP3-Player,*
- Begriffe (Gedanken, Gefühle, Zustände ...), z. B.: *Angst, Mut, Freude, Ferien, Freundschaft.*

Nomen werden immer **großgeschrieben.**
Sie werden häufig von **Wörtern begleitet,** an denen wir sie erkennen können, z. B. einem **Artikel** *(der Hase, eine Uhr)* oder einem **Adjektiv** *(blauer Himmel, fröhliche Menschen).*

Genus (grammatisches Geschlecht; Plural: die Genera)

Jedes Nomen hat ein Genus (ein grammatisches Geschlecht), das man **an** seinem **Artikel erkennen** kann. Ein Nomen ist entweder
- ein **Maskulinum** (männliches Nomen), z. B.: *der Stift, der Regen, der Hund,*
- ein **Femininum** (weibliches Nomen), z. B.: *die Uhr, die Sonne, die Katze,* oder
- ein **Neutrum** (sächliches Nomen), z. B.: *das Buch, das Eis, das Kind.*

Das **grammatische Geschlecht** eines Nomens stimmt **nicht immer** mit dem **natürlichen Geschlecht** überein, z. B.: *das Mädchen, das Kind.*

Numerus (Anzahl; Plural: die Numeri)

Nomen haben einen Numerus, d. h. eine Anzahl. Sie stehen entweder im
- **Singular** (Einzahl), z. B.: *der Wald, die Jacke, das Haus,* oder im
- **Plural** (Mehrzahl), z. B.: *die Wälder, die Jacken, die Häuser.*

Der Kasus (Fall; Plural: die Kasus, mit langem u gesprochen)

In Sätzen erscheinen Nomen immer in einem bestimmten Kasus, das heißt in einem grammatischen Fall. **Im Deutschen gibt es vier Kasus.** Nach dem Kasus richten sich die Form des Artikels und die Endung des Nomens. Man kann den **Kasus** eines Nomens **durch Fragen ermitteln:**

Kasus	Kasusfrage	Beispiele
1. Fall: **Nominativ**	*Wer oder was ...?*	*Der Junge liest ein Buch.*
2. Fall: **Genitiv**	*Wessen ...?*	*Das Buch des Jungen ist spannend.*
3. Fall: **Dativ**	*Wem ...?*	*Ein Mädchen schaut dem Jungen zu.*
4. Fall: **Akkusativ**	*Wen oder was ...?*	*Sie beobachtet den Jungen genau.*

Meist ist der Kasus am veränderten Artikel des Nomens erkennbar, manchmal auch an der Endung des Nomens, z. B.: *des Mannes, des Mädchens, den Kindern.*
Wenn man ein Nomen in einen Kasus setzt, nennt man das **deklinieren** (beugen).

Der Artikel (Plural: die Artikel)

Das Nomen wird häufig von einem Artikel begleitet. Man unterscheidet zwischen dem bestimmten Artikel *(der, die, das)* und dem unbestimmten Artikel *(ein, eine, ein)*, z. B.:

	bestimmter Artikel	**unbestimmter Artikel**
männlich	*der Stift*	*ein Stift*
weiblich	*die Uhr*	*eine Uhr*
sächlich	*das Buch*	*ein Buch*

Das Pronomen (Fürwort; Plural: die Pronomen)

Das Pronomen ist ein **Stellvertreter oder Begleiter; es vertritt oder begleitet ein Nomen.**
Es gibt verschiedene Arten von Pronomen.

- **Das Personalpronomen** (persönliches Fürwort)
  Mit den **Personalpronomen** *(ich, du, er, sie, es, wir, ihr, sie)* kann man **Nomen und Namen ersetzen,** z. B.:
  Die Katze möchte ins Haus. Sie miaut. Schnell lassen wir sie herein.

  Paul rennt zum Bus. Er hat verschlafen und weiß, dass der Busfahrer nicht auf ihn wartet.

  Personalpronomen werden wie die Nomen dekliniert (gebeugt):

	Singular			**Plural**		
Kasus	**1. Pers.**	**2. Pers.**	**3. Pers.**	**1. Pers.**	**2. Pers.**	**3. Pers.**
1. Fall: **Nominativ**	*ich*	*du*	*er/sie/es*	*wir*	*ihr*	*sie*
2. Fall: **Genitiv**	*meiner*	*deiner*	*seiner/ihrer/seiner*	*unser*	*euer*	*ihrer*
3. Fall: **Dativ**	*mir*	*dir*	*ihm/ihr/ihm*	*uns*	*euch*	*ihnen*
4. Fall: **Akkusativ**	*mich*	*dich*	*ihn/sie/es*	*uns*	*euch*	*sie*

- **Das Possessivpronomen** (besitzanzeigendes Fürwort)
  Possessivpronomen *(mein/meine – dein/deine – sein/seine, ihr/ihre – unser/unsere – euer/eure – ihr/ihre)* **geben an, zu wem etwas gehört,** z. B.: *mein Buch, deine Tasche, unsere Lehrerin.*
  Possessivpronomen begleiten meist Nomen und stehen dann in dem gleichen Kasus (Fall) wie das dazugehörige Nomen, z. B.: *Ich gebe meinen Freunden eine Einladungskarte.* (Wem? → Dativ)
- **Das Demonstrativpronomen** (hinweisendes Fürwort)
  Demonstrativpronomen *(der, die, das/dieser, diese, dieses/jener, jene, jenes/solcher, solche, solches/derselbe, dieselbe, dasselbe)* **weisen besonders deutlich auf eine Person oder Sache hin,** z. B.: *Von allen Jacken gefällt mir diese am besten.* Demonstrativpronomen können als Begleiter oder als Stellvertreter eines Nomens verwendet werden.
- **Das Indefinitpronomen** (unbestimmtes Fürwort)
  Indefinitpronomen sind Wörter, mit denen man **eine ungefähre Menge oder Anzahl** angibt, z. B.: *etwas, manches, alles, nichts, einige, kein, viel, (ein) paar.* Indefinitpronomen **stehen häufig vor nominalisierten Adjektiven,** z. B.: *etwas Neues, viel Witziges, alles Gute, nichts Sinnvolles.*

Das Adjektiv (das Eigenschaftswort; Plural: die Adjektive)

Adjektive drücken aus, wie etwas ist. Mit Adjektiven können wir die **Eigenschaften** von Lebewesen, Dingen, Vorgängen, Gefühlen und Vorstellungen genauer beschreiben, z. B.:
der starke Wind, der schwache Wind, der eiskalte Wind.
Adjektive werden **kleingeschrieben.** Adjektive, die vor einem Nomen stehen, haben den gleichen Kasus wie das Nomen: *der kalte See, die kalten Seen, des kalten Sees.*

- **Steigerung der Adjektive**
  Adjektive kann man steigern (z. B.: *schön – schöner – am schönsten*). So kann man z. B. Dinge oder Lebewesen miteinander vergleichen. Es gibt eine Grundform und zwei Steigerungsstufen:

Positiv (Grundform)	**Komparativ (1. Steigerungsstufe)**	**Superlativ (2. Steigerungsstufe)**
Lars ist groß.	*Stefan ist größer.*	*Fabian ist am größten.*

- **Vergleiche mit *wie* und *als:***
  Vergleiche mit dem Positiv werden mit *wie* gebildet, z. B.: *Tim ist genauso groß wie Yvonne.* Vergleiche mit dem Komparativ werden mit dem Vergleichswort *als* gebildet, z. B.: *Meine Schuhe sind kleiner als deine.*

Die Präposition (das Verhältniswort; Plural: die Präpositionen)

Präpositionen wie *in, auf, unter* drücken **Verhältnisse und Beziehungen** von Gegenständen, Personen oder anderem aus. Oft beschreiben sie ein **örtliches** Verhältnis *(auf dem Dach)* oder ein **zeitliches** Verhältnis *(bis Mitternacht)*. Sie können aber auch einen **Grund** *(wegen der Hitze)* angeben oder die **Art und Weise** *(mit viel Energie)* bezeichnen.
Beispiele:

■ örtliches Verhältnis	*auf, in, hinter, neben, unter, vor, über, zwischen*
■ zeitliches Verhältnis	*nach, vor, seit, um, während, bis, in*
■ Angabe des Grundes	*wegen, trotz, aufgrund/auf Grund*
■ Angabe der Art und Weise	*ohne, mit*

Präpositionen sind nicht flektierbar (nicht veränderbar). Die Präposition steht in der Regel vor einem Nomen (mit oder ohne Begleiter) oder Pronomen. Sie bestimmt den Kasus des nachfolgenden Wortes (oder der nachfolgenden Wortgruppe), z. B.: *mit dir, wegen des Regens, bei dem Schnee.*

Die Konjunktion (das Bindewort; Plural: die Konjunktionen)

Konjunktionen **verbinden Satzteile oder Teilsätze** miteinander, z. B.: *Es gab Donner und Blitz. Er konnte nicht an der Wanderung teilnehmen, weil er sich den Fuß verstaucht hatte.*
Die häufigsten Konjunktionen sind: *und, oder, weil, da, nachdem.*

Das Verb (das Tätigkeitswort; Plural: die Verben)

Mit Verben gibt man an, **was jemand tut** (z. B. *laufen, reden, lachen*), **was geschieht** (z. B. *regnen, brennen*) oder was ist (z. B. *haben, sein, bleiben*). Verben werden kleingeschrieben.

- Der Infinitiv (die Grundform) eines Verbs endet auf *-en* oder *-n*, z. B.: *rennen, sagen, antworten, rudern, lächeln.*
- Wenn man ein Verb in einem Satz verwendet, bildet man **die Personalform des Verbs.** Das nennt man **konjugieren (beugen),** z. B.: *such-en* (Infinitiv) → *Ich such-e den Schlüssel* (1. Person Singular). Die Personalform des Verbs wird aus dem Infinitiv des Verbs gebildet. An den Stamm des Verbs wird dabei die passende Personalendung gehängt, z. B.: *sprech-en* (Infinitiv) → *ich sprech-e* (1. Person Singular), *du sprich-st* (2. Person Singular) usw.

Der Imperativ (Befehlsform des Verbs; Plural: die Imperative)

Die Aufforderungsform oder **Befehlsform eines Verbs** nennt man Imperativ. Man kann eine Aufforderung oder einen Befehl an eine Person oder an mehrere Personen richten. Dementsprechend gibt es den Imperativ Singular *(„Bitte komm!“, „Lauf weg!“)* und den Imperativ Plural *(„Bitte kommt!“, „Lauft weg!“)*.

- Der **Imperativ Singular** besteht aus dem Stamm des Verbs *(schreiben → schreib!)*, manchmal wird die Endung *-e* angehängt *(reden → rede!)* oder es ändert sich der Stammvokal von *e* zu *i (geben → gib!)*.
- Der **Imperativ Plural** wird in der Regel durch den Stamm des Verbs mit der Endung *-t* oder *-et* gebildet *(schreiben → schreibt!, lesen → lest!, reden → redet!)*.

Die Tempora (Zeitformen) der Verben

Verben kann man in verschiedenen Zeitformen (Tempora; Sg.: das Tempus) verwenden, z. B. im Präsens, im Präteritum, im Futur. Die Zeitformen der Verben sagen uns, wann etwas passiert, z. B. in der Gegenwart, in der Vergangenheit oder in der Zukunft.

- **Das Präsens** (die Gegenwartsform)
  - Das Präsens wird verwendet, wenn etwas in der **Gegenwart** (in diesem Augenblick) geschieht, z. B.: *Er schreibt gerade einen Brief.* (Es geschieht in diesem Augenblick.)
  - Im Präsens stehen auch **Aussagen, die immer gelten,** z. B.: *Suppe isst man mit dem Löffel.* (Es ist immer gültig.)
  - Man kann das Präsens auch verwenden, **um etwas Zukünftiges auszudrücken.** Meist verwendet man dann eine Zeitangabe, die auf die Zukunft verweist, z. B.: *Morgen gehe ich ins Kino.*

Das Präsens wird gebildet mit dem Stamm des Verbs und den entsprechenden Personalendungen, z. B.: *ich schreib-e, du schreib-st ...*

- **Das Futur** (die Zukunftsform)
  - Das Futur wird verwendet, um ein zukünftiges Geschehen auszudrücken, z. B.: *In den Sommerferien werde ich häufig ins Freibad gehen.*
  - Das Futur wird gebildet mit der Personalform von *werden* im Präsens und dem Infinitiv des Verbs, z. B.: *Ich werde anrufen, du wirst anrufen ...*

- **Das Perfekt**
  Wenn man mündlich von etwas Vergangenem erzählt oder berichtet, verwendet man häufig das Perfekt, z. B.: *Ich habe gerade etwas gegessen. Er ist nach Hause gekommen.*
  Das Perfekt ist eine **zusammengesetzte Vergangenheitsform,** weil es mit einer Form von **„haben"** oder **„sein"** im Präsens (z. B. *hast, sind*) und dem **Partizip II des Verbs** *(gesehen, aufgebrochen)* gebildet wird.
  - Das Partizip II beginnt meist mit *ge-*, z. B.: *lachen → gelacht; gehen → gegangen.*
  - Wenn das Verb schon eine Vorsilbe hat (*ge-, be-* oder *ver-*), bekommt das Partizip II keine mehr, z. B.: *gelingen → gelungen; beschweren → beschwert; verlieren → verloren.*
- **Das Präteritum**
  Das Präteritum ist eine **einfache Zeitform der Vergangenheit.** Diese Zeitform wird vor allem in schriftlichen Erzählungen (z. B. in Märchen, in Geschichten) und in Berichten verwendet, z. B.: *Sie lief schnell nach Hause, denn es regnete in Strömen.* Man unterscheidet:
  - **regelmäßige (schwache) Verben:** Bei den regelmäßigen Verben ändert sich der Vokal *(a, e, i, o, u)* im Verbstamm nicht, wenn das Verb ins Präteritum gesetzt wird, z. B.: *ich lache* (Präsens) → *ich lachte* (Präteritum),
  - **unregelmäßige (starke) Verben:** Bei den unregelmäßigen Verben ändert sich im Präteritum der Vokal *(a, e, i, o, u)* im Verbstamm, z. B.: *ich singe* (Präsens) → *ich sang* (Präteritum); *ich laufe* (Präsens) → *ich lief* (Präteritum).
- **Das Plusquamperfekt**
  Wenn etwas vor dem passiert, wovon im Präteritum oder im Perfekt erzählt wird, verwendet man das Plusquamperfekt. Das Plusquamperfekt wird deshalb auch **Vorvergangenheit** genannt, z. B.: *Nachdem sie mit dem Fallschirm sicher gelandet war, jubelten die Menschen.*
  Das Plusquamperfekt ist wie das Perfekt eine **zusammengesetzte Vergangenheitsform,** weil es mit einer Form von **„haben"** oder **„sein"** im Präteritum (z. B. *hatte, war*) und dem **Partizip II des Verbs** (z. B. *gelesen, aufgebrochen*) gebildet wird, z. B.: *Nachdem wir etwas gegessen hatten, gingen wir in den Zoo. Nachdem wir alle pünktlich angekommen waren, ging es los.*
  TIPP: Die Konjunktion *nachdem* leitet oft einen Satz im Plusquamperfekt ein.

Partizip I und II

Das **Partizip I** (Partizip Präsens) setzt sich aus **Verbstamm + (e)nd** zusammen, z. B.: *gehend, zitternd, singend.*

- Mit Hilfe des Partizips I können **gleichzeitig ablaufende Handlungen** beschrieben werden, z. B.: *Die Frau sitzt lesend im Sessel.*
- Das Partizip I kann vor einem Nomen wie ein Adjektiv verwendet werden. Es passt sich dann in Genus, Numerus und Kasus an das Nomen an, das es begleitet, z. B.: *Die lesende Frau sitzt im Sessel. Ein dampfender Tee steht neben ihr auf dem Tisch.*

Das **Partizip II** (Partizip Perfekt) setzt sich zusammen aus **ge + Verbstamm + (e)t oder en,** z. B.: *gezittert, gelaufen.*

- Das Partizip II wird für die **Bildung von zusammengesetzten Zeitformen (Perfekt und Plusquamperfekt)** verwendet, z. B.: *ich habe gelacht* (Perfekt), *ich bin angekommen* (Perfekt); *ich hatte gelacht* (Plusquamperfekt), *ich war angekommen* (Plusquamperfekt).
- Viele Perfektpartizipien können vor einem Nomen wie ein Adjektiv verwendet werden. Sie passen sich dann in Genus, Numerus und Kasus an das Nomen an, das sie begleiten, z. B.: *Die verblühten Rosen stehen auf dem Tisch.*

Aktiv und Passiv

- **Aktiv und Passiv der Verben**
  - Das Aktiv und das Passiv sind zwei Verbformen, die man bei der Darstellung von Handlungen und Vorgängen unterscheidet. Man kann aus zwei Perspektiven schauen:
  - **Aktiv:** Der Handlungsträger (Handelnde) wird betont, z. B.: *Der Zauberer hält einen Kochlöffel in der Hand.*
  - **Passiv:** Die Handlung/der Vorgang wird betont, z. B.: *Der Kochlöffel wird in der Hand gehalten.*
  - Im **Aktiv** ist wichtig, **wer** handelt/etwas tut. Im **Passiv** wird betont, **was geschieht.**
  - Das **Passiv** wird meist mit einer Form von **„werden“** und dem **Partizip II des Verbs** (► S. 347) gebildet, z. B.: *wird gehalten; werden aufgeteilt.*
  - Im Passivsatz kann der Handlungsträger ergänzt werden, z. B.: *Der Kochlöffel wird von dem Zauberer in der Hand gehalten.*

  Sätze, in denen der Handlungsträger als Subjekt des Satzes erscheint, stehen in der Verbform Aktiv. Bei der Umwandlung eines Aktivsatzes in einen Passivsatz wird das **Akkusativobjekt** des Aktivsatzes zum **Subjekt** des Passivsatzes, z. B.:

  Aktiv: *Silke führt einen Zaubertrick vor.* (einen Zaubertrick = Akkusativobjekt) → Passiv: *Der Zaubertrick wird (von Silke) vorgeführt.* (Der Zaubertrick = Subjekt)

- **Passiv aus Informationsmangel/als Informationsriegel**
  - In einem Passivsatz kann der Handlungsträger ergänzt werden, z. B.: *Die Schüler wurden von Herrn Schweppenstette zur Stellungnahme aufgefordert.*
  - In einem **Passivsatz** kann der **Handlungsträger** aber auch **völlig weggelassen werden,** z. B.
    - wenn er unbekannt ist (Passiv aus Informationsmangel): *Mein Fahrrad wurde gestohlen.*
    - wenn der Handelnde aus bestimmten Gründen nicht genannt werden soll (Passiv als Informationsriegel), zum Beispiel um eine betroffene Person zu schützen oder die verantwortlichen Personen oder Täter zu verschleiern: *Beim Fußballspiel wurde ein Fenster beschädigt.*

- **Zustands- und Vorgangspassiv**

  Während das Vorgangspassiv den Ablauf eines Vorgangs beschreibt, drückt das Zustandspassiv das Ergebnis eines Vorgangs aus.

  1. Das **Zustandspassiv** (*sein*-Passiv) wird durch eine Personalform von „sein“ und das **Partizip II des Verbs** gebildet, z. B.: *Die Tür ist geschlossen.*
  2. Das **Vorgangspassiv** (*werden*-Passiv) wird durch eine Personalform von „werden“ und das **Partizip II des Verbs** gebildet, z. B.: *Die Tür wird geschlossen.*

- **Zeitformen im Aktiv und Passiv**

	Aktiv: Verb *(bewundern)* in der entsprechenden Tempusform	**Passiv:** „werden“ in der entsprechenden Tempusform + Partizip II des Verbs *(bewundern)*
Präsens	*Jens bewundert den Zauberer.*	*Der Zauberer wird bewundert.*
Futur I	*Jens wird … bewundern.*	*… wird bewundert werden.*
Präteritum	*Jens bewunderte …*	*… wurde bewundert.*
Perfekt	*Jens hat … bewundert.*	*… ist bewundert worden.*
Plusquamperfekt	*Jens hatte … bewundert.*	*… war bewundert worden.*

- **Ersatzformen für das Passiv**

  Um Passivformen in Texten zu vermeiden, stehen die so genannten Passiv-Ersatzformen zur Verfügung. Sie haben mit dem Passiv gemeinsam, dass der Handlungsträger nicht genannt wird. Im Unterschied zum Passiv handelt es sich bei den Ersatzformen jedoch um aktive Verbformen. Die wichtigsten Ersatzformen für das Passiv sind:

Ersatzformen für das Passiv	Beispiele
▪ man-Form	▪ *Man löst die Schlaufe des Seils.*
▪ Sie-Form/Du-Form	▪ *Sie lösen/Du löst die Schlaufe des Seils.*
▪ Imperativform	▪ *Lösen Sie/Löse die Schlaufe des Seils.*
▪ „sich lassen“ + Infinitiv	▪ *Die Schlaufe des Seils lässt sich lösen.*
▪ Verbform von „sein“ + Infinitiv mit „zu“	▪ *Die Schlaufe des Seils ist zu lösen.*
▪ Verbform von „sein“ + Adjektiv mit der Endung „-bar“, „-lich“, „-fähig“	▪ *Die Schlaufe des Seils ist lösbar.*

Die Aussageweisen des Verbs: Indikativ und Konjunktiv ▶ S. 246–256

Verben haben einen Modus. Indikativ und Konjunktiv sind zwei Aussageweisen. Der Modus zeigt an, wie wirklich und sicher eine Aussage ist.

- **Konjunktiv I in der indirekten Rede** ▶ S. 254–256

  Wenn man wiedergeben möchte, was jemand gesagt hat, verwendet man **die indirekte Rede.** Das Verb steht dann im **Konjunktiv I,** z. B.: *Christoph sagt, das Gewitter tobe sich über Berlin aus.*

  Bildung des Konjunktivs I

  Der Konjunktiv I wird durch den Stamm des Verbs (Infinitiv ohne *-en*) und die entsprechende Personalendung gebildet, z. B.:

Indikativ Präsens	Konjunktiv I	Indikativ Präsens	Konjunktiv I
ich komm-e	*ich komm-e*	*wir komm-en*	*wir komm-en*
du komm-st	*du komm-est*	*ihr komm-t*	*ihr komm-et*
er/sie/es komm-t	*er/sie/es komm-e*	*sie komm-en*	*sie komm-en*

Wenn der Konjunktiv I nicht vom Indikativ Präsens zu unterscheiden ist, wird der **Konjunktiv II** oder die **würde-Ersatzform** verwendet, z. B.:

Konjunktiv I = Indikativ Präsens	~~*Er sagt, viele wissen kaum etwas über Tornados*~~.
Konjunktiv II als Ersatzform	*Er sagt, viele wüssten kaum etwas über Tornados.*
Umschreibung mit „würde“ als Ersatzform	*Er sagt, viele würden kaum etwas über Tornados wissen.*

- **Konjunktiv II (Irrealis)** ▶ S. 246–253

Wenn man eine Aussage als **unwirklich (irreal),** nur vorgestellt, unwahrscheinlich oder gewünscht kennzeichnen möchte, verwendet man den Konjunktiv II. Man bezeichnet den Konjunktiv II daher auch als **Irrealis.**

Bildung des Konjunktivs II

Der Konjunktiv II wird in der Regel abgeleitet vom Präteritum Indikativ. Bei unregelmäßigen Verben werden **a, o, u** im Wortstamm zu **ä, ö, ü.**

Indikativ Präteritum	*er sah*	*er war*	*er hatte*	*er stand*
Konjunktiv II	*er sähe*	*er wäre*	*er hätte*	*er stände*

Anstelle des Konjunktivs II wird die **würde-Ersatzform** verwendet, wenn

- der Konjunktiv II (im Textzusammenhang) **nicht vom Indikativ Präteritum zu unterscheiden** ist, z. B.: *Zusammen mit Freunden machte er diese Reise.* (Konjunktiv II)
  Zusammen mit Freuden würde er diese Reise machen. (würde-Ersatzform)
- die Konjunktiv-II-Form als besonders **ungebräuchlich** oder **unschön** empfunden wird, vor allem im mündlichen Sprachgebrauch, z. B.: *ich empfähle* → *ich würde empfehlen.*

Modalverben

▶ S. 257–259

Mit Modalverben verändert man den Aussagewert des Vollverbs. Man zeigt an, ob man z. B. etwas darf oder muss, z. B.: *Hunde müssen draußen bleiben.*

- *können* (Möglichkeit, Fähigkeit), z. B.: *Sie können nebenan parken. Sie kann einparken.*
- *sollen* (Vorschrift, Empfehlung), z. B.: *Besucher sollen auf Parkplatz C parken.*
- *müssen* (Gebot, Zwang), z. B.: *Fahrzeuge müssen die Fahrbahn benutzen.*
- *dürfen* (Erlaubnis, Möglichkeit), z. B.: *Gäste dürfen hier parken.*
- *wollen* (Absicht, Bereitschaft), z. B.: *Wir wollen die Hose umtauschen.*
- *mögen* (Wunsch, Möglichkeit), z. B.: *Wir möchten Sie bitten ...*

Das Adverb (Umstandswort; Plural: die Adverbien)

Adverbien (z. B. *dort, oben, hier, jetzt, kürzlich, heute, kaum, sehr, vergebens, gern, leider, deshalb, nämlich*) **machen nähere Angaben zu einem Geschehen.** Sie erklären genauer, **wo, wann, wie und warum** etwas geschieht, z. B.: *Hier sitze ich gern. Dieser Platz gefällt mir nämlich am besten.*

- Adverbien werden **kleingeschrieben.**
- Die Wortart des Adverbs kann man leicht mit dem Adjektiv verwechseln. Das **Adverb** ist aber im Gegensatz zum Adjektiv **nicht veränderbar** (nicht flektierbar).

Satzglieder

Satzglieder erkennen: Die Umstellprobe

Ein Satz besteht aus verschiedenen Satzgliedern. Diese Satzglieder können aus einem einzelnen Wort oder aus mehreren Wörtern (einer Wortgruppe) bestehen.
Mit der **Umstellprobe** könnt ihr feststellen, wie viele Satzglieder ein Satz hat. Wörter und Wortgruppen, die bei der Umstellprobe immer zusammenbleiben, bilden ein Satzglied, z. B.:

Seit 3000 Jahren überfallen Piraten fremde Schiffe.
Piraten überfallen fremde Schiffe seit 3000 Jahren.

Das Prädikat (Plural: die Prädikate)

Der **Kern des Satzes** ist das Prädikat (Satzaussage). Prädikate werden durch Verben gebildet. In einem Aussagesatz steht die Personalform des Verbs (der gebeugte Teil) **immer an zweiter Satzgliedstelle,** z. B.: *Oft zeichnen Piraten eine Schatzkarte. So finden sie später ihre Beute.*
Das Prädikat kann mehrteilig sein, z. B.: *Die Piraten kommen auf der Insel an. Die Piraten haben das Schiff überfallen.*

Das Subjekt (Plural: die Subjekte)

Das Satzglied, das in einem Satz angibt, wer oder was handelt, etwas tut, veranlasst ..., heißt Subjekt (Satzgegenstand), z. B.: *Der Pirat versteckt auf der Insel einen Schatz.*

- Ihr könnt das Subjekt mit der **Frage „Wer oder was ...?“** ermitteln.
  Der Pirat versteckt auf der Insel einen Schatz. → *Wer oder was versteckt auf der Insel einen Schatz?*
- Das Subjekt eines Satzes kann aus einem oder aus mehreren Wörtern bestehen, z. B.:
  Die alte, verwitterte Schatztruhe liegt unter der Erde. → *Wer oder was liegt unter der Erde?*
- Das Subjekt eines Satzes **steht immer im Nominativ** (**1. Fall,** ▶ S. 343).

Die Objekte

- **Akkusativobjekt:** Das Objekt, das im Akkusativ steht, heißt Akkusativobjekt. Ihr ermittelt es mit der Frage: **Wen oder was ...?,** z. B.: *Wen oder was suchen die Piraten?* → *Die Piraten suchen den Schatz.*
- **Dativobjekt:** Das Objekt, das im Dativ steht, heißt Dativobjekt. Ihr ermittelt es mit der Frage: **Wem ...?,** z. B.: *Wem stehlen die Piraten den Schatz?* → *Die Piraten stehlen ihren Opfern den Schatz.*

Objekte können aus einem oder aus mehreren Wörtern bestehen.

- **Genitivobjekt:** Das Genitivobjekt ist ein Satzglied, das man mit der Frage **Wessen …?** ermittelt, z. B.: *Er wird des Diebstahls angeklagt.* → *Wessen wird er angeklagt?*
Das Genitivobjekt wird heute nur noch selten verwendet. Es gibt nur wenige Verben, die ein Genitivobjekt fordern, z. B.: *gedenken (der Toten gedenken), sich rühmen (sich des Sieges rühmen), sich bedienen (sich einer guten Ausdrucksweise bedienen).*
- **Präpositionalobjekt:** Das Präpositionalobjekt steht nach Verben, die fest mit einer Präposition verbunden sind, z. B.: *lachen über, achten auf, denken an, warten auf.*
Diese Präposition ist auch im Fragewort enthalten, z. B.:
Die Einbrecher hoffen ***auf*** *eine reiche Beute.* → *Wor****auf*** *hoffen die Einbrecher?*
Sie fürchten sich ***vor*** *der Polizei.* → *Wo****vor*** *fürchten sie sich?*
Nach den Präpositionalobjekten fragt man z. B. mit: Wofür …? Wonach …? Womit …? Wovon …? Worüber …? Woran …?

Das Prädikativ

Das Verb *sein* verlangt neben dem Subjekt ein weiteres Satzglied, das Prädikativ. Das Prädikativ kann ein **Nomen** oder ein **Adjektiv** sein, z. B.: *Er ist der Klassensprecher. Ich bin sportlich.*
Das Prädikativ ergänzt das Prädikat (Verb) und bezieht sich zugleich auf das Subjekt des Satzes. Weitere Verben, die häufig ein Prädikativ verlangen, sind: *bleiben, werden, heißen.*

Die adverbialen Bestimmungen (auch: Adverbialien)

- Adverbiale Bestimmungen (Umstandsbestimmungen) sind Satzglieder, die man z. B. mit den Fragen **Wann …?, Wo …?, Warum …?, Wie …?** ermittelt. Sie liefern zusätzliche **Informationen über den Ort** (adverbiale Bestimmung des Ortes), **über die Zeit** (adverbiale Bestimmung der Zeit), **über den Grund** (adverbiale Bestimmung des Grundes) und **über die Art und Weise** (adverbiale Bestimmung der Art und Weise) eines Geschehens oder einer Handlung.
- Adverbiale Bestimmungen können aus einem oder aus mehreren Wörtern bestehen.
- Durch die Frageprobe kann man ermitteln, welche adverbiale Bestimmung vorliegt.

Frageprobe	Satzglied	Beispiel
Wo? Wohin? Woher?	**adverbiale Bestimmung des Ortes**	*Wo liegt der Schatz?* *Der Schatz liegt hinter der Holzhütte.*
Wann? Wie lange? Seit wann?	**adverbiale Bestimmung der Zeit**	*Wann wurde der Schatz versteckt?* *Der Schatz wurde vor 200 Jahren versteckt.*
Warum? Weshalb?	**adverbiale Bestimmung des Grundes**	*Warum brachen sie die Schatzsuche ab?* *Wegen der Dunkelheit brachen sie die Schatzsuche ab.*
Wie? Auf welche Weise? Womit?	**adverbiale Bestimmung der Art und Weise**	*Wie werden sie die Schatztruhe öffnen?* *Sie werden die Schatztruhe gewaltsam öffnen.*

Die Attribute (Beifügungen)

Attribute **bestimmen ein Bezugswort** (meist ein Nomen) **näher.** Sie sind **immer Teil eines Satzglieds** und bleiben bei der Umstellprobe fest mit ihrem Bezugswort verbunden, z. B.:
Der große Mann / stiehlt / die Tasche.
Die Tasche / stiehlt / der große Mann.

Attribut Bezugswort

Attribute stehen **vor oder nach** ihrem **Bezugswort.**
Man kann sie mit **„Was für ...?"** erfragen.
Was für ein Mann? → ein großer Mann → *ein Mann mit schwarzen Haaren*

Attribut Bezugswort Bezugswort Attribut

Formen des Attributs

Es gibt verschiedene Formen des Attributs:
- **Adjektivattribut,** z. B.: *die große Tasche*
- **präpositionales Attribut,** z. B.: *das Versteck hinter dem Baum*
- **Genitivattribut,** z. B.: *der Komplize des Erpressers*
- **Apposition** (nachgestelltes Nomen im gleichen Kasus wie das Bezugswort), z. B.:
  Herr Schummel, der Geldfälscher, tauchte unter.

Proben

► S. 84

- **Umstellprobe: Satzanfänge abwechslungsreich gestalten**
  Durch die Umstellprobe könnt ihr eure Texte abwechslungsreicher gestalten. Ihr stellt z. B. die Satzglieder so um, dass die Satzanfänge nicht immer gleich sind, z. B.:
  Ich habe mir heute eine Überraschung ausgedacht. Ich will eine Schatzsuche veranstalten.
  → Heute habe ich mir eine Überraschung ausgedacht. Ich will eine Schatzsuche veranstalten.
- **Ersatzprobe: Wortwiederholungen vermeiden**
  Mit der Ersatzprobe könnt ihr Satzglieder, die sich in eurem Text häufig wiederholen, durch andere Wörter ersetzen, z. B.:
  Ich kenne ein Spiel. ~~Das Spiel~~ (→ Es) kommt aus Indien.
  Zuerst zeichnet man ein Spielbrett. Danach ~~zeichnet~~ (→ erstellt) man die Spielsteine.
- **Weglassprobe: Texte straffen, Wiederholungen vermeiden**
  Mit der Weglassprobe könnt ihr prüfen, welche Wörter in einem Text gestrichen werden sollten, weil sie überflüssig sind oder umständlich klingen, z. B.:
  Als wir den Schatz fanden, jubelten wir vor Freude ~~über den gefundenen Schatz~~.
- **Erweiterungsprobe: Genau und anschaulich schreiben**
  Mit der Erweiterungsprobe könnt ihr prüfen, ob eine Aussage genau genug oder anschaulich genug ist oder ob ihr noch etwas ergänzen solltet, z. B.:
  √ Ich wünsche mir ein Buch √. → Zum Geburtstag wünsche ich mir ein Buch über Piraten.
  Wann? Worüber?

Sätze

Satzarten

Je nachdem, ob wir etwas aussagen, fragen oder jemanden auffordern wollen, verwenden wir unterschiedliche Satzarten: Aussagesatz, Fragesatz und Aufforderungssatz.
In der gesprochenen Sprache erkennen wir die verschiedenen Satzarten oft an der Stimmführung, in der geschriebenen Sprache an den unterschiedlichen Satzschlusszeichen: Punkt, Fragezeichen und Ausrufezeichen.

- Nach einem **Aussagesatz** steht ein **Punkt,** z. B.: *Ich gehe jetzt ins Schwimmbad.*
- Nach einem **Fragesatz** steht ein **Fragezeichen,** z. B.: *Hast du heute Nachmittag Zeit?*
- Nach einem **Ausrufe- oder Aufforderungssatz** steht meist ein **Ausrufezeichen,** z. B.: *Vergiss die Sonnencreme nicht! Beeilt euch!*

Die Satzreihe: Hauptsatz + Hauptsatz

► S. 290

- Ein **Hauptsatz** ist ein selbstständiger Satz. Er enthält mindestens zwei Satzglieder, nämlich Subjekt und Prädikat, z. B.: *Peter schwimmt.*
  Die Personalform des Verbs (das gebeugte Verb) steht im Hauptsatz an zweiter Satzgliedstelle, z. B.: *Peter schwimmt im See.*
- Ein **Satz,** der **aus zwei oder mehr Hauptsätzen** besteht, wird **Satzreihe** genannt. Die einzelnen Hauptsätze einer Satzreihe werden durch ein **Komma** voneinander getrennt, z. B.: *Peter schwimmt im See, Philipp kauft sich ein Eis.*
- Häufig werden die Hauptsätze durch die nebenordnenden **Konjunktionen** (Bindewörter) *und, oder, aber, sondern, denn, doch* verbunden, z. B.: *Peter schwimmt im See, denn es ist sehr heiß.*
  Nur vor den Konjunktionen *und* bzw. *oder* darf das Komma wegfallen, z. B.: *Peter schwimmt im See und Philipp kauft sich ein Eis.*

Satzgefüge: Hauptsatz + Nebensatz

► S. 290

Einen Satz, der aus mindestens einem **Hauptsatz und** mindestens einem **Nebensatz** besteht, nennt man **Satzgefüge.** Zwischen Hauptsatz und Nebensatz muss **immer ein Komma** stehen, z. B.:

Weil die Sonne scheint, gehen wir heute ins Schwimmbad.
Nebensatz — Hauptsatz

Der Regen, der seit Stunden fällt, war nach der Hitze nötig.
Hauptsatz — Nebensatz — Hauptsatz (Fortsetzung)

Nebensätze haben folgende Kennzeichen:

- Ein Nebensatz kann **nicht ohne** einen **Hauptsatz** stehen.
- Der Nebensatz **ist dem Hauptsatz untergeordnet.**
- Nebensätze werden **durch** eine unterordnende **Konjunktion** (z. B. *weil, da, obwohl, damit, dass, sodass, nachdem, während*) oder ein **Relativpronomen** *(der, die, das, welcher, welche, welches)* **eingeleitet.**
- Die **Personalform des Verbs** (das gebeugte Verb) steht im Nebensatz immer **an letzter Satzgliedstelle.**

Formen von Nebensätzen

Der Relativsatz

▶ S. 265

Relativsätze sind Nebensätze, die ein vorausgehendes Bezugswort (Nomen oder Pronomen) näher erklären. Sie werden mit einem **Relativpronomen** eingeleitet, z. B.:
der, die, das oder *welcher, welche, welches.*
Ein Relativsatz wird **immer** durch ein **Komma** vom Hauptsatz abgetrennt. Wird er in einen Hauptsatz eingeschoben, dann setzt man vor und hinter den Relativsatz ein Komma.
Daniel Düsentrieb ist eine Comicfigur, die von Carl Barks erfunden wurde.

Relativsätze nehmen im Satz die **Rolle eines Attributs ein** und werden deshalb auch Attributsätze genannt.

Adverbialsätze

▶ S. 266–267

Adverbialsätze sind Gliedsätze, weil sie die Stelle einer adverbialen Bestimmung einnehmen. Sie werden mit einer **Konjunktion** eingeleitet und durch Komma vom Hauptsatz getrennt. Wie die adverbialen Bestimmungen können sie mit Hilfe der Frageprobe näher bestimmt werden:

Adverbialsatz	Frageprobe	Konjunktionen	Beispiel
Kausalsatz (Grund, Ursache)	Warum ...? Aus welchem Grund ...?	da, weil	*Ich nutze das Navi, weil ich beim Fahren keine Karte lesen kann.*
Konditionalsatz (Bedingung)	Unter welcher Bedingung ...?	wenn, falls, sofern	*Wir werden bald da sein, sofern das Navi uns richtig führt.*
Finalsatz (Ziel, Absicht)	Wozu ...? Mit welcher Absicht ...?	damit, dass	*Fahr schneller, damit wir pünktlich sind.*
Konsekutivsatz (Folge, Wirkung)	Mit welcher Folge ...?	sodass (auch: so ..., dass)	*Die Ampel war rot, sodass ich anhalten musste.*
Konzessivsatz (Einräumung)	Trotz welcher Umstände ...?	obwohl, obgleich, obschon, auch wenn	*Obwohl ich die Stadt kannte, habe ich das Navi genutzt.*
Temporalsatz (Zeitpunkt/-dauer)	Wann ...? Seit/Bis wann ...? Wie lange ...?	nachdem, als, während, bis, bevor, solange, sobald ...	*Nachdem das Navi mich in die Irre geführt hatte, schaltete ich es ab.*
Modalsatz (Art und Weise)	Wie ...?	indem, dadurch dass, als (ob) ...	*Ich kam zum Ziel, indem ich einen Passanten fragte.*
Adversativsatz (Gegenüberstellung)	Was passiert im Gegensatz zu ...?	wohingegen, während	*Ich fahre mit dem Navi, wohingegen mein Freund eine Landkarte nutzt.*

Subjektsätze und Objektsätze

▶ S. 264

Subjektsätze und Objektsätze sind Gliedsätze, weil sie die **Rolle der Satzglieder Subjekt bzw. Objekt** für den Hauptsatz übernehmen. Sie lassen sich wie das Subjekt oder das Objekt mit Hilfe der Frageproben ermitteln.

- **Subjektsatz:** Das Subjekt eines Satzes kann von einem Nebensatz gebildet werden, z. B.:
  Wer eine Reise bucht, muss mit vielem rechnen. Dass wir verlieren, war allen klar.
  Satzgliedfrage: Wer oder was muss mit vielem rechnen? (→ Subjektsatz)
- **Objektsatz:** Das Objekt eines Satzes kann von einem Nebensatz gebildet werden, z. B.:
  Man erlebt, was man nicht für möglich hielt. Ich glaube, dass wir verlieren.
  Satzgliedfrage: Wen oder was erlebt man? (→ Objektsatz)

Infinitivsätze

▶ S. 272–274; 291

Obwohl Infinitivgruppen kein Verb in der Personalform besitzen, können sie im Satz die Funktion von Nebensätzen übernehmen (z. B. die Stelle von Subjekt-, Objekt- oder Adverbialsätzen).
Man nennt sie darum auch satzwertige Infinitive oder Infinitivsätze. Ein **Infinitivsatz** besteht aus einem Infinitiv mit „zu" und mindestens einem weiteren Wort, z. B.:
Ich habe vor, heute eine Beschwerde zu schreiben.
Infinitivsätze darf man immer durch **Komma** vom Hauptsatz trennen. Ein Komma muss stehen,

- wenn der Infinitivsatz durch *um, ohne, statt, anstatt, außer, als* eingeleitet wird, z. B.:
  *Ich komme, **um** mich zu beschweren. **Statt** zu klagen, sollte man eine Lösung suchen.*
- wenn der Infinitivsatz von einem Nomen oder einem hinweisenden Wort wie *daran, darauf* oder *es* im Hauptsatz abhängt, z. B.: *Ich habe die Absicht, mich zu beschweren.*
  Ich bedauere es, mich beschweren zu müssen.

Bei einfachen Infinitiven (*zu* + Infinitiv) kann man das Komma weglassen, sofern dadurch keine Missverständnisse entstehen, z. B.: *Wir denken daran(,) zu klagen.*

TIPP: Bei Infinitivsätzen empfiehlt es sich, immer Kommas zu setzen, weil sie die Gliederung eines Satzes verdeutlichen und niemals falsch sind.

Partizipialsätze

▶ S. 270–271; 292

Obwohl Partizipgruppen kein Verb in der Personalform besitzen, können sie im Satz die Funktion von Nebensätzen übernehmen. Man nennt sie darum auch satzwertige Partizipien oder Partizipialsätze. Ein Partizipialsatz wird mit einem *Partizip I* (Partizip Präsens: *gehend*) oder einem *Partizip II* (Partizip Perfekt: *gegangen*) gebildet. Der Partizipialsatz **bezieht sich auf das Subjekt** des Hauptsatzes, z. B.: *Den Kopf in den Nacken **legend** genießt er den Fahrtwind.*
Partizipialsätze *darf* man immer durch **Komma** vom Hauptsatz trennen. Ein Komma *muss* stehen,

- wenn durch ein hinweisendes Wort auf den Partizipialsatz Bezug genommen wird, z. B.:
  Den Kopf in den Nacken legend, so genießt er den Fahrtwind.
- wenn der Partizipialsatz eine Erläuterung zu einem Nomen oder Pronomen ist, z. B.:
  Er, den Kopf in den Nacken gelegt, genoss den Fahrtwind.

Zeichensetzung

Satzschlusszeichen

- Nach einem **Aussagesatz** steht ein **Punkt,** z. B.:
  Ich gehe jetzt ins Schwimmbad.
- Nach einem **Fragesatz** steht ein **Fragezeichen,** z. B.:
  Hast du heute Nachmittag Zeit?
- Nach einem **Ausrufe- oder Aufforderungssatz** steht meist ein **Ausrufezeichen,** z. B.:
  Vergiss die Sonnencreme nicht! Beeilt euch!

Das Komma zwischen Sätzen

▶ S. 290–292

Die einzelnen **Hauptsätze einer Satzreihe** werden durch ein **Komma** voneinander getrennt, z. B.:
Peter schwimmt im See, Philipp kauft sich ein Eis.
Nur vor den Konjunktionen *und* bzw. *oder* darf das Komma wegfallen, z. B.:
Peter schwimmt im See und Philipp kauft sich ein Eis.
Zwischen Hauptsatz und Nebensatz (Satzgefüge) muss **immer ein Komma** stehen, z. B.:
Wir gehen heute ins Schwimmbad, weil die Sonne scheint.

Der Nebensatz kann vor, zwischen oder nach dem Hauptsatz stehen. Zwischen Hauptsatz und Nebensatz muss **immer ein Komma** stehen, z. B.:
Wenn wir verreisen, möchte ich nicht allzu lange im Auto sitzen.
Die Sommerferien, die ich in diesem Jahr zu Hause verbracht habe, waren schön.

Ein **Satzgefüge kann mehrere Nebensätze** enthalten. Alle Nebensätze werden mit einem **Komma** abgetrennt, z. B.:
Weil ich gerne reise, fahre ich weg, wann immer es geht.
Ich glaube, dass man auch zu Hause schöne Urlaubstage verbringen kann, weil ich zu den Leuten gehöre, die gerne lesen und ins Freibad gehen.

Folgende Wörter können Nebensätze einleiten:

unterordnende **Konjunktionen**	nachdem, wenn, obwohl, weil, dass, indem ...	***Weil*** *die Sonne scheint, gehen wir ins Freibad.*
Fragewörter und **ob**	wann, woher, warum, weshalb, wie, wo, ob ...	*Ich weiß nicht genau,* ***wann*** *er kommen wird.*
Relativpronomen	der, die, das, welcher, welche, welches	*Der Junge,* ***der*** *dort vorne steht, heißt Peter.*

Komma in Infinitivsätzen

▶ S. 272–273; 291

Infinitivsätze **darf** man immer durch **Komma** vom Hauptsatz trennen.
Ein Komma **muss** stehen,

- wenn der Infinitivsatz durch *um, ohne, statt, anstatt, außer, als* eingeleitet wird, z. B.:
  *Verwenden Sie das Gerät nicht, **ohne** die Bedienungsanleitung gelesen zu haben.*
- wenn der Infinitivsatz von einem Nomen oder einem hinweisenden Wort wie *dazu, daran, darauf* oder *es* im Hauptsatz abhängt, z. B.: *Der Knopf dient dazu, das Gerät einzuschalten.*

Bei einfachen Infinitiven (zu + Infinitiv) kann man das Komma weglassen, sofern dadurch keine Missverständnisse entstehen, z. B.: *Wir zweifeln nicht daran(,) zu gewinnen.*
TIPP: Bei Infinitivsätzen empfiehlt es sich, immer Kommas zu setzen, weil sie die Gliederung eines Satzes verdeutlichen und niemals falsch sind.

Komma in Partizipialsätzen

▶ S. 270–271; 292

Partizipialsätze **darf** man immer durch **Kommas** vom Hauptsatz trennen.
Ein Komma **muss** stehen,

- wenn durch ein hinweisendes Wort auf den Partizipialsatz Bezug genommen wird, z. B.:
  Jedes Wort einzeln übersetzt, so nützen Bedienungsanweisungen nichts.
- wenn der Partizipialsatz eine nachgestellte Erläuterung ist, z. B.:
  Jens, aus vollem Halse lachend, reichte mir die Bedienungsanleitung.

Das Komma bei Aufzählungen

Wörter und Wortgruppen in Aufzählungen werden **durch Kommas abgetrennt,** z. B.:
Mit Wolle, Garn, Stoffen, Perlen kann man immer etwas anfangen.
Dies gilt auch, wenn das Wort oder die Wortgruppe durch eine einschränkende Konjunktion wie *aber, jedoch, sondern, doch* eingeleitet wird, z. B.: *Dieses Spiel ist kurz, aber sehr lustig.*
Achtung: Kein Komma steht vor den nebenordnenden Konjunktionen *und, oder, sowie, entweder … oder, sowohl … als auch, weder … noch,* z. B.: *Hier gibt es sowohl Sportkleidung als auch Sportgeräte.*

Das Komma bei Appositionen und nachgestellten Erläuterungen

▶ S. 293

1 Die **Apposition** ist eine besondere Form des Attributs und besteht in der Regel aus einem Nomen oder einer Nomengruppe. Sie folgt ihrem Bezugswort (meist ein Nomen) und wird **durch Kommas abgetrennt,** z. B.:
Berlin, unsere Hauptstadt, ist ein beliebtes Reiseziel für Schulklassen.
Die Apposition steht im gleichen Kasus wie ihr Bezugswort (hier: Nominativ).

2 Die **nachgestellte Erläuterung** wird oft mit Wörtern wie *nämlich, und zwar, vor allem, das heißt (d. h.), zum Beispiel (z. B.)* eingeleitet. Sie wird **durch Kommas abgetrennt,** z. B.:
Das Reichstagsgebäude, also der Sitz des Bundestags, besitzt eine Kuppel aus Glas.

Das Komma bei Anreden, Ausrufen und Bekräftigungen

► S. 295

- Eine **Anrede** wird durch Komma vom übrigen Satz abgetrennt, z. B.: *Henry, fahr bitte langsamer.*
- **Ausrufe, kommentierende Äußerungen** und **Bekräftigungen** werden durch Komma abgetrennt, z. B.: *Ach, das ist aber schade! Wie eklig, igitt! Sie hatte keine Zeit, leider!*
  Das Komma entfällt jedoch, wenn keine Hervorhebung gewollt ist, z. B.:
  Ach das ist aber schade. Sie hatte leider keine Zeit für uns.
  Vor allem kurze, zweiteilige Äußerungen oder Floskeln stehen meist ohne Komma:
  Ach ja. Oh nein! Na gut.

Zeichensetzung bei der wörtlichen Rede

Die wörtliche Rede steht in einem Text in Anführungszeichen. Die Satzzeichen ändern sich, je nachdem, ob der Redebegleitsatz vor, nach oder zwischen der wörtlichen Rede steht.

- Der **Redebegleitsatz vor der wörtlichen Rede** wird durch einen Doppelpunkt von der wörtlichen Rede abgetrennt, z. B.: *Ich fragte: „Wohin sollen wir verreisen?“*
- Der **Redebegleitsatz nach der wörtlichen Rede** wird durch ein Komma von der wörtlichen Rede abgetrennt, z. B.: *„Ich würde gerne ans Meer fahren!“, rief Jana. „Sollen wir ans Meer fahren?“, fragte Jana. „Ich möchte ans Meer“, sagte Jana.*
  In der wörtlichen Rede entfällt der Punkt; Frage- und Ausrufezeichen bleiben aber erhalten.
- Der **Redebegleitsatz zwischen der wörtlichen Rede** wird durch Kommas von der wörtlichen Rede abgetrennt, z. B.: *„Oh weh“, rief Tina, „der Papagei!“*

Der Gedankenstrich

► S. 294

Der Gedankenstrich markiert besonders deutlich eine Grenze innerhalb eines Satzes oder zwischen zwei Sätzen. Er steht häufig dort, wo man in der gesprochenen Sprache eine deutliche Pause macht. Der Gedankenstrich

- **kündigt** etwas **Folgendes,** oft etwas Unerwartetes oder Überraschendes, **an,** z. B.:
  Er glaubte, den Roboter programmiert zu haben – ein verhängnisvoller Irrtum.
- kann **Zusätze** oder **Nachträge** deutlich vom übrigen Text abgrenzen. Wenn der Zusatz in den Satz eingeschoben ist, steht ein paariger Gedankenstrich, z. B.:
  Kochrezepte sind – so könnte man sagen – eine besondere Form der Gebrauchsanweisung.
- kann zwischen Sätzen den **Wechsel des Themas oder des Sprechers** anzeigen, z. B.:
  „Ich bin mit der Installation fertig.“ – „Kommst du dann bitte zum Essen!“

TIPP: Oft können anstelle des Gedankenstrichs auch andere Satzzeichen wie Kommas, Doppelpunkte oder Klammern gesetzt werden.

Tipps zum Rechtschreiben

Verwandte Wörter suchen (Ableitungsprobe)

- Wenn ihr unsicher seid, wie ein Wort geschrieben wird, hilft fast immer die Suche nach einem verwandten Wort. Der Wortstamm (= Grundbaustein) wird in allen verwandten Wörtern gleich oder ähnlich geschrieben, z. B.: *reisen: abgereist, verreisen, die Reise.*
- Ihr schreibt ein Wort mit **ä** oder **äu,** wenn es ein verwandtes Wort mit **a** oder **au** gibt, z. B.:
  - **e** oder **ä**? → *Gläser* → *Glas*
  - **eu** oder **äu**? → *Träume* → *Traum*

  Gibt es kein verwandtes Wort mit **a** oder **au,** schreibt man das Wort meist mit **e** oder **eu.**

Wörter verlängern (Verlängerungsprobe)

Am Wortende klingt **b** wie **p** *(das Lo**b**)*, **g** wie **k** *(der Ta**g**)* und **d** wie **t** *(der Hun**d**)*. Wenn ihr die Wörter verlängert, hört ihr, welchen Buchstaben ihr schreiben müsst. So könnt ihr Wörter verlängern:

- Bildet bei Nomen den Plural, z. B.: *der Ta**g*** → *die Ta**g**e,* oder ein Adjektiv, z. B.: *der San**d*** → *san**d**ig.*
- Steigert die Adjektive oder ergänzt ein Nomen, z. B.: *wil**d*** → *wil**d**er; ein wil**d**es Tier.*
- Bildet bei Verben den Infinitiv oder die Wir-Form, z. B.: *er lo**b**t* → *lo**b**en; wir lo**b**en.*

Im Wörterbuch nachschlagen

- Die Wörter sind **nach dem Alphabet sortiert.** Wenn der erste, zweite ... Buchstabe gleich ist, wird die Reihenfolge nach dem zweiten, dritten ... Buchstaben entschieden, z. B.: *Flamme, Fleiß, Floß.*
- Die Wörter sind im Wörterbuch in ihrer **Grundform** verzeichnet.
  - **Verben** findet ihr **im Infinitiv** (Grundform), z. B.: *ich habe gewusst* → *wissen.*
  - **Nomen** findet ihr **im Nominativ Singular** (1. Fall, Einzahl), z. B.: *die Hände* → *Hand.*

Silbentrennung

Mehrsilbige Wörter trennt man nach Sprechsilben, die man beim deutlichen und langsamen Vorlesen hören kann, z. B.: *Spa-zier-gang.* Ein einzelner Vokalbuchstabe wird nicht abgetrennt, z. B. *Igel* (nicht ~~*I-gel*~~). Beachtet: Einsilbige Wörter kann man nicht trennen, z. B.: *Tisch, blau.*

Partnerdiktat

▶ S. 288

- Lest zuerst den gesamten Text durch und achtet auf schwierige Wörter.
- Diktiert euch abwechselnd den ganzen Text, am besten in Wortgruppen.
- Jeder überprüft am Ende seinen eigenen Text auf Rechtschreibfehler und verbessert sie.
- Tauscht dann eure Texte und korrigiert sie gegenseitig.
- Verbessert zum Schluss die Fehler in euren Texten.

Rechtschreibregeln

Kurze Vokale – doppelte Konsonanten

Nach einem **betonten, kurzen Vokal** (Selbstlaut) folgen fast immer **zwei** oder mehr Konsonanten. Beim deutlichen Sprechen könnt ihr sie meist gut unterscheiden, z. B.: *ka**lt**, Pfla**nz**e, tri**nk**en.*
Wenn ihr bei einem Wort mit einem betonten, kurzen Vokal nur einen **Konsonanten** hört, dann wird er in der Regel **verdoppelt,** z. B.: *Ta**ss**e, Schi**ff**, wi**ss**en, tre**ff**en, so**nn**ig, sa**tt**.*
Beachtet: Statt kk schreibt man **ck** und statt zz schreibt man **tz,** z. B.: *verste**ck**en, De**ck**e, Ka**tz**e, verle**tz**en.*

Lange Vokale (a, e, i, o, u)

- **Lange Vokale als einfache Vokale**
  In den meisten Wörtern ist der betonte lange Vokal ein einfacher Vokal. Danach folgt meist nur ein Konsonant, z. B.:
  die Flöte, die Hose, der Besen, geben, tragen, er kam.
  Das gilt besonders für einsilbige Wörter:
  zu, los, so, wen.

- **Lange Vokale mit h**
  Das **h** nach einem **langen Vokal** steht besonders häufig vor den Konsonanten **l, m, n, r.**
  Beispiele: *kahl, nehmen, wohnen, bohren.* Man hört dieses h nicht.

- **h am Silbenanfang**
  Bei manchen Wörtern steht am Anfang der Silbe ein **h,** z. B.: *ge-hen.* Dieses **h** könnt ihr hören. Das **h** bleibt in verwandten Wörtern erhalten. Verlängert einsilbige Wörter, dann hört ihr dieses **h,** z. B.: *er geht → gehen.*

- **Wörter mit Doppelvokal**
  Es gibt nur wenige Wörter, in denen der lang gesprochene Vokal durch die Verdopplung gekennzeichnet ist. Merkt sie euch gut.
  - **aa:** *der Aal, das Haar, paar, das Paar, der Saal, die Saat, der Staat, die Waage.*
  - **ee:** *die Beere, das Beet, die Fee, das Heer, der Klee, das Meer, der Schnee, der See.*
  - **oo:** *das Boot, doof, das Moor, das Moos, der Zoo.*

  Die Vokale **i** und **u** werden nie verdoppelt.

- **Wörter mit langem i**
  - **Wörter mit ie:** Mehr als drei Viertel aller Wörter mit lang gesprochenem **i** werden mit **ie** geschrieben. Das ist also die häufigste Schreibweise.
    Beispiele: *das T**ie**r, l**ie**b, s**ie**gen, v**ie**l, h**ie**r.*
  - **Wörter mit i:** Manchmal wird das lang gesprochene **i** durch den Einzelbuchstaben **i** wiedergegeben.
    Beispiele: *m**i**r, d**i**r, w**i**r, der **I**gel, das Kl**i**ma, das K**i**no, der B**i**ber.*
  - **Wörter mit ih:** Nur in den folgenden Wörtern wird der lange **i**-Laut als **ih** geschrieben:
    ***ih**r, **ih**m, **ih**n, **ih**nen, **ih**re* usw.

Das stimmhafte s und das stimmlose s

- **Das stimmhafte s (= weicher, gesummter s-Laut):**
  Manchmal spricht man das **s** weich und summend wie in *Sonne, tausend* oder *seltsam*. Dann nennt man das **s** stimmhaft.
- **Das stimmlose s (= harter, gezischter s-Laut):**
  Manchmal spricht man das **s** hart und zischend wie in *Gras* oder *küssen* oder *schließen*. Dann nennt man das **s** stimmlos.

Die Schreibung des s-Lautes: s, ss oder ß?

- Das **stimmhafte s wird immer mit einfachem s** geschrieben, z. B.:
  eisig, Riese, Sonne.
- Das **stimmlose s** wird **mit einfachem s** geschrieben, **wenn sich beim Verlängern** des Wortes (► S. 360) **ein stimmhaftes s ergibt,** z. B.:
  das Gras → die Gräser; uns → unser.
  Für einige Wörter mit einfachem **s** am Wortende gibt es keine Verlängerungsmöglichkeit. Es sind also Merkwörter: *als, aus, bis, es, was, etwas, niemals, alles, anders, morgens.*
- **Doppel-s nach kurzem Vokal**
  Der stimmlose s-Laut wird **nach einem kurzen, betonten Vokal** mit **ss** geschrieben, z. B.:
  essen, die Klasse, wissen.
- **ß nach langem Vokal oder Diphthong**
  Der stimmlose s-Laut wird **nach einem langen Vokal oder Diphthong** (ei, ai, au, äu, eu) mit **ß** geschrieben, wenn er bei der Verlängerungsprobe stimmlos bleibt, z. B.:
  heiß → heißer; der Kloß → die Klöße.

Großschreibung

Großgeschrieben werden

- alle Satzanfänge, z. B.: ***E**r tanzt gern.*
- alle Nomen und nominalisierten Wörter, z. B.: *die **L**iebe, der **B**uchhändler, das **S**chwimmbad, etwas **N**eues, gutes **Z**uhören* ...
- die Höflichkeitsanrede (z. B. in einem Brief) ***S**ie, **I**hnen* usw.

Nomen und Nomenmerkmale

- **Nomen** werden **großgeschrieben.** Wörter, die auf *-heit, -keit, -nis, -schaft, -tum, -in, -ung* enden, sind immer Nomen, z. B.: *Gesundheit, Tapferkeit, Ereignis, Verwandtschaft, Irrtum, Sängerin, Handlung.*
- **Nomen kann man meist an ihren Begleitwörtern (Nomensignalen) erkennen,** die den Nomen vorausgehen. Begleitwörter sind:
  - **Artikel** (bestimmter/unbestimmter), z. B.: *der Hund, ein Hund.*
  - **Pronomen,** z. B.: *unser Hund, dieser Hund.*
  - **Präpositionen,** die mit einem Artikel verschmolzen sein können, z. B.: *bei Nacht, am (= an dem) Fluss.*
  - **Adjektive,** z. B.: *große Hunde.*
  - **Zahlwörter,** z. B.: *zwei Tage, drei Stunden.*

Nominalisierungen: Großschreibung von Verben und Adjektiven ▶ S. 280

Verben und Adjektive schreibt man **groß,** wenn sie im Satz **als Nomen gebraucht** werden, z. B.: *das Spielen* (Verb), *das Neue* (Adjektiv). Diesen Vorgang nennt man **Nominalisierung.** Ihr könnt solche Nominalisierungen genau wie alle anderen Nomen meist an ihren **Begleitwörtern** erkennen, z. B.:

- ein **Artikel,** z. B.: *das Spielen, ein Gutes.*
- ein **Adjektiv,** z. B.: *fröhliches Lachen.*
- eine **Präposition,** die mit einem Artikel verschmolzen sein kann, z. B.: *vor Lachen, bei Rot, beim (bei dem) Spielen, im (in dem) Großen und Ganzen.*
- ein **Pronomen,** z. B.: *dieses Laufen* (Demonstrativpronomen), *unser Bestes* (Possessivpronomen), *etwas Neues, alles Gute* (Indefinitpronomen).

Weil Verbindungen von Indefinitpronomen und nominalisierten Adjektiven häufig vorkommen (z. B.: *etwas Neues, alles Gute*), lernt ihr diese Pronomen am besten als Nomensignale auswendig, z. B.: *etwas, manches, alles, nichts, einige, kein, viel, (ein) paar.*

TIPP: Nicht immer wird ein nominalisiertes Wort durch einen Nomenbegleiter angekündigt. Macht die Probe: Wenn ihr einen Nomenbegleiter (z. B. einen Artikel) ergänzen könnt, schreibt ihr groß, z. B.: *Nicht nur (das) Rätseln ist ein schöner Zeitvertreib.*

Schreibung von Eigennamen und Herkunftsbezeichnungen

▶ S. 281–282

- **Eigennamen** schreibt man **groß.** In mehrteiligen Eigennamen schreibt man alle Wörter groß mit Ausnahme der Artikel, Konjunktionen und Präpositionen, z. B.: *das Optische Museum Jena, das Gasthaus zum Goldenen Schwan, Karl der Große, der Erste Mai.*
  Zusammensetzungen aus mehreren oder mehrteiligen Eigennamen schreibt man mit **Bindestrich,** z. B.: *Otto-Lilienthal-Museum, Rheinland-Pfalz.*
- Für die Schreibung von **Straßennamen,** Plätzen, Brücken usw. gelten dieselben Regeln wie für Eigennamen, z. B.: *Frankfurter Straße, Carl-Maria-von-Weber-Allee.*
- **Herkunftsbezeichnungen:**
  – Die von geografischen Namen abgeleiteten **Wörter auf *-er* schreibt man** immer **groß,** z. B.: *das Sinsheim**er** Automuseum, das Berlin**er** Olympiastation.*
  – Die von geografischen Namen abgeleiteten **Adjektive auf *-isch* werden kleingeschrieben,** z. B.: *das speyer**isch**e Technikmuseum, niedersächs**isch**e Städte.*

Tageszeiten und Wochentage

▶ S. 283

- **Tageszeiten und Wochentage** werden **großgeschrieben,** wenn sie **Nomen** sind. Ihr erkennt sie häufig an den üblichen Nomensignalen, z. B. *am Nachmittag, mitten in der Nacht, eines Tages; am Montag, diesen Dienstag, jeden Mittwoch.*
- **Tageszeiten und Wochentage** werden **kleingeschrieben,** wenn sie **Adverbien** sind, z. B.: *heute, morgen, gestern, nachmittags, abends, freitags.*
- Bei **kombinierten Angaben** schreibt man die **Adverbien klein** und die **Nomen groß,** z. B.: *heute Abend, gestern Nacht, morgen Mittag.*
- Auch für **zusammengesetzte Zeitangaben** aus Wochentag und Tageszeit gilt: Sie werden großgeschrieben, wenn sie Nomen sind, und kleingeschrieben, wenn sie Adverbien sind, z. B.: *der Montagnachmittag, am Mittwochabend, montagnachmittags, mittwochabends.*

Die Schreibung von Fremdwörtern

▶ S. 284–285

Fremdwörter

Fremdwörter sind **Wörter,** die aus **anderen Sprachen** kommen, z. B.: *Gymnastik* (griech.), *diskutieren* (lat.), *Garage* (frz.), *Spaghetti* (ital.), *Snowboard* (engl.). Meist erkennt man sie an der Aussprache und der Schreibung, wenn sie den Regeln ihrer Herkunftssprache folgen.
Häufig gebrauchte **Fremdwörter** werden **eingedeutscht,** d. h. in ihrer Schreibweise dem Deutschen angeglichen. In diesen Fällen ist sowohl die eingedeutschte als auch die fremdsprachige Schreibung korrekt, z. B.: *Photographie/Fotografie; Portemonnaie/Portmonee.*
Fremdwörter, die als **Fachbegriffe** verwendet werden, werden **nicht eingedeutscht.** Dies gilt auch für Fachbegriffe aus dem Deutschunterricht, z. B.: *Apposition, Metapher, Strophe.*

Getrennt- und Zusammenschreibung

► S. 286–287

Wortgruppen aus Nomen und Verb

Wortgruppen aus **Nomen und Verb** werden in der Regel **getrennt** geschrieben, z. B.:
Rad fahren, Handball spielen, Schlange stehen.
Achtung: Werden sie nominalisiert, schreibt man sie zusammen und groß, z. B.:
Ich hole dich zum Fußballspielen ab. Das Radfahren macht mir Spaß.

Wortgruppen aus Verb und Verb

Wortgruppen aus **Verb und Verb** können immer **getrennt geschrieben** werden, z. B.:
kennen lernen, einkaufen gehen, liegen lassen, gesagt bekommen, gelobt werden.
Achtung: Werden sie nominalisiert, schreibt man sie zusammen und groß, z. B.:
Das Spazierengehen im Wald ist eine schöne Abwechslung.

Wortgruppen mit sein

Wortgruppen mit **sein** werden immer getrennt geschrieben, z. B.:
froh sein, zufrieden sein, zusammen sein, vorhanden sein.

Wortgruppen aus Adjektiv und Verb

Wortgruppen aus Adjektiv und Verb werden **meist getrennt geschrieben,** z. B.:
laut singen, schnell rennen, bequem sitzen.
Aber: Entsteht durch die Verbindung von Adjektiv und Verb ein **Wort mit einer neuen Gesamtbedeutung, schreibt man zusammen,** z. B.:
schwarzfahren (= ohne Fahrschein fahren), *schwerfallen* (= Mühe bereiten),
blaumachen (= schwänzen).

Wortgruppen aus Adverb und Verb, Präposition und Verb

- Wenn **Adverb und Verb zusammengeschrieben werden,** liegt die **Hauptbetonung** in der Regel **auf dem Adverb,** z. B.:
  Wir müssen zusammenhalten.
  Bei der **Getrenntschreibung** werden **Adverb und Verb in der Regel gleich betont,** z. B.:
  Ich wohne in dem Haus, das du gegenüber siehst.
  TIPP: Macht die Erweiterungsprobe. Wenn ihr ein Wort oder eine Wortgruppe zwischen Adverb und Verb einfügen könnt, schreibt ihr getrennt, z. B.:
  Wollen wir das Regal zusammen (in die Küche) tragen?
- **Verbindungen aus Präposition und Verb** schreibt man in der Regel **zusammen.**
  Die Hauptbetonung liegt bei der Zusammenschreibung auf der Präposition, z. B.:
  Können wir umkehren? Möchtest du mitkommen?

Wortbildung

Umgang mit Begriffen

Ober- und Unterbegriffe unterscheiden
Ein **Oberbegriff** fasst mehrere Gegenstände, Eigenschaften, Begriffe zusammen, die gemeinsame Merkmale haben, z. B.: **Oberbegriff:** *Wassersportarten*
Unterbegriffe: *Schwimmen, Tauchen, Surfen, Rudern, Segeln ...*
Oft lassen sich die Unterbegriffe weiter unterteilen. → *Regattasegeln, Fahrtensegeln ...*
Die Über- und Unterordnung von Begriffen kann man zum Beispiel in einer Mind-Map darstellen. Von einem Ast (Oberbegriff) können mehrere Zweige (Unterbegriffe) abgehen.

Wortbildung: Zusammensetzung und Ableitung

Wortzusammensetzungen

Die **Wortzusammensetzung** ist in der deutschen Sprache eine wichtige **Methode, um neue Wörter zu bilden.** Mit Hilfe dieser neu gebildeten Wörter kann man Dinge und Sachverhalte genauer und oft auch unkompliziert beschreiben, z. B.:
Kupfer + Kessel = Kupferkessel (Nomen + Nomen),
bunt + Specht = Buntspecht (Adjektiv + Nomen),
Blitz + schnell = blitzschnell (Nomen + Adjektiv),
tief + rot = tiefrot (Adjektiv + Adjektiv),
schneiden + Brett = Schneidebrett (Verb + Nomen).
Die Teile einer **Zusammensetzung** heißen **Grundwort** und **Bestimmungswort.** Das Grundwort steht immer an letzter Stelle, z. B.: *Suppenlöffel, Teelöffel, Rührlöffel.* Das Grundwort wird durch das Bestimmungswort näher beschrieben. **Die Wortart** der Zusammensetzung wird durch das **Grundwort bestimmt.**

Ableitungen

Mit Präfixen (Vorsilben) und **Suffixen** (Nachsilben) kann man aus vorhandenen Wörtern **neue Wörter** ableiten. Diese neuen Wörter haben auch eine **neue Bedeutung** und helfen daher dabei, sich genau auszudrücken.

- **Neue Verben** bildet man z. B. mit den Präfixen *be-, ent-, er-, ge-, miss-, ver-, zer-.*
- **Neue Adjektive** bildet man z. B. mit den Suffixen *-ig, -bar, -lich, -sam, -isch.*
- **Neue Nomen** bildet man z. B. mit den Suffixen *-nis, -heit, -keit, -ung, -schaft, -tum.*

Achtung: Die Suffixe bestimmen die Wortart. Die Groß- und Kleinschreibung kann sich daher ändern.

Wortfamilie

Wörter, die den **gleichen Wortstamm** (Grundbaustein) haben, gehören zu einer **Wortfamilie,** z. B.: *fahren, Fahrbahn, befahren, verfahren.* Wörter einer Wortfamilie werden durch Ableitungen *(befahren, fahrbar)* und Zusammensetzungen *(Fahrbahn)* gebildet.
Der Wortstamm wird in allen verwandten Wörtern gleich oder ähnlich geschrieben, z. B.: *reisen → abgereist, verreisen, die Reise.*

Wortbedeutung

Synonyme und Antonyme

▶ S. 232–233

Synonyme: Wörter mit **(fast) gleicher Bedeutung** bezeichnet man als Synonyme. Mit Hilfe von Synonymen können wir **Wiederholungen** (z. B. in einem Text) **vermeiden,** indem wir ein anderes, ähnliches Wort verwenden, z. B.: statt *sagen: reden, mitteilen, sprechen.*
Antonyme: Wörter, die in ihrer Bedeutung **gegensätzlich** sind, nennt man Antonyme, z. B.: *groß – klein, stark – schwach.*

Wortfeld

Wörter oder Wendungen, die eine **ähnliche Bedeutung** haben, bilden ein Wortfeld. Je mehr Wörter eines Wortfeldes man kennt, desto größer ist der eigene Sprachschatz.

Homonyme

Wörter, die **gleich lauten, aber unterschiedliche Bedeutungen** haben, nennt man **Homonyme.** Ihre Bedeutung kann nur im Sinnzusammenhang geklärt werden, z. B.:
Bank (Sitzgelegenheit, Geldinstitut): Ich sitze auf einer Bank. Ich bin in der Bank.

Denotation und Konnotation eines Wortes

▶ S. 233–234

- **Denotation:** Die Denotation eines Wortes (lat. *denotare* = bezeichnen) ist die klar definierte Grundbedeutung eines Wortes, die man im Wörterbuch oder Lexikon nachschlagen kann.
- **Konnotation:** Die Konnotation (lat. *con* = mit, *notatio* = Bezeichnung, Anmerkung) bezeichnet die Nebenbedeutung eines Wortes, d. h. die Vorstellungen, Erfahrungen, Empfindungen und Assoziationen, die wir mit einem Wort verbinden, z. B.: *Nacht*
  denotative Bedeutung: Zeit zwischen Sonnenuntergang und -aufgang
  konnotative Bedeutung: Dunkelheit, Angst, Stille, Schlaf, Party, Einsamkeit usw.

Euphemismen und Hochwertwörter

▶ S. 235–236

Sprachliche Gestaltungsmittel werden in Texten gezielt eingesetzt, um die Aussageabsicht (Intention) zu stützen und eine bestimmte Wirkung bei den Zuhörern bzw. Lesern zu erzielen.
- **Euphemismen** sind Ausdrücke, die einen Sachverhalt oder einen Vorgang beschönigen, z. B.: *Verteidigungsfall* für Krieg, *Rentenreform* für Rentenkürzung.
  Euphemismen werden vor allem in der Politik und der Wirtschaft verwendet, um unangenehme Sachverhalte zu verharmlosen bzw. zu verschleiern.
- **Hochwertwörter** sind Wörter oder kurze Phrasen, die positiv konnotiert (▶ Konnotation, s. oben) sind, d. h. mit denen positive Vorstellungen und Empfindungen verbunden sind, z. B. *Heimat, Mut.* Sie sollen bei den Zuhörern oder bei den Lesern positive Emotionen hervorrufen.

Sprachvarianten

In einer Sprachgemeinschaft werden neben der Hochsprache (= Standardsprache) unterschiedliche Sprachvarianten verwendet.

Standardsprache und Umgangssprache

▶ S. 241

- Die **Hochsprache** (auch: Standardsprache) ist die allgemein verbindliche Form unserer Sprache, wie sie in der Öffentlichkeit (besonders im Schriftlichen), z. B. in der Schule, verwendet wird.
- Die **Umgangssprache** ist die Sprache, die wir bei unserer alltäglichen mündlichen Kommunikation verwenden. Sie orientiert sich an der Hochsprache, wendet deren Regeln und Normen aber nicht streng an. Typisch für die Umgangssprache sind z. B.: unvollständige Sätze (Ellipsen), z. B. *Du auch?*; umgangssprachliche Wörter und Wendungen, z. B.: *doof.*

Jugendsprache

▶ S. 242

Die **Jugendsprache** unterscheidet sich durch bestimmte Wörter, Wendungen oder den Satzbau von der **Standardsprache,** z. B.: *fett* (Jugendsprache) = *gut* (Standardsprache).
Sie ist sehr unterschiedlich, denn je nach Jugendgruppe finden sich ganz verschiedene Äußerungsformen, z. B.: *die Sprache der Computerfreaks, der Raver, der Skater* usw.
Zudem ist die Jugendsprache sehr schnelllebig und verändert sich oft innerhalb weniger Jahre oder Monate.
Die Jugendsprache ist häufig durch bestimmte **sprachliche Merkmale** geprägt, z. B.:

- Anglizismen (Übernahmen aus dem Englischen), z. B.: *chillen, Connections.*
- Metaphern/bildhafte Ausdrücke, z. B.: *ätzend, null Bock haben.*
- Neologismen (Wortneubildungen), z. B.: *Achselmoped (Deoroller).*
- Abkürzungen, z. B.: *Spezi* (für *Spezialist*).
- Wortverstärker/Übertreibungen, z. B.: *krass, fett.*

Dialekte

▶ S. 158–163

Dialekte (auch Mundarten genannt) sind Sprachvarianten, die an eine bestimmte geografische Region gebunden sind und von der **Standardsprache** (auch Hochdeutsch genannt) unterschieden werden.
Man teilt die Dialekte grob in das **Niederdeutsche** (Dialekte in Norddeutschland, auch „Plattdeutsch" genannt), das **Mitteldeutsche** (Dialekte in Mitteldeutschland) und das **Oberdeutsche** (Dialekte in Süddeutschland) ein.

Arbeitstechniken und Methoden

Informationen beschaffen

Wenn ihr Informationen über ein bestimmtes Thema sucht oder etwas nachschlagen wollt, stehen euch verschiedene Informationsquellen zur Verfügung.
Die wichtigsten **Informationsquellen** sind **Bücher** (Lexika, Sach- oder Fachbücher), **Zeitschriften** und das **Internet.**

In Büchern und Zeitschriften recherchieren

Bücher und Zeitschriften findet ihr in der Bibliothek (Bücherei), z. B. in der Schul-, der Stadt- oder der Gemeindebibliothek.
So könnt ihr mit Hilfe des Computers in einer Bibliothek nach Büchern und anderen Medien suchen:

1. Schritt: Gebt in das entsprechende Feld der Suchmaske einen Suchbegriff ein, z. B. den Namen des Autors/der Autorin, den Titel des Buches, einen Sachbegriff/ein Schlagwort (z. B. *Dinosaurier, Abenteuerbuch*). Verfeinert, wenn möglich, die Suche, indem ihr eine bestimmte Medienart (z. B. Buch, CD, DVD) auswählt.

2. Schritt: Startet die Suche, indem ihr die Enter-Taste des Computers drückt oder mit einem Mausklick das Feld für die Suche anklickt.

3. Schritt: Ihr erhaltet nun Angaben zu dem gesuchten Titel oder eine Liste mit Suchergebnissen. Klickt den Titel an, zu dem ihr genauere Informationen haben wollt, z. B. eine Kurzbeschreibung des Inhalts, Angaben darüber, ob das Buch vorhanden oder ausgeliehen ist.

4. Schritt: Wenn ihr den gesuchten Titel gefunden habt, müsst ihr euch die Signatur aufschreiben, z. B.: *Ab 24 Tw.* Sie gibt euch den Standort des Buches, der CD etc. in der Bibliothek an.

5. Schritt: Orientiert euch in der Bibliothek, in welchem Regal ihr euer Buch, die CD etc. findet, z. B.: *Ab 24 Tw* (Ab = Abenteuer; 24 = Regalstellplatz; Tw = Autor, hier Mark Twain).

Im Internet recherchieren

Für die Recherche im Internet verwendet man so genannte Suchmaschinen, z. B. google.de.
Für Jugendliche gibt es spezielle Suchmaschinen, z. B.: fragfinn.de, helles-koepfchen.de.
Durch die Eingabe von Suchbegriffen wird die Suche sinnvoll eingeschränkt.
Es gibt verschiedene Möglichkeiten:

- Eingabe eines Suchbegriffs, z. B. *Biber:* Internetseiten, die dieses Wort enthalten, werden angezeigt.
- Eingabe mehrerer Suchbegriffe, z. B. *Biber + Lebensraum:* Die Suche beschränkt sich auf die Seiten, die beide Begriffe enthalten.
- Eingabe eines Themas oder eines Namens in Anführungszeichen, z. B. *„europäischer Biber“:* Der genaue Wortlaut oder der vollständige Name wird gesucht.

Suchergebnisse beurteilen

1 Lest den Titel der Seite und den Textauszug aus dem Internetbeitrag. Geben sie Hinweise darauf, dass diese Internetseite die gesuchten Informationen enthält?
2 Prüft die Internetadresse. Scheint der Betreiber der Seite zuverlässig? Weist die Seite auf einen Onlineshop (z. B. Amazon, eBay) hin, findet ihr keine geeigneten Informationen.
3 Überfliegt den Inhalt der aufgerufenen Internetseite und entscheidet, ob euch der Beitrag tatsächlich brauchbare Informationen zum Thema oder zu euren Fragen liefert.
4 Wenn ihr sicher seid, dass die Informationen auf der Seite hilfreich sind, nehmt ihr sie in eure Materialsammlung auf. Hierzu könnt ihr die Seite ausdrucken oder speichern.

Internetseiten speichern: Lesezeichen oder Favoriten anlegen

Wenn ihr eine Internetseite gefunden habt, die ihr später noch einmal aufrufen möchtet, legt ihr sie als Lesezeichen oder Favoriten ab. Geht so vor:
1 **Klickt oben im Browser auf „Favoriten" oder „Lesezeichen".**
2 Hier findet ihr die Funktion „Zu Favoriten hinzufügen" (beim Browser Internet Explorer) oder „Lesezeichen hinzufügen" (beim Browser Mozilla Firefox)
- **Lesezeichen hinzufügen:** Klickt auf den Pfeil neben dem Fenster Ordner → dann auf „Wählen" → „Neuer Ordner". Gebt dem Ordner einen aussagekräftigen Namen, z. B.: *Klimaschutz Maßnahmen,* und klickt dann auf „Fertig".
- **Zu Favoriten hinzufügen:** Klickt auf „Neuer Ordner" und gebt dem Ordner einen aussagekräftigen Namen, z. B.: *Klimaschutz Maßnahmen.* Klickt dann auf „Erstellen", danach auf „Hinzufügen".

Quellenangaben machen

Es ist wichtig, zu allen Materialien Quellenangaben zu machen, damit man die Informationen noch einmal nachlesen oder überprüfen kann:
- **Buch:** Autor/-in, Buchtitel, Seitenangabe, z. B.: *Edwin Klein: Die Olympischen Spiele, S. 33.*
- **Zeitung/Zeitschrift:** Verfasser/-in, Titel des Textes, Name der Zeitschrift/Zeitung, Ausgabe (z. B. *Nr. 2/2013*), Seitenangabe, z. B.: *Felix Muster: Zwischenfälle bei den Olympischen Spielen. In: Olympiade heute, Nr. 33/2012, S. 33–36.*
- **Internet:** Internetadresse und Datum, an dem ihr die Seite aufgerufen habt, z. B.: *www.helles-koepfchen.de/artikel/2673.html (15. 3. 2013)*

Informationen auswerten

▶ S. 19

Bei euren Recherchen werdet ihr meist mehrere Texte zu einem Thema finden.
Dann müsst ihr die Informationen auswählen und ordnen. Geht so vor:
1 Unterstreicht auf einer Kopie oder einem Textausdruck die wichtigsten Informationen.
2 Notiert am Textrand, zu welchen Oberbegriffen oder Teilthemen die markierten Informationen gehören, z. B.: Wiedereinführung (der Olympischen Spiele), Grundidee ...
3 Tragt die wichtigsten Informationen zusammen, indem ihr sie nach Oberbegriffen ordnet.

Ein Referat halten

► S. 18–20

1 Das Referat vorbereiten

Ein gelungenes Referat muss gut vorbereitet werden:

- Ordnet die Informationen für eurer Referat, z. B. nach Unterthemen, und bringt sie in eine sinnvolle Reihenfolge.
- Notiert zu jedem Unterthema wichtige Stichworte, z. B. auf Karteikarten.
- Nummeriert die Karteikarten in der entsprechenden Reihenfolge.
- Überlegt, zu welchen Informationen eures Vortrags ihr welches Anschauungsmaterial zeigen könnt, und sucht nach geeignetem Material, z. B.: Bilder, Fotos, Grafiken.

2 Das Referat gliedern

Gliedert die Informationen. Diese Struktur ist der rote Faden eures Referats.

- **Einleitung:** Weckt das Interesse eurer Zuhörerinnen und Zuhörer und führt in das Thema ein, z. B. durch Bilder/Fotos, treffende Zitate oder persönliche Bemerkungen zum Thema. Gebt einen Überblick über die Gliederung.
- **Hauptteil:** Den Hauptteil solltet ihr besonders sorgfältig planen. Ordnet eure Informationen nach sachlichen Gesichtspunkten. Legt Oberbegriffe und Unterpunkte fest. Streicht überflüssige Informationen, die vom Thema wegführen.
- **Schluss:** Der Schluss rundet das Referat ab. Ihr könnt wichtige Informationen zusammenfassen, eure persönliche Meinung zum Thema formulieren oder einen Ausblick auf weitere Entwicklungen geben.

Schreibkonferenz durchführen

- Setzt euch in kleinen Gruppen (höchstens zu viert) zusammen.
- Einer liest seinen Text vor, die anderen hören gut zu.
- Anschließend geben die anderen eine Rückmeldung, was ihnen besonders gut gefallen hat.
- Nun wird der Text in der Gruppe Satz für Satz besprochen. Die Überarbeitungsvorschläge werden abgestimmt und schriftlich festgehalten.
- Korrigiert auch die Rechtschreibung und die Zeichensetzung.
- Zum Schluss überarbeitet die Verfasserin oder der Verfasser den eigenen Text.

Vortragen/Sinngestaltendes Vorlesen

► S. 151

Vortragen oder sinngestaltendes Vorlesen bedeutet, dass ihr einen Text (z. B. eine Geschichte, ein Theaterstück oder ein Gedicht) ausdrucksvoll vortragt und eure Stimme dem Geschehen anpasst. Überlegt, wie ihr welche Textstelle sprechen wollt, welche Wörter ihr besonders betonen wollt und wo es sinnvoll ist, eine Pause zu machen. Markiert dann den Text mit entsprechenden Betonungszeichen.

Betonungszeichen

◀ (lauter)	→ (schneller)	‖ (lange Pause)	___ (Betonung)
▶ (leiser)	← (langsamer)	| (kurze Pause)	⤵ (Zeilensprung)

Mit dem Schreibprogramm des Computers umgehen

Eine Datei anlegen

Wenn man einen Text am Computer schreiben möchte, muss man zunächst eine Datei anlegen, und das geht so:

- Computer starten, Textprogramm (z. B. Word) auswählen,
- in der Menüleiste auf **Datei** und **Neu** klicken,
- Text schreiben und die Datei unter einem Namen speichern (in der Menüleiste **Datei** anklicken und **Speichern unter** auswählen).

Einen Text am Computer gestalten

In der Menüleiste eures Computers findet ihr die folgenden Befehle, mit denen ihr einen Text gestalten könnt:

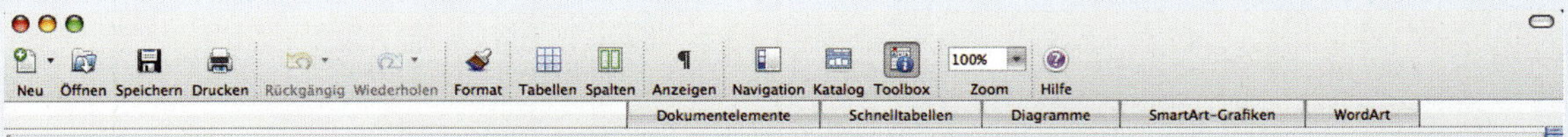

Ausschneiden und einfügen: Text mit der Maus markieren, auf die Schaltfläche Ausschneiden klicken und an anderer Stelle wieder einfügen (Symbol Einfügen).

Kopieren: Text markieren, auf die Schaltfläche Kopieren klicken und an anderer Stelle wieder einfügen (Symbol „Einfügen").

Schriftart verändern: Text/Textstelle markieren, auf den Pfeil neben dem Auswahlfeld für Schriftarten klicken und Schriftart durch Anklicken auswählen.

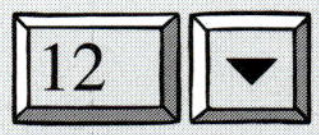

Schriftgröße verändern: Text/Textstelle markieren, auf den Pfeil neben dem Auswahlfeld für Schriftgröße klicken und Schriftgröße durch Anklicken auswählen.

Fett, *kursiv* schreiben und unterstreichen: Text/Textstelle markieren, dann auf die Schaltfläche für fette, kursive oder unterstrichene Schrift klicken.

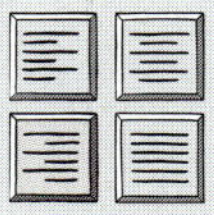

Textausrichtung festlegen: Text markieren, dann auf die Schaltfläche für linksbündige, zentrierte oder rechtsbündige Textausrichtung klicken oder Blocksatz auswählen.

Schriftfarbe festlegen: Text markieren, dann auf die Schaltfläche für die Schriftfarbe klicken und die Farbe durch Anklicken auswählen.

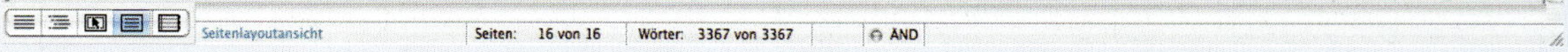

Die Rechtschreibprüfung am Computer nutzen

Das Textverarbeitungsprogramm „Word“ hilft euch auch, bei einem Text falsch geschriebene Wörter zu finden und zu korrigieren:

- Aktiviert das Rechtschreib- und Grammatikprogramm des Computers. Wählt hierzu im Menü Extras das Werkzeug Rechtschreibung und Grammatik aus. Das Programm markiert nun mögliche Rechtschreibfehler rot und mögliche Grammatikfehler grün.
- Überprüft bei den rot und grün markierten Wörtern, ob diese tatsächlich falsch geschrieben wurden. Wählt dann aus dem Fenster Vorschläge das richtige Wort aus und klickt auf Ändern. Das Wort wird korrigiert und „Word“ springt dann automatisch zum nächsten falsch geschriebenen Wort.

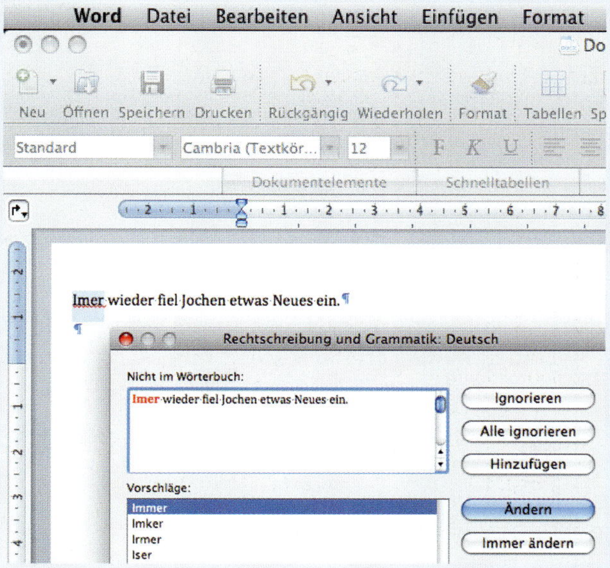

BEACHTET: Das Programm kann nicht alle Fehler finden und ist nicht immer zuverlässig. Zeichensetzungsfehler sind z. B. mit dem Programm nicht aufzuspüren und auch „das/dass-Fehler“ werden nicht gefunden.
Umgekehrt kann es vorkommen, dass korrekt geschriebene Wörter (z. B. Eigennamen) als Fehler markiert werden. Schlagt in Zweifelsfällen in einem Wörterbuch nach.

Den Thesaurus am Computer nutzen

Der „Thesaurus“ (griech. = Wortschatz) ist eine Art Wörterbuch sinnverwandter Wörter, mit dessen Hilfe man häufig benutzte Wörter wie „sagen“ durch sinnverwandte Wörter ersetzen kann:

- Markiert das Wort, zu dem ihr bedeutungsähnliche Wörter ermitteln wollt. Aktiviert dann den Thesaurus, ihr findet ihn im Menü Extras → Sprache → Thesaurus.
- Um das markierte Wort zu ersetzen, klickt ihr mit der rechten Maustaste auf ein Wort, das das Programm vorschlägt.

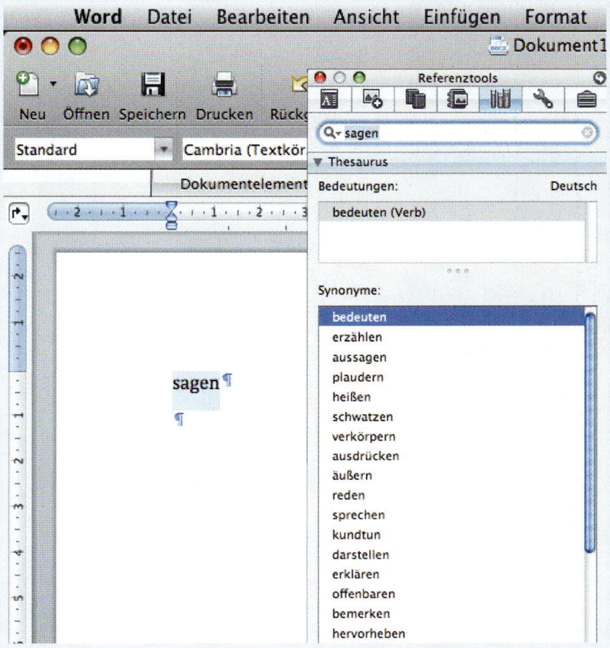

BEACHTET: Nur manche Wörter, die das Programm vorschlägt, entsprechen dem Wort, das ihr ersetzen wollt. Überprüft genau, ob das Wort wirklich passt.

Eine Bildschirmpräsentation erstellen

Präsentationsprogramme
Präsentationsprogramme wie „Impress“ oder „PowerPoint“ arbeiten mit Folien.
Auf diesen Arbeitsflächen könnt ihr euer Thema nennen, wichtige Informationen in Stichpunkten hinzufügen und anschauliche Grafiken oder Tabellen zeigen.

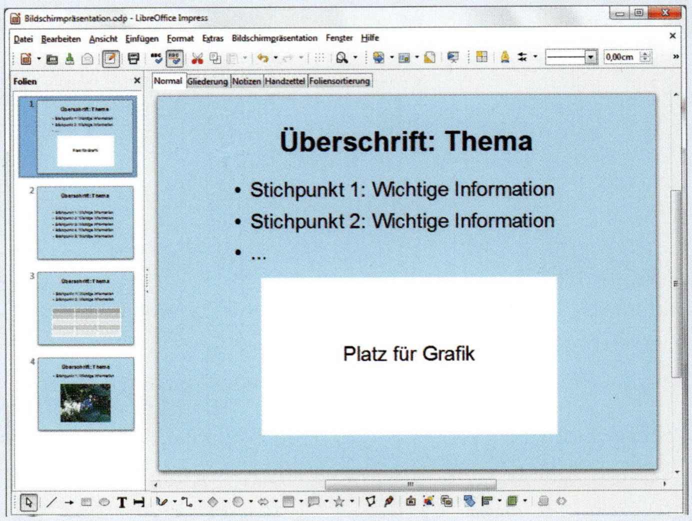

Folieninhalt
Folien dienen **zur Unterstützung** eures Vortrags. Sie geben ihm Struktur und ergänzen ihn um visuelle Inhalte wie Grafiken und Bilder, die man mündlich nicht darstellen kann.

- Bei einer Präsentation solltet ihr **nur das Wesentliche** auf der Folie festhalten, z. B.: Thema und wenige, knapp formulierte Stichpunkte (maximal 5). Alle weiteren Informationen könnt ihr im Notizenfeld unter den einzelnen Folien oder auf Karteikarten festhalten.
- **Lest** die Folien bzw. eure Notizen **nicht einfach ab,** sondern erläutert die Stichpunkte durch einen lebendigen, ausführlichen Vortrag.

Folienlayout

- Vortragsfolien sollen gut lesbar sein. Deshalb **verzichtet** man am besten **auf ablenkende** oder **mehrfarbige Hintergründe.**
- Achtet bei der Auswahl der **Schriftfarbe** auf einen guten **Kontrast zum Hintergrund.** Nehmt eine **gut lesbare Schrift** (z. B. Arial). Die **Schriftgröße** solltet ihr so wählen, dass jeder im Raum die Stichpunkte mühelos lesen kann **(mindestens 22 Punkt).**
- **Tabellen, Bilder** und andere Abbildungen müssen klar erkennbar bzw. **gut lesbar** sein. Präsentationsprogramme bieten nur grundlegende Funktionen zur Bildbearbeitung an. Gegebenenfalls müsst ihr das grafische Material vorher in einem Bildbearbeitungsprogramm für die Präsentation vorbereiten.

Lösungen zu einzelnen Aufgaben

Seite 176

1 Die Aussagen B und D sind korrekt. Folgende Textbelege können hierfür angeführt werden:
- Textbeleg für Aussage B: „Du sollst uns durch die heilige Ehe verbinden [...] ich bitte sehr darum, dass du einwilligst, uns noch *heute* zu verheiraten" (Z. 12–15).
- Textbeleg für die Aussage D: „Vielleicht wird durch eure Liebe der alte Streit zwischen euren Familien in Liebe verwandelt" (Z. 18).

2 zum Beispiel:
Nachdem Romeo auf dem Fest der Capulets Julia gesehen hat, haben sich beide auf den ersten Blick ineinander verliebt. In der „Balkonszene" hört Romeo heimlich Julias Liebesgeständnis und gesteht ihr seine Liebe. Nun bittet Romeo Bruder Laurenz, die beiden heimlich zu vermählen.

3 **Protagonist:** Hauptfigur; **Exposition:** Umfasst im klassischen Drama meist den ersten Akt und ist eine Art Einleitung, die in die Handlung einführt. Die Zuschauer werden über Zeit und Ort des Geschehens informiert und lernen die Hauptfiguren (Protagonisten) kennen. Auch der Konflikt des Dramas wird in der Exposition angekündigt.

Seite 260

1 a **A** Wissenschaftler teilten mit, dass es sich bei der Sonnenfinsternis in Asien am 22. Juli 2009 um die längste totale Sonnenfinsternis dieses Jahrhunderts und somit um ein spektakuläres Naturereignis handele (Konjunktiv I).

B In Indien sagten allerdings viele Menschen, sie hätten (Konjunktiv II) Angst vor der Sonnenfinsternis, da die verdunkelte Sonne Unglück bringe (Konjunktiv I).

C Natürlich wollte man auch Geld mit dem Naturereignis verdienen. Der Chef einer Fluggesellschaft erklärte, die Sitzplätze für einen Sonderflug von Neu-Delhi Richtung Osten mit direktem Blick auf die Sonnenfinsternis würden rund 1 200 Euro kosten (würde-Ersatzform).

D In China teilten die Behörden mit, etwa 300 Millionen Menschen im Tal des Jangtse könnten (Konjunktiv II) das seltene Naturschauspiel miterleben, allerdings behinderte schlechtes Wetter den Blick auf das Ereignis.

E In Shanghai schwärmte ein Geschäftsmann aus den USA, er habe (Konjunktiv I) das beeindruckende Schauspiel durch Lücken im Wolkenhimmel gesehen.

F In Japan erklärte der deutsche Filmregisseur Roland Emmerich, dass er sehr froh sei (Konjunktiv I), weil er die Sonnenfinsternis nutzen konnte, um in der Hauptstadt Tokio Werbung für seinen neuen Katastrophenfilm „2012" zu machen.

Seite 276

1 Wir hatten ursprünglich die Absicht, zwei Wochen zu bleiben, sind dann aber schon nach fünf Tagen wieder abgereist, um unseren Resturlaub auf dem Balkon zu verbringen.
Schon der Mitarbeiter an der Rezeption, an allem außer seiner Kundschaft interessiert, ignorierte uns bei der Ankunft. Endlich wahrgenommen**(,)** konnten wir uns nicht verständlich machen, da er kein Englisch sprach.

2 A In dem Hotel „Palace“ ist es eher hinderlich, sich für Land und Leute zu interessieren.
B Um in den nächsten Ort zu gelangen, müssen Sie (nämlich) einen Fußmarsch von zehn Kilometern auf sich nehmen.
C Sie sollten fettige, unappetitliche Fleischportionen mögen, um am Buffet ordentlich zu schlemmen (schlemmen zu können).
D Es ist zwar verständlich, in einem Hotel auch einen Zimmerservice zu erwarten, jedoch sollten Sie Ihre Betten besser gleich selbst machen.

3 E Der Pool, in einem schattigen Hinterhof gelegen, war keine 10 qm groß.
F Dort angekommen(,) bemerkten wir sogleich den Fluglärm über unseren Köpfen.
G Aus dem Urlaub zurückgekehrt(,) waren wir wirklich urlaubsreif.

4 Satz 1: Vor einem Infinitivsatz mit „um“ steht ein Komma.
Satz 2: Bezieht sich der Infinitivsatz auf ein Nomen im übergeordneten Satz (hier: „Vorschlag“), so steht ein Komma vor dem Infinitivsatz.

Seite 289

1 c Lösungswort: Technoseum

Seite 299

1 Hier findet ihr den Text in der richtigen Schreibweise:
1 Gleich morgens nach dem Aufstehen fing es an:
2 Statt der elektrischen die analoge Zahnbürste zu nehmen, ist mir nicht so schwergefallen.
3 Beim Frühstücken den Toaster nicht zu benutzen, war kein Problem, ich habe einfach Haferflocken mit Milch gegessen.
4 Aber am Vormittag in der Schule war ich im Physikunterricht schnell lahmgelegt und vom Matheunterricht wurde ich sogar freigestellt.
5 An einem normalen Tag hätte ich mir mittags das Essen im Mikrowellenherd erwärmt, aber so habe ich mich an Brot, Obst und Salat satt gegessen – doch, echt delikat!
6 Die Spülmaschine war auch tabu, sodass ich das Abwaschen mit der Hand machen musste.
7 Das Planschen im Spülbecken hat mir als Kind auch mehr Spaß gemacht!
8 Für den Klavierunterricht war es dann höchst kompliziert, die Strecke von der Düsseldorfer Allee bis zum Bettina-von-Arnim-Platz ohne Bus zu bewältigen.
9 Ich habe überlegt, blauzumachen, bin dann aber doch Fahrrad gefahren, sogar die weitere Strecke über die Bergische Landstraße, um noch ein bisschen Fitness-Training zu bekommen.
10 Ich war mir nicht ganz sicher, ob Duschen verboten ist, weil bestimmt auch die Wasserpumpe elektrisch funktioniert.
11 Ich hab's dann doch gemacht, aber ohne hinterher die Haare zu föhnen.
12 Eine echte Krise hatte ich abends, als meine ganze Familie, meine Eltern sowie meine beiden Brüder, viel Spaß dabei hatten, einen Film im Fernsehen zu schauen.
13 Ich hab dann nach so einem – wie heißt es noch mal – ach ja: Buch gesucht, leider vergeblich.
14 Nein, liebe Lehrer, keine Sorge: Das war natürlich nur ein Scherz, ein saublöder!
15 Tatsächlich ging der Abend, schmökernd im Bett verbracht, sehr unspektakulär zu Ende.
16 Das Handy, eigentlich mein ständiger Begleiter, habe ich an diesem Tag besonders vermisst!
17 Aber viele technische Geräte haben mir, obwohl ich sie sonst häufig benutze, kaum gefehlt.

Seite 318/319

1 Die Antwort B ist korrekt.

2
- Nervenzellen schütten Dopamin aus. ***r***
- Dopamin stimuliert das Belohnungssystem im Gehirn. ***f***
- Endorphine entstehen bei Angst. ***f***
- Die Menge an Dopamin ist bei jedem Menschen unterschiedlich. ***r***
- Der Genuss von Schokolade löst bei allen Menschen Glücksgefühle aus. ***f***
- Schon beim Gedanken an etwas, das uns glücklich macht, produziert das Gehirn Dopamin. ***r***

3
- Menschen reagieren auf Reize ängstlicher, wenn sie eine hohe Dopaminkonzentration im Gehirn haben.
- Menschen würden lebensnotwendige Dinge wie Nahrungsaufnahme und Schlaf vernachlässigen, wenn sie ständig Glück empfinden würden.
- Im Gehirn von Menschen finden sichtbare Prozesse statt, wenn sie Glück empfinden.
- Möglicherweise sinkt bei Menschen der Dopaminspiegel, wenn sie älter werden.

4 Auch wenn wir Glück im ganzen Körper empfinden, entsteht dieses Gefühl im Gehirn. Wenn uns etwas Schönes passiert, wird im Belohnungszentrum des Gehirns Dopamin ausgestoßen, ein Botenstoff, der die Nervenzellen erregt. Weil Dopamin an der Entstehung von Glücksgefühlen beteiligt ist, wird es auch Glückshormon genannt. Forscher meinen, dass die Menge von Dopamin auch darüber entscheidet, ob Menschen eher ruhig und gelassen oder eher gestresst oder ängstlich reagieren.

5
a Die Philosophie, die Soziologie, die Psychologie und die Hirnforschung beschäftigen sich mit der Erforschung von Glück.
b Wenn unser Glücksgefühl nicht abklingen würde, würden wir lebensnotwendige Dinge, z. B. das Essen, Trinken und Schlafen, vernachlässigen.

Seite 322

3 c A Der Schulleiter befürwortete das Projekt zum Thema „Glück“ sofort, weil er zuvor einen Fernsehbeitrag über das Unterrichtsfach „Glück“ gesehen hatte.
B In der Projektwoche zum Thema „Glück“ gab es
- Informationsveranstaltungen zum Thema „Glück“.
- spezielle Theater- und Sportkurse.

C Bei der Übung „Honigdusche“ geht es darum,
- über andere besondere Dinge zu sagen.
- das Gemeinschaftsgefühl und das Selbstbewusstsein zu stärken.

Textartenverzeichnis

Autoren- und Quellenverzeichnis

Ani, Friedrich (*1959)
89 Wie Licht schmeckt
aus: Wie Licht schmeckt. Carl Hanser Verlag, München 2002, S. 88 f.

Beckmann, Katharina:
286 Achterbahnen: Rein ins Vergnügen!
nach: Geolino Nr. 4/2007, S. 56–61

Bläck Fööss
158 Unsere Stammbaum
Musik und Text: H. Knipp/Bläck Fööss. © Bläck Fööss 2000

Boldt, Paul (1885–1921)
152 Auf der Terrasse des Café Josty
aus: Lyrik des Expressionismus. Hg. v. Silvio Vietta. Max Niemeyer Verlag, Tübingen 1985, S. 53

Bonstein, Julia
46 Abschreiben 2.0
nach: http://www.spiegel.de/spiegel/print/d-58852980

Borchert, Wolfgang (1921–1947)
118 Das Brot
aus: Gesammelte Werke. Rowohlt Verlag, Reinbek bei Hamburg 1949

Eberle, Ute
57 Die Schule kommt nach Hause (gekürzt)
aus: http://www.zeit.de/2001/40/Die_Schule_kommt_nach_Hause

Ege, Andrea
16 Pippi Langstrumpf der Meere
aus: Frankfurter Rundschau v. 20. 8. 2011.

Fallada, Hans (1893–1947)
30 Jeder stirbt für sich allein (1)
33 Jeder stirbt für sich allein (2)
aus: Jeder stirbt für sich allein. Aufbau Verlag, Berlin 2011, S. 181–184 (1), S. 192–194 (2)

Fontane, Theodor (1819–1898)
232 Es kann die Ehre dieser Welt
aus: Sämtliche Werke. Hg. v. E. Gross und K. Schreinert. Nymphenburger Verlagsbuchhandlung. Bd. 13, München 1969, S. 290

Franck, Julia (*1970)
142 Streuselschnecke
aus: Bauchlandung. Geschichten zum Anfassen. DuMont Verlag, Köln 2000

Froitzheim, David
201 Ballern statt Büffeln
aus: http://www.ksta.de/debatte/david-froitzheim--ballern-statt-bueffeln-,15188012,13735866

Funk, Janina
40 Hirnforscher warnt vor „digitaler Demenz"
aus: http://www.augsburger-allgemeine.de/panorama/boulevard/Hirnforscher-warnt-vor-Digitaler-Demenz-id21479261.

Haffner, Peter
52 Wir sind zusammen allein
aus: Süddeutsche Zeitung Magazin. Nr. 30/2012

Hemingway, Ernest (1899–1961)
121 Ein Tag Warten
aus: Der Sieger geht leer aus. Aus dem Englischen von Annemarie Horschitz-Horst. Rowohlt Verlag, Reinbek bei Hamburg 1990

Herrndorf, Wolfgang (1965–2013)
212 Tschick (1)
215 Tschick (2)
218 Tschick (3)
220 Tschick (4)
222 Tschick (5)
aus: Tschick. Rowohlt Verlag, Berlin 2010

Hesse, Hermann (1877–1962)
314 Chinesische Legende
aus: China. Weisheit des Ostens. Hg v. Volker Michels. Suhrkamp Verlag, Frankfurt a. M. 2009, S. 98
316 Blauer Schmetterling
aus: Gesammelte Werke. Bd. 1. Suhrkamp Verlag, Frankfurt a. M. 1970, S. 95

Hinrichs, Per
254 Stürmische Liebe (gekürzt)
aus: http://www.spiegel.de/spiegel/unispiegel/d-25492961.html

Honnigfort, Bernhard:
208 Schmuggel in Hamburg
aus: Kölner Stadt-Anzeiger v. 6. 11. 2012

Kaminer, Wladimir (*1967)
138 Schönhauser Allee im Regen
aus: Schönhauser Allee. Goldmann Verlag, München 2001.

Krätzig, Christina:
310 Bhutan: Glück als Staatsziel (gekürzt)
aus: http://www.wdr.de/tv/quarks/sendungsbeitraege/2010/0504/002_glueck.jsp

Lakotta, Beate
24 Die Stimme erheben
aus: Der Spiegel Nr. 11/2013, S. 62

Loerke, Oskar (1884–1941)
164 Blauer Abend in Berlin
aus: Gedichte. S. Fischer Verlag, Frankfurt a. M. 1954, S. 12

Lossau, Norbert
199 Marslandung
aus: http://www.welt.de/debatte/kommentare/article108495549/Curiosity-Forschen-fuer-die-naechste-Generation

Novak, Helga M. (*1935)
130 Schlittenfahren
aus: Geselliges Beisammensein. Hermann Luchterhand Verlag, Neuwied 1968

Ortlieb, Luise
161 Hamborgs Nachtmelodie
aus: Mien plattdüütsch Leesbook. Hg. v. Wilhelm Wieben. Westholsteinische Verlagsanstalt Boyens und Co. Heide in Holstein 1986, S. 36 f.

Rech, Matthias
193 Auf Leben und Tod in der Notaufnahme (gekürzt)
aus: http://www.wz-newsline.de/lokales/duesseldorf/reportage-auf-leben-und-tod-in-der-notaufnahme-1.963058

Rhue, Morton (*1950)
87 Asphalt Tribe
aus: Asphalt Tribe. Aus dem Amerikanischen von Werner Schmitz. Ravensburger Verlag, Ravensburg 2003, S. 7 f. u. 113 f.

Röder, Marlene (*1983)
125 Schwarzfahren für Anfänger
aus: Melvin, mein Hund und die russischen Gurken. Erzählungen. Ravensburger Buchverlag, Ravensburg 2011, S. 105–111

Sachar, Louis (*1954)
91 Löcher
aus: Löcher. Die Geheimnisse von Green Lake. Aus dem Englischen von Birgitt Kollmann. Beltz & Gelberg, Weinheim/Basel 1999, S. 17–22; 36 ff.

Schmidt, Jan
197 Die fliegende Intensivstation (gekürzt)
aus: http://www.kreiszeitung.de/lokales/bremen/1402-die-fliegende-intensivstation-rettungshubschrauber-629764

Shakespeare, William (1564–1616)
168 Romeo und Julia (1. Akt, 1. Szene)
170 Romeo und Julia (1. Akt, 5. Szene)
173 Romeo und Julia (2. Akt, 2. Szene)
176 Romeo und Julia (2. Akt, 3. Szene)
177 Romeo und Julia (3. Akt, 3. Szene)
180 Romeo und Julia (3. Akt, 5. Szene)
181 Romeo und Julia (5. Akt, 3. Szene)
aus: Romeo und Julia. Übersetzt und bearbeitet v. Diethard Lübke. Cornelsen Verlag, Berlin 2006.

186 Romeo and Juliet. Arden Press. London/New York 1980
186 Romeo und Julia. Übersetzt v. August Wilhelm Schlegel. Fischer Verlag, Frankfurt a. M. 2009
186 Romeo und Julia. Übersetzt v. Erich Fried. Hg. v. Friedmar Apel. Verlag Klaus Wagenbach, Berlin 1989
186 Romeo und Julia. Übersetzt v. Günther Frank. Deutscher Taschenbuch Verlag, München 1995

STOLTZE, ADOLF
160 Die Frankforter Sprach
aus: Gesammelte Werke. Gedichte in Frankfurter Mundart. Frankfurt a. M. 1902

STORM, THEODOR (1817–1888)
97 Der Schimmelreiter (1)
98 Der Schimmelreiter (2)
101 Der Schimmelreiter (3)
104 Der Schimmelreiter (4)
106 Der Schimmelreiter (5)
107 Der Schimmelreiter (6)
110 Der Schimmelreiter (7)
114 Der Schimmelreiter (8)
157 Die Stadt
aus: Der Schimmelreiter. Reclam Verlag, Stuttgart 2001, S. 86, 110 (1), 3–9 (2), 11–13 (3), 29–30 (4), 51 (5), 105–107 (6), 138–140 (7), 141–144 (8)

TSCHINAG, GALSAN (*1944)
145 Taumelnd
aus: Alle Pfade um deine Jurte. Gedichte. Verlag im Waldgut. Frauenfeld 1995.

TUCHOLSKY, KURT (1890–1935)
150 Augen in der Großstadt
aus: Gesammelte Werke. Hg. v. M. Gerold-Tucholsky/F. Raddatz. Bd. 8. Rowohlt Verlag, Reinbek bei Hamburg 1960, S. 69 f

UNHEILIG
146 Lichter der Stadt
Text: Unheilig. © Universal Music 2012

VERNE, JULES (1828–1905)
249 Reise zum Mittelpunkt der Erde
nach: Reise zum Mittelpunkt der Erde. Arena Verlag, Würzburg 1999
252 Reise um den Mond
nach: Reise um den Mond. Arena Verlag, Würzburg 1999

WEBER, MARTIN
261 Wir sind nicht allein im Universum (gekürzt)
aus: http://www.wz-newsline.de/home/gesellschaft/leute/harald-lesch-wir-sind-nicht-allein-im-universum-1.1112188

WEISENBORN, GÜNTHER (1902–1969)
131 Zwei Männer
aus: Tausend Gramm. Hg. v. Wolfgang Weyrauch. Rowohlt Verlag, Reinbek bei Hamburg 1949

WOLFENSTEIN, ALFRED (1883–1945)
148 Städter
aus: Lyrik des Expressionismus. Hg. v. Silvio Vietta. Max Niemeyer Verlag, Tübingen 1985, S. 46

Unbekannte/ungenannte Autorinnen und Autoren

265: Auf dem Schiff: Dame mit Begleitung
191 Chaos durch Wirbelsturm
aus: http://www.derwesten.de/panorama/hurrikan-sandy-hinterlaesst-eine-schneise-der-verwuestung-id7247175
302 Freizeitspaß im Freizeitpark
nach: Geolino Nr. 6/2013, S. 46–49
297 Geschichte der Gebrauchsanweisung
nach: http://archiv.rhein-zeitung.de/old/97/01/30/topnews/brauch
25 Gewalt in der Öffentlichkeit (Grafik)
aus: Gehirn und Geist. Fachzeitschrift für Psychologie und Hirnforschung. Nr. 9/2010, S. 50 © YOUGOV.de – what the world thinks – Psychonomics
320 Glück kann man trainieren
nach: http://www.fr-online.de/gesundheit/-psychologie-glueck-ist-auch-eine-sache-des-trainings,3242120,20621830
313 „Glücksskala" und „Bedeutung von Glück" (Grafiken)
aus: http://www.bertelsmann-stiftung.de/bst/de/media/xcms_bst_dms_23599_23600_2.pdf
256 Hagelkorn in den USA bricht gleich zwei Rekorde
nach: http://www.wetter.info/wetter-aktuell/usa-hagelkorn-in-den-usa-bricht-gleich-zwei-rekorde/23336402
266 Im Auto: Navis als echte Autoritäten
264 Im Flugzeug: Pilot und Panik
235 Im Westen nichts Neues
aus: Filmheft: Im Westen nichts Neues (erarbeitet von Michael Huesmann/SfB/Freie Hansestadt Bremen © Universal Pictures Germany
194 Patientenaufnahmen pro Stunde im Wochenverlauf (Grafik)
aus: http://arbeitswelt.de/pdf/ZNA_Infobroschuere_A4.pdf
303 Rasante Racing-Saison auf dem Hockenheimring
nach: Verena Linde: Ein rasantes Rennen. In: Geolino Nr. 4/2013, S. 30–36
26 Vom guten Willen zur guten Tat: Hürden der Zivilcourage (gekürzt)
aus: Gehirn und Geist (Fachzeitschrift für Psychologie und Hirnforschung) Nr. 9/2010, S. 48–52.
269 Vorsicht, Verwechslung!
nach: Stephan Orth/Antje Blinda: Sorry, Ihr Hotel ist abgebrannt. Ullstein Verlag, Berlin 2011

Bildquellenverzeichnis

S. 15: picture alliance/Newscom
S. 16 oben, 85, 145, 168, 171, 173, 177, 178, 180, 181, 199, 208, 231, 258, 260: picture alliance/dpa
S. 20: picture alliance /Everett Collection
S. 29 links: picture-alliance/dpa-Grafik
S. 35: Gedenkstätte Deutscher Widerstand
S. 39: Getty Images – Alberto Pomares
S. 43: © ldprod – Fotolia.com
S. 51 oben: Spiegel Verlag, Hamburg
S. 51 unten: Spiegel Verlag, Hamburg
S. 52: © Syda Productions – Fotolia.com
S. 61 links: Jahreszeiten Verlag/Jan Brettschneider
S. 61 rechts: Getty Images/Rosanne Olson
S. 62 links: picture alliance/Photoshot
S. 62 rechts: picture alliance/empics
S. 64: © Filmpark Babelsberg GmbH, Potsdam
S. 66: © Marcito – Fotolia.com
S. 69: Getty Images/David Scheffer
S. 70, 75: Thomas Schulz, Teupitz
S. 71: © Kzenon – Fotolia.com
S. 77: © Peter Atkins – Fotolia.com
S. 78: © Deklofenak – Fotolia.com
S. 81: Getty Images – Wayne Eastep
S. 82: © Ocean/Corbis
S. 84: Corbis GmbH
S. 86: © Ingo Bartussek – Fotolia.com
S. 95: © Ashley Cooper/RHPL/OKAPIA
S. 146: © istock.com/andrearoad
S. 148: ullstein bild – Alinari Archives/VG Bildkunst, Bonn 2013
S. 152: akg-images/VG Bildkunst, Bonn 2013
S. 155: akg-images/Peter Weiss
S. 163: werkstatt für gebrauchsgrafik, Berlin
S. 167: picture alliance/dpa
S. 170: bpk/Staatsbibliothek zu Berlin/Ruth Schacht
S. 174: © Tamara Lehna, Hamburg
S. 176: © Tamara Lehna, Hamburg
S. 187: adventtr – istock.com
S. 188: Kölner Stadtanzeiger, Titelseite vom 24. 7. 2013, © M. DuMont Schauberg Expedition der Kölnischen Zeitung GmbH & Co. Kommanditgesellschaft, Köln; (Prinz William und Kate) picture alliance/empics; (Frank Castorf) picture alliance/dpa; (Goldbarren) picture alliance/AP Photo; (Grafik „Der deutsche Mobilfunkmarkt") picture-alliance/dpa-Grafik

S. 188: BILD, Titelseite vom 24.7.2013, © Axel Springer AG, Hamburg
S. 188: taz, Titelseite vom 24.7.2013, © taz Verlags u. Vertriebs GmbH, Berlin
S. 191: picture alliance/abaca
S. 193: © spotmatikphoto – Fotolia.com
S. 197: ADAC e.V., München
S. 202: © Süddeutsche Zeitung Digitale Medien GmbH/Süddeutsche Zeitung GmbH
S. 203: © Erstes Deutsches Fernsehen, München
S. 203: © ProSiebenSat.1 Media AG, Unterföhring
S. 203: © Südwestrundfunk, Stuttgart
S. 203: © ARTE, Strasbourg
S. 211: Cover „Tschick" von Wolfgang Herrndorf, © Rowohlt Verlag Berlin, 2010
S. 211 Hintergrund: Szenenfoto aus „Vincent will Meer", Constantin Film Verleih GmbH
S. 223–227: Szenenfotos aus „Vincent will Meer", Constantin Film Verleih GmbH
S. 233: picture-alliance/Sven Simon
S. 235: picture alliance/United Archives
S. 238: picture alliance/Michael Runkel/Robert Harding
S. 254: © istock.com – Clint Spencer
S. 256: © istock.com – argalis
S. 257: picture-alliance/dpa-Grafik
S. 259: © jancsi hadik – Fotolia.com
S. 279: picture alliance/ZB
S. 284: picture alliance/Jochen Helle/Bildarchiv Monheim
S. 286: © Christian Müller – Fotolia.com
S. 341: Daimler AG

Sachregister

Kniffelige Verben im Überblick

Infinitiv	Präsens	Präteritum/Perfekt	Konjunktiv I/Konjunktiv II
befehlen	du befiehlst	er befahl/hat befohlen	sie befehle/befähle
beginnen	du beginnst	sie begann/hat begonnen	er beginne/begänne
beißen	du beißt	er biss/hat gebissen	sie beiße/bisse
bieten	du bietest	er bot/hat geboten	er biete/böte
bitten	du bittest	sie bat/hat gebeten	sie bitte/bäte
blasen	du bläst	er blies/hat geblasen	er blase/bliese
bleiben	du bleibst	sie blieb/ist geblieben	sie bleibe/bliebe
brechen	du brichst	sie brach/hat gebrochen	er breche/bräche
brennen	du brennst	es brannte/hat gebrannt	es brenne/brennte
bringen	du bringst	sie brachte/hat gebracht	sie bringe/brächte
dürfen	du darfst	er durfte/hat gedurft	er dürfe/dürfte
einladen	du lädst ein	sie lud ein/hat eingeladen	sie lade ein/lüde ein
erschrecken	du erschrickst	er erschrak/ist erschrocken	er erschrecke/erschräke
essen	du isst	er aß/hat gegessen	sie esse/äße
fahren	du fährst	sie fuhr/ist gefahren	er fahre/führe
fallen	du fällst	er fiel/ist gefallen	sie falle/fiele
fangen	du fängst	sie fing/hat gefangen	er fange/finge
fliehen	du fliehst	er floh/ist geflohen	sie fliehe/flöhe
fließen	du fließt	es floss/ist geflossen	er fließe/flösse
frieren	du frierst	er fror/hat gefroren	sie friere/fröre
gelingen	es gelingt	es gelang/ist gelungen	es gelinge/gelänge
genießen	du genießt	sie genoss/hat genossen	er genieße/genösse
geschehen	es geschieht	es geschah/ist geschehen	es geschehe/geschähe
greifen	du greifst	sie griff/hat gegriffen	sie greife/griffe
halten	du hältst	sie hielt/hat gehalten	er halte/hielte
heben	du hebst	er hob/hat gehoben	sie hebe/höbe
heißen	du heißt	sie hieß/hat geheißen	er heiße/hieße
helfen	du hilfst	er half/hat geholfen	sie helfe/hülfe
kennen	du kennst	sie kannte/hat gekannt	er kenne/kennte
kommen	du kommst	sie kam/ist gekommen	sie komme/käme
können	du kannst	er konnte/hat gekonnt	er könne/könnte
lassen	du lässt	sie ließ/hat gelassen	sie lasse/ließe
laufen	du läufst	er lief/ist gelaufen	er laufe/liefe
leiden	du leidest	sie litt/hat gelitten	sie leide/litte
lesen	du liest	er las/hat gelesen	er lese/läse